朴素延 귀하

증

항상 건강과 행복이
함께 하시기를 기원합니다.

박 원 배 드림

2011. 3. 1 드림

판매서점 : 교보문고 · 영풍문고

죽을 고비

그 시절...
물정이 담겨 있는 문집

5.16
군사혁명 • 4.19 학
생의거 • 한국전쟁 6.25 •
대한민국 • 미국신탁통치 • 일
제강점기 • 한일합병 • 을사보호
조약 • 을미사변 • 운양호사건 • 조
선왕조 • 5.16 군사혁명 • 4.19 학생
의거 • 한국전쟁 6.25 • 대한민국 •
미국신탁통치 • 일제강점기 • 한일
합병 • 을사보호조약 • 을미사변
• 운양호사건 • 조선왕조 •
5.16 군사혁명 • 4.19 학
생의거 • 한국전쟁
6.25 •

박원배 문학작품집

문집을 내며

몇 달 지나면 생일이다. 다, 다음 생일은 고희古稀다. 이런 시점에서 문집 발간이라니 염소가 웃을 노릇 아닐까? 하기야 나는 낙서쟁이였다. 산골 촌놈 출신이다.

어릴 땐 사금파리로 마당에 줄을 긋는 게 일과였다. 머릿속에 잡생각이 많아 나타나는 행동이었다. 국민학교에 들어가 글을 알고부턴, 낙서는 나의 직업이나 마찬가지였다.

선생님께 야단맞는 게 다반사茶飯事였다. 중학교 시절, 영어로 하는 낙서는 남들이 몰라봐 더 좋았다. 그 덕분인지 고등학교 땐, 영작문 실력이 남부끄럽지 않았다.

사람은 나이가 들면 섬세해 지게 마련이라는데, 나 또한 예외가 아니었다. 신인상 당선통보를 받고, 선뜩 즐거움을 표현하지 못했다. 눈길도 어리어리하고, 발길도 후들거리는 상태라며 핑계대고, 몇몇 친구에게 의견을 물었다.

"글을 쓰면 치매예방도 되고, 취미활동으로도 좋다."는 등의 답변이 왔다. 갈등 끝에 결국 '신인상 수상식'에 참석했다. '엔돌핀Endorphin'이 온 몸에 가득했다.

'모르핀'보다 100배 강하다는 '호르몬'이, 십일 년 만에 안타安打를 친 내 몸을 찾아왔다. 한 달 정도 머물렀다. 문학은 내 윤회輪廻와 연결된 것 같았다.

원고를 준비하려니, 지나간 발자국뿐이었다. 그 중 큰 발자국들만 살펴봤다. 모두 '죽을 고비' 들이었다. 스무 구비 정도 되었다. 억세게 살아온 매서운 세상이었나 보다.

그 중에서 아주 큰 것 다섯 개만 써봤다. 머릿속엔 옛날 국문법과 낡은 지식뿐이었다. 문장도 옛날에 쓰던 어려운 단어들만 연결되었다. 골치 아픈 오탈자 교정은 집사람 몫이었다. 기록물이라는 말질에서 벗어나려고, 창작의지도 발휘해 봤다. 이번에 국어사전과 백과사전이, 선생님이 되어 주신 데 오체투지五體投地를 드립니다. 아주 여러 번.

작품 말미末尾에 '사건별 연대표' 와 '작품별 낱말풀이' 를 첨부했다. 아까운 시간을 쪼개시는 데, 조금이라도 거들어 드리려는 배려였다.

등단登壇 전 단편소설 형식을 빌려, 시름을 달래봤던 원고들도 뒷부분에 포함시켰다.

넓은 이해와 지도를 바랍니다. 신인상을 받은 지도 벌써 일 년이 되어온다. 문집 원고 준비도 끝났다. 내가 쳐다봐도 아리아리한 눈으로 퍽 애썼다. 여기서 끝내야 하나, 아니면 나머지 열다섯 개 '죽을 고비' 도 써야하나? 갈등이 있었는데, 그 동안 철이 들었나보다. '그건 내가 결정하는 게 아니고, 독자님들 권리' 라는 진리가, 뜨끈하게 머릿속을 때렸다.

치매기운이 나도 모르게 치유되었나 보다. 정말 그거였으면 좋겠다.

2010년 대한민국정부수립기념일에 즈음하여 **박 원 배**

* 첨부 : 낱말풀이(참조 292쪽)

차례(次例)

제1부 | 죽을 고비, 다섯 굽이

제2부 | 수필마당

제3부 | 단편소설 마당

제4부 | 부 록

1. 사건별 연대표

2. 작품별 낱말풀이

제1부 | 죽을 고비, 다섯 굽이

〈 수필 〉

생계형 살인미수

내 이름은 박대농이다. 우리집은 경기도 내륙지방에 있는 농촌이다. 읍내邑內를 가려면, 이십 리나 걸어야한다. 오지奧地마을이고, 마을 뒤엔 봉황산鳳凰山 이 있다. 높은 산봉우리는 좌우 긴 능선과 연결되어, 누가 봐도 산촌이다. 마을 앞뒤로는 논밭이 있는 들판이다. 들판을 가로질러 시냇물이 동쪽에서 서쪽으로 흐른다. 이런 지형 때문에, 풍수지리가風水地理家들은, 우리 마을을 '명당 마을'이라 부른다. 명당明堂이라서인지, 우리 집 뒤에는 사당祠堂이 있고, 산제당山祭堂도 있다. 우리 마을 이름은 안평리安平里다. 조용하고 아늑한 농촌이라는 의미로 오래전부터 불려오고 있다. 그런데 나는 우리 마을을, 아직 한 번도 구경하지 못했다.

"왜, 아직도 마을 구경도 못했느냐고요?"

"아~ 네, 저는 아직 태어나지 못하고, 엄마 뱃속에 있기 때문입니다."

"몇 달 째냐고요?"

"네, 여덟 달 째입니다, 두 달만 더 있으면, 엄마 뱃속을 떠나, 마을 구경을 할 수 있을 거예요."

"구경도 못한 사람이 어떻게 그리 잘 알고 있나요?"

"네, 궁금한 게 많으시군요. 엄마 뱃속에 있어도, 엄마 귀를 통해 사람들이 하는 소리를 다 들을 수 있어요."

대농이의 이런 독백獨白 내용은 사실이다. 엄마도 대농이네 마을을 그렇게 생각하고 있기 때문이다.

대농이는 늘 엄마와 한 몸이라고 생각하고, 엄마도 대농이를 자기 몸과 한 몸이라고 생각한다. 두 사람은 탯줄로만 연결되어 있는 게 아니고, 영양공급은 물론, 보고, 듣고, 말하고, 생각하고, 냄새 맡고, 느끼는 것까지 함께하는 것이라고 여긴다. 심지어 엄마가 '스트레스'를 받으면,

대농이도 '스트레스'를 받는 것이라고 생각한다. 엄마는 팔 개월 전인 금년1942 이월에 대농이를 임신했다. 이미 딸 세 명과 아들 하나를 출산하였는데, 또 대농이를 임신한 것이다. 가난뱅이 형편에 식구가 일곱 명이 될 지경이다. 대농이 아버지 무봉씨는 한 달 전에 엄마 뱃속에 있는 아기를 '박대농'이라고 이름 지었다. 아들일지 딸일지도 모르며, 막무가내莫無可奈로 남자아이 이름을 지었다. 아버지는 유명 역술가가 지어 준 이름이라고 했다.

올해는, 그 지긋지긋한 일본의 식민지통치가, 삼십이 년 째 되는 해였다. 일본 사람들의 극성으로, 봄과 여름을 어떻게 보냈는지 생각도 나지 않는다. 러일전쟁에서 승리1905한 일본은, 영국, 미국, 러시아의 승인을 받은 후, 한국 사람들을 보호한다는 명분을 앞세워, 강제로 한국과 '을사보호조약'을 체결했다.

한국의 외교권은 박탈되었고, 행정능력도 빼앗겼다. 일본의 통치기구인 '조선통감부'가 설치되어, '이또오히로부미'伊藤博文가 초대 통감으로 취임1909.10했다. 경술국치일庚戌國恥日, 1910.8.22 이라는, '한일합방조약'이 체결되자, 일본은 고종황제高宗皇帝로부터 통치권도 빼앗았다. 나라를 팔아먹는 조약條約에 도장을 찍은 다섯 명의 대신大臣, '을사오적'을 규탄하는 소리도 횡행橫行했다. 일본이 일으킨 제2차세계대전1939.9을 뒷받침 하고 있는, 한국 국민들의 생활은 너무도 고달펐다. 일본은 군량미軍糧米는 물론, 무기와 실탄을 만들기 위한 수탈행위收奪行爲까지 서슴치 않았다. 특히 대농이가 엄마 뱃속에 있는 금년이 그렇다. 놋그릇 공출까지 하여, 국민들은 식기도 빼앗기고 생계마저 위협받고 있었다. 그래도 면서기面書記와 주재소駐在所 순사巡査들은, 시도 때도 없이 이 마을 저 마을을 돌며, 한국인을 괴롭힌다. 대농이 부모는 모든 생애生涯를 일본강점기强占期에 일본 사람들에게 시달리며 살아왔다. 우리니라 국민이 모두 비참한 세상살이를 하고 있었다.

대농이 아버지 무봉씨는 오늘따라 한가했다. 행상을 떠나지 않았기 때문이었다. 무봉씨는 아랫마을 친구네 집 마루에 앉아 친구에게 넋두리를 늘어놓았다.

"지난 삼십년 간 우리가족들은, 봄이면 들에 나가 나물을 캐 먹고, 여름에는 나무열매를 따먹으며 살았다. 이른바 초근목피草根木皮로 호구지책糊口之策을 연명했다. 가을이면 농작물과 과일이 풍부하여 생계를 걱정하지 않았다. 그러나 겨울에는 전혀 먹을 게 없었다. 부잣집에서 고리채로 쌀을 꾸어 죽을 쒀 먹었다. 이른바 장기간 이자로 빌려준다는, 장릿長利쌀이었다. 장릿쌀 한 가마니를 얻어오면, 내년 가을에 쌀 한가마 반을 갚아야했다. 죽도 쌀죽을 먹는 게 아니다. 쌀에 수수가루나 쌀겨를 섞어 수제비를 만들어 먹었다. 그토록 지독하게 쌀을 아꼈다. 이렇게 하여 만든 죽이나 수제비는 입안에서 부드럽지가 않다. 꺼끌꺼끌하고 입맛도 없다."

대농이 엄마도 종종 남편에게 어려움을 호소했다.

"생활고生活苦 때문에 대농이를 임신한 나도 항상 영양실조 상태다. 뱃속에 있는 대농이도 영양공급이 부족하여 정상적인 발육을 하지 못하고 있다. 나는 대농이가 뱃속에서 너무도 시장하여 허우적거리는 것을 자주 느낀다. 어쩌다 내가 식사를 맛있게 많이 먹으면, 대농이도 편하고 안정이 되는 경험을 많이 한다."

이렇게 어려운 시기에 대농이 엄마가 대농이를 임신한 건 의도적인 결과가 아니었다. 그 시절에는 '피임' 이라는 단어조차 없었고, 피임을 아는 국민들도 없었다. 대부분의 부부들이 평생 6-9명의 자식들을 출산하고 키우는 세상이었다. 대농이 엄마는, 배고프고 어려운 시절에 임신을 한 사실을 즐거워하지 않는다. 엄마는 너무 배고프고 힘들 땐,

"또 임신을 한 게 지긋지긋하다. 지금도 먹고 살 양식이 없는데, 식구가 한 명 더 느는 것은 원치 않는다. 다섯 번째 임신은 후회 한다."

는 말을 여러 번 했다.

임오년1942, 말띠 해라는 한해를 짐승같이 살았어도 세월은 빨리 흘렀다. 아침저녁으로 서릿발이 내리고, 썰렁한 바람이 초가삼간 집 문풍지를 울리는 초겨울이 왔다. 대농이네 가족들이 겨울에 먹을 곡식을 걱정할 때, 대농이는 엄마 배를 가르며, 고고의 울음과 함께 세상에 출생했다. 엄마의 다섯 번째 출산이었다. 아들이었다. "응애~애!, 응애~

애!....”

하는 갓난애 울음소리가 우렁차지 않았다. 몸도 왜소해 보였다. 가느다란 울음소리는 계속되고, 손발도 계속 허우적거렸다. 엄마는 갓난애를 안고 젖을 빨리며 울음을 달랬다. 그러나 엄마의 양쪽 젖에서는 젖이 나오지 않았다. 갓난애는 엄마의 젖이 빈 젖이라는 사실을 알아차리고 젖꼭지를 뱉어 버렸다. 울며 보채는 비상신호를 계속했다.

“응애!, 응애!, 응… 응…?”

울며 보채다 기진한 갓난애는, 제풀에 지치고 늘어져 신음했다. 한 시간이 지나자 갓난애는 힘없는 신음소리만 간헐적으로 보냈다. 이 광경을 목격하던 대농이 아버지는, 비호飛虎처럼 안방 문을 박차고 밖으로 나갔다. 한 시간 후, 대농이 아버지는 쌀 한 가마니를 지게에 지고 들어와 마루에 내려놓았다. 농토가 많은 부자 집에서 장릿쌀을 얻어온 것이다. 대농이네 가족 일곱 명은, 대농이 덕분으로 이제 굶주림 없는 겨울을 지낼 수 있었다. 내년에 갚아야 할 빚은 많아졌지만 양식은 확보되었다. 그래도 대농이는 못마땅한 게 많았다. 엄마 젖을 실컷 빨아도, 젖은 시원하게 흘러나오지 않았다. 대농이 머릿속은 항상 무엇인가 부족하고, 허전하고, 짜증스러웠다. 그래서 울고 보채는 것이다. 대농이 가족들은

“갓난애라 그렇다.”

며 일단 지나쳐버렸다.

그러나 문제는 그리 간단한 게 아이었다. 대농이네 가족들은 백일도 되기 전에, 대농이가 ‘문제아’ 라는 사실을 알았다. 대농이는 체격과 체중이 약간 작을 뿐, 외관상으로는 별다른 이상이 없어 보였다. 그러나 대농이가 갓난애로 하는 행동에는 문제가 있었다. 출생 백일이 가까워져도 웃음 한번 웃지 않았고, 옹아리 한번 하지 않았다. 젖을 빨다 울며 보채고, 기진하면 잠을 자는 게 전부였다. 가족들이 가슴에 안고 얼러 봐도 눈 한 번 맞추지 않았다. 항상 경계적인 눈초리로 사방을 살펴보다 울어버린다. 함께 놀아주려던 가족들은, 더 큰 강짜가 나올까봐 얼른 방바닥에 눕혔다. 가족들은 대농이 때문에 긴 겨울을 웃음도 모르고 살았다. 그래도 엄마는 대농이를 안고, 안방과 마루를 서성이며 긴 겨울을 보냈다.

가난한 사람들에게는 너무 지긋지긋 했던 겨울이었다. 강추위 속에서도 세계적 전쟁인, '제2차세계대전' 은 계속 되었다.

삼월이 되자 봄볕이 부드러웠다. 대농이네 뒤란 장독대와 울타리에도, 노오란 개나리와 산수유가 꽃망울을 터뜨렸고, 앞산엔 울긋불긋 진달래가 피었다. 새해는, 한일합방 후 일본의 식민지 통치가 삼십삼1943 년째 계속되는, 계미癸未년이었다. 일본, 독일, 이태리 등 추축국樞軸國과 미국, 영국, 러시아 등 연합국聯合國 간에 벌어지고 있는 세계대전은 더욱 치열하게 계속되었다. 화약 냄새가 한반도를 뒤 덮고, 많은 젊은이들이 계속 희생되었다. 그래도 울며 보채기를 계속하는 대농이의 짜증스런 행동은 변함이 없었다.

대농이 가족들은 대농이를 "울보" 라고 불렀다. 마을 사람들도 이제 대농이가 울보라는 사실을 안다. 할머니들은, 울며 크는 애가 한둘이 아니다, 라고 가볍게 넘겨버리기도 했다. 어떤 할아버지는, 울며 크는 애가 커서 잘된다고 위로하기도 했다. 대농이 가족들은 마을 사람들의 이런 평가에 별다른 반응을 보이지 않았다. 부모들은,

"대농이가 뱃속에 있을 때, 영양공급이 너무 부족했었나보다."

라고 대답하고 넘겼다.

겨울과 봄을 지낸 대농이는 많이 컸다. 정상적으로 여섯 달이 지난 남의 아기들 보다 약간 체구가 작지만, 그런대로 젖만 잘 주면 별다른 문제점은 없었다. 배가 고프거나 짜증이 날 때, 울며 보채는 행동만 여전했다. 여름과 가을은 대농이가 세상에 태어나 가장 풍부하게 영양을 공급받은 계절이었다. 대농이의 '울보' 행동에도 변화가 왔다. 이제 대농이는, 시도 때도 없이 울고 보채는 게 아니라, 무엇인가 부족하거나 불만족스러울 때 울음을 터뜨린다. 한번 터진 울음은 오래간다는 게 특징이었다. 엄마는 이미 대농이의 이런 변화를 예견하고 있었다. 엄마는,

"대농이의 특유한 '울보' 행동이, 뱃속에 있을 때 너무 얻어먹지 못해, 생존을 위해 벌리는 투쟁鬪爭이다."

라고 항상 말했다. 엄마는 마을 아낙네들에게

"태교胎教가 얼마나 중요한 것인지를 대농이 임신 때 절실하게 경험했

다. 지긋지긋한 전쟁과, 일본놈들의 가렴주구苛斂誅求정책, 수탈收奪행위 때문이다. 뱃속에서 너무 얻어먹지 못해 '스트레스'가 몸에 배서 그런 것이다. 전쟁 땐 다섯 식구 먹여 살리기도 어렵다. 아이를 더 이상 낳지 않을 방법이 있었으면 좋겠다."

라며 열을 올리곤 했다.

풍요로운 가을이 왔다. 앞들에선 누우런 벼이삭이 익어가고, 고추잠자리들은 맑고 푸른 하늘에서 군무群舞를 펼쳤다. 탐스럽게 매달린 사과, 배, 포도 같은 과일들은 인간들의 마음을 풍성하게 만들었다. 그러나 대농이 부모들은 달랐다.

즐거운 마음을 가질 수 없었다. 지난겨울에 꾸어 먹은 쌀을, 고리채로 계산하여 갚아야 하기 때문이다. 뒷산 골짜기에 다랑이 논畓 세마지기가 있어, 추수를 하면 쌀 여덟 가마니를 수확할 수 있다. 그러나 여기저기 진 빚을 갚고 나면 얼마 남지 않을 것이다. 또 힘든 겨울나기가 훤히 내다보였다. 서릿발이 내리는 시월도 꼬리를 보이고 있다. 바람도 차가워졌고, 추수가 끝난 들판도 썰렁하기만 했다. 대농이의 첫돌날도 며칠 남지 않았다. 대농이 엄마는,

"내년 이월이면 또 장릿쌀을 얻어야 한다. 가난뱅이 생활도 이제 지겹다. 일본인들의 수탈행위도 더욱 기승을 부릴 게 뻔하다."

라며 신세한탄을 했다. 엄마는 대농이를 안고 안마당을 서성거리며 내년 봄 보릿고개를 걱정하고 있었다.

대농이 엄마가 양식 걱정하고, 우울증憂鬱症에 빠진 이유는, 부족한 양식糧食뿐만 아니다. 대농이의 '울보' 행동도 그렇지만, 앞으로 몇 명의 자식들을 더 낳아야 할 지 알 수 없고, 겨울에는 남편마저 곁에 없는 등, 여러 가지가 쌓여 생긴 증세다.

대농이 아버지는, 해마다 농한기를 이용해 오일장터를 돌아다니며 행상行商을 한다. 남들은 편히 노는 겨울이지만, 대농이 아버지는 생활비를 마련하기 위한 비상수단을 동원해야했다. 대농이 아버지는 한번 행상을 나가면, 열흘이나 보름 만에 집에 들러 생활비를 내놓곤 했다. 장사가 아주 잘되어 며칠 만에 집에 오는 경우는 드물었다.

오늘은 대농이 엄마의 이런 복잡한 심경心境이, 대농이의 울음소리와 함께 증폭되어 커다란 태풍을 만들어 냈다. 먹을 것도 없는데 자식은 다섯 명이나 되고, 가난에서 벗어날 구멍은 보이지 않았다. 곁에는 남편조차 없어 늘 외로움을 느꼈다. 쓸쓸한 자신을 가눌 수 없는 대농이 엄마는 안방에서 울어대는 대농이를 집어 안았다. 대농이는 엄마 품에 안기자 거칠게 보채며 소리쳐 울었다. 엄마의 천둥 같은 외침이 몇 십 년 만에 터졌다.

"울지마!, 울지마!, 울지마!,"

를 외치며, 엄마는 미치광이처럼 대농이를 흔들었다. 대농이의 반사적인 울음소리도 더욱 더 커졌다. 대농이 엄마는 제 정신을 찾을 수 없었다. 울어대는 대농이를 이리저리 흔들며 마루를 뛰어다니고, 방을 빙빙 돌았다.

"울지마!, 뚝!, 그쳐!, 그쳐!"

"응애!, 응애애… 응애애…"

모자의 목소리는 싸움으로 변했고, 전쟁으로 발전했다. 그 순간 하늘이 무너졌다.

"죽어!…어…엇!" 하는 괴성과 함께, 엄마의 오른발이 대농이의 목을 누르고 있었다. 대농이의 울음소리는 없어졌다. 대농이는 움직이지 못했고, 손발은 힘없이 늘어져있었다. 대농이의 입안에서는 동글동글한 거품이 나오고 있었다.

엄마도 대농이 와 동시 나자빠져 대농이 곁에 벌렁 누었다. 입술 밖에 대농이와 같은 거품이 새어나와 비눗방울처럼 쌓였다. 엄마의 흰 눈동자는 천정을 향해 고정되어 있었다. 해는 이미 서산에 지고, 땅거미가 대농이네 안마당을 뒤덮고 있었다.

어둠 속을 헤치고, 행상에 나섰던 대농이 아버지가, 귀가했다. 지난 오일 간, 오일장터를 돌며, 후춧가루를 팔았다. 장사가 제법 잘 됐다. 대농이 아버지는 욕심을 내지 않고, 일단 귀가하여 생활비를 내놓을 심산心算이었다. 대농이 아버지가 안방에 도착한 건, 천둥과 벼락이 안방을 스쳐 간 지, 한 시간 후였다.

"대농아! 방에 없니?"

"......... ? "

고등보통학교를 졸업한 대농이 아버지는, 남다른 지식과 민방의술을, 처자식에게 발휘해야 했다. 아버지 머릿속엔, 아내가

"비렁뱅이 가정에 식구가 너무 많아 힘들다."

고 하소연 했던 생각이 떠올랐다. 첫돌을 앞두고 있는 대농이는, 너무도 험난한 삶의 '첫 번째 죽을 고비'를 아슬아슬하게 넘겼다.

＊첨부 : 한일합밥방 연대표(참조 : 285쪽)
＊낱말풀이(참조 293쪽)

〈 수필 〉

'디디티' DDT와 페니실린

팔월 중순은 더웠다. 박대농朴大農이는 열대야로 밤잠을 설치고 이리둥글 저리둥글하고 있었다. 동창이 밝았는데도 형은 아직도 꿈나라를 헤매고 있다. 안마당과 부엌에서 인기척이 들렸다. 아버지 박무봉朴舞鳳 께서 마당에서 농기구를 챙기고, 셋째누나 숙희가 부엌에서 아침밥을 준비하는 소리였다. 대농이도 일어나 밖으로 나왔다. 마루에 앉아 아버지가 일하시는 모습을 구경했다. 조금 후, 안방에서 둘째누나 효숙이 대농이 남동생을 안고 나왔다. 대농이는 다섯 살이고, 남동생은 두 살이다. 시집간 큰누나까지 합치면, 대농이네 가족은 모두 여덟 명이다. 대농이는 많은 식구 중에서, 효숙 누나가 제일 예쁘게 생겼다고 생각한다. 효숙 누나는 서울에서 사는 데, 얼굴이나 손발이 모두 하얗고 예쁘다. 시골 농민들처럼 검붉은 피부가 아니다. 효숙 누나는 말하는 방법도 다르다. 사투리도 쓰지 않고, 속도가 느리며, 점잖게 말한다. 마루에 앉은 효숙 누나가 먼저 대농이에게 말했다.

"대농이 몇 살이지?" 누나의 얼굴엔 웃음이 가득했다.

"다섯 살이유." 대농이도 처음으로 효숙 누나의 얼굴을 가까이서 뜯어봤다.

"여덟 살 되면 국민학교에 들어가야지?"

"...... ?" 대농이는 침묵했다.

"왜 학교 다니기 싫으니?"

"멀어서 싫어, 다리아파. 엄마하고 같이 학교 다닐 수 있어?"

"며칠만 다니면 다리 안 아퍼. 다른 애들하고 함께 다닐 건데 뭐."

효숙 누나는 대농이를 안심시키고, 대농이가 아직도 심리적인 안정을 찾지 못하였다, 고 생각했다. 어제 밤, 어머니에게 들은 사실을 그대로 확인할 수 있었다. 그래도 엄마 뱃속에서부터 제대로 얻어먹지 못해, 갓난애 시절을 울고 보채며 보냈던 대농이 치고는, 상상 이외로 정상에 가깝다고 생각했다. 효숙 누나는 부모님의 애간장이 새카맣게 탔을 거라고 생각했다. 효숙 누나는 서울에 사는 아저씨네 집에서 산다. 아저씨는 내과의사로 병원을 경영하신다. 효숙 누나는 병원일도 돕고 집안일도 돕는다. 어제, 삼년 만에 휴가를 얻어 고향집에 내려왔다.

가족들의 아침식사가 시작되었다. 남자들 밥상엔 세 명이고, 여자들 밥상엔 네 명이었다. 대농이 남동생을 엄마가 안고 있기 때문이다. 시집간 큰누나만 빠진 것이다. 오늘 아침밥은 셋째누나 숙희 혼자 지었다. 부엌일을 떠맡고 있는 숙희 누나의 얼굴은 항상 피곤해 보였다. 그래도 오늘은, 아버지가 삼백 미터 떨어져 있는 우물에서 식수를 물지게로 길어 오셨다. 아버지가 안계시면, 숙희 누나가 직접 물동이를 머리에 이고 식수를 산 밑 우물에서 길어온다. 어느 날, 숙희 누나는 물동이를 머리에 이고 오다 넘어져 얼굴을 다쳤다. 지금도 그 흉터가 남아있다.

팔월 중순의 농촌은, 바쁜 농사일에서 벗어나 충분한 휴식을 취할 수 있는 계절이었다. 대농이네 가족들은 오늘 효숙 누나에게 서울 소식을 듣는 자리를 마련했다. 안마당 정자나무 밑에 멍석을 깔고, 온 가족이 둘러앉아 참외와 수박을 먹으며 이야기꽃을 피웠다. 여름방학 중이라 모처럼 전 가족이 모인 자리가 되었다. 대농이는 이야기들을 듣기만 했다. 이해할 수 있는 이야기가 거의 없었다. 대부분 이 년 전에 있었던 일본으로부터의 해방解放에 관한 이야기였다. 제이차세계대전 때, 미국의 원자폭탄 투하로 일본 천황天皇이 무조건 항복1945.8.15하여, 삼십육 년 간 계속되었던 일본의 '식민지통치'가 종식되었다는 내용이었다. 당시 우리나라 국민들은 한반도 전체를 만세와 함성으로 뒤덮었다. 도시마다 농촌마다 얼싸안고 춤을 추는 인파로 넘쳐났고, 풍물놀이패들의 흥겨운 춤사위가 삼천리 방방곡곡을 누볐다.

그런데 오늘 둘째누나가 서울 이야기 하는 걸 들어보니 그 게 아니었다. 효숙 누나가 말했다.

"일본 제국주의 강점기强占期가 끝나자, 남한에는 일본, 중국, 삼팔선

이북以北으로 부터 몰려드는 동포들로 실업자가 들끓었다. 새로운 우리나라를 세워 통치세력으로 부상하려는 정파政派들도, 우후죽순雨後竹筍격으로 생겨났다. 이들은 서로 헐뜯고 분열하며 데모, 파업, 살인을 일삼아, 무정부상태가 계속되었다. 뿐만 아니라, 연합군 중 미국 군인들이 남한을 다스리고, 소련 군인들이 북한을 통치하는, 이른바 군정軍政이 삼년 기한으로 시작되었다. 일본 식민지시대가 외국 군인들의 군정으로 이름만 바뀐 것이다."

대농이 아버지는 하루 종일 나라 걱정만 했다. 아버지는, 다음날 군청, 경찰서, 대학, 종합시장들이 있는 읍내邑內를 다녀왔다. 이곳저곳을 다니며 조국이 돌아가는 형편을 파악하고, 신문도 세 개나 구해왔다. 농촌사람들이 모르는 여러 가지 정세를 파악할 수 있었다.

전쟁에서 승리한 연합국 측은, 우리나라의 혼란사태를 미리 예견했다. 미국, 영국, 소련은 외상들이 참석하는 '모스크바삼상회의'를 개최1945.12.27하고, 한국을 독립국가로 성장시키기로 했다. 자립능력이 없는 우리나라를, 미국, 영국, 중국, 소련이 몇 년간 다스려주는 신탁통치信託統治를 한 다음, 독립정부를 세워 넘겨주기로 합의했다. 이런 합의사항을 이행하기 위해, 미국과 소련 대표들이 참석하는 '미소공동위원회'가 두 번이나 서울 덕수궁에서 개최1946.2.20되었다.

한편 미국과 소련은 한반도를 북위 삼십팔도38선을 기준으로 양분하여, 남쪽以南은 미군이 주둔하고, 북쪽以北은 소련군이 주둔한다고 합의했다. 미국은 '하지Hodge' 중장이 이끄는 육군 제24군단을1945.9.8 서울에 입성시켰다. 미국 군인들이 우리나라를 다스리는, 군정軍政이 시작된 것이다. '하지' 중장은1945.9.9 중앙청에서 일본 군인들로 부터 항복문서를 서명 받았다. 또한 '하지' 중장은 미국육군 제7사단장 '아놀드Arnold' 소장을 군정장관에 임명하고 공식적인 군정을 시작했다. 소련도 북위 삼팔도선 이북以北 지역에 진주進駐1945.8.22하여 공식적인 군정을 시작하고 조선민주주의인민공화국, 즉 북한을 탄생시켰다.

그러나 박무봉씨가 생각하는 문제점은 미국 군정 자체가 아니었다. 우리나라를 완전한 독립국가로 성장시킨 다음, 모든 권력을 한국인들에게 넘겨주려는 미국과 국제연합UN의 계획은, 고마운 것이고 우리민족이 바라고 있었던 희망사항이었다. 문제는, 이런 혼란의 기회를 이용하여 자신들이 정권을 잡으려고 패거리지어 날뛰고 상대방을 쓰러뜨리는 야욕이었다. 좌익과 우익으로 갈라져 이념대결을 일삼는가 하면, 데모, 파업, 살인까지 자행하며, 해방된 조국을 무정부상태로 몰고 가는 우리민족에게 문제가 있었다. 근로인민당 당수가 반대파에게 암살1947.7.19당한 게 분명한 사례였다. 미국은 그런 미래를 예측하고 군정을 시작한 것이었다.

특히 무봉씨가 못마땅하게 생각하는 건, 일차 미소공동위원회1946.2.20와 이차 미소공동위원회1947.5.20를 바라보며, 신탁통치를 찬성하는 정파와 반대하는 정파들이 대립하고, 민족 분열을 자초하는 동향이었다. 자율정부파, 신탁통치 반대파, 좌우합작 중간파, 중간파, 좌익계左翼系 등 다섯 계파가 넘었다.

무봉씨는 해방 후 방황하고 있는 남한사회 혼란실태를 마을회의 때 동네사람들에게 알렸다.

"남한은 지금 일본인들이 빠져나가 자본, 기술, 운영능력이 부족하여 경제가 비틀거리고 있는 형국이다. 경제난국에 정치적, 사회적 난국까지 겹쳐, 글자 그대로 무정부상태無政府狀態가 계속되고 있다.

일본에게 삼십육 년간 억눌리며 살아왔던 고생을 모두 잊은 사람들 같이 보인다. 권력을 손아귀에 넣으려는 세력 때문에, 네 집 식구나 내 집 식구나, 남자나 여자나, 어른들이나 애들이나, 모두 불쌍하게 되었다. 특히 배고프면 찢어지는 소리로 울어대는 자식들이 불쌍하다. 불행 중 다행으로, 미국과 국제연합이 힘을 합해, '한국독립정부수립문제'를 UN총회에 회부1947.10한 사실에, 실 날 같은 희망을 걸고 있는 실정이다." 라고 강조했다.

다음날 오후 대농이는 엄마와 함께 건너 마을로 밀가루 방아를 찧으러 갔다. 방앗간은 냇물과 신작로를 건너, 오리3Km정도 거리에 있다. 엄마는 밀알이 한 말 들어있는 함지를 머리에 이고, 대농이는 엄마 뒤를 따라가며 말벗을 했다. 동구 밖 산모퉁이를 돌아가자, 대농이는 칭얼거리기 시작했다.

"엄마, 다리 아퍼."

하는 소리를 연발했다. 엄마는 모든 재치를 동원하여 대농이를 달랬다. 냇물 가에 도착하자 대농이는 완전히 주저앉았다. 대농이는

"다리 아퍼 못가겠다. 신발 벋고 냇물을 건너기가 싫다."

며 강짜를 부렸다. 대농이는 엄마가 등에 업고 냇물을 건너 준다 해도 무조건 반대였다. 엄마는 긴급카드를 꺼냈다.

"집에 가면 네가 보채며 엄마 속을 썩였다고, 효숙 누나에게 일러주겠다."

고 대응했다. 이 말을 들은 대농이는 울음을 뚝, 그치고 일어나 엄마 등에 업혔다. 건너 마을은 대농이 동네 보다 훨씬 컸다. 처음 보는 방앗간은 엔진 소리로 시끄럽고, 천장天障 여기저기서 피대皮帶 돌아가는 소리도 요란했다. 대농이는 신기했다. 벼가 쌀이 되어 떨어지고, 보리가 보리알로 변해 쌓였다. 그런데 엄마가 머리에 이고 갔던 밀알들은 분가루처럼 하얀 가루로 변하여 둥근 함지를 가득 채웠다. 대농이는 호기심이 가득한 얼굴을 하고, 엄마에게 많은 질문을 했다. 엄마는

"다리는 아팠어도, 좋은 구경 많이 했지?"

하고 방앗간 이모저모를 설명해 주었다. 눈 같이 하얀 밀가루를 검지 손가락으로 떠 대농이 입에 넣어주었다. 대농이가 더 먹겠다고 하여, 엄마는 밀가루를 또 한 손가락 떠 대농이 입에 넣어주었다. 엄마와 함께 방앗간 이야기를 하며, 집으로 돌아오는 대농이는 다리 아프다는 소리를 하지 않았다.

다음날, 무봉씨와 대농이 누나 두 명은 함께 읍내로 갔다. 오 일마다 열리는 장날이었다. 무봉씨는 길가에서 후추가루를 파는 행상行商을 했다. 누나 두 명은 모처럼 읍내 시가지를 돌며 구경을 했다. 아버지가 사주신 양말, 옷, 생선, 채소, 고기 등을 들고 점심식사도 했다.

한편 대농이 엄마는 오전에, 옆집 아줌마의 다친 손등을 치료해 주었다. 효숙 누나가 서울서 좋은 약을 가져왔다는 소문이 빠르게 퍼져, 가끔 농사일로 다친 주민들이 대농이네 집을 찾아오곤 했다. 대농이 엄마는

구급약통을 열고 상처를 소독하고, 연고를 바른 후, '거즈' 로 덮어, 붕대를 감은 다음 반창고로 마무리 했다. 대농이 엄마에게 치료를 받은 농민들의 반응은 좋았다. 특히 '디디티' 와 '페니실린' 은 특효약이라고 소문이 자자했다. 현대 의약품을 처음 구경하러 오는 주민들도 몇 명 있었다. 효숙 누나 덕분으로 대농이 엄마는 주민들에게 의사 소리도 듣는다. 당시 농민들은 몸에 상처를 입으면, 환부에 약쑥 잎을 찢어 바르고 헝겊으로 동여매곤 했다.

구급약통에는 페니실린, 붕대, 거즈, 연고, 요도액, 핀셋, 가위, 반창고 등 이 가지런히 정리되어 있다. 효숙 누나는 구급약통 말고도, '디디티' 한 깡통도 가져왔다. 디디티DDT는, 무색 결정성 가루로 제2차세계대전 이후 방역용, 농업용으로 사용되는 살충제다. 대농이 엄마는 아까운 '디디티' 를 살충제로는 사용하지 않고, 사람들의 옷과 머리에 기생하는 이를 잡는 데만 사용하고 있다. '페니실린' Penicillin은 푸른 곰팡이류를 배양하거나 합성하여 얻은 항생물질抗生物質이다. 폐렴, 단독, 패혈증, 매독 같이 치료하기 어려운 병에 특효特效가 있어, 인간이 발명한 혁명적 약품으로 평가 받고 있다. '페니실린' 은 근육주사로 사용되지만, 가루를 상처 부위에 뿌려도 탁월한 효과를 발휘했다.

대농이는 아침부터 심심했다. 누나들은 읍내 갔고, 형은 친구들과 놀러 나갔다. 엄마는 남동생을 등에 업고 바깥마당 끝에 있는 텃밭에서 고추를 따고 계시다. 저녁상 차릴 준비를 하시는 것이다. 외톨이가 되어 마루에 앉아 있던 대농이가 큰일을 저질렀다. 대농이는 마루 끝에 놓여있는 깡통에서 하얀 '디디티' 가루를 퍼먹었다. 심심하여 밀가루로 알고 한 순갈 퍼 먹었다. '디디티' 가루는 효숙 누나가 서울서 구급약과 함께 가져온 것이다. 대농이 엄마가 오전에 옆집 아줌마의 다친 손등을 치료하고, '디디티' 를 구경시켜준 후, 뚜껑을 완전하게 덮지 않은 게 화근이 되었다. 대농이는 복통을 호소하며 뒹글고 소리쳤다. 토하기도 했다. 응급사태가 벌어졌다. 시간이 지나자 대농이는 기진해 크게 울지도 못하고 눈만 깜박이는 증세로 변했다. 입가에선 계속 침이 흘러내렸다. 엄마는 대농이를 등에 업고 이장님 집으로 달려갔다. 서둘러 소달구지 편으로 읍내 도립병원으로 출발했다.

도립병원으로 가는 길은 멀었다. 두메산골 농촌에서 걸어가는 이십 리 길이었다. 당시는 '버스'도 없고 승용차도 없는 시절이었다. 대농이네 마을 칠십여 가구 중 '라디오'나 전화가 있는 집이 없었다. 소달구지를 뒤따라가는 어머니 최향순 씨는, 목이 타고 숨이 막힐 지경이었다. 수시로 대농이 손을 잡아보고, 이마도 짚어보는 어머니의 가슴은, 새카맣게 타들어갔다. 대농이가 토하지도 않고 가끔 깜박이던 눈조차 감았기 때문이었다. 소달구지는 응급환자를 이동시키기에 너무 애타는 교통수단이었다. "얼마나 더 가야하나?"

어머니의 머릿속은 온통 도립병원뿐이었다. 그러나 아직도 한 시간을 더 가야 하는 지점이었다. 이제 대농이 어머니도 제정신이 아니었다. 소달구지를 모는 이장님께

"좀 더 빨리 갈 수 없나요? 얼마나 더 걸리겠어요!"

하는 질문만 앵무새처럼 반복했다. 그나마 기진맥진한 목소리였다. 이장님은

"이랴! 이놈의 소, 어서가자."

고 재촉하며 고삐를 당겼다. 대농이는 인기척도 못하고, 이장님과 어머니는 소를 재촉하며 하며 걷고 또 걸었다. 소달구지가 읍내 시장 입구에서 무봉 아버지를 만났을 땐, 대농이 엄마는 맨발이었다. 신발 두 짝은 벌써 한 시간 전에 엄마 발을 떠났었다. 대농이 아버지도 소달구지와 함께 도립병원으로 갔다. 대농이는 도립병원 응급실 침대로 옮겨져 응급조치를 받았다. 효숙 누나와 숙희 누나도 합류했다. 가족들은 숨을 죽이고 의사와 간호원들의 행동거지만 살폈다. 서울서 병원 근무를 하는 효숙 누나는, 대충 병원 측의 환자처리 내용을 알 수 있었다. 대농이는 힘겹게 위장과 내장을 세척했다. 이제 대농이는 '링거'를 통해 영양제와 안정제를 보충 받고 있는 상태였다. 대농이는 눈을 감고 휴면을 취하고 있었다.

어느덧 도립병원 마당을 뜨겁게 달구던 한여름 햇볕도 사라졌다. 병원 근무자들도 교대로 저녁식사를 마쳤다. 효숙 누나가 부모님들의 귀가를 종용했다. 효숙 누나는 동생 숙희와 함께 밤새워 대농이를 보호하겠다고

제의했다. 둘째 딸의 말이 떨어지기 무섭게, 향순 엄마의 불호령이 떨어졌다.

"안 된다! 안 돼, 대농이가 눈을 뜰 때까지 나는 이 자리를 지킬 것이다. 너희들이나 집에 가서 쉬어라."

라고 소리치며 의자에 털썩 앉았다. 아버지 무봉 씨도 조건반사적으로 아내의 심산心算을 알아차렸다. 대농이가 엄마 뱃속에 있을 때, 아내가 걱정했던 말들이 주마등처럼 머릿속을 스쳤다.

"가난에 찌들려 젖도 나오지 않는다. 어린애 키우기가 너무 어려운 세상이다. 자식을 더 이상 낳지 않을 수 있는 방법이 있었으며 좋겠다. 생활고 때문에 아등바등했어도, 뱃속의 아기는 정상적으로 발육하지 못했다."

고 푸념했었다.

대농이가 출생하여 돌도 지나기 전에 어린애 목을 밟았던 아내였다. 무봉 씨는 아내가 더 이상 대농이에게 죄를 지을 수 없다는 결연한 의지를 밝힌 것이라고 읽었다. 이번에는 아버지가 가족들에게 말했다.

"그럼 오늘밤 대농이 보호는 엄마와 효숙이가 하고, 나는 숙희와 집에 가 자고 아침에 오는 것으로 하자."

효숙이도 아버지의 말씀에 동의했다. 그날 밤 초저녁에, 대농이는 응급실에서 중환자실로 옮겨졌다. 효숙 누나는 밤새 엄마의 마음을 달랬다.

"대농이 걱정하지 마시고, 엄마나 좀 주무시라."

고 앵무새처럼 달랬다. 그러나 엄마도 딸에게 한 발짝도 물러서지 않았다.

"대농이가 눈을 뜰 때까지는, 한 발짝도 물러 설수 없다."

고 다짐했다. 그날 밤, 최향순 엄마와 박효숙 누나는, 이 세상에서 가장 긴 밤을 뜬 눈으로 새웠다. 팔월 중순의 짧은 밤이, 동지섣달 긴긴 밤보다도 더 길고 지루했다. 아침이 훤하게 밝았다. 엄마는 아직도 대농이 손목을 꼬옥 잡고 있었다. 대농이 맥박을 살피고 있는 것이었다. 아버지 무봉 씨도 저전거로 일찍 도착했다. 그러나 대농이는 아직도 그대로였다. 눈을 뜨지 못하고 있었다. 효숙 누나가 대농이 맥박을 살펴봐도 정상이었다. 체온도 좋았다. 이제 효숙 누나도 불안기가 들기 시작했다. '식물인간' 같은 불길한 생각이 들었다. 도립병원 직원들의 오전일과가 시작되었다. 의사 선생님들이 회진을 오셨다. 수간호원으로부터 대농이의 병세를 보고 받은 의사 선생님은

"가벼운 '충격치료'를 검토해 보겠다."

는 의견을 제시했다. 가벼운 충격치료! 효숙 누나는, 맥박과 체온이 정상적인 대농이가 수면제 효과로 잠에서 깨어나지 못하고 있는 상태라면, 그런 조치도 좋은 처방이라는 생각이 들었다. 바로 그때, 대농이 오른손가락에서 가늘게 진동이 왔다. 효숙 누나가 발견했다. 효숙 누나는 자신도 모르게

"의사 선생님!"

하고 불렀다. 의사 선생님도 대농이의 손가락을 내려다보았다. 분명한 진동이었다. 손가락들의 진동은 점점 커지고 퍼져나갔다. 많은 사람들이 숨을 죽이고 응시하는 긴장된 분위기 속에서, 대농이는 온 몸에 힘을 주기 시작했다. 몸부림이었다. 삶과 죽음의 모진 싸움을 거쳐 대농이는 움직이고 눈을 떴다. 대농이가 '두 번째 죽을 고비'를 넘기는 순간이었다. 일초의 간격도 없이 높은음계의 울음을 터치는 엄마! 그 소리는 울음이 아니고 차라리 희열의 절규였다. 엄마! 소리와 함께 효숙 누나도 엄마 가슴속에 머리를 묻었다. 의사 선생님은 대농이의 병상기록부, 차트Chart에 "금일 오전 중 퇴원."이라는 처방을 내렸다. 아버지 무봉 씨의 고맙다는 인사를 받으며 담당의사 일행은 중환자실을 나섰다. 엄마 뱃속부터 굶주렸던 대농이는, 다섯 번째 생일을 두 달 앞두고, 벌써 두 번째로 가족들을 울렸다. 오늘도 아버지 무봉씨는, 자식들이 너무 어려운 시대에 태어나, 죽을 고비를 많이 넘긴다고 불쌍히 여겼다.

* 첨부 : 미국군정 통치시대 연대표(참조 282쪽)
* 낱말풀이(참조 294쪽)

〈 수필 〉

진눈깨비

소한을 며칠 앞둔 일월 초순이었다. 아침부터 짙은 진눈깨비가 내렸다. 박대농은 기분이 쭈그러진 상태에서, 가족들이 짐을 꾸리는 구경을 했다. 아버지 박무봉은 지게에 이불 같은 침구와 식사도구를 잔뜩 챙겼다. 어머니는 두 살 된 막내딸을 등에 업고, 손에는 아기 옷가지만 들 예정이다. 올 봄에 국민학교 삼학년이 될 대농이는, 책가방에 쌀 두 되만 넣고 등에 지고 갈 것이다. 대농이 형 박인농과 셋째누나 박숙희는, 봄에 국민학교 육학년이 될 예정인데, 생각보다 무거운 짐을 배당 받았다. 대농이네 가족 모두 점심식사를 한 후 집을 떠날 작정이다. 무봉 아버지가 큰소리로 말했다.

"인농이는 종농이네 집에 가, 출발 준비가 다 되었는지 알아보고 오너라."

박종농이는 아버지가 없고, 어머니와 대농이네 옆집에서 살고 있다. 오늘 대농이네 가족들과 함께 떠날 예정이다.

대농이네 가족은 아버지, 어머니, 숙희, 인농, 대농, 성농, 막동아기 등 일곱 명이다. 둘째누나는 서울 살고, 큰누나는 시집갔다. 가족들이 점심식사를 시작하자, 대농이 어머니는 마당으로 나가 흰둥이에게 밥을 주었다. 어머니는 흰둥이 머리를 쓰다듬으며

"식구들 없는 동안 너 혼자 잘 이겨내고 있어야한다."

라고 슬픈 표정으로 말했다. 흰둥이는 지난 육년 간, 대문 옆에서 대농이네 가족들을 잘 보호했다. 대농이네 가족들은 정든 흰둥이를 데려가지 않기로 했다. 목줄을 풀어 놓아 당분간 혼자 살도록 했다. 점심식사가 끝날 무렵 종농이가 어머니와 함께 왔다. 종농이도 인농이 처럼 올 봄에 국민하교 육학년이 될 예정이다.

무봉씨는 오후 한 시 정각에 피난避難길에 올랐다. 이른 아침부터 마을 사람들에게, 화급한 말투로 피난을 독려하던 국군國軍장병들은 보이지 않았다. 동구 밖 읍내邑內로 향하는 큰길은, 피난을 출발하는 마을 주민들로 가득했다. 모두 피난 보따리를 머리에 이고 등에 졌다. 소달구지에 짐을 싣고 가는 주민도 있었다. 진눈깨비가 하염없이 내려 피난민들의 마음이 더욱 을씨년스러웠다. 모두 한마을에서 살고 있는 농민들이지만, 오가는 인사들이 명랑하지 못했다. 서로가 걱정하고 주눅이 든 표정이었다. 시냇물을 건너 개오고개에 이르니, 국군과 유엔군UN軍이 능선을 따라 새카맣게 배치되었다. 헌병들은 고개 마루에서 피난민들을 검문했다. 모든 남자들에게 나이를 물었다. 젊은 남자들은 빼 내, 군인들과 진지陣地를 구축하고, 탄약운반, 보급품 수령, 전투지원활동 등을 하는, 부역대원負役隊員으로 차출했다.

국군과 유엔군은 남쪽으로 진격해 내려오는 중공군과 인민군을, 이곳 한반도 북위 삼십칠도37선에서 저지하기 위한, 이른바 '방어작전'을 준비하고 있었다. 며칠 후 이곳에서 커다란 전투가 벌어질 예정이다. 이런 작전계획 때문에 국군들이 전쟁터로 변할 지역 주민들을 미리 피난시키는 것이었다. 오늘 대농이는 개오고개를 넘어 자신이 다니는 '미럭국민학교'까지 오는 동안 많은 것을 보았다. 모두 농촌에서 볼 수 없는 것들이었다. 녹색 군복을 입은 국군장병, 키와 코가 큰 미군, 헌병, 총, 실탄, 지프차. 트럭, 대포, 포탄. 철조망, 대검, 참호 등 헤아리기 어려울 정도였다. 날마다 오가던 학교길이 이렇게 변할 줄은 미처 생각도 못했다. 대농이 일행이 국민학교에 도착하니, 운동장엔 이미 피난민들로 가득했다. 그러나 교실은 모두 군인들이 사용하고 있었다.

한국전쟁6.25전쟁이 시작된 지도 벌써 육 개월이 되었다. 지난해 새벽 1950.6.25.04:00 북한의 기습공격으로 시작된 전쟁은, 일진일퇴一進一退를 거듭했다. 전쟁 초기엔 인민군이 파죽지세破竹之勢로 낙동강까지 내려와, 나라의 운명이 풍전등화風前燈火 같았다. 그러나 국군과 유엔군의 반격으로, 빼앗겼던 서울이 수복收復되고, 국군은 평양을 거쳐 압록강과 두만강까지 진격했다. 그런데 뜻밖에도 '중화인민공화국' 군대라는 중공군中共

軍의 전쟁 개입으로, 국군과 유엔군이 또다시 남쪽으로 후퇴를 하고 있는 중이었다. 이른바 '일사후퇴' 1951.1.4 라는 것이다. 이런 전황戰況 때문에 방어작전이 준비되고 있는 것이다.

대농이네 마을도 그간 피해가 많았다. 인민군들은 농토가 많은 지주地主들을 잡아갔다. 나라에 충성한 사람들은 물론, 지식인들도 끌고 가, 산 밑에 구덩이를 파고 총살시켰다. 국군과 유엔군이 계속 북진하자, 인민군과 이들을 추종하던 주민들은 함께 북으로 도주逃走했다. 전쟁은 농촌 사람들을 이편저편으로 갈라놓았다. 마을 분위기가 삭막했다. 대농이는 지난 육 개월 간 인민군도 구경하고, 국군도 구경했지만 전쟁을 실감하지는 못했다. 그런데 오늘 전 가족이 진눈깨비 속에 피난을 가고, 개오고개와 학교운동장에서 놀라운 것들을 목격했다. 대농이는 공포스런 분위기로 잔뜩 주눅이 들었다. 대농이는 이제 모든 것이 무섭게 여겨졌다.

무봉씨는 학교 운동장에서 휴식을 취하며, 옆 동네 친구들과 모여 이야기하고, 세상 돌아가는 소식을 귀동냥하였다. 곧 이어 국군 정훈장교 두 명이 피난민들을 대상으로 대민홍보활동을 시작했다.

"피난길에 오른 주민 여러분! 불편을 끼쳐드려서 죄송합니다. '제2차 세계대전' 이 끝나자1945.8.15, 북한에 진주하였던 소련은, 윤엔 총회가 결의1948.1한 한반도 전체 총선거를 거부하고, '유엔한국임시위원단' 입국도 거절했습니다. 그 후 소련은 북한을 지원하여 공산주의 국가인 '조선인민공화국' 을 세워1948.9.9 주었습니다. 공산주의 국가들의 맹주猛主 역할을 하고 있는 소련은, 북한과 중국을 집중적으로 지원했습니다. 그들은 지난 오년 간 병력을 증강시키고 남침계획도 수립했습니다. 화력火力도 증강시키고, 최신형 전쟁 무기와 물자도 많이 도입했습니다. 북한은 금번 남침에 10개 사단 185,000명의 병력을 동원하였으며, 소련제 전투기YAK, 전차T-34, 장갑차, 자주포는 물론 특수부대까지 동원하여 후방을 공격하고 있습니다. 우리 국군과 유엔군은 '맥아더' 원수의 지휘로 인천상륙작전을 감행1950.9.18했습니다. 서울을 회복하였고, 시월에는 평양을 점령했으며, 압록강과 두만강까지 진격했습니다. 그러나 뜻밖에도 중공군의 전쟁 개입1950.11월으로 북한지역에서 철수했습니다. 이제 삼팔

38선에서 피아彼我가 밀고 밀리는 전투를 계속하고 있습니다. 이런 전황에 대비하기 위해, 국군과 유엔군은 이곳 북위 삼십칠 도선37에서 '삼칠선 연합 방위작전'을 준비하고 있습니다. 국민 여러분들의 고귀한 생명을 보호하기 위한 사전조치이오니, 불편하시더라도 잠시 남쪽으로 피난하셨다, 국군과 유엔군이 북쪽으로 진격하면 귀가해 주시기 바랍니다. 안녕히 다녀오십시오."

정훈장교의 연설은 씩씩하고 숙달된 어조였다. 피난민들은 "대한민국 만세!" "국군장병 만세!" "유엔군장병 만세!"를 각각 세 번씩 부르고 해산했다. 남쪽으로, 또 남쪽으로 내려가는 피난길엔 진눈깨비가 계속 내렸다. 다행히 눈이 길에 쌓이지 않아, 피난민들은 계속 남하할 수 있었다. 대농이네 일행은 읍내를 지나고 냇물을 건너, 해거름에 산골마을로 들어갔다. 무봉씨는 평야지대 마을보다 산골마을이 더 안전하다며 숙소를 정했다. 마을 마다 피난 간 사람들이 많아 빈집도 많았다. 숙소 걱정은 하지 않아도 되는 형편이었다. 저녁식사는 대농이 엄마와 종농이 엄마가 함께 지었다. 반찬이 없어 인농이, 종농이, 대농이, 세째누나가 함께 동네 주민들에게 얻어왔다. 어린 대농이는 형들을 따라만 다녔다. 네 명이 함께 다니며 대문을 두드리고 "피난민인데요, 반찬 좀 얻으러 왔습니다." 라고 외치면, 대부분 반찬을 주었다. 어려울 때 서로 돕고 사는 우리 국민들의 따듯한 동포애를 느낄 수 있었다.

저녁식사가 끝나자 마을 주민 한 분이 대농이네 가족을 찾아왔다. 마을 유지가有志家 같았다. 무봉씨는 반갑게 손님과 통성명通姓名을 하고, 많은 이야기꽃을 피웠다.

"국군과 유엔군이 압록강까지 진격하였는데, 중공군이 다시 1951.1월 전쟁에 끼어들어 인해전술人海戰術을 쓰며 내려온다지요?" 손님이 물었다.

"예, 양쪽이 삼팔선에서 대치하고 있데요. 이승만 대통령은 국군 작전 지휘권을 '맥아더' 유엔군사령관에게 이양했답니다."

무봉씨가 대답했다. 두 사람의 대화는 계속 이어졌다.

"국군과 유엔군이 '흥남철수작전'을 하여, 북한주민 98,000여 명이 남한으로 넘어와 자유를 찾았답니다."

"전쟁이 나기 전에도, 북한 주민 삼백300여 만 명이, 자유를 찾아 자진해 한국으로 내려왔었습니다."

"얼마 전에 인민군이 퇴각하면서 한국의 지식인, 지주, 정치인, 지도급 인사 등 85,000여명을 북한으로 데려갔대요."

"이번 중공군 개입도 국군은 미리 예상하지 못했던가 보죠. 중공군은 지난번1950.11에도 대공세를 폈었어요. 미군 제24사단도 전쟁 초기에 인민군에게 패했고, 사단장 '딘' 소장도 포로가 되었답니다."

"일본 식민지통치가 끝나자, 북한은 소련의 지원을 받으며 지난 오년간 남침을 준비했답니다. 소련은 공산주워 국가 맹주답게 '중화인민공화국' 도 지원하며 미리 유대를 강화했습니다."

"소련은 해방 이후 군사고문단 3,000여명을 북한에 두둔시켜 인민군을 훈련시키고 남침도 준비했대요."

"예, 미국이 전쟁 발발 당일6.25 재빨리 유엔 안전보장이사회를 소집하고, 군대를 파병하여 국군을 도와주고 있습니다. 그렇지 않았으면 나라를 빼앗길 뻔 했어요. 미국 '트류먼' 대통령은 '맥아더' 유엔군 사령관에게, 북한지역에 대한 군사작전도 허락1950.6.30했데요."

"그렇고말고요. 유엔은 한국정부 수립1948.8.15 전후에도 우리나라를 도와 줘, 총선거도 실시하고 정부수립도 한 거 아닙니까! 유엔은, 북한의 한국 침략 행위를, 유엔을 침략한 것이나 마찬가지라고, 안전보장이사회에서 결의1950.6.27 하였답니다."

무봉씨와 손님은 격이 높은 대화를 주고받았다. 그 손님은 다음날 아침 반찬을 많이 보내왔다.

다음날은 하늘이 맑았다. 다행히 눈도 쌓이지 않아 피난행렬들을 편하게 해 주었다. 무봉씨는 출발 전에 여자들에게 솜바지와 고깔 모형의 방한모자를 쓰게 했다. 남자처럼 보이게 위장한 것이다. 여자들이 인민군에게 적발되어 피해를 당하지 않도록 미리 변장한 것이다. 무봉씨는 피난길을 높은 산을 넘어가는 도로로 선택했다. 남북을 왕래하는 넓은 국도國道가 한 개 밖에 없어, 국도는 군용 차량만 통행하도록 정부가 통제하고 있었다. 대농이 일행은 높은 고지900m를 향해 출발했다. 차령산맥 지류支流의 산인데 길이 험했다. 농촌에만 살던 대농이에게는 너무도 고된 행군이었다. 고갯길은 험하고 힘 드는 것만이 아니었다. 가끔 누구인지 알 수 없는 송장들이 길가에 방치되어 있었다. 이미 부패한 시신도 많았다. 그런 상황이 올 때마다 무봉씨는, 발길을 멈추고 뒤돌아서 가족들에게 외쳤다.

"모두 고개를 왼쪽으로 돌리고 걸어라!"

"이번에는 고개를 오른 쪽으로 돌리고 걸어라!"

고 외쳤다. 추한 장면을 가족들에게 보이지 않으려는 부성애의 발로였다. 깊고 험한 산에는 대농이가 보아서는 안 될 전쟁의 상처들이 많았다. 심지어 엄마가 아기를 안고 굶어죽은 모습, 총을 맞고 피를 흘리며 쓰러져 있는 젊은 여자, 얼어 죽은 소녀 등 전쟁은 너무도 잔인한 것들만 남기고 갔다. 대농이 일행은 걷고 쉬기를 반복하다 고개 마루에 도착했다. 어느새 해가 기울어지기 시작했다. 점심은 미숫가루를 마시는 것으로 때웠다. 높은 산마루의 공기는 몹시도 추웠다. 일 년 중 가장 추운 계절이기는 하지만 소변이 얼어붙었다. 피난민들의 입과 코에서는 하얀 수증기가 안개처럼 피어올랐다. 무봉씨는

"이제 고생길은 더 이상 없다."

며 가족들을 달랬다. 비탈진 고갯길을 내려가기는 쉬웠다. 대농이 일행은 그날 밤 산 밑 마을에서 숙박했다. 산촌은 조용했다. 언제 전쟁이 지나가고 인미군이 다녀갔는지 모를 지경이었다. 그날 저녁에는 형과 종농이가 반찬을 얻으러 나갔다. 피난생활을 알게 된 대농이는 부모님들과 함께 집에 남아 있었다. 그런데 대농이가 무서운 걸 발견했다. 안방 벽장에서 소총 열 정을 발견한 것이다. 무봉씨는 총을 보더니 "인민군 총" 이라고 말씀하시고 마을 이장에게 신고했다. 인민군들이 후퇴할 때 경황景況 없어 두고 간 총이었다.

대농이 일행의 피난살이는 한 달 동안 계속되었다. 집을 떠 난 후 이백리를 걸어, 청주 변두리 마을에서 머물렀다. 보름이 지나자, 양식이 떨어졌다. 동네 주민들에게 밥을 얻어 죽을 쑤어 먹었다. 타향 사람들의 인심

은 좋았지만, 피난살이는 고생살이였다. 피난살이는 누구나 피곤했지만, 어머니와 두 살 된 막둥이가 제일 피곤해 보였다. 대농이가 피난마을 또래들과 정이 들었을 어느 날, 무봉씨가 황급히 도착하여

"집으로 돌아 갈 준비를 하라."

며 서둘렀다. 국도에 국군과 유엔군을 태운 차량들이, 전조등을 환하게 비추며 계속 북진하고 있었다. 군용 차량 뿐 아니고, 전차, 장갑차, 탄약, 병원차, 대포 등 헤아리기 어려운 장비들도 북상 중이었다. 국군과 유엔군들은 차량 앞에 태극기와 성조기, 유엔기도 꽂았으며, 환호하는 주민들에게 손을 흔들며 답례하고, 손가락으로 승리 표시도 했다. 인민군과 중공군이 후퇴하고 있다는 심증을 굳힌 무봉씨는, 그날 귀향길에 올랐다. 귀가하는 가족들의 발길은 가벼웠다. 귀갓길은 산 밑 도로가 아닌 평지의 길이었다.

고향 마을을 십리 정도 남겨둔 대농이 일행은 즐거웠다. 집에 가면 편히 쉴 수 있다는 기대감과, 이제는 더 이상 전쟁이 없을 것 같은 희망이 함께 어우러진 마음이었다. 날씨도 좋았다. 이월 초순 치고는 따듯했다. 이제 대농이가 다니는 미력국민학교도 보였다. 일행은 개오고개 부근에서 놀라기 시작했다. 고개 마루를 중심으로 좌우로 뻗은 능선에는, 어른 키보다도 높은 철조망이 둥그렇게 설치되었다. 철조망을 따라 참호들이 개미굴처럼 파져있고, 방치된 시체들도 많았다. 포탄이 떨어졌는지, 여기저기 우물 같은 구덩이가 많았다. 구덩이 주변에는 붉은 흙들이 아무렇게나 널려있었다. 능선 일대가 치열한 전쟁터였다는 사실을 짐작할 수 있었다. 무봉씨는 "집은 불타지 않았는지 궁금하다."

며 한숨을 크게 내쉬었다.

개오고개를 넘으니 대농이네 마을이 보였다. 조용했다. 사당집이 보이고, 그 밑에 있는 대농이네 집과 종농이네 집도 보였다. 일단 집이 불타지 않았다는 생각을 할 수 있었다. 무봉씨는 또 한숨을 크게 내쉬었다. 일행은 앞 냇가에 도착했다. 냇물 남쪽 둑에도 높고 둥근 철조망이 설치되었다. 동서로 뻗은 철조망은 끝이 보이지 않았다. 무봉씨는 일행들에게 가까이 가지 말라고 주의를 주었다. 신발을 벗고 냇물을 건너려던 대

농이는 깜짝 놀랐다. 냇둑 잔디에 쭈그리고 앉아 있던 흰둥이가 꼬리를 돌리며 달려왔다. 오랜만에 대농이 품안에 안기는 흰둥이! 한 달이 넘도록 잘 살고 있었다. 일행들 모두도 놀라, 흰둥이를 둘러싸고 한마디 씩 했다.

"우리가 집에 오는 걸 알고 마중 나온 것이다. 한 달이 넘도록 무엇을 먹고 살았을까? 흰둥이가 울고 있다. 눈에서 눈물이 흐른다. 사람보다 못할 게 없다."

대농이네 집은 이상 없었다. 전쟁 피해를 전혀 입지 않았다. 반갑다고 몰려드는 마을 주민들! 서로가 눈시울을 붉힌다. 수십 년간 정들었던 농민들이다. 대농이네 가족들은 자신들이 가장 늦게 귀향했고, 가장 멀리 피난했던 사실을 알 수 있었다.

다음날, 무봉씨는 사당집에 참배하고, 피난을 가지 않은 박두농이를 불렀다. 두농이는 나이가 젊어, 군인들을 도와주는 부역대에서 일했다. 그간의 모든 내용을 알 수 있을 것 같았다. 두농이는 전투상황을 설명했다.

"무봉 아저씨가 피난 떠난지 삼일 후에 여기서 큰 전투가 벌어졌습니다. '삼칠선 연합 방어작전' 이라는 그 전투는, 인민군과 중공군이 함께 몰려왔는데, 오 일간 싸웠습니다. 국군과 유엔군은 마을 뒤 산봉우리와 좌우 능선에 병력을 배치했고, 개오고개와 좌우 능선에도 많은 병력을 배치했습니다. 대포와 사령부는 미력국민학교에 있었습니다. 우리 연합군들은 몰려오는 적들을 북쪽 평야에서 무찔렀습니다. 뒷동산 봉우리에 있는 병력들이 적들의 동향을 무전으로 사령부에 보고하면, 포탄과 전투기들의 기총사격이 우박처럼 쏟아졌습니다. 인해전술을 쓰며 개미떼처럼 몰려오던 적들은, 냇물을 건너지 못하고 쓰러졌습니다. 밤이면 개오고개 넘어서 날아오는 포단과 조명탄으로 하늘이 훤했으며, 마치 불꽃놀이와도 같았습니다. 냇물은 붉은 피로 물들었고, 적군의 시체는 쌓이고 또 쌓여, 더 이상 전진하지 못하고 후퇴했습니다. 연합군은 큰 승리를 했습니다. 전투가 끝나자 연합군들은

'우리 동내 뒷산에서 동서로 이어지는 능선이 방어작전에 안성맞춤이

었다.'

'개오고개에서 동서로 뻗은 능선도 방어작전을 하기에 아주 좋은 지형이었다.'

'사령관님께서 이런 유리한 지형을 이용하려고, 이곳에서 「삼칠선 연합 방위작전」을 계획하신 것이다.' 라며, 승전가를 부르고 기뻐했습니다."

두농이는 말을 이어갔다.

"무봉 아저씨, 이제 전투가 끝나고 보니, 우리 마을이 상당한 명당이라는 사실을 알게 되었습니다. 사당집 할아버지도 세종대왕 때 김종서 장군과 함께 육진六鎭을 개척하시고 공을 세우셨습니다. 할아버지께서는 이번에도 연합군을 많이 도와주신 것 같습니다."

두농이는 이런 말을 연합군들에게 했다고 무봉 회장에게 알렸다. 무봉 회장도 "우리 문중에선 두농이가 큰 전투에서 큰일을 한 것."이라고 칭찬했다.

두농이가 돌아가자 대농이 어머니는 남편에게

"당신의 철저한 개성 때문에 우리 가족이 고생을 제일 많이 했다."

고 말했다. 무봉 회장도

"보람 없는 고생은 없다. 이번 고생이 모두에게 좋은 경험이 되고, 아이들의 인격조성에도 도움이 될 것이다."

라고 대답하며 긍정적으로 받아드렸다. 함께 피난살이를 했던 종농이 어머니도

"아저씨의 넓은 지식과 행상行商하시는 길눈으로 좋은 경험을 했다."

며 감사를 표명했다.

무봉 회장은 오후에 마을을 한 바퀴 돌았다. 종중 회장으로 가가호호를 돌며 안부를 묻고, 전쟁과 피난에 관한 이야기를 들었다. 전쟁이 터졌다는 소식을 듣고 일찍 떠난 두 집이 아직까지 소식이 없었다. 칠십여 가구 중 행방불명된 젊은이들이 열 명이었다. 지뢰를 밟아 사망한 학생이 한명 있고, 철조망에 매달린 수류탄을 떼려다 손목을 자른 학생도 한명 있었다. 무봉 회장은 그날 오후 뒷동산 봉우리에 올랐다. 굽어보이는 경

치는 피난 전과 마찬가지였다. 넓은 북쪽평야와 남쪽평야 가운데로 냇물이 흘러내리고, 국민학교와 면사무소가 그 자리에 그대로 또렷했다. 시체가 인신인해를 이루었던 얼마 전 전투장면을 머릿속에 그려보았다.

'인해전술로 남하하는 적들에게 포탄이 작렬하고, 전투기들의 기총사격도 콩을 볶는다. 적군의 시체는 냇가에서 멈추고 쓰러진다. 그 위로 쓰러지고, 또 겹쳐 쓰러지고.... 냇물이 붉게 물들어 흐른다.'

상상만 해도 전쟁은 잔인하고 참혹한 것이었다.

무봉 회장은 전방에서 계속 벌어지고 있는 전쟁 상황이 궁금했다. 무봉 회장은 다음날부터 행상하던 자전거로 읍내에서 신문을 사왔다. 매일 새벽에 출발하면 아침밥 먹는 시간에 돌아올 수 있었다. 농촌이라 라디오를 갖은 사람이 없어, 신문만이 새 소식을 알 수 있는 방법이었다. 무봉 회장이 가장 궁금한 사항은, 전쟁 초기에 국군이 참패하여 나라를 빼앗길뻔 했던 이유다. 며칠 간 계속 신문을 읽으니 그 원인을 짐작 할 수 있었다. 전쟁초기 국군은 인민군 보다 모든 분야에서 열세劣勢였다. 병력, 장비, 화력, 훈련정도, 사기, 물자 등 모든 면에서 인민군이 앞서 있었다. 특히 소련제 최신형 전차와 전투기를 비롯하여, 특수부대들은 국군의 방어벽을 손쉽게 무너뜨릴 수 있었다. 인민군들은 별다른 저항 없이 파죽지세로 낙동강과 호남지역까지 도착할 수 있었다. 특히 국군은, 인민군의 남침 이틀 전부터 비상경계령을 해제했고, 거의 절반의 병력이 외출이나 휴가 중이었다. 남침징후를 파악조차 하지 못한 상태에서 기습을 받은 것이었다. 전쟁초기에는 유엔군도 '스미스' 특수부대를 포함한, 미군 제24사단 뿐이었고, 미군 제25사단이 도착7.20한 후부터 '낙동강방어작전'을 하며 나라를 건질 수 있었다.

무봉 회장은 신문을 통해 전방에서 진행되고 있는 전황戰況도 빠르게 알 수 있었고, 앞으로의 전망도 예측할 수 있었다. 이번 한국전쟁의 주범은, 공산주의 사회건설의 원흉元兇이고 맹주猛主인 소련이었다. 소련은 제2차세계대전이 끝난 직후1945.8.22, 북한 평양에 진주하여 군사정치를 시작했다. 그 후 소련은, 북한과 중화인민공화국에 대규모 군사고문단을 주재시키며 군사력을 강화시켰다. 신형 무기도 팔고, 새로운 기술도 제공했다. 소련과 북한은 결국 남침 기회를 엿보게 되었고, 계획을 수립하여 시행한 것이다. 해방 후 오년간 빈틈없이 준비하고, 갈고 닦은 후 기습남침 한 것이다. 이런 배경으로 중공군도 한국전쟁에 개입하게 된 것이며, 두 차례1950.11, 1951.1나 대공세大攻勢를 펼쳤던 것이다.

결국 중공군 때문에 무봉 회장도 피난살이를 했지만, 앞으로의 전황은 유엔군 측에 유리하였다. 이제 인민군이나 중공군이나, 자신들이 불리하게 되었다는 정세를 알아차리고, 기氣가 죽어 있다. 이유는 간단했다. 인민군과 중공군을 앞세운 소련이, 국제연합UN이라는 전 세계와 싸워야 하는 형국이 되었기 때문이다. 유엔의 강력한 방침 때문에, 한국전쟁에 동참하려는 세계 각국 병력들이 계속 증가하고 있으며, 경제원조, 의료원조, 식량원조, 무기원조, 재건원조 등 한국을 지원하려는 국가들이 계속 줄을 서고 있다.

전쟁 지식이 쌓인 무봉 회장은 이제 한국전쟁의 전망도 예측할 수 있었다. 패전이 명백하다는 상황을 알게 된 소련은, 멀지 않은 시점에서 유엔 주재 대사를 이용, 정전회담停戰會談을 제의할 것으로 보인다. 정전회담이 시작되어도, 회담이 조인될 때까지 전투는 계속될 것이다. 전투는 서울 북쪽에서 오고갈 것이다. 회담 기간 중, 양쪽이 더 넓고 좋은 땅을 차지하려는 야욕을 들어내겠지만, 결국은 중간지점에서 회담이 조인될 것이다. 문제는 정전회담이 계속되는 기간이다. 얼마나 오랫동안 회담이 계속될지 아무도 모른다. 유구한 역사를 훑어보면, 정전은 대부분 영토의 중간지점을 기준으로 하여 종결되었다. 그렇다면 한국전쟁은, 또다시 전쟁 이전의 상태인 북위 삼십팔도선38선 부근에서 합의될 가능성이 농후하다. 한반도가 또 다시 남북으로 갈라지는 것이다. 작은 땅덩이 한반도는, 언제나 주변 강대국의 눈치를 보며 살아왔고, 짓밟혀 왔다.

대농이네 마을은 평온해 졌다. 이제 총소리나 대포소리는 들리지 않고, 농민들은 농사 준비에 분주하다. 그런데 변고變故가 생겼다. 이월 중순 어느 따듯한 날이었다. 대농이는 친구와 단둘이 앞 냇가에 앉아 놀았다. 돌멩이를 던지며 물고기도 놀래게 하고, 종달새도 놀래게 했다. 그런 개구쟁이 행동도 지루했던 두 학생들은, 냇둑을 내달렸다. 누가누가 이기나 뜀뛰기였다. 친구가 먼저 뛰고 대농이가 뒤에 뛰었다. 얼마나 달렸을까! 친구가 갑자기 멈췄다. 군인들이 처 놓은 철조망 앞이었다. 삼각형 철판에 노란색을 칠하고, 붉은 글씨로 쓴 "위험" 표지가 선명했다.

두 사람은 또 내 달렸다. 대농이는 돌멩이에 걸려 "으악!"하는 소리와 함께 앞으로 넘어졌다. 앞에서 달리던 친구는 대농이를 뒤돌아보다 "펑!" 하는 소리와 함께 없어졌다. 대농이와 십여 미터 떨어진 곳이다. "펑~" 하고 폭발하는 소리가 넓은 평야를 진동시켰다. 친구의 몸은 보이지 않고, 흙과 먼지만 하늘 높이 솟아올랐다. 친구의 몸은 산산 조각되어 제멋대로 여기저기 떨어졌다. 엎친데 덮친 대농이도 정신을 잃고 쓰러졌다. 얼굴과 이마를 땅에 대고 엎드려 있다. 쭉- 뻗은 상태에서 움직이질 않는다. 시간이 흐르고, 또 흐르고! 한참 만에 겨우 눈을 뜬 대농이는 비실거리며 일어났다. 친구를 찾았다. 그러나 친구는 없고, 여기저기서 이상한 것들만 보였다. 친구 냄새가 물씬 나는 못 볼 것들이었다. 대농이가 세상에 태어나, '세 번째로 죽을 고비를 넘기는 순간' 이었다. 제 정신을 찾은 대농이는 기겁을 하며 집으로 달렸다.

대농이 친구 아버지는 산산조각 된 아들의 시체 각 부분을 수습하여, 다음날 아총兒塚에 묻었다. 대농이도 무봉 아버지와 함께 장례에 참석했다. 개오고개가 지척咫尺이었다. 아침부터 잔뜩 찌푸리고 있던 하늘이 진눈개비를 뿌렸다. 피난을 떠나던 그날처럼! 하늘도 보이지 않는 짙은 진눈깨비였다.

* 첨부 : 한국전쟁 연대표(참조 258쪽)
* 낱말풀이(참조 295쪽)

〈 수필 〉

하늘나라

사월이 되자 대농이는 '미력국민학교' 삼학년이 되었다. 두 달 전만해도 가족들과 피난살이를 하며 고생했던 대농이다. 대농이는 점잖어 졌다. 말도 많지 않고, 필요한 말만하는 성격으로 변했다. 앞 냇가에서 뜀박질하며 놀다 친구를 잃은 후, 자신도 모르게 점잖아 졌다. 대농이는 형 인농이와 함께 농사일도 거들었다. 일요일엔 엄마와 함께 보리밭에서 잡초를 뽑고, 산에 올라 나물도 캤다. 대농이 형제들은 아버지 박무봉께서 행상行商을 하시기 때문에, 틈나는 대로 농사일을 거들어야 했다. 더구나 쌀농사는 논畓이 뒷동산 고개 너머에 있어, 남들보다 더 많은 고생을 해야 했다. 오늘도 무봉 아버지는 행상을 떠 나가시며 대농이에게 한마디 하셨다.

"대농아, 내일은 인농이, 성농이와 함께 논에 갈잎을 꺾어 넣어라."

내일 일요일엔 삼형제가 산에서 갈잎을 꺾어 논에 넣으라는 지시였다. 봄에 갈잎을 꺾어 논에 넣으면, 물과 흙 속에서 썩어 비료가 되고, 벼가 잘 자라 수확도 좋아 진다. 당시 농민들은 너나 할 것 없이 풀과 갈잎으로 '퇴비' 라는 무공해 거름을 만들어 벼농사를 졌다.

대농이 형제들은 학교를 다니며 농사일 돕는 걸 싫어하지 않았다. 농촌 학생들은 대부분 그런 생활 속에 살고 있기 때문이었다. 대농이가 불만족스럽게 생각하는 건, 논이나 밭을 오가려면 높은 고갯길을 넘어야 하고, 농토 크기도 세마지기 밖에 되지 않는 다는 사실이다. 대농이는 가끔 어머니에게

"마을 앞 넓은 들판에, 논밭을 많이 갖고 있는 사람들이 부럽다."

고 말했다. 대농이 형제들은 겨울에도 일하며 공부했다. 일요일이나 방학 때는 산과 들을 헤매며 땔감을 마련했다. 농가農家들은 모두 아궁이

에 불을 피워 밥을 짓고, 방도 따듯하게 해야 한다. 특히 겨울에는 땔감이 많이 필요했다. 그런데 전쟁은 농촌의 산과 들을 황폐荒廢시켜 놓았다. 땔감이 부족하여 따듯한 겨울을 지낼 수 없었다. 6.25전쟁으로 농민들의 생활여건이, 일본 식민지 통치시절 만도 못한 것 같았다. 그래도 대농이네 마을 농민들은, 서로 협동하고 인내하며 부지런히 일했다.

"땅은 사람을 속이지 않는다."

는 조상님들의 가르침을 되새기며 살았다. 이런 생활 분위기 속에서 대농이는 학교를 다니고, 삼학년과 사학년을 보냈다.

북한의 기습남침1950.6.25으로 시작된 한국전쟁도, 거의 삼 년이 되어가고 있었다. '유엔군'UN 과 공산군 대표들이 참가한 가운데 개최되는 정전회담停戰會談이 시작1951.7.10된지는 거의 이년이 되어간다. 지루한 전투는, 북위北緯 삼십팔도38선을 중심으로, 밀고 밀리는 상황狀況으로 굳어져가고 있다. 그래도 농촌은 조용했다. 이 년 전, 마을 사람들이 국군國軍 편과 공산군共産軍 편으로 갈라져, 서로 반목反目하고 싸웠던 생각을 하면, 지금은 조용하고 살만한 세상으로 다시 태어난 것이다. 농민들이 나라에 바랄 게 있다면, 앞들 냇가에 설치되어 있는 철조망을 걷어주는 것이다. 지뢰가 또 터져 사람이 다칠 까봐, 주민들은 철조망을 두려워했다.

전쟁 속에도 삼복더위는 또 찾아왔다. 지긋지긋한 더위가 기승을 부리던 어느 여름날! 무봉 회장이 커다란 소식을 갖고 마을에 나타났다. 행상을 중지하고 부랴부랴 서둘러 온 것이다. 무봉 회장의 바쁜 귀갓길을 종중회원 박두농이 막았다. 북위 '삼십칠도 연합 방어작전' 에서 부역대로 일했던 청년이었다. 무봉 회장은 흥분된 어조로 말했다.

"두농아! 정전되었다. 정전! 전쟁이 끝난 거나 마찬가지란 말이다."

두농이는 어리둥절한 표정이었다. 무봉 회장은 냉정을 되찾고 다시 말했다.

"'유엔군' 측과 공산군 측이, 전쟁을 중지하는 정전협정에 도장을 찍었다."

그제야 말뜻을 알아차린 두농이는, 무봉 회장에게 인사를 하는 둥 마는 둥 하고, 아랫마을로 뛰어 내려갔다. 조금 후 두농이가 무봉 회장 집에 다시 나타났다. 종중宗中 회원 십여 명과 함께 왔다. 대농이네 집은 또 한 번 북적였다. 무봉 회장은 회원들에게, 주민들이 바라고 고대했던 전쟁 중지 소식을 전하고, 신문에 보도된 사진도 보여줬다. 전쟁이 끝나기 무섭게 국군장병과 인민군들이 함께 냇물에서 목욕하는 시원한 장면이었다. 무봉 회장은

"핏줄은 속이지 못한다. 핏줄은 영원한 것이다."

라고 회원들에게 말하고, 정전이 된 경위와 전쟁 피해사항을 간단히 설명했다. 대농이 어머니도 재빠르게 단출한 술상을 차려왔다.

"정전회담은 '유엔' UN주재 소련대사 '말리크' 가, 상호 전투행위 중단 발언1951.6.30을 함으로서 시작되었다. 그 제의를 '유엔군' 측이 수용하여, 양측 대표들이 개성과 판문점에서 이년 간 회담한 후 오늘 끝난 것이다. 공산군 측은 더 많은 영토를 차지하려고, 십여 일 전에 중공군과 함께 대공세1953.7.13를 펼쳤으나 실패했다. 그 패배가 정전협정 조인調印으로 이어진 것이다. 이제 남한과 북한은 '삼팔선' 대신, 새로 생긴 '군사분계선' 을 맞대고 대립하게 되었다. 동서로 248㎞에 이르는 군사분계선을 중심으로, 남쪽으로 2Km 지점을 따라 '남방한계선' 이 생겼고, 북쪽으로 2Km 지점을 따라 '북방한계선' 이 생겼다. 남방한계선과 북방한계선에 이르는 4Km 공간지대를 '비무장지대' 라고 부른다. 이 비무장지대에는 양측 누구도 왕래하거나 출입할 수 없다. '군사정전위원회' 나 '중립국감시위원회' 의 허가를 받아야 출입이 가능하다. 이렇게 새로 생긴 단어들을 잘 익혀 두어야 한다."

종중회원들은 정전으로 기분이 좋다고 건배를 제의하였으며, 막걸리도 많이 마셨다. 무봉 회장은 전쟁 피해현황을 간단히 설명했다.

"국군과 유엔군의 인명피해는 776,000여명이고, 한국 주민들의 피해는 약 100만 여명이었다. 전쟁초기에 인민군들이 납북시킨 한국의 국회의원, 정치인, 학자, 종교인, 공무원 등 지식인들이 약 85,000명에 이른다. 다음으로 인민군과 중공군의 피해는 200만 여명이었고, 북한 주민들의 피해는 약 150만 여명이었다. 그러나 전쟁이 발발하기 직전에, 공산

당 학정이 싫다며 자진해 남한으로 내려온 사람들이 약300만 명이었다. 당시 북한의 인구가 1,200만 여명 수준이었다는 사실을 감안하면, 상당한 규모의 주민이었다."

무봉 회장의 설명이 끝나자, 회원들은 큰 박수로 감사를 표명했다. 무봉 회장은 "앞으로 우리 주민들이 해야 할 가장 중대한 과제는, 피해복구에 헌신적으로 참여하는 것." 이라고 강조했다.

정전을 맞이한 한국사회는 비참했다. 온 나라가 상처투성이고, 너무 많은 문제점들이 산적해 있었다. 도시와 농촌은 폐허되고, 산하山河는 폭격, 포탄, 기총사격, 방화 등으로 새카맣게 불타버렸다. 너무 많은 사람들이 희생되었는가 하면, 거리를 정처 없이 떠도는 부상자도 많았다. 정치, 경제, 사회, 문화 등 모든 분야가 멈추고 정지된 상태였다. 미국은 제8군사령부와 'UN군사령부'를 서울에 주둔시키며, '유엔한국부흥단'과 협조 하에 전후복구사업을 적극적으로 지원했다.

대농이는 이런 사회분위기 속에서 오학년과 육학년 학창시절을 보냈다. 가끔은 학교에서 지급하는 '구호물자'도 받아 집에 가져왔다. '유엔' 회원국가 국민들이, 전쟁에 시달리며 가난하게 살아가는 우리나라 국민들에게 보내온 원조물품援助物品이었다. 대농이는 우유牛乳도 처음 보았으며, 과자, 초콜릿, 러닝 같은 미국 옷가지도 만져 볼 수 있었다. 육학년 때는 정상적인 수업授業을 끝낸 후, 중학교 진학을 위해 더 공부하는 '나머지공부'도 했다. 요즈음 과외공부課外工夫 같은 것인데, 학교 교실에서 담임선생님이 무료로 가르쳐주셨다. 육학년은 모두 44명인데 남자 28명, 여자 16명이었다. 나머지공부를 하는 학생은 17명이었고 여학생이 한명 있었다. 당시 농민들은 자식들에 대한 교육열이 낮았으며, 특히 딸에 대한 교육열이 저조했다. 이런 사회풍조 때문에 한글을 모르는 문맹자文盲者가 많았다. 대농이와 함께 나머지공부를 하던 학생들은 대부분 읍내에 있는 공립중학교에 진학했다. 경쟁률은 3:1이었다. 공립중학교 진학에 실패하거나, 나머지공부를 하지 않은 학생들은, 경쟁률이 없는 읍내 사립중학교를 지원했다. 중학교 진학을 하지 않고, 농민의 길을 선택한 학생들도 많았다.

미력국민학교 졸업식 날1955.3.24이 되었다. 교실 세 개 중 육학년 교실에서 졸업식을 했다. 교육감, 군수, 교장선생님, 지역유지, 학부모 등 많은 손님들이 오셨다. 대농이 어머니도 오셨다. 대농이는 우등상, 개근상, 상품 등을 받았다.

"빛나는 졸업장을 타신 언니께, 꽃다발을 한 아름 선사합니다.
물려받은 책으로 공부 잘 하고, 우리는 언니 뒤를 따르렵니다."
"잘 있거라 아우들아 정든 교실아, 선생님 저희들은 몰러갑니다.
부지런히 더 배우고 얼른 자라서, 새 나라 새 일꾼이 되겠습니다."

졸업식장은 울음바다였다. 학생들도 울고, 선생님들도 울고……, 그 당시 사람들은 순진하고 정이 많았다. 졸업식이 끝나자 대농이는 상품으로 받은 '유리만년필꽂이' 를 어머니께 드렸다. 집으로 오는 길에 어머니는 대농이를 칭찬해 주셨다.

"뱃속에서부터 제대로 얻어먹지 못했던 네가, 항상 울며 보채기만 했던 네가, 우등상을 받고 공립중학교에도 합격하다니. 정말 장하다, 우리 아들 대농이! 내 너를 미처 몰라보았다. 미안하구나, 대농아"

어머니의 눈엔 눈물이 글썽거렸다.

대농이는 며칠 후 비봉중학교에 입학했다. 일학년은 반班이 세 개였다. 대농이는 반에서 키가 제일 작았다. 출석번호가 일번이고, 맨 앞줄 책상에 앉았다. 대농이는 집에서 학교까지 먼 길을 걸어 통학했다. 등하굣길이 힘들고 지루했지만 며칠 후 부터는 즐거운 마음을 가질 수 있었다. 농촌에서 보지 못하였던 신기한 것들을, 읍내에서는 마음껏 볼 수 있었기 때문이었다. 기차, 교육청, 군청, 자동차, '지프차' 경찰서, 은행, 고등학교, 도립병원, 생사공장, 시장, 극장, 교회, 성당, 목욕탕, 여자중고등학교 등 이루 헤아릴 수 없이 볼거리가 많았다. 대농이는 여름방학이 될 때까지 매일 황홀했다. 일요일엔 농사일을 거들거나, 중학교에 다니지 않는 친구들에게, 읍내 이야기를 해 주었다.

대농이가 여름방학을 즐기던 어느 날, 서울에 사는 둘째누나 박효숙朴

孝淑이 집에 왔다. 휴가를 온 게 아니고, 짐을 꾸려 아주 살러 왔다. 읍내 도립병원 간호원으로 취직 되어 근무하러 내려온 것이었다. 서울 아저씨네 병원에서 오년 간 일하더니 정식 간호원이 되어 왔다. 무봉 아버지는 좋아하시며,

"도립병원 간호원은 공무원 신분"

이라고 칭찬하셨다. 효숙 누나는 도립병원 내 기숙사에서 생활했다. 이십 여명의 간호원들과 함께 생활했다. 그러나 일요일엔 가끔 시골집에 들르곤 했다. 마을에서 가장 가난한 대농이네 집 형편도 조금씩 안정되기 시작했다. 효숙 누나는 가끔 가족들에게 생활비, 먹거리, 의류 등을 선물 했다. 구급약이나, 소화제, 상처약, 살충제 디디티DDT, 페니실린 같은 약들도 조금씩 가져왔다. 모두 대농이네 가족들이 처음 보는 외국 약품이었다. 당시 농민들은 옛사람들이 하던 방법으로 치료를 했다. 한약, 침, 민방民方으로 치료하며 살았다.

대농이 어머니도 기회 있는 대로, 자식들에게 민방 치료법을 가르쳤다.

"배탈이 나면 양귀비를 달여 먹고, 입안이나 혀가 헐면 파 씨로 담배를 피우고, 먹은 음식에 체滯하면 손가락 끝부분을 바늘로 찔러 핏방울이 나게 하고, 종양에는 할미꽃 뿌리로 가루를 만들어 먹고, 상처에는 약쑥 가루를 발라라. 피부병엔 민들레, 결명자, 느릅나무 껍질로 가루를 만들어 먹으면 좋다."

여름방학이 끝나자 대농이는 일학년 이 학기 수업을 받았다. 대농이는 많이 달라졌다. 마음이 안정되고 행동도 침착해졌다. 이제 읍내에서 새로운 것들을 보고 황홀감에 빠지지도 않았다. 대농이 머리는 공부 쪽으로 돌아갔다. 교과서와 선생님들의 강의에 관심을 갖기 시작한 대농이는, 날이 갈수록 달라졌다. 국민학교 때 보다 훨씬 많은 교육과목을 모두 배우려면, 열심히 공부해야한다는 각오도 했다. 이런 대농이의 자세는, 촌놈 티를 벗어나고 읍내 거주 학생들과 비슷한 수준의 학습능력을 갖게 만들었다. 대농이는 등하교 시간을 공부하며 걷는 시간으로 만들었다. 시골길이라 가끔 소달구지만 오가기 때문에, 공부하며 걷는 게 가능했

다. 대농이는 등하굣길에 영어단어도 외우고, 역사 연대표를 외우는 등 여러 가지 공부를 했다.

대농이는 토요일 오후 마다 도립병원에 갔다. 오전 수업을 마치면, 병원으로 효숙 누나를 만나러 갔다. 이유는 여러 가지였다. 우선 누나와 어머니 사이에서 연락병 노릇을 해야 했다. 엄마가 누나에게 보내는 떡, 나물, 고추장, 감자 같은 게 있는가 하면, 누나가 어머니에게 보내는 양말, 버선, 속옷 같은 게 꼭 있었다. 뿐만 아니다. 누나와 많은 간호원들이 대농이를 귀여워했다. 학교에서는 '꼬마' 나 '촌놈' 으로 불리는 대농이가, 간호원들에게는 '귀여운 학생' 이나, '앙증스럽게 생긴 학생' 으로 불렸다. 이런 분위기를 효숙 누나도 싫어하지 않았고, 대농이도 좋았다. 효숙 누나는 대농이가 공립중학교에 다니는 것도 자랑스럽게 생각했다. 효숙 누나는 대농이에게 가끔 용돈도 주고, 장마철이나 눈보라치는 날엔, 기숙사에서 자게 했다. 기숙사에는 이십 여명의 간호원들이, 한방에 두 명씩 생활하는데, 휴가나 출장 등으로 항상 빈방이 생겼다. 대농이는 기숙사에서 여러 번 잤다.

"대농아, 너 오늘 집에 갈꺼야?" 최 간호원이 물었다.

"네, 조금 있다 출발 할 예정입니다." 대농이가 대답했다.

"너 오늘 이 방에서 자고, 내일 학교가. 오늘 이 방에서 잘 사람 없어. 잘 때 문 잘 잠그고, 나는 집에 갔다 아침 일찍 올게."

대농이는 그날 밤, 조용한 분위기 속에서 공부에 열중할 수 있었다.

다음 주 월요일 오후였다. 담임선생님이 대농이를 교무실로 불렀다.

"박대농, 요즈음 불편한 거 없나? 면담이 늦어 미안해, 집이 아주 멀지?"

"이십 리 좀 넘습니다. 책 읽으며 걸으면, 지루하지 않고 좋습니다."

"아- 그래! 그래서 요즈음 대농이 성적이 좋아졌군. 계속 열심히 해. 장래가 밝아 보인다."

"감사합니다."

대농이는 공손하게 인사드렸다. 교실로 돌아가는 대농이는 기뻤다.

'아- 이렇게 하면 되는구나.' 하는 자신감이 전신을 휘감았다.

겨울방학을 며칠 앞둔 토요일 오후였다. 그 날도 대농이는 어김없이 도립병원으로 향했다. 학교와 도립병원은 도보徒步로 십분 정도의 거리였다. 읍내 변두리에서 번화가로 들어가면, 공원 주변에 병원도 있고, 경찰서, 군청, 교육청도 있다. 대농이는 공원에 도착했다. 공원은 읍내에서 유일한 행사장이고 쉼터였다. 각급 학교 학생과 공무원들이 함께하는, 궐기대회도 공원에서 했다. 공원 한 모퉁이에 '지프차' Jeep 한 대가 주차해 있었다. 차 옆에는 대농이와 같은 반 친구 한명이 있었다. 경찰서에 볼일이 있는 사람이 타고 온 차 같았다. 두 학생은 처음으로 가까이서 '지프차' 를 구경할 수 있었다. 신기하게 생겼다. 두 학생은 유리창 속으로 차 내부를 구경하고, 손으로 이것저것 만져도 보았다. 그래도 부족했는지, 두 학생은 뒷부분에 매달려 있는 '스페어타이어' 옆으로 올라갔다. 타이어 밑으로 발을 디딜 곳도 있어, 매달려 놀기 안성맞춤이었다. 두 학생은 '가위 바위 보' 를 하며 놀았다. 얼마나 재미있었을까! 그 때 대농이 눈에, 경찰서 담 벽 안쪽에서 사람이 걸어 나오는 게 보였다. '지프차' 쪽으로 걸어 왔다. '지프차' 운전수 같았다. 두 학생은 차에서 내려 땅에 글씨 쓰며 노는 척했다. 운전수는 '지프차' 문을 열고 시동을 걸었다. 두 학생은 비호처럼 달려가 '스페어타이어' 양쪽에 매달렸다. '지프차' 를 타보려는 호기심이 발동된 것이다. 차는 서서히 굴러 갔다. 그 때 친구는 재빨리 뛰어내렸다. 그러나 대농이는 빨리 뛰어내릴 용기가 나지 않았다. 요령도 생각나지 않았다. 대농이는 앞에서 불어오는 찬바람을 막아보려고, 손으로 타이어를 꼭 쥐고 자세를 낮게 했다. '지프차' 는 단숨에 번화가를 빠져나와 읍내 변두리를 지나고 있었다. '지프차' 는 대농이 학교 정문도 통과해 버렸다. 대농이 마음은 조급해졌다. 전신에 힘이 빠지고 어찌 할 방법조차 생각나지 않았다. 대농이는 냇물을 가로질러 설치된 다리 위에서 '스페어타이어' 를 노치고 말았다. "아- 아-악!" 콘크리트concrete 다리 위에 쭉- 뻗은 대농이! 가끔 손발만 굼틀거린다. 대농이의 의식은 하늘나라를 헤매고 있었다.

대농이는 주민들이 정성으로 도립병원으로 옮겨졌다. 그러나 의식意識은 없었다. 일주일 후, 대농이는 아직도 중환자실에서 인공호흡을 하며 명맥命脈을 유지하고 있었다. 그날도 도립병원 간호원들은 점심시간을 이용해 대농이를 찾았다. 침대 주변에는 효숙 누나와 열 명의 간호원들이 대농이를 걱정하고 있었다. 대농이는 손발을 가냘프게 움직이고 맥박과 호흡이 좋아졌다고 의사는 말했다. 그 순간

"눈을 떴다!"

하는 김 간호원의 외마디 소리가 대농이 귀에 들렸다. 그러나 대농이 눈에는 아무것도 보이지 않았다. 오직 효숙 누나의 울음소리가 간간히 들릴 뿐이었다. 울음을 그친 효숙 누나가 말했다.

"네가 사람노릇을 할지 못할지는, 깨어나도 한 달 후까지 지켜보아야 알 수 있다." 침대에 반듯이 누워 있던 대농이가 자세를 비틀어 옆으로 하자, 간호원들의 환호성이 터졌다.

"야! 대농이 살아났다."

대농이가 세상에 태어나 '네 번째로 죽을 고비'를 넘기는 순간이었다. 대농이는 그 간 하늘나라 꽃밭에 있었다. 거기는 나비 대신 간호원 옷을 입은 선녀들만 살고 있었다. 대농이는 효숙 누나의 울음소리가 점점 멀어져 가는 것을 느꼈다. 몇몇 간호원들이 효숙 누나를 기숙사로 데리고 가고 있었다.

*첨부 : 한국전쟁 연대표(참조 258쪽)
*낱말풀이(참조 296쪽)

〈 수필 〉

위암(胃癌)

박대농은 고등학교에 입학했다. 천주교에서 운영하는 인문계 고등학교다. 읍내邑內에는 공립 농업고등학교도 있지만, 아버지의 권유에 따라 인문계 고등학교를 택했다. 대농이 아버지 박무봉씨는

"농업고등학교를 졸업해 봐야 농사꾼 밖에 될 수 없다."

며, 대농이에게 인문계 고등학교 진학을 주문했다. 대농이도 이러한 아버지의 의견에 동의하며, 미련 없이 인문계 고등학교에 응시應試했다.

지난 삼년 간, 대농이의 중학교 생활은 힘들고, 황홀하고, 보람된 날들이었다. 두메산골 농촌에서 이십 리도 넘는 등하굣길을 걸어 다니고, 보리밥 도시락도 벅찬 가정 형편은, 정말 극복하기 힘들었다. 그래도, 삼년 간 보고, 배우고, 경험한 결과는 촌뜨기 티를 완전히 벗어나게 했다. 또 보람된 것은 학업 성적이었다. 교통사고로 뇌를 다쳐 병원에 입원했었지만, 중학교 이학년부터는 상위권 성적으로 발돋음 했다. 이제 대농이는 의젓한 자세로 꿈 많은 고등학교 학창생활을 시작했다. 한국전쟁이 정전停戰,1953된 지도 오년이 지났다. 전쟁 후 복구사업도 많이 진척進陟되었다. 대농이는 오직 학생 본분인 공부를 열심히 하고, 좋은 대학교에 진학하는 게 소원이었다.

대농이네 가족들도 열심히 살아갔다. 아버지 박무봉씨는, 여전히 농업과 행상行商을 계속했다. 어머니 최향순도 여덟 명 식구들의 살림살이를 도맡아 챙겼다. 대농이 큰누나 박효희는 시집갔고, 둘째누나 박효숙은 도립병원에 근무한다. 셋째누나 박숙희는 어머니와 집안 살림살이를 한다. 형 인농이는 고등학교 삼학년이고, 동생 성농이는 중학교 일학년이다. 막둥이 여동생 정숙은 국민학교 삼학년이다. 시집간 큰누나를 빼면, 대농이네 가 족은 모두 여덟 명이다. 가족들 중 학생이 네 명이나 된다.

숙희 누나가 국민학교만 다닌 후, 어머니를 도우며 살림살이는 하는 게 특이했다. 부모님들의 의견을 받아들여 진학을 중단하고 집안일을 돕는 것이다. 숙희 누나는, 아들만 챙기는 부모님들이 야속하기도 했다. 그러나 당시는 자식이 부모님들의 의사를 무시할 수 없는 세상이었다. 숙희 누나는 모든 게 주어진 운명이라고 생각하며 참고 살아갔다.

칠월이었다. 장마철이 끝나고 더위가 시작되었다. 항상 조용한 분위기 속에서 그날그날을 살아가던 대농이네 가정에 큰일이 생겼다. 대농이 어머니 향순씨가 위암胃癌수술을 하게 된 것이다. 어머니는 몇 년 전부터 복통을 호소하고, 자주 피로감을 느끼는가 하면, 체중이 줄어드는 증세를 보여 왔다. 효숙 누나가 도립병원에서 어머니를 진료토록 주선하였는데, 위암이라는 진료결과가 나왔다. 시골 병원에서는 치료가 불가능 하고, 서울 큰 병원에서 수술을 해야 하는 상태였다. 며칠 후 대농이 어머니는, 서울로 올라갔다. 무봉 아버지와 효숙 둘째누나가 함께 갔다. 어머니는 위암 수술을 마치고 열흘 만에 집에 오셨다. 열흘 동안 숙희 누나가 모든 집안일을 돌보고, 동생들 뒷바라지를 했다. 위암 수술을 마친 대농이 어머니의 병세病勢는 심각해 보였다. 제대로 걷지도 못하고, 얼굴엔 핏기조차 없었다. 몸도 제대로 가누지 못하고, 목소리는 가냘펐다. 그러나 정성스러운 효숙 누나의 보살핌이 계속되자, 어머니도 차차 원기를 되찾았다. 대농이 어머니 최향순씨가 집에 돌아온 지 며칠 후, 큰외삼촌 최천병이 문병問病을 왔다. 누님 집을 방문한 것이다. 큰외삼촌은 안방에서 오랫동안 어머니와 이야기 했다. 무봉씨는 처남에게 자유로운 분위기를 만들어 주기위해 자리를 피해줬다. 문병을 마친 큰외삼촌은 사랑방에서 무봉 아버지와 이야기 했다.

"매형님, 위암이라는 병이 무슨 병입니까? 처음 듣는 병입니다."

"처남, 나도 이번에 알았는데, 원래부터 있는 병을 우리가 모르고 살아온 거지. 뱃속에 있는 밥통 즉 위장에 주먹만 한 혹이 생기는 병이더군. 일전에 서울 큰 병원에서 혹을 떼어 내는 수술을 했어"

"그런 병이 생기는 원인은 무엇이랍니까?"

"의사들의 말로는 유전적인 원인도 있고, 마음이 불편하거나 불안한 것도 원인이 될 수 있다네. 너나할 것 없이 모두 편한 마음을 가져야겠어."

"조용하고 편한 마음을 가질 수 없는 세상이 아닙니까? 먹을 양식도 없어 온 국민들이 헐벗고 굶주리는 세상을 살아오신 누님인데…."

국민학교를 졸업한 큰외삼촌은 일본의 식민지정책, 즉 '일제日帝강점기强占期' 를 꼬집는 것 같은 말을 했다. 큰외삼촌은 누님 최향순이, '을사보호조약' 이 체결1905된 다음해에 출생한 사실을 잘 알고 있다. 누님은 일본의 식민지정책이 최고조에 이르러 우리민족이 '6.10만세운동' 을 일으켰던 해1926에 결혼했다. 누님이 굶주림에 시달리며 가난한 세월을 헤매고, 한 많은 세상을 보낸 사실도 잘 알고 있다. 무봉씨는 큰처남의 마음을 꿰뚫어보고 '일본식민지정책' 을 비난 했다.

"초대 일본 총독 '데라우치 마사타케 寺內正毅' 가 부임1910하여, 우리민족이 '3.1독립운동' 1919을 일으키기 까지 구 년 간, 일본의 무단통치武斷統治는 세상을 바꿔 놓고 말았네. 토지를 빼앗아 한국인들을 가난뱅이로 만들었는가 하면, 중국과 소련을 손아귀에 넣으려고 우리 한반도를 병참기지兵站基地로 만들었어. 뿐만 아니라 전시동원체제를 강화하여 한국인들을 무자비하게 희생시키고 있네. 편안한 마음을 가질 수 없는 세상이라는 처남의 말이 맞네."

온화하고 학자다운 성격의 큰외삼촌도, 자신이 살아왔던 지난 세월을 회상하며 일본 총독부總督府의 가렴주구苛斂誅求식 정책을 비난했다.

"3.1독립운동 당시를 기준으로 보면, 한국의 연간 쌀 생산량이 총 1,270만 3,000섬 이었는데, 일본은 생산량의 22%인 280만 섬을 일본으로 보냈습니다. 한국 농민의 절반이 보릿고개春窮期를 맞아 굶었으며, 초근목피로 연명하다 춥고 낯선 땅, 간도와 연해주로 떠났습니다. 제3대 일본 충독 ' 사이또 마코트' 齋藤實 해군대장이 부임1919.8하여, 문화정치를 표방한 것도 모두 허울뿐이었습니다. 총독 부임 칠년 후1926를 기준으로 보면, 한국인 걸식자가 16만 3,000명, 춘궁기 난민이 105만 명, 끼니를 때울 수 없었던 영세민이 420만 명으로 증가되었습니다. 이런 시대를 살아 온 우리 국민들이 너무도 불쌍합니다."

대농이 아버지 무봉씨도 더욱 강도 있게 식민지정책을 비난했다.

"만주사변이 발생1931.9하고 태평양전쟁이 발발1941.12하자, 일본의 식민지정책은 극치에 달했었네. 일본은 한국말 사용을 금지시켰고, 한국인들의 이름을 모두 일본말로 바꾸는, 이른바 창씨개명創氏改名제도를 강요했어. '총동원법' 을 제정하여 한국청년들을 전쟁터로 내몰았고, 학생들을 동원하는 '학병제' 도 실시했네. 국민의용대 편성과, '여자정신대근로령' 을 공포하여 12세-40세 미혼여성들을 군수공장이나 군인들의 위안부정신대로 보냈다고 해. '배급제' 도 실시하여 식량뿐 아니라, 놋그릇, 소나무뿌리까지 징발徵發해, 전쟁 중인 일본으로 보냈어. 일본은 전세戰勢가 불리한 데도 제십대 총독에 '아베 노부유키' 를 임명1944.7하여 제이차세계대전이 끝날 때1945.8.15까지 온갖 만행을 자행했다네."

큰외삼촌 천병씨는 매형과의 대화를 마무리하려는 모습을 보였다.

"매형님! 누님은 이런 험한 세상을 살아 온 희생자의 한사람이라고 할 수 있습니다. 매형이나 저 같은 사람은 그래도 잘 참고 이겨낸 사람들이고요. 그런데 요즈음 들리는 이야기로는, 중국이나 미국, 만주 같은 외국에서, 우리 국민들의 독립운동이 활발하다 합니다."

무봉씨는 처남의 말에 놀라며, 최근 외국에서 진행된 우리국민들의 독립운동 특이 사례를 설명했다.

"우리민족들의 독립운동이 '3.1독립운동' 이후 외국을 중심으로 점점 활발해 지고 있다네. 중국에서는 '대한민국임시정부' 가 수립1919.3되어 이승만이 국무총리에 취임했고, 김좌진과 이범석 장군은 청산리 전투1920.6에서 일본군을 크게 무찔러버렸다고 해. 임시정부 김 구 주석의 지시를 받은 윤봉길 의사는, 일본천왕의 생일인 '천장절 및 상해사변전승기념식' 1932.4.29에서 물병폭탄을 투척했다네. 일본군 상해지역 사령관 '시라까와' 白川義側대장과, 상해 일본인 거류민단단장 '가와바따' 河端를 현장에서 즉사시켰어. 당시 옆 좌석에 있었던 일본해군 제삼함대 사령관 '노무라' 野村吉三浪와, 일본육군 제9사단장 '우에다' 植田謙吉장군 및 중국주재 일본공사 '시게미쯔' 重光는 중상을 입었다고 해. 한편 이봉창 의사는, 중국에서 애국단愛國團단원으로 활동하다, 일본으로 건너가 '도오교

오' 東京연병장에서 관병식觀兵式을 마치고 귀환하는 일본천왕 '히로히토' 와 만주국 괴뢰왕傀儡王에게 수류탄을 던졌다네.1932.1.8. 실패는 했지만, 일본인들의 간담을 서늘하게 한 거지. 황해도 해주에서 진사 댁 아들로 태어난1879 안중근安重根 의사는, 만주 '하르빈역' 에서 기차에서 내리는 '이또오 히로부미' 伊藤博文를 권총으로 사살射殺시키고, 궁내대신 '가와가미' 川上俊彦, 비서관 '모리' 森泰二郎, 만철이사滿鐵理事 '다나까' 田中清太郎 등에게는 중상을 입혔다네. 안중근 의사는 한학, 승마, 궁술을 두루 섭렵한 문무 겸비한 인물이며, '을사보호조약' 1905 체결 후 돈의학교 설립, 대한의군참모중장, 특파독립대장, 아령지구군사령 등 직책을 맡아, 의병을 이끌고 경흥慶興에서 일본군과 싸운 애국자라네. 글씨에도 뛰어나 많은 유필遺筆을 남겼으며, 여순旅順감옥에서 처형1910.3.26되기 전에 유명한 '동양평화론' 을 저술하셨다고 칭찬이 자자해."

어려웠던 지난 세월 이야기를 끝낸 큰외삼촌은, 점심식사도 하지 않고 귀가했다. 누님의 병환에 너무 큰 충격을 받은 것 같은 인상이었다. 무봉씨는 "아내의 병이 '일본식민지통치' 의 희생자."라고 꼬집던 큰처남의 말이 가슴에 걸렸다. 자신의 아내가 살아 온 지난 세월을 되돌아보니, 일본식민지시절이 가장 길었고36년, 미국군정3년, 대한민국정부출범2년, 6.25전쟁3년, 자유당 이승만 정권5년 등이었다. 더구나 이런 혼란기에, 아내는 학교도 못 다니고, 가난한 자신에게 시집와 삼십이 32년을 굶주리며 살아왔다. 찢어지게 가난한 형편에, 자식까지 많아 바람 잘 날이 없었다. 무봉씨 자신의 행상行商으로 아내가 집을 지키는 날도 많았다. 무봉씨는 아내가 불쌍하게 생각되었다.

"식민지 시대의 희생자" 라는 큰처남의 말이 옳았다.

대농이 큰외삼촌이 누님 문병을 다녀 간지 며칠 후, 둘째외삼촌이 문병을 오셨다. 외삼촌 네 명 중, 두 분은 서울에 거주한다. 둘째외삼촌 최지병은 누님의 병에 대하여 아는 게 많았다. 형님으로부터 누님의 병환에 대한 이야기를 전해들은 것 같았다. 안방에서 단독으로 누님을 만난 둘째외삼촌도, 문병 후 사랑방에서 매형 무봉씨와 환담했다.

"매형님, 그간 수고 많으셨습니다. 진작 문안드리지 못해 죄송하고요."

외삼촌은 공손하게 인사했다.

"아닐세 처남, 병원에 있는 대농이 누이가 애를 썼지. 그 애 아니었으면 수술은 커녕 병명도 모르고 변을 당할 뻔 했어." 무봉씨는 말했다.

"위암이라는 병은 혹을 떼 내면 모두 완치되는 병인가요?"

"왠걸, 앞으로도 정기적으로 병원을 오가며 후속치료를 해야 하고, 병이 다시 도질 수도 있는 병이라네."

"네? 그럼 누님의 고생이 언제 끝날지 모르겠네요." 둘째외삼촌은 놀랬다.

"진인사 대천명盡人事 待天命이라지 않나! 병원에 다니는 애가 잘 할 것도 같네. 일전에 큰처남이 문병 왔었는데 '대농이 엄마의 병은 일본 놈들 때문에 생긴 것' 이라고 말하더군. 내가 생각해도 자네 누님은 평생을 굶주리고 고생만 했는데, 이제 좀 사람답게 살아보려는 차에 저런 병이 걸렸어."

대농이 아버지는 한숨을 길게 내쉬었다. 자유당 직원으로 근무했었다는 둘째외삼촌은 명랑하고 쾌활한 성격답게 답변했다.

"한국사람 모두가 일본 사람들의 피해자지요. 일본으로 강제 징용되었다 돌아온 사람들을 만나보면, 모두 이를 갈고 있어요. 살아 돌아온 것만으로도 천운이라고 해요. 미국이 일본에 원자폭탄을 투하하지 않았으면, 우리민족은 큰일 날 뻔 했어요."

둘째외삼촌은 자세를 새롭게 하고, 본격적인 말솜씨를 보여주었다.

"한국 사람들의 피해가, 일본이나 소련 같은 외국인들 때문이라는 사실은 부정할 수 없는 역사가 되어버렸습니다. 그러나 이런 외국인들의 손발이 되어, 제 나라 제 민족을 팔아먹은 한국인 악질분자들의 책임도 많습니다. '한일합병조약' 체결1910만 하더라도, 친일파 각료들이 매국행위를 자행했고, 일진회一進會 간부들도 매국노가 되어 반역행위를 서슴치 않았습니다. 여기에 미국, 영국 같은 열강국가들이 일본의 야욕을 묵인하여, 우리 강토는 둘로 쪼개졌습니다. 나라도 없어졌습니다. 그런데 이런 반역행위들이 6.25전쟁 때도 그대로 재현되었습니다. 매국노賣國奴들은, 한 마을에 사는 동네 주민들을 인민군에게 밀고密告하여, 모두 비참하게 처형되었지요. 우리국민들의 얼굴이 이렇게 추해졌습니다. 어디 그 뿐입니까! 수십 년 만에 나라를 되찾고 독립을 찾은 대한민국정부가 지금 제대로 가고 있나요? 자유당 정권이 잘하고 있습니까! 국민들의 지지支持를 받고 있나요? 자유당 정부는 전쟁 중1952에도 부산에서 '대통령 직선제개헌' 을 위해 계엄령을 선포했습니다. 국회의원들을 연금軟禁시켰습니다. 또 대통령 자신의 종신집권을 위해 '사사오입개헌' 1954.11이라는 기상천외奇想天外의 조치를 취했습니다. 제3대 정부통령 선거1956.5.15에서, 민주당 대통령 후보 신익희申翼熙는 급사急死했는데도 지지표가 20%나 쏟아졌고, 민주당 부통령 후보 장면張勉은 당선이 되었습니다. 그러면 민심民心이 민주당에 가 있는 것이고, 자유당을 떠났다는 실증이 아니겠습니까! 이제 우리나라도, 국민들이 '이스라엘' 이나 '스위스' 같이 애국심을 가질 수 있도록, 혁명적인 치유방책을 강구해야 합니다. 시급히 민족정기를 바로잡고, 화랑도정신도 되살려, 명실상부한 민주주의 국가를 건설해야합니다."

둘째외삼촌은 전문적이 내용을 열정적인 자세로 갈파喝破하고, 후련한 표정을 지으셨다. 대담을 끝낸 매부와 처남은 점심식사를 하고 헤어졌다. 대농이 엄마의 기력氣力은 날이 갈수록 좋아졌다. 가끔 도립병원에서 진찰을 받고 약을 타 복용했다. 육 개월이 지나자 효순 누나의 정성스런 효도가 효과를 나타냈다. 손쉬운 부엌일도 혼자하고 가까운 곳에 외출도 하셨다. 그래도 매사를 조심하고, 힘든 일이나 먼 거리 외출은 삼갔다. 어머니 곁에는 항상 셋째누나가 붙어 다닌다. 대농이의 고등학교 생활은 이런 분위기 속에서 계속되었다. 대농이는 열악한 환경과 가난 속에서도 열심히 공부했다. '일류대학교 합격' 이라는 과제를 항상 머릿속에 넣고 다니며 한해를 보냈다. 그러나 일학년 말 성적은 기대했던 것 보다 만족스럽지 않았다. 읍내에 거주하는 친구들이 상위권 모두를 석권席卷했고, 대농이는 중간 정도의 성적표를 받았다.

대농이는 겨울방학부터 더 열심히 공부했다. 부모님께 말씀드리고 사랑방에서 혼자 공부했다. 땔감이 없어 아궁이에 불을 때지 못하고, 냉방에서 솜이불을 뒤집어쓰고 공부했다. 겨울방학은 춥고 길었다. 봄이 되자 마을 사람들은 대농이에게 "냉방에서 혼자 공부하는 학생"이라는 별명을 붙였다. 대농이는 고등학교 이 학년이 되었다. 대농이는 변함없이 등하굣길을 공부하며 걸었다. 대농이의 모질고 야무진 결심은 학년말에 대농이를 흐뭇하게 만들었다. 대농이의 연말 성적이 십 등 이내에 들어 있었다. 담임선생님도 종무식을 마치고, 대농이를 교무실로 불러 칭찬해 주셨다. 금년 겨울은 지난해보다 덜 추웠다. 그래도 냉방에서 두 달을 공부하며 보낸다는 게 쉬운 일은 아니었다. 세월은 항상 손을 잡고 강강술래를 하는 것 같았다. 진눈깨비가 한바탕 휘날리더니 새봄이 밝았다. 대농이도 삼학년이 되었다. 드디어 결전決戰의 한해가 밝은 것이다. 대농이는 잠자는 시간만 빼고, 항상 공부만하는 나날을 쌓아 나갔다. 어느 따듯한 일요일이었다. 숙희 셋째누나가 사랑방 문을 열고 말했다.

"오늘 열한 시부터 열두 시까지 엄마하고 뒷동산에 가야한다. 성농이, 정숙이, 나, 엄마 모두 함께 간다." 대농이는 아무 질문도 하지 않았다. 시간을 맞춰 안마당으로 나갔다. 숙희 누나와 성농이가 빈 자루를 들고, 정숙이와 엄마는 깨끗한 옷을 입고 있었다. 다섯 식구들은 함께 사당집을 지나 뒷동산으로 올라갔다. 어머니의 걸음이 생각보다 느려 모두 천천히 걸었다. 위암 수술을 한지 이 년이 넘은 어머니의 병세는 대농이 몰래 나빠지고 있었다. 얼굴색도 핼쑥하고 모든 행동거지에 힘이 없었다. 언어 자체가 가냘프다. 어머니는 소나무 숲속에 있는 넓은 돌에 자리를 잡으셨다. 편히 앉아 지팡이도 짚으셨다. 가족들은 솔방울, 죽은 나무 가지, 죽은 나무 등걸 등 땔감이 될 만한 것들을 모아 빈 자루에 담았다. 자식들이 일하는 모습을 관찰하시는 어머니는, 가끔 넓은 앞들과 냇물, 산봉우리를 응시하며 한숨을 크게 내쉬곤 했다. 숙희 누나는 자주 어머니 곁을 지키며 말동무도 하고 심부름도 했다. 가족들은 한 시간 후, 무거운 땔감 두 자루를 메고 집으로 돌아왔다. 남매들은, 숙희 누나의 부축임을 받으며 비탈길을 내려오는, 어머니 뒤를 따라 내려왔다. 대농이 어머니 최향순씨의 마지막 외출이었다. 오직 숙희 누나만 어머니의 심금心琴을 헤아리고 있었다.

세월은 빠르게 흘렀다. 철쭉꽃이 지고 아카시아꽃이 향기를 내뿜는 계절이었다. 그날도 일요일이었다. 대농이는 변함없이 사랑방에서 대학입학고사 준비를 하고 있었다. 숙희 누나가 문을 열고 낮은 목소리로 말했다.

"오늘 열두 시에 집에서 함께 점심 먹을 거다. 외출하지 마."

점심식사는 마루에서 영계백숙을 먹었다. 인농, 대농, 성농 삼형제가 한 상에서 함께 먹었다. 어머니는 안방 문지방을 손으로 잡고, 삼형제들이 백숙을 먹는 모습을 정성스러운 눈빛으로 보았다. 식사 시작부터 끝까지 지켜봤다. 숙희 누나는 부엌을 오가며 분주했다. 대농이는, 집에서 기르는 닭도 없는데 영계백숙을 먹는 건, 어머니가 미리 준비하신 거라고 미루어 짐작했다. 삼형제들은 말없이 백숙을 먹었다. 어머니의 병세가 예사롭지 않다는 사실을, 이심전심以心傳心으로 알고 있는 형제들이었다. 꽃피는 계절에 별미別味의 점심식사를 하는 삼형제들이지만, 즐거운 게 아니라, 그 무슨 슬픈 사연이라도 닥칠 것만 같은 불안감을 느끼고 있었다. 조용한 마루엔 세 개의 수저들이 뚝배기에 부딪치는 소리만 들렸다. 삼형제들의 점심 식사가 끝날 무렵 어머니가 한 말씀했다.

"대농이는 조그마한 닭 한 마리도 남기는 구나. 입이 짧아 걱정이다. 항상 건강에 조심해라." 어머니의 목소리는 아주 가냘프게 이어졌다.

장마철이 지나고 삼복더위도 끝나더니 가을 냄새가 났다. 추석도 며칠 앞으로 다가왔고, 대학입학시험도 두 달 밖에 남지 않았다. 그래도 대농이는 조급하지 않았다. 삼학년 일하기 성적이 반에서 최상위 범위에 포함되었기 때문이었다. 대농이는 '무시험입학신청' 원서를 일류대학교에 이미 제출한 상태였다. '무시험입학신청' 에서 불합격되면, 다시 입학시험에 응시하여 합격하면 되는 것이었다. 당시의 '무시험입학신청' 은 학교장이 추천하는 '내신성적' 만으로 당락을 결정하는 제도였다.

한편 향순 어머니의 병세는 찬바람이 나자 급격히 나빠졌다. 거동도 불편하고 몰골은 뼈만 앙상하게 보이는 상태였다. 추석을 보름 남겨둔 시점에서 도립병원 효숙 누나가 오전에 택시를 타고 집에 왔다. 효숙 누나는 어머니와 숙희 누나를 함께 태우고 병원으로 출발했다. 나머지 가족들은 열두 시까지 도립병원에 도착하라는 말만 남겼다. 대농이네 가족들은 그날 점심식사를 함께하고, 사진관에서 전 가족 기념촬영을 했다.

미래를 내다보는 효숙 누나의 재빠른 대비였다. 효숙 누나는 사진촬영 후, 현상은 가족 숫자대로 하여 시집간 효희 언니에게도 한 장 보내드릴 것이라고 말했다. 그 자리에서 아버지 무봉씨가 숙희 누나에게 말했다.

"이번 추석상은 아주 단출하게 차려라!"

어머니가 몹시 불편한 상태로 누어계시기 때문이었다. 추석 차롓상은 마루에 간단하게 차려졌다. 모두 숙희 누나가 혼자 고생하여 만든 제수祭需였다. 종중宗中 회장을 역임한 무봉씨가, 추석 차례상을 간단하게 차린 건 이번이 처음이다. 쓸쓸하게 추석날이 지나고 이틀째 되던 날, 무봉씨는 가족들에게 외출하지 말라는 지시를 했다. 병원에서 근무하던 효숙 누나도 오후에 집에 도착했다. 어머니의 병환이 매우 심각했다. 무봉씨는 안방에 누워계신 어머니 곁에 항상 세명 이상의 가족들이 자리하라고 일렀다. 이제 대농이와 동생들도 어머니의 위급한 상황을 알고 있다. 대농이는 하루 종일 안방, 사랑방, 마루, 안마당, 바깥마당 등지를 오가며

"내가 이 순간에 엄마와 가정을 위해 할 수 있는 일이 무엇인가?"

하며 할 일을 찾아봤다. 그러나 안마당에 땅거미가 지고 밤이 깊어도 해답은 찾을 수 없었다. 아무 일도 하지 못하고 서성거릴 뿐이었다. 대농이는 무력감에 빠진 상태에서 자정을 넘기고 새날을 맞았다. 온 가족들이 안방에 모여 어머니만 지켰다. 이미 어머니는 말씀도 못하시고 눈도 감은 상태에서 호흡만 했다. 가끔은 크게 한숨도 쉰다. 새벽 세시 정각! 대농이 어머니 최향순 여사는 조용히 숨을 거두었다. 남편 무봉씨와 여섯 명의 자식들이 지켜보는 가운데, 아무런 말도 없이 한 많았던 이 세상을 떠났다. 향년享年55세를 겨우 누렸다.

장례식은 무봉 아버지가 주관하여 전통적인 유교식으로 모셨다. 상여喪輿를 사용하고, 뒷동산 넘어 대농이네 논 근처 산기슭에 산소를 썼다. 건넌방엔 제청祭廳이 만들어 졌고, 제상祭床위에는 혼백魂魄이 모셔졌다. 가족들은 매달 초하루와 보름날에, 아침저녁으로 상식上食을 올리며 어머니를 모셨다. 상식은 제상에 제수祭需를 진설陳設한 다음, 상주喪主들이 장례식 때 입었던 상복차림을 하고,

"애고哀告~ 애고~" 울며 곡哭을하고 올렸다. 상복喪服차림은, 삼베로

만든 누런색 두루마기도포를 입고, 머리엔 누런 삼베두건頭巾을 썼으며, 발목에도 삼베토시를 차고, 대나무지팡이를 짚은 상태였다. 이른바 굴건제복屈巾祭服을 하고, 곡 읍하며, 일 년간 상식을 올렸다.

무심한 세월이 흐르고 흘렀다. 머니가 떠난 대농이네 집은 썰렁했다. 커다란 구멍이 뚫린 것처럼 가족들의 가슴속도 텅 비었다. 모든 가족들이 말을 잊었으며, 집안은 항상 조용했다. 국민학교 오학년인 여동생 정숙이가 가끔 하는 말이, 웃음판을 만드는 게 고작이었다. 대농이의 대학입학시험 준비도 차질이 생겼다. 어머니를 잃은 대농이의 가슴도, 허공에 떠 있는 구름처럼 정처定處를 찾지 못하고 떠다녔다. 사랑방에 들어가기가 싫어졌고, 뒷동산이나 냇가 같은 시원한 곳이 좋아졌다. 담임선생님도 학급 친구들을 보내 대농이를 위로하였지만, 공부는 되지 않았다.

늦가을이 되자 대농이에게 또 하나의 커다란 충격이 왔다. '무시험입학신청' 에서 불합격되었다는 통보가 왔다. 대농이가 마신 첫 번째 고배苦杯였다. 필기시험에 응시하기 위한 공부를 더 열심히 해야 할 상황이 온 것이다. 대농이도 마음의 안정을 다짐하며 다시 공부에 전념했다. 사랑방 책상과 마주 앉은 지 열흘 후, 대농이는 배탈이 났다. 시간이 갈수록 설사를 하고, 속이 매스껍고, 먹은 음식을 토하는 상태로 발전했다. 대농이의 병세를 알게 된 무봉 아버지는 대농이를 자전거 뒤에 태우고 읍내 도립병원으로 달렸다. 대농이는 그날 병원에서 밤을 보냈다. 의사 선생님 진찰도 받았고, 하루 종일 이런저런 검사도 받았는데, 아무도 대농이에게 병명을 이야기 해주지 않았다. 대농이는 병실 침대에서 뜬눈으로 밤을 새웠다. 효숙 누나만 바쁘게 드나들고, 대농이 팔에는 '링거병' 만 걸려있다. 오후에는 무봉 아버지가 다시 병실을 찾아왔다. 효숙 누나는 무봉 아버지와 함께 밖으로 나가,

"병원 측에서 대농이를 내일 서울 큰 병원으로 옮기기로 했다."

는 방침을 이야기했다. 대농이는 이야기의 내용을 전혀 몰라 답답했다. 몇 시간 후, 이런 사실을 귀동냥으로 알게 된 대농이는 기절했다. 대농이는 침대에서 일어나 '링거병' 을 손에 들고 '박효숙' 누나를 소리쳐 불렀다. 목소리의 절반은 절규였고, 절반은 울음소리였다. 병원 복도를

빠른 걸음으로 이동하는 효숙 누나의 얼굴도 지친 모습이었다. 대농이의 눈에는 '백의천사' 라는 흰색 간호복장과 검은색 띠를 두른 모자만 보이고 누나의 얼굴은 보이지 않았다. 누나도 어젯밤을 뜬눈으로 새웠는지 모른다는 생각이 들었다. 그래도 대농이는 반항하는 소리로 크게 물었다. "누나! 나도 위암이야? 내일 서울 가서 수술할 거래?"

효숙 누나는 대답 없이 뒤돌아 다른 병실로 갔다. 땅거미가 병원 마당에 떨어지자 무봉 아버지는 귀가했다. 항상 바쁜 효숙 누나만 대농이 병실에 들렀다. 대농이는 더 이상 효숙 누나를 부르지 않았고, 질문도 하지 않았다. 이미 모든 걸 하늘에 맡기기로 작심했다. 어머니 같은 병이라면, 모든 게 종말이라는 생각을 하고 있었다. 어제 오늘 병실에 누어 한 생각이 얼마나 많은 지, 하늘을 다 덮고도 남을 것 같았다. 그 많은 생각들 중, 지난 겨울방학 내내 냉방에서 이불만 뒤집어쓰고 공부했던 생각이 가장 뚜렷하게 떠올랐다. "내가 너무 무리를 했었나? 가난이 죄인가! 대학교에 진학 못하면 앞날이 어떻게 되나? 모든 게 무너지는 것인가!"

생각하기도 싫은 생각들만, 대농이 머릿속을 찾아와, 주마등 같이 사라지곤 했다. 그럴 때마다 대농이는 넓은 베개로 얼굴을 감쌌다.

다음날 아침, 대농이는 구급차 편으로 서울 큰 병원으로 이동했다. 아버지 무봉씨만 동승했다. 이동하는 동안 대농이는 말이 없었다. 이틀 밤을 뜬눈으로 밝힌 대농이는 기진氣盡했다. 아무 말도 할 수 없었으며, 모든 것을 체념한 상태였다. 그래도 배가 아리고 쓰려오는 증세는 간간히 계속되었다. 위장에서 쓴 물이 식도를 타고 올라와 입안에 괴기도 했다. 구급차는 두 시간 후에 서울 큰 병원에 도착했다.

응급실 병상에 누어있는 대농이는, 지치고 모든 것을 포기해버린 중환자였다. 간간히 눈동자만 좌우로 움직일 뿐, 영특하고 재빠른 모습은 사라진지 오래되었다. 대농이는 급하게 움직이는 간호원과 의사들 속에 묻혀 다녔다. 방사선촬영도 하고, 피검사, 소변검사 등 각종 검사들이 끊임없이 이어졌다. 특히 '내시경' 이라는 검사는 '고무호스' 를 입안으로 부터 뱃속까지 넣는 힘든 검사였다. 일과가 끝나는 시간까지 온갖 검사를 받은 대농이는, 지친 모습으로 침대만 지켰다. 무봉 아버지도 말없이 대농이 침대 밑에서 새우잠을 잤다. 밤새도록 간호원들만 오갈 뿐이었다.

다음날 아침, 대농이는 병원 측이 제공한 아침식사를 하지 않았다. 아직 조금 남아 있는 정신으로 "무슨 병일까? 수술을 할 것인가, 안할 것인가?" 라며 헛소리를 했다. 그것 보다 더 중요한 건 없다고 생각 했다. 삼박사일 째 시달리는 대농이는 입맛을 잃은 지도 오래되었다. 그래도 '링거' 때문인지, 젊음 때문인지, 정신은 조금 회복되었다. 어제 밤 큰 병원에서 어떻게 잠들었는지 생각도 나지 않았다. 대농이의 기억에는 밤새도록 하늘나라 꽃밭을 날아다니고, 선녀들과 어울려 놀았던 생각만 남았다.

대농이는 열한 시 경에 담당의사 진료를 받을 수 있었다. 의사 선생님은 여러 가지 검사결과를 상세히 검토한 후, 무봉 아버지에게 소견을 밝혔다. 대농이 어머니를 수술했던 그 의사 선생님이었다.

"환자 어머니께서 이 병원에서 위암수술을 하시고 얼마 전에 타계하셨다는 말씀을 들었습니다. 심심한 조의를 드리는 바입니다. 그런 병력 때문에 저희들도 아드님을 응급환자로 분류하여 모든 검사를 성의껏 했습니다. 결과는 환자 어머니 같은 몹쓸 병은 아니고, '역류성위염'과 '미란성위염'이 겹쳐 생긴 증세였습니다. 나이가 젊은 학생이라 약을 복용하면 쉽게 고칠 수 있을 것으로 사료됩니다."

의사 선생님의 말씀이 끝나기 무섭게 무봉 아버지는 "감사합니다."는 인사를 했다. 대농이도 눈을 번뜩 떴다. 자세를 고쳐 앉고 머리 굽혀 인사드렸다. 대농이가 이 세상에 태어나, 다섯 번째로 '죽을 고비'를 넘기는 순간이었다.

대농이와 무봉 아버지는 병원에서 약을 한 보따리 탄 다음 시외버스 편으로 귀가했다. 다섯 시간 후, 고향 읍내 도립병원에 도착 할 수 있었다. 효숙 누나가 제일 반갑게 대농이 부자를 맞았다. 이미 누나는 전화로 대농이의 진료소견 내용을 알고 있었다. 다음날부터 대농이는 위장약을 복용했다. 대학입학시험 응시계획은 일단 취소했다. 위장병을 완치한 후 재수하여 내년에 도전키로 했다.

* 첨부 : 일본 식민지통치시대 연대표(참조 273쪽)
* 낱말풀이(참조 297쪽)

제2부 | 수필 마당

소박(疏薄)

서기 1948년 3월! 한반도를 찾아온 새봄은 찬란했다. 제2차세계대전과 일본의 한반도 식민지통치가 종식되고, 세 번째 찾아온 봄이었다. 전국 방방곡곡坊坊曲曲마다, 자유가 넘쳐흐르고 새 희망이 싹텄다. 심심산천 대농이네 동네도 새봄이 찾아왔다. 대농이네 집 안마당 밖 실개천엔, 산수유, 털생강, 개나리가 노랗게 숲을 만들었고, 진달래도 연분홍 꽃봉오리를 벌리며, 울긋불긋한 수채화를 그려놓았다. 겨울 내내 뒤란에서 장독대를 지키고 있던, 복숭아, 배, 살구 같은 과일 나무들도, 제각기 독특한 색깔의 꽃봉오리를 주렁주렁 매달고, 꽃그림을 덧칠했다. 이제 대농이 동네 뒷동산에선 만화萬化가 방창方暢하는 꽃잔치가 벌어질 것이다.

대농이네 마을 주민들이, 올 봄을 특별히 반갑게 맞아들이는 건, 아름다운 꽃 때문만이 아니다. 몹시도 춥고 배고프던 겨울이, 너무 길고 지긋지긋하였기 때문이었다. 봄에는 봄꽃과 함께, 달래, 냉이, 꽃다지, 씀바귀 같은 봄나물들이 함께 돋아났다. 올 봄에도 가난한 동네 사람들은 나물을 뜯어 먹으며, 겨울에 소진消盡되었던 원기를 회복했다. 삼십팔38년 전 부터 한국을 강점强占하고 있던 일본은, 구년 전에 제2차세계대전을 일으켰다. 한국에서 온갖 물자를 수탈收奪해 가더니, 오년 전 부터는 식량과 놋그릇 같은 식기食器까지 공출供出해갔다. 한국 사람들의 생계는 극도로 불안하였으며, 초근목피草根木皮로 명줄을 이어가는 가정들이 많았다.

대농이는 우리나라가 일본으로부터 해방되기 삼년 전에 출생했다. 국민학교國民學校 입학만 기다리며, 동네 또래 친구들과 어울리고, 장난치고, 심부름하는 게 생활의 전부였다. 그 날 대농이는 누나, 형, 남동생과 함께 사립문 밖 텃밭을 일구고 있었다. 감자, 고추, 파 같은 농작물을 심는 텃밭이었다. 화창한 봄볕을 즐기며 밭갈이를 하는, 네 명의 남매들은 즐거웠다. 식구들이 함께 먹을 식량을 위해 시작하는 농사여서, 더욱 힘을 낼 수 있었다. 지난 겨울 동안 싫도록 먹어야 했던, 찬밥, 밀가루수제비, 죽, 쌀겨수제비, 수수겨수제비 등이 생각났다. 뱃속과 머릿속이 싫증으로 가득 찼다. 팽배한 싫증은 증오의 힘으로 변하여, 삽과 괭이질을 더욱 힘차게 만들었다. 남매들의 이마엔 구술 같은 땀방울이 맺혔다. 그때 대문 밖에서 웅성거리는 소리가 들리고 어머니가 달려 나가셨다. 아버지는 먹을 식량을 마련하려고, 아침 일찍 행상行商을 나가셨다. 대농이 일행도 농기구를 놓고 함께 대문으로 달려갔다. 곧이어 어머니는 아기를 안은 젊은 여인을 안내하여 안방으로 들어가셨다. 함께 온 사람들은 자기들끼리만 두런거리며, 등에 지고 온 물건들을 안마당에 모두 내려놓았다. 열 명도 넘는 어른들이 내려놓은 물건은, 농, 이불, 옷가지, 살림도구 같은 것들이었다. 분위기가 조용하더니 긴장스럽게 변하였다. 아무도 입을 열지 않았으며, 물건을 내려놓은 인부人夫들은 쏜살같이 대문 밖으로 사라졌다. 누나는 안방으로 뛰어 들어가 어머니와 이야기를 나누었고, 남은 세 동생들은 뜰 밑에서 기다렸다. 모녀의 대화는 낮은음계로 진행되어 밖의 동생들은 내용을 알 수가 없었다. 얼마 후 누나가 밖으로 나왔다. 빠른 걸음으로 부엌에 들어가 아궁이 앞에 앉았다. 점심을 지으려는 것 같았다. 그러나 누나의 인상은 계속 굳어졌으며, 행동도 거칠어졌다. 동생들의 질문에도 대답하지 않았다. 형이 누나에게 대들듯이 큰소리로 묻는다.

"누나, 그 사람들 누구래? 이것들은 다 뭐고!"

"나도 몰라."

"엄마하고 많이 이야기 했잖아!"

"그래도 몰라, 아무 말도 하지 말랬어."

누나의 눈에는 이미 눈물이 괴어 있었다. 아궁이에 불을 지피는 누나의 부지깽이는 떨렸다. 곧이어 대성통곡大聲痛哭이 터졌다.

"난 몰라! 난 몰라! 이제 우리는 어떻게 살아!"

안방 문을 박차고 나온 어머니의 꾸중은 준엄하였다.

"얘! 너 지금 뭐하는 거야? 조용하지 못해? 아기들이 모두 잠자고 있는데!"

누나는 눈물을 훔치며 뒷동산으로 올라가고, 어머니는 다시 안방으로 들어가셨다. 어머니도 세 달 전에 대농이 여동생을 출산하셨기 때문에, 이제 안방에는 아기가 두 명이 되었다. 그날 밤 안방에서는 엄마, 젊은 여인, 아기 두 명 등 네 명이 잤고, 사랑방에서는 대농이와 텃밭을 일구던 네 명의 남매들이 잤다. 말이 사랑방이지 아버지가 작년에 대문 옆에 있는 헛간을 개조하여 만든 조그만 방이었다. 그날 밤 사랑방 식구들은, 이심전심으로 침묵을 지켰는데도 밤잠을 설쳤다. 농한기마다 각 지역 오일장터를 돌며 장사를 하시고, 열흘이나 십오일 만에 들어오시는 아버지는, 그날도 집에 못 들어오셨다. 어제 집에서 무슨 일이 벌어졌는지도 모르신다.

다음 날 오후, 어머니가 사랑방에 네 남매를 불러 놓고, 짧고 분명한 훈계를 하셨다.

"어제 아기를 안고 온 사람은 너희들의 큰 언니고 큰 누나다. 둘째 누나는 서울에 살고 있다. 그러니 여기 있는 누나는 셋째 누나다. 너희 삼형제는 오늘부터 그렇게 불러라. 그래야 이해가 쉽다. 아직 어린 아기는 막둥이라 부르고, 큰누나가 어제 데리고 온 아기는 신경 쓰지 않아도 된다. 그냥 아기라고 불러라. 이제 우리 식구도 아홉 명이 되었다. 그리고, 동네 사람들이 너희들에게 묻는 게 있으면, 주저하지 말고 또렷또렷하게 아는 대로만 이야기해라. 잘못된 것도 없고, 궁금할 것도 없다."

어머니의 자세는 당당했다. 어머니가 자리를 뜨신 후에도, 네 남매는 입을 열지 않았고, 한동안 사랑방엔 침묵만 흘렀다. 형이 먼저 입을 열었다.

"누나는 언니들이 두 명 더 있는 사실을 알고 있었어?"

누나는 말없이 목을 끄덕이며 긍정적인 표현을 하였다. 누나를 제외한 삼형제는 마당으로 나왔다. 대농이는 누나가 두 명 더 있고, 식구가 아홉 명이라는 사실을 오늘 처음 알았다. 큰누나 아기까지 따지면 식구가 모두 열 명이다. 나쁜 소식은 아닌 것 같은데, 어딘지 마음 한 구석이 답답하고 명랑한 표정을 지을 수 없었다. 그날 대농이는 안방에 들어가지 않았으며, 새로 온 아기 얼굴도 보지 않았다. 그래도 궁금하지 않았다. 어제부터 안마당에 쭉~ 널려 있는 살림살이들이 더 궁금했다.

그 사건의 내용이 밝혀진 것은 열흘 후, 대농이 아버지가 집에 오신 다음 날이었다. 집안 분위기가 더욱 무겁게 가라앉았으나, 내용은 알 수 있었다. 대농이 큰누나가 몇 년 전에 결혼을 하였는데, 아기를 낳은 후, 남편이 아내를 내쫓는, 소박疏薄을 맞은 것이었다. 그 시절에는 가부장제家父長制 때문에, 남존여비男尊女卑 사상이 팽배하였다. 여필종부女必從夫와 칠거지악七去之惡이라는 유교적儒教的 사회규범社會規範에 얽매여, 여성들의 인권人權은 찾아볼 수 없었다. 소박 이외에도, 남편의 폭력에 시달리는 아내들이 너무 많았다. 시어머니가 며느리를 혹독하게 시집살이 시키는 풍습은, 당연한 것으로 인식되었다. 딸을 시집보내는 어머니들은

"죽어도 시집에서 죽어야한다"

고 교육시켜 출가 시켰다.

"벙어리 십년, 귀 먹어 십년, 눈멀어 십년"

이라는 며느리의 생활수칙이 있었다. 한 많은 여자의 일생이 시집가는 날부터 시작된 것이다. 이런 잘못된 혼인문화의 횡행橫行으로, 여성들의 인권은 낙엽처럼 짓밟히고, 비극적인 삶을 마감하곤 했다. 그 여파로 '시집살이' 라는 아름다운 우리말은, 지금도 국민들에게 '남의 밑에서 감독이나 간섭을 받으면서 하는 고된 일' 이라는 뜻으로 활용되고 있다.

큰누나가 소박을 맞은 이유理由를, 대농이 가족들이 알게 된 건, 한 달도 더 지난 후였다.

"여자가 너무 말이 없고 조용하여 함께 살 수가 없었다."

는 게 이유의 전부였다. 칠거지악에 해당되지 않는 내용이었다. 이런 사실을 확인한 대농이 아버지는, 한 동안 대문 밖 출입을 하지 않으셨다. 집에만 머무시며 농사일만 하셨다. 시도 때도 없이 한숨을 길게 내 쉬며

"분憤을 삭일 수 없어 소화도 안 된다."

는 말씀을 종종하셨다. 대농이 어머니도

"우리 집은 절寺刹 같이 조용한 집이 되었다. 찾아오는 사람이 없다."

고하시며 한숨을 짓곤 하셨다. 어머니는 큰누나의 중매결혼을 주도했었다. 속이 얼마나 상하셨는지는 미루어 짐작할 수 있었다. 당시의 결혼 풍습은 중매결혼이었으며, 중매쟁이와 양쪽 부모 및 종중宗中이 협력하여 혼사여부를 결정했다. 맞선이라는 절차가 있었지만, 당사자들의 의견이 결혼 성사여부를 결정 할 수는 없었다. 맞선은 혼사의 절차에 불과하였다. 여권신장女權伸張이라는 단어는 입에 담기도 힘들었고, 무참하게 짓밟힌 여성들은, 양잿물을 마시고 목숨을 끊는 사건도 도처에서 발생했다.

두메산골 대농이네 마을에도 대한민국 정부가 수립되었다는 반가운 소식은 들렸다. 삼년 전, 해방이 되었다고 모두 나와 만세를 부르던 때와 비슷한 분위기였다. 안방의 막둥이와 아기도 대농이네 남매들 등에 업혀 안마당과 뒷동산을 많이 구경했다. 아기도 한 식구처럼 가족들과 친분이 생겼다. 대농이 부모들과 큰누나도 대문 밖 출입이 많아졌다. 그렇다고 큰누나의 표정이 밝아진 것은 아니다. 큰누나는 아기를 안고, 안마당을 서성거리거나, 뜰에 앉아 햇볕을 쬐던지, 뒷동산을 산책하고 돌아오는 게 전부였다. 동생들이 가까이 가면, 큰누나는 재빨리 표정을 바꾸고 동생들의 이름을 부르며, 친절을 베푸는 순발력을 발휘하곤 했다. 여섯 명의 동생들 중 큰누나와 가장 친분이 가까워진 동생은 대농이었다. 대농이와 남동생은 학교엘 다지지 않았기 때문이다.

큰누나는 일곱 남매 중 가장 위 사람이고, 대농이 보다 십오 년이나 먼저 태어났다. 큰누나는 총명하게 성장하였으며, 일본 식민지통치植民地統治 시절에도 소학교初等學校를 졸업했다. 농촌에서는 보기 드물게 한글과 한문漢文을 자유롭게 활용하여, 현대교육을 받은 여성으로 평가 받았다. 그 시절에는 소학교도 드물었고, 한문을 가르치던 서당書堂도 대부분 폐지되었으며, 농민들은 학교를 다니지 않아, 글을 못 읽고 못 쓰는 문맹文盲이 많았다.

어느 여름날, 큰누나가 대농이를 불렀다.

"대농아, 너 내년에 국민학교 들어 갈 거지?"

"응."

"내가 오늘 학교 보여줄게 함께 갈래?"

"어디 있는데?"

"뒷동산에서 좀 더 올라가면 학교를 볼 수 있어."

"거짓말, 뒷동산 할아버지 산소는 우리들의 놀이터다. 학교는 없어. 내가 얼마나 많이 갔었는데. 큰누나 아무것도 모르면서."

"아냐! 정말이야. 일단 따라와 봐."

큰누나는 대농이의 손을 잡아끌며 사립문을 나섰다. 오 분도 되지 않아 할아버지 산소에 도착했다. 대농이가 먼저 말을 꺼냈다.

"큰누나! 학교가 어디 있어? 큰누나 여기 잘 모르잖아!"

"저기 있다. 저기 가면 보인다."

큰누나는 손가락으로 산봉우리 쪽을 가리키며, 참착하고 자신 있는 표정으로 대답했다.

"싫어, 거기는 안가. 어른들이 가지 말랬어. 거기가면 혼나."

하며 대농이는 산제당山祭堂 쪽을 가리켰다. 산제당은 동네 뒷산 중간 숲속에 있었다. 짚을 엮어 고깔 모형의 원추형으로 지었는데, 내부에는 제상祭床과 제기祭器들이 깨끗하게 보관되어 있다. 주민들은 제관祭官 두 명을 뽑아, 매년 정월 열나흘 날 밤 자정子正에 산신령山神靈께 제사를 올린다. 그날 밤은, 모든 가정들이 등불을 대문 밖에 내걸고 온 동네를 밝힌다. 가장들은 사랑방에 함께 모여 기다리다, 제사 종료 통보를 받으면, 제수祭需로 사용되었던 돼지고기나 소고기를 분배 받아 귀가했다. 때문에 정월 보름날 아침에는 모든 동네 사람들이 고깃국을 먹을 수 있었다. 주민들은 산제당을 신성한 장소로 모셨으며, 평소에는 아무도 접근하지 못하도록 경계를 소홀히 하지 않는다.

"산제당 쪽으로 가는 게 아니고, 저기 저 넓적바위를 지나 오른쪽 능선위로 올라가는 것이다. 얼마 안 걸려. 거기 가면 학교 뿐 아니라, 집에서 학교 가는 길, 마을, 냇물, 면사무소 등 별게 다 보여. 높은 하늘도 손으로 만질 수 있고."

"그래도 싫어. 산제당 보다 높게 올라가는 건 싫어. 무섭고."

"박대농! 몇 달 후부터 학교 다니려면 오늘 길을 알아두어야지. 너 학교 들어가기 싫어?"

큰누나는 대농이를 으르고 달랬다. 큰누나는 대농이 손을 잡고 천천히 걸으며, 꽃을 꺾어 이름도 가르쳐주고, 나무 이름도 암기시켰다. 곤충도 잡아 이름을 가르쳤으며, 배운 것들은 잊어버리지 않도록 반복 교육시켰다.

"야, 대농이 머리 좋은 데. 학교 다니면 공부 잘하겠다. 우등상도 타오고. 그런데 대농아, 학교 다니면 선생님이 부르실 때 '네' 하고 대답하는 거야. 어른들에게도 '응' 하는 게 아니라, '네' 하고 대답해야해. 알았지?"

큰누나의 세련된 달램에 대농이는 저절로 휘말렸고, 두 사람은 오른쪽 능선에 도착했다. 온 몸이 땀으로 젖었다. 두 남매는 넓적바위에 앉아 휴식을 취하며, 동쪽과 남쪽으로 펼쳐지는 경치를 감상하였다. 대농이의 마음은 황홀하고 흥분되었다. 저 멀리 뒷동산과 대농이네 마을이 내려다보이고, 집들이 게딱지처럼 조그맣게 보였다. 동네 앞 들판이 저렇게 넓은 것이었다는 사실을 처음 깨달았다. 평소 생각도 못했던 경치들을 많이 볼 수 있었다. 시원한 바람으로 땀이 식었을 무렵, 큰누나가 말을 꺼냈다.

"어때, 대농아, 별의 별게 다 보이지? 이런 경치를 처음 보는 거지?"

"응, 큰누나! 큰누나는 언제부터 여길 와 봤어?"

황홀감에서 헤어나지 못하는 대농이의 대답은 나지막하였다. 누나는 손짓을 하며 말하였다.

"저기가 산봉우리다. 저기가!"

큰누나가 손짓하는 방향을 쳐다보니 정말 산 정상 봉우리가 지척에 있었다. 두 사람은 신나게 걸어 산봉우리에 섰다. 대농이는 바람이 불고 몸이 휘청거리는 느낌을 받았다. 계속 몸이 허공에 떠 있는 것 같아, 무엇에 의지하였으면 좋겠다는 생각이 났다. 그래도 처음 보는 경치에 놀란 대농이는, 한동안 말없이 혼자 이리 뛰고 저리 뛰며 구경하였다. 큰누나도 대농이가 안정을 찾을 때 까지 기다렸다. 대농이의 이마에 땀이 보이지 않을 때, 큰누나가 말을 꺼냈다.

"내말 맞지? 하늘도 손에 잡히지?"

"응. 그런데 조금 어지러운 것 같아."

큰누나는 대농이의 손을 잡고 이야기 했다.

"그래, 높은데 처음 올라와서 그래, 조금 있으면 괜찮아 질꺼야."

하며 대농이에게 사방으로 보이는 경치를 설명했다. 우선 동서남북 방향을 가르쳐주고, 마을 이름, 산 이름, 읍내로 가는 길, 냇물, 다리, 면사무소 등지를 설명했다. 대농이가 내년부터 다녀야할 국민학교와, 집에서 학교까지 가는 길은 제일 나중에 가르쳐주었다.

"대농아, 저기 학교 보이지? 정말 학교가 있지?"

"응."

"운동장엔 학생들이 체조를 하고, 그 앞에는 선생님 한 분이 서 계시지?"

"응."

"저 보이는 선생님이 네 매형님이셔."

"매형이 뭔데?"

"...... ?"

대농이가 큰누나를 쳐다보니, 큰누나는 손수건으로 흐르는 눈물을 닦고 있었다. 대농이는 재빨리 큰누나와 거리를 두고, 경치만 구경했다. 매형이라는 게 무엇인지 궁금하였지만 더 이상 묻지 않았다. 저 멀리 신작로엔 소달구지가 지나가고, 지게를 등에 진 농부가 소를 몰며 이동하는, 한가로운 농촌 풍경도 보였다.

"땡, 땡, 땡! 땡, 땡, 땡!" 학교종이 울리면 많은 학생들이 운동장에 나와 뛰어놀았다. 십분 후에 또 "땡, 땡, 땡!" 종소리가 나면, 운동장엔 아무도 없이 조용한 분위기가 계속되었다. 대농이는 지루하다는 생각을 하기 시작했다. 그러나 큰누나는 계속 앉아 학교만 응시하고 있었다. 이제 봉우리에 오른 지도 두 시간이 넘었다. 큰누나의 눈물은 계속되었다.

집으로 내려오는 하산길은 즐거웠다. 대농이는 깡충깡충 뛰어 내려왔는데, 힘들지도 않았고 땀도 나지 않았다. 이름 모를 꽃이나 나무를 발견하면 큰누나에게 물어보고, 잊어버린 동네 이름도 또 물어보며 내려왔다. 대농이는 오늘, 새 세상을 만났던 황홀감에서 헤어나지 못하며 발길을 재촉했다. 마을에 내려가 오늘 보고 알게 된 것들을 친구들에게 자랑할 요량이었다. 그러나 하산하는 큰누나의 발길은 무거웠다. 전신에 힘이 빠져 있었다. 집에 도착하니 어느새 해는 서산 위로 옮겨져 있었다. 대농이는 안방으로 뛰어 들어가 어머니에게 이야기했다. 산봉우리에서 있었던 모든 것을 생각나는 대로 이야기했다. 엄마는 대농이 말을 귀담아 들었지만, 대답을 하거나 표정을 바꾸지는 않았다. 그날 대농이는 큰누나가 눈물을 흘렸던 이유를 알아내지 못하였다. 삼년 후 국민학교 삼학년 때, 대농이는 큰누나와 매형과의 관계를 상세히 알 수 있었다. 그 시절엔, 매형의 선생님이라는 직업이 상당한 지식인으로 대접받았고, 큰누나도 사당祠堂 할아버지를 모시는 양반兩班 문중門中에서 태어나, 현대식 공부를 한 우수한 신부로 선정되어, 양가에서 결혼을 하도록 한 것이었다.

대농이네 가족들의 가을은 풍요로웠다. 논밭에서 추수한 곡식과 채소를 마음대로 먹을 수 있었다. 배가 부르니 가족들의 표정도 밝아졌다. 식사 시간이면, 이야기꽃이 만발하곤 하였다. 아홉 명의 가족들은 저절로 명랑한 분위기를 만들어 냈다. 큰누나는 아기의 이름을 인숙仁淑이라고 지었다. 그 해는 추석명절도 즐거웠다. 전국 방방곡곡이 대한민국 새 정부 출범을 축하하는 분위기였기 때문에, 더욱 풍요로운 추석명절이 되었다. 그러나 기쁜 것은 항상 쏜살같이 빠르게 지나가게 마련이었다. 즐거움이 끝나기도 전에 춥고 배고픈 겨울이 몰래 찾아와 기다리고 있었다. 그해 겨울 대농이네 식구들의 식사도 변함없이 식은 밥, 죽, 밀수제비, 쌀겨수제비 같은 것들이었다. 그래도 식구들은 먹을 게 없어 때를 굶지는 않았다. 대농이 아버지가 부자 집들로부터, 고리채로 쌀을 구하는 능력이 탁월하였기 때문이었다.

삼대독자로 태어난 대농이 아버지 박무봉朴舞鳳씨는, 일본이 강제로 을사보호조약을 체결한지 삼년 후에 출생했다. 일본의 식민지통치 시절에 고등보통학교를 졸업했다. 지금으로 따지면 상당한 학력이었다. 당연히 한글과 한문에 능통하고, 음양오행설 같은 동양철학에도 식견이 밝았다.

농촌에서는 보기 드문 인물이었기에, 종중회장이나 사당관리책임자 같은 직함은 저절로 생겼다. 가난 속에 항상 동네일들을 도맡아 처리해야 하는 입장이었다. 그래도 농한기엔 오일장터를 떠돌며 호구지책糊口之策을 마련해야 했다.

대농이네 열 명의 식구들이 추위와 굶주림에 시달려 지쳤을 때, 입춘立春이 돌아왔다. 봄이 오는 소리가 들리기 시작했다. 인숙이가 대농이네 집으로 온지도 어언간 일 년이 되어가고 있었다. 어머니와 큰누나는 막둥이와 인숙이의 돌잔치를 함께해 주었다. 안방에서 가족들만 참석한 가운데 마련된 단출한 돌잔치였다. 쌀과 수수를 섞어 지은 붉은 밥과, 미역국, 배추김치, 고추장 등이 전부였다. 식구들은 아기들 덕분에 아침 죽은 먹지 않는다고 좋아하였다. 식사 후 연필, 돈, 실, 쌀 등을 상 위에 진열해 놓고, 돌쟁이들이 걸어가 한 개씩 집어보는 돌잡이 행사도하였다.

"막둥이는 연필을 집어 공부를 잘할 것이고, 아기는 돈을 집어 부자가 될 것"

이라고 어머니는 아기들의 미래를 예언해 주셨다. 그러나 가난 속의 행복은 오래가지 못했다.

돌잔치를 치룬지 며칠 후, 인숙이 아버지 측근 두 사람이, 대농이네 집을 방문했다. 그들은 대문을 경계로 대농이 아버지와 이야기를 나누었다. 아버지는 안방으로 가셨다. 어머니와 큰누나와 지루하도록 이야기를 했다. 대문 밖에서 기다리는 사람들이 지루함을 느꼈을 때, 안방에서 큰누나의 커다란 목소리가 터졌다.

"안 돼요, 안 돼! 안 돼요, 안 돼! 못해요."

큰누나의 목소리는 엉엉 우는 절규로 변하였다.

"안 된다. 안 돼! 이놈들아! 못 데려간다."

큰누나의 울음소리가 그쳤다. 두런두런 이야기 소리가 들리더니, 대농이 아버지가 안방에서 나오셨다. 얼굴이 초췌하고 불안한 표정이었다. 아버지는 대문 밖에서 기다리던 사람들과 계속 이야기를 나눴다. 그래도 타협안이 나오지 않는 모양이었다. 끊임없이 담배를 피워 무는 아버지의 모습을 읽고 있는, 대농이 남매들의 가슴도 두근거리고 불안했다. 대농이 형이 사랑방으로 이동하여 귀동냥한 내용은 아래와 같았다.

"단지 몇 달만이라도 더 기다려, 아기가 제대로 걸어 다닐 수 있을 때, 데리고 가는 게 순리다."

"아기 아버지가, 무조건 오늘 꼭 데리고 오라는 엄명을 하셨다. 우리들은 빈손으로 갈 수 없는 형편이다. 아기를 주시지 않으면, 우리는 여기서 며칠이라도 꼼짝하지 않을 것이다."

인숙이 아버지 측과 대농이 아버지 간의 흥정은 세 시간도 넘게 진행되었다. 안방 문이 열리자, 대농이 아버지가 아기를 안고 나왔으며, 큰누나가 그 뒤를 따라 통곡하며 쫓아 나왔다. 인숙이를 그 사람들에게 넘겨주는 대농이 아버지의 손은 떨렸다. 첫 돌이 겨우 지난 인숙이를 빼앗기자, 큰누나는 울며불며 인숙이 쪽으로 달려갔다. 인숙이도 엄마의 손을 잡으려고 발버둥 치며 울어댔다. 대농이 부모는 큰누나를 붙잡으려 애썼지만, 필사적으로 반발하는 큰누나를 당해내진 못하였다. 차마 인간으로는 눈 뜨고 볼 수 없는, 처절한 모녀 생이별이 두메산골 농촌에서 벌어졌다. 모정의 절규를 생생하게 읽은 봄 하늘이, 따뜻한 햇볕을 대농이네 가족들에게 쪼여주고 있었다. 큰딸의 손을 잡고 집으로 돌아오는, 대농이 어머니의 얼굴도 눈물범벅이 되었다. 뒤 따라오는 아버지도 어깨가 축 늘어졌다. 가족들 모두가 패자의 얼굴이었다. 대농이 큰누나는 뒷동산으로 발길을 옮기며 흐느꼈다. 어머니가 뒤 따라 간다. 아버지는

"그 애, 멀리가지 못하도록 하라."

고 당부하고 집으로 향하였다. 집안을 둘러 본 대농이 아버지는 읍내로 출발했다. "또 무슨 일일까? 장날도 아닌데."

대농이는 궁금하였다. 집안 전체가 휑- 뚫린 것처럼 적막하고 으스스했다. 다행히 대농이 아버지는 해거름 때 귀가했다. 읍내에서 소고기와 돼지고기를 많이 사오셨다. 어머니도 큰누나를 데리고 귀가했다. 저녁식사는 셋째누나가 준비하여, 고깃국을 배부르게 먹었다. 큰누나는 아무것도 먹지 않았다. 그날따라 둥근 달이 하얗게 밝았다. 큰누나는 안마당과 실개천을 오가며, 억울함과 괴로움을 잊으려 애를 쓰는 모습이었다. 대농이가 쫓아 다니며

"누나! 춥다, 들어가자"

고 애원해도 대답이 없었다.

아기를 강제로 빼앗기고 홀몸이 된 대농이 큰누나는 외로웠다. 일 년 간 대문 밖 출입을 삼가던 큰누나는, 시도 때도 없이 안마당에 나와 서성거리는가 하면, 뜰에 앉아 자주 하늘을 보고, 앞산도 쳐다보곤 했다. 심지어 혼자 중얼거리다 땅바닥에 글씨를 쓰곤 했다. 안방이 답답하다며, 뒷동산에 올라가는 횟수도 점점 늘어갔다. 그런 분위기 속에서도 무심한 세월은 빠르게 흘렀다. 대농이도 국민학교 이학년이 되었다. 그 해 여름에는 6.25전쟁이 발발勃發하여 온 나라가 비상시국이었다. 대농이네 동네도 피해가 많았고, 두 달 간 피난살이를 했다. 불탄 농가들이 많았으며, 철조망이나 수류탄 같은 위험물들이 여기저기서 발견되었다.

이런 어수선한 정황에서 우울증 증세를 보이던 대농이 큰누나가, 어느 날 갑자기 종적을 감추었다. 대농이 가족 중 큰누나의 행방을 아는 사람이 없었다. 부모님들의 걱정은 하늘을 찔렀다. 가족들은 농사일도 중지하고 가볼만 한 곳은 무두 둘러보았다. 친척집, 인척집, 뒷동산, 산봉우리, 냇가, 우물가, 국민학교, 파출소, 면사무소 등지를, 전 가족들이 며칠에 걸쳐 훑어봐도 찾을 길이 없었다. 실 같은 한 가닥의 희망도 없을 즈음, 가출한지 오 일 째였던 달 밝은 밤에, 대농이 큰누나는 멀쩡한 모습으로 집에 나타났다. 온 가족들의 반가움과 궁금증은 뒤범벅이었다. 그 날 안방에는 대농이 부모와 막둥이, 큰누나 등 네 명이 있었는데, 밤이 늦도록 등잔불이 꺼지지 않았다. 두런두런 이야기하는 소리가 문창호지 틈새로 흘러나오곤 했다.

다음날, 대농이 큰누나와 부모님들의 표정은 밝았다. 큰누나는 이틀을 집에서 묵은 후, 부모님들과 함께 어디론가 떠났다. 부모님들은 그날 밤 늦게 귀가했지만, 큰누나는 오지 않았다. 대농이는 몇 년 후에, 그날 큰누나가 재혼하였다는 사실을 알 수 있었다. 그 시절 결혼식은 전통적으로 이어 내려오는 유교식 혼례의식에 따라 거행하였다. 그러나 재혼再婚은 별도로 전해 내려오는 혼례의식이 없었다. 재혼은 오르지 중매쟁이 주선으로, 당사자들과 양가 부모들이 모여, 상면相面하고 합의하는 것으로 성립되었다. 특히 농촌에서는 그랬다. 대농이 큰누나가 재혼 한 남편은 한국전쟁 당시 흥남에서 내려온 독신 남자였다. 용모도 수려하고 마음씨도 착했으며, 농업에 종사하고 있었다. 십여 년 후 대농이 큰누나는 훤출한 중학생 맏아들을 데리고 친정을 방문했다. 당시 동네 일기친척 아낙네들이 많이 찾아와 이들을 상면相面하고, 큰누나의 넓은 지식과 인격, 그리고 능력을 높이 평가했다. 대농이 엄마는 음식을 많이 준비하여 친절하게 손님들을 대접했다. 마치 잔치 집 분위기 같았다.

그 후 오 년이 더 지나, 대농이가 불혹不惑의 나이로 국가공무원 중견간부로 재직할 때, 대농이는 휴가를 얻어 고향을 방문했다. 고등학교 친구 한명이 대농이를 찾아 와 인숙이 아버지 이야기를 꺼냈다.

"인숙이 아버지는 대한민국 정부출범 직후 교직생활을 청산했으며, 아직도 고향에 거주하고 있는데, 대농이를 한 번 만나보고 싶어 한다."

는 전갈傳喝 했다. 대농이는 과거 인숙이 아버지가 남존여비사상에 붉게 물들어, 인륜人倫을 무참히 저버렸던 사실을 질타叱咤하고, 즉석에서 거절했다.

큰누나 부부는 아들 세 명과, 딸 한명을 낳고 행복하게 살았다. 대농이 큰매형님은 이년 전에 타계하셔, 아름답기로 소문난 공원묘원에 잠들어 계시다. 실향민失鄕民의 한을 풀지 못하고 애석하게 타계하셨다. 큰누나는 육십칠 세에 고혈압으로 졸도하여 생명이 위독했지만, 이 년 후 퇴원하여 건강하게 생활하고 계시다. 뇌출혈이라는 역경을 극복하고, 노후를 굳건하고 지혜롭게 살아가는 것이다. 현재의 나이는 83세! 대농이 큰누나의 이런 초인적超人的인 투병생활 뒤에는 효자 둘째아들이 버티고 있다.

한편 큰누나의 한평생을 지켜보며 성장한 대농이는 훌륭한 사람이 되었다. 대농이는 우선 아버지와 큰누나처럼 열심히 공부를 하였고, 남에게 폐弊를 끼치는 행동을 하지 않았다. 특히 여자들에게는 절대로 신세를 지거나 누累를 끼치지 않았다. 공무원이 된 대농이는 모든 일에 솔선수범하였으며, 남존여비男尊女卑와 같은 해묵은 구습舊習을 타파하는 데 앞장섰다. 특히 여권신장女權伸張을 통한 선진국 수준의 남녀평등사회 구현을 위해 노력했다. 성차별행위 금지와 성추행행위 엄벌조치를 입법화하고,

각종 제도를 도입 시행토록 했다.

대농이는 자기관리도 철저히 했다.

"남녀평등제도 정착은 나부터 솔선해야 가능하다."

는 신념 속에 생활했다. 대농이는 여성공무원과 결혼하여 부부공무원으로 맞벌이를 했다. 공무원 퇴직도 부부가 같은 해 같은 날에 했다. 어느 한쪽도 심심하지 않도록 배려한 것이다. 그러나 가정 경제권은 여성인 아내가 갖도록 했다. 대농이가 봉급 전액을 아내에게 주고, 용돈을 매달 타 쓰는 방법을 선택했다. 약자인 여자에게 우월적 지위를 부여한 것이다. 주말이면 부부가 시장, 할인점, 백화점을 다니며, 일주일 간 필요한 생활필수품들을 구매했다. 학교 수업을 마치고 일찍 귀가하는 자녀들의 간식 준비도, 부부가 교대로 했다. 이런 생활자세 때문에 대농이 부부는 주변 사람들에게

"항상 함께 다니는 부부."

라는 말을 듣는다.

정년퇴직 후 연금생활을 하고 있는 대농이의 나이도, 이제 고희古稀를 바라보는 할아버지가 되었다. 대농 할아버지는, 아직도 남존여비사상과 가부장제의 부작용 사례에, 얼굴을 붉히며 규탄을 서슴치 않는다. 특히 성추행사건이 불거질 때마다, 남녀평등 사회는 아직 멀었다며, 허술한 법적규제를 꼬집는다. 외국인 여성근로자들에게 임금을 주지 않는 사례가 발생하면, 치齒를 떨며 당국에 직접 신고했다.

대농 할아버지에게 불만과 실망만 있는 건 아니다. 보람을 느끼는 경우가 더 많다. 세상이 빠르게 변하여, 대농 할아버지가 무릎을 치고 박수를 보낼 일들이 많아졌다. 성차별행위 금지와 성추행행위 엄벌조치 제도화 이후, 여권신장이 눈에 띄게 두드러졌다. 초등학교 교사 중 여성교사가 월등히 많다는 점75%, 사법고시와 외교관고시에서 여성 진출이 획기적으로 증가하고 있는 사실, 육 · 해 · 공군에 자진 입대하는 여군女軍들도 계속 급증하고 있는 현상, 대학입시에서 여학생들의 합격률이 점증하고 있는 추세, 등 많다. 남학생 계층에는 실력이나 시험試驗 점수로는 여대생들을 당할 수 없다는 말도 떠돈다.

대농 할아버지는 최근, 한국 신혼부부들이 아들보다 딸을 더 선호한다는 여론조사 결과를 접하였다. 2009년도 종합소득세 4,000만원 신고대상자 중 여성이 40%를 넘었다는 소식도 들었다. 젊은 남성들이, 아내의 가정일 돕기에 자발적으로 동참하는 사회가 도래하였다는 소식을 듣고, 귀를 의심한 적도 있었다.

대농 할아버지의 관심을 끄는 또 다른 동향은, 일부 젊은 남자들이 여자들에게 기氣가 죽어 경쟁하면 불리하다는 관념을 갖고, 가능하면 회피하고 있다는 자세다. 이런 동향 때문에 수도권 일부 대학교들은 금년부터 '남학생휴게실'을 운영하고 있다. 남학생들이 잃어버린 권리權利를 되찾으려고 학교에 건의하여 개설되었다. 휴게실에는 컴퓨터, 안마기, 혈압기, 커피자판기, 라면자판기, 오락기구, 신문, 잡지 등 이 비치되었다. 안락하고 호화로운 휴게실이다. 또한 최근에는 여성 국무총리를 배출한 경험으로, 여성 대통령도 만들 수 있을 거라고 기대하는 여성들이 많아졌다. 이런 추세가 계속된다면, 한국도 이제 선진국 수준의 남녀평등사회 건설이 가능할 것으로 전망된다.

미국 콘넬대학교 유명 인류학자 '매튜 헤드만'은, 생명체를 잉태한 지구의 나이가 45억년이고, 직립보행인류는 600만 년 전에 출현하였다고, 최근 (2009년) 발표했다. 인류가 공동체생활共同體生活을 시작한 건, 약 만 이천12,000년 전, 수렵으로 살아가던 구석기시대라고 보고 있다. 공동체생활 기간 중 부계중심사회父系中心社會가 시작되고, 여필종부사상이 싹튼 건 청동기 문화와 부족국가들이 탄생했던 약 사천4,000년 전이다. 길고 긴 모계중심사회母系中心社會가 인류역사의 대부분을 장식하고 있었다.

지구는 돌고 또 돌며 변화를 거듭한다. 이제 지구는 예상치도 못하였던, 온난화溫煖化와 지진地震으로 인류를 위협하고 있다. 인류를 대재앙大災殃으로 공격하여 신석기시대新石器時代 같은 모계중심사회를 만들어 놓을 수도 있을 것이다. 남존여비사상에 붉게 물든 인류들이 가장 싫어하는 그런 세상을 말이다.

* 첨부 : 낱말풀이(참조 298쪽)

재수생

서기 1960년 연말이다. 쥐띠 해庚子라 그런지 유례없이 흥청대는 분위기다. 자유당 독재정권을 몰아내고 새 시대를 열었다는 승리감으로 모두가 들떠있었다. 그 중에도 대학생 계층이 유별스러웠다. 서울시내 번화가나 대학촌엔, 보름 전 부터 인파로 북적거린다고 보도報道되었다. 이런 분위기 속에서도 나라의 앞날을 걱정하는 국민들도 많았다. 일제강점기 36년과, 미국군정 3년, 6.25전쟁 3년을 경험한 기성세대들이 그랬다. 자유당 정권 붕괴 후, 데모示威 만능 세태가 온 사회를 횡행橫行하고 있었다. 세상만사를 데모로 해결하려는 '자유범람풍조'는 사회혼란과 국민불안을 가중시켰다. 정부가 반공법을 제정하자 혁신세력들이 횃불시위까지 벌이고, 적극적인 투쟁을 선동하는 지경에 까지 이르렀다. 허정許政과도정권이나, 장면張勉 국무총리 및 윤보선尹潽善 대통령 중심의 민주당정권도, 사회 안정을 위해 최선을 다했다. 그러나

계속되는 데모홍수는 그칠 줄 몰랐다. 게다가 민주당은 신파 · 구파로 양분되어 권력다툼까지 벌렸고, 고삐 풀린 세상은 제자리를 잡지 못했다. 많은 국민들은

"정부가 부정부패를 단호히 척결하려는 의지를 보이지 않는다. 약체弱體 내각이다. 구태의연하고 허약한 정부다."

라며 불만을 표명했다. 읍내邑內 식당가에서도

"길거리 엔 데모군중과 거지만 우글거리는 데, 정부는 뒷짐만지고 있다."

고 불평하는 손님들을 쉽게 볼 수 있었다.

박대농이의 한해살이도 힘들었다. 연초 '4.19학생시위사건' 발생 때, 서울 중앙청 과 내무부 청사 앞에서 규탄대회를 했었다. 가족들에게

"명문대학교 법학과에 합격하여 서울에서 멋진 세상살이를 하겠다."

고 호언장담도 했었다. 그러나 지난 추석에 어머니가 위암으로 타계하셨다. 자신도 역류성위염과 미란성위염이 발작하여 큰 병원에 입원하는 사건도 있었다. 성적이 좋은 학생들에게만 주어지는 '무시험 대학입학 원서제출'도 불합격이라는 고배를 마셨다. 이런 충격들로 대농이는 대학입학시험을 포기했었다. 그러나 힘들게 마음을 정리하여, 계획했던 명문대학교 신입생모집시험에 응시했다. 내년 일월 중순에 있을 합격자발표만 기다라고 있는 상태였다.

모두가 기다리던 새해1961가 밝았다. 신축辛丑년은 소띠 해라고 모두 희망찬 설계를 했다. 대농이도 이월에는 고등학교를 졸업할 예정이다. 대학교만 합격하면 서울에서 새 세상을 멋지게 엮어갈 설계도 마쳤다. 겨울 농한기를 보내고 있는 농민들은 한가했다. 대농이도 모처럼 조용한 분위기 속에서, 동네 친구들과 즐거운 시간을 보냈다. 농사짓는 친구들과 어울려 보는 게 너무 오래간만이었다. 친구가 말했다.

"대농아, 오늘 야경夜警은 밤 열 시 부터다. 한 시간 전에 나와 밤밥 먹어라."

마을 젊은이들이 한밤중에 방범순찰을 도는 데, 대농이도 동참하기로 했다.

"밤밥은 어디서 무었을 먹는데?"

"공회당에서 도토리묵국을 먹고, 새벽 한 시에 해산한다."

대농이는 그날 밤 친구들과 어울리며, 자원봉사도 하고 우의도 두텁게 다졌다.

농민들의 훈훈한 정은 추운 겨울도 빠른 속도로 녹였다. 며칠 후 대농이는 아침 일찍 읍내 우체국으로 갔다. 대학입학시험 합격자발표일 이었다. 우체국에서 대학교 교무과와 '유료시외통화'를 신청하고 기다렸다. 당시는 마을에 전화도 한 대 없는 시절이었다. 우체국 신세를 지어야 했다. 작년에 대농이네 마을에도, '라디오'를 유선으로 중개해 주는 '스피커'가 집집마다 들어왔지만, 전화는 없었다. 유료 시외통화는 접수된 순서대로 연결되었다. 대농이는 불안했다. 합격과 불합격에 따라 자신의 인생행로가 바뀐다는 사실을 대농이는 잘 알고 있었다. 불안한 마음으로 전화를 기다리는 한 시간은 너무 지루했다. 전화를 기다리는 사람들 중, 대농이와 처지가 같은 학생도 몇 명 있었다. 드디어 대농이 차례가 왔다. 대농이는 제정신도 아닌 상태에서 수화기를 들었다. 대학교 교무과 직원은, 시험번호와 신분을 확인하고 친절하게 말했다.

"시험성적이 좋으신데, 안타깝게도 합격권에 끼지는 못하셨습니다. 다음에 한 번 더 응시해 주시면 합격하실 수 있을 것 같습니다."

교직원의 말이 너무 친절하여 대농이는 더 이상 질문을 하지 못했다. 대농이는 우체국을 나와 무작정 차도를 따라 걸었다. 발길이 제 마음대로 친구네 집으로 향했다. "불합격"이라는 엄청난 단어가, 무겁게 대농이 전신을 짓누르기 시작했다. 우체국에서는 느끼지도 못했던 '창피스런 사건'이 이제야 현실적으로 느껴졌다. 그때부터 대농이의 발걸음은 힘이 쭉~ 빠졌다. 대농이는 읍내 친구 집 전화로, 도립병원 효숙 누나에게 사실을 알렸다. 옆에서 통화 내용을 들은 친구가 대농이를 위로했다.

"대농아, 대학교입학시험에 응시도 해보지 못한 나를 생각하며 마음 편하게 먹어라."

대농이는 친구와 헤어져 귀가했다. 지난 중 · 고등학교 시절 육년 간, 손에 책을 들고 공부하며 걸었던 시골길이었다. 그러나 오늘 대농이의 손은 빈손이었다. 두 시간 걸리는 대농이의 귀갓길은 슬픔으로 얼룩졌다. 가족들, 친구들, 문중 일가들, 마을 사람들을 대한 면목이 없었다. 특히 가족들에게 미안한 생각이 들었다. 온 가족이 자신만을 아끼고, 지원하고, 대견스럽게 여겨왔다.

"칠 남매 중 대농이는 공부로 성공할 수 있을 것."

이라고 칭찬하시던 아버지, 위암으로 돌아가시면서도 자신의 건강을 걱정하시던 어머니, 학비는 물론 용돈과 책값까지 지원해주시는 효숙 누나, 국민학교만 졸업하고 투병중인 어머니 대신 전 가족 살림살이를 맡아 오는 숙히 누나, 그리고 동생들까지 눈에 어른거렸다. 대농이는 동구洞口 밖 개오고개 양지 녘 잔디밭에 앉았다. 십팔 년 간 살고 있는 고향마을이 한눈에 보였다. 사당집도 지척咫尺에 있었다.

열심히 공부하여 사당집 할아버지처럼 출세할 것이라고 다짐했던 대농이! 가슴이 메어지고 뜨거운 눈물이 흘러내린다. 참으려 해도 계속 흘러내리는 눈물은, 눈물이 아니라 회한悔恨의 핏물이었다. "실패는 성공의 어머니" 라고 배웠던 대농이의 자제력도, 오늘만은 자신의 눈물을 멈추게 할 수 없었다. 울고 도 울고, 얼마나 울었을까! 대농이는 자리를 박차고 일어나 기지개를 켰다. 두 주먹을 불끈 쥐어봤다. 넓은 들판을 가로지르는 한겨울 바람이 매서웠다.

"무슨 면목으로 마을 사람들과 대면해야 하나? 가족들에게는 무슨 말을 어떻게 해야 좋을까?"

대농이는 묘책이 떠오르지 않았다. 대농이는 자신의 처지가, 누더기를 걸치고 논 가운데서 겨울을 보내고 있는 낡은 허수아비 같다고 생각했다.

대농이네 가족들은 새해辛丑 벽두를, 숨죽인 상태에서 보냈다. 가족들의 우울한 심경은 매달 초하루와 보름날, 돌아가신 어머니께 올리는 상식上食 때 표출되었다. 온 가족이 건넌방에 차려진 제청祭廳이 떠나가도록 울며 상식을 올렸다. 대농이도 곡哭을하며 상식에 참석했다.

"올해는 꼭 명문대학교에 합격하여 어머니 소원을 풀어드리겠다."

고 다짐하고 또 다짐했다.

농촌의 겨울도 꼬리를 보이기 시작했다. 부지런한 농부들은 논갈이를 준비했다. 햇볕도 엷어졌다. 대농이 졸업식도 내일로 다가왔다. 대농이는 졸업식에 참석하지 않을 작정이었다. 졸업식에 얼굴을 내밀 용기도 나지 않고, 졸업식 같은 형식보다도 '대학합격' 이라는 글자를 손에 쥐는 게, 더 현실적이라고 생각했다. 그러나, 효숙 누나와 담임선생님을 비롯하여, 명문대학교에 합격한 친구들의 권유가 이어져, 많은 사람들의 성의를 외면할 수 없었다. 졸업식이 끝난 후 담임선생님은 교무실로 대농이를 불렀다.

"대농아, 너무 괴로워하지 말아라. 인생은 백 미터 뛰기가 아니라 마라톤이다. 나는 대농이가 어머니를 잃었을 때부터, 너를 걱정하고 있었다. 누구나 그런 상황이 오면 극복하기 힘들다. 몇 달 후면 네 정신도 본궤도를 잡을 것이니 좀 쉬어라. 다시 시작하면 된다. 크게 마음먹고 재수해라. 재수생으로 명문대학교에 진학한 학생이 한두 명이 아니다."

대농이는 그날 처음 담임선생님과 악수를 해봤다. 선생님의 손은 뜨거웠다. 대농이는 선생님의 속마음도 높은 온도였을 것이라고 생각하며 귀가했다.

삼월이 되자 봄기운이 완연했다. 대농이는 다시 공부를 시작했다. 두 달 만에 다시 앉은 사랑방 책상! 모든 게 어색하고 낯설었다. 방 공기도 싸늘했다. 다시 만져보는 손때 묻은 책들! 교과서, 참고서, 문제집, 일반상식, 논문집, 법학개론, 입시안내서---. 책에는 먼지가 뽀얗게 앉았다. 문제집을 집어 한 장씩 차례로 넘겼다. 노란색 밑줄을 긋고, 붉은 글씨로 설명을 붙인 내용들이 빼곡했다. 책들은 아직도 자신의 숨결을 간직한 채 책상을 지키고 있었다. 대농이는 책들을 만져 가며, 밤낮없이 공부에 전념했던 기억을 더듬었다. 그러나 무슨 과목을 어떻게 시작해야 할 건지 막막했다. 교과서나 참고서를 훑어봐도, 모두 알고 있는 내용들이었다. 특히 밑줄이 그어져 있거나 설명이 달린 내용들은 다시 읽어지지 않았다. 다 알고 있는 내용 같았고, 눈으로 쭉~한번 훑어보고, 다음 쪽으로 넘어가곤 했다. 아직도 마음의 안정을 되찾지 못한 대농이는 바깥마당으로 나왔다. 마당을 거닐다 뒷동산으로 올라갔다. 공기도 맑고 기분도 상쾌했다. 그날 대농이의 산책은 뒷동산 넘어 풍년저수지 까지 이어졌다. 저수지는 원활한 농업용수 제공을 목적으로 작년에 준공됐다. 수면水面의 남북 거리가 십리도 넘는 큰 저수지였다. 저수지 물가엔 낚시꾼들이 여기저기 앉아 있었다. 대농이는 나이가 지긋해 보이는 중년 낚시꾼이 낚시질 하는 구경을 했다. 낚시꾼들이 물위에 떠있는 찌를 부동의 자세로 응시하는 모습이 신기했다.

대농이는 용기를 내 한마디 물었다.

"선생님, 하루에 몇 마리나 잡아요?"

"어- 젊은이시군, 낚시질은 고기 잡는 게 목적이 아닐세. 자기수양과 정신안정을 위한 취미활동이야. 고기를 많이 잡는 날엔 대부분 다시 살려주네."

그날 대농이는 낚시꾼으로 부터 좋은 말을 많이 들었다. 특히 낚시질이 정신안정에 좋은 취미활동이라는 말이 머릿속에 입력되었다. 낚시꾼들은 할 일 없는 사람들이라는 기존의 관렴도 한순간에 날아갔다. 대농이도 다음날부터 낚시질을 다녔다. 첫날은 10Cm 크기의 붕어 일곱 마리를 잡았다. 대농이는 그날, 미끼를 따먹다 낚시에 걸린 물고기를 끌어 올리던, 짜릿하고 황홀한 감촉을 처음 경험했다. 대농이의 낚시질은 매일 계속되었다. 아침식사 후 출발하여 뒷동산을 넘고, 어머니 산소에 인사드린 다음, 저수지 낚시터에 앉았다. 장례 모신지 6개월 된 어머니 산소는, 아직 잔디가 뿌리를 내리지 못해, 검붉은 황토 흙이 여기저기 들어나 있는 상태였다. 자식들이 심은 꽃나무와 사철나무들도 가지만 앙상했다. 대농이는 귀갓길에도 어머니 산소에 꼭 들러 인사를 드렸다. 이름도 알 수 없는 중년 낚시꾼은, 항상 대농이 보다 먼저 도착해 고기를 낚았다. 대농이의 낚시 실력도 나날이 늘었다. 잡히는 물고기 숫자가 매일매일 늘었다. 숙희 누나도 물고기가 많을수록 맛있는 찌개를 끓여 밥상에 올렸다. 낚시질을 시작 한지 보름 후, 대농이는 그 날 한 바구니 가득히 물고기를 낚았다. 집에 와서 헤아려 보니, 붕어, 메기, 쏘가리 등 민물고기들이 모두 78마리였다. 큰 물고기도 많았다. 숙희 누나는 좋아하며

"넌 낚시질도 잘한다. 대농아, 물고기가 너무 많다. 열 마리만 우리기 먹고, 나머지는 이웃집들 나눠 줘야겠다."

하고 말했다. 그날 밤 대농이 아버지 무봉씨가, 안마당에 있는 함지박에 물고기가 가득한 걸 보고 대농이에게 한마디 했다.

"대농아, 낚시질도 중독이 되는 취미인데, 언제까지 낚시질 할 예정이냐?"

대농이는 낚시질도 중독이 된다는 단어가 마음에 걸렸다. 좀처럼 대농이에게는 잔소리를 하시지 않는 아버지다. 대농이는 다음날에도 낚시질을 떠났다. 그러나 아버지의 말씀이 자꾸 떠올라 낚시질을 할 수 없었다. 대농이는 아버지가

"이제 낚시질을 중지하고 대학교입학시험 준비를 하라."

는 경고로 받아들이고 일찍 풍년저수지를 떠났다.

대농이는 어머니 산소에 도착해 인사드리고 잔디에 앉았다. 삼월 하순의 따듯한 햇볕이 온 산하에 내려앉아 이글이글 아지랑이를 끓이고 있었다. 대농이는 아지랑이와 돋아나는 봄꽃들을 보고, 일 년 전에 세상을 떠들썩하게 했던 '4.19학생시위사건'을 회상했다. 비봉고등학교 학생들이 궐기대회를 하고 유인물을 배포하던 생각, 비를 맞으며 서울을 향해 떠났다 길가 성당에서 잠을 잤던 추억, 중앙청과 내무부 청사 앞에서 구호를 외치고 유인물을 배포했던 용기, 영등포, 노량진, 한강, 서울역, 광화문, 시청, 세종로, 을지로 입구, 명동, 한국은행, 남대문에서 서울구경을 했던 즐거움이 주마등처럼 스쳐갔다. 서울 번화가의 고층건물들과 전차를 처음 보았던 생각도 아직 생생했다. 귀로에 명문대학에 합격하여 꿈나라 같은 서울에서 인생살이를 엮어가겠다고 다짐 했던 결심도 되새겨졌다. 대농이는

"내일부터는 정말 운명을 걸고 '대학입학시험준비' 만하겠다."

는 다짐을 했다. 대농이는 어머니께 큰절을 올리고 집에 왔다.

대농이는 마음을 굳게 먹고 재수생 생활을 시작했다. 지난해 했던 경험을 기반으로 열심히 공부했다. 신문도 매일 읽으며 일반상식과 시사지식時事知識을 축적했다. 특히 대농이는 작년 대학입학시험에서 부진했던 과목과 주관식 문제 풀이에 각별한 노력을 기우렸다. 재수생 생활을 시작한지 오 일 후, 도립병원 효숙 누나가 초 열개를 보내왔다. 올해도 사랑방에서 솜이불을 뒤집어쓰고 잠을 자는 대농이에게 보낸 선물이었다. 전등도 없는 농촌에서 등잔불에 의지하고, 사년 째 공부하는 대농이의 애로사항을 효숙 누나는 잘 알고 있다. 초 한통을 받은 대농이의 가슴은 또 뭉클하고 뜨거워졌다. 그러나 어제 어머니 산소에서 했던 다짐을 생각하며, 바깥마당을 한 바퀴 도는 산책으로 소화시켰다.

사월은 노오란 개나리꽃과 함께 찾아왔다. 봄꽃들이 앞 다퉈 몸맵시를 자랑하고 대지도 약동했다. 그래도 대농이는 사랑방을 지키며 열심히 공부했다. 이제 슬픔도 미움도 잊어버리고, 오직 명문대학교 합격만을 목표로 공부에 전력했다. 그러나 사람들이 살아가는 바깥세상은 시끄러웠다. 작년에 자유당 독재정권을 무너뜨린 '4.19학생시위사건'을 의거義

擧니 혁명革命이니 따지며 국론이 분열되었다. “잔인한 4월” 이라는 별명도 붙었다. 작년 사월에 오백여명이 넘는 사상자가 발생했고, 부통령 가족들이 자살했으며, 대통령은 밤중에 미국으로 망명한 일련의 사건을 상징하는 말투 같았다. 뿐만 아니었다. ‘데모만능풍조’ 로 나타나는 사회혼란은, 민생民生을 궁핍으로 몰아넣었다. 경찰은 시위대 발포사건 관련자 처벌문제로 시달렸다. 건국 이래 최초로 도입된 대통령중심제 민주주의는, 자유당의 부정부패로 종말을 고했다. 더구나 최초로 시도된 내각책임제 정부도, 만연되는 사회혼란으로 기우뚱거렸다.

이런 혼란기를 틈타 혁신세력들은 활동범위를 넓히며, 적화공작赤化工作을 강화했다. 사회 각계에 간첩들이 우글거렸다. 많은 지식인들은

“이렇게 나라가 백척간두百尺竿頭에 매달려 있어도 아무도 나서는 사람이 없다. 구국救國의 외마디조차 들리지 않고, 대통령도, 국무총리도, 장관도, 국회도, 모두 조용하기만 하다. 온 나라가 데모로 들끓는 무리들의 아우성뿐이다. 전국 대도시 중심가는 최루탄 가스로 눈물지고, 거리엔 거지와 부상자들이 몰려다니며 행패를 일삼는다. 모두가 내 맘 대로인 세상이다.” 라고 한탄했다.

대농이는 뒷동산에 철쭉꽃이 피는 걸 보고 오월이 된 것을 알았다. 먹고 자는 시간 이외는 사랑방에서 책과 싸우다 보니 저절로 그렇게 되었다. 오늘은 5월16일 아침이었다. 대농이는 계절의 여왕이라는 오월의 싱그러운 공기를 마시며 안방으로 갔다. 아침식사를 위해서다. 가족들과 식사를 하는 중, 라디오 방송을 중개해 주는 ‘스피커’ 에서, 깜짝 놀랄 뉴스가 흘러나왔다. ‘아나운서’ 는 황급한 어조로 방송했다.

“긴급뉴스를 말씀드리겠습니다. 오늘 새벽05:00 군사혁명위원회 산하 장병들이 서울 지역에 있는 중앙청, 행정기관, 방송국, 국회 등 주요시설을 점령하였습니다. 또한 군사혁명위원회는 아침 아홉시09:00를 기해 전국에 비상계엄령을 선포했습니다.”

아나운서는 계엄사령관인 육국참모총장 명의 계엄포고령도 계속 방송했다.

“국가와 국민의 안전을 지키는 군부軍部는, 부패하고 무능한 정부와 기

성정치인들에게, 더 이상 국가의 운명을 맡길 수 없다고 단정하고 총궐기하였다. 혁명군의 거사는, 백척간두의 위기에서 방황하는 국가의 운명을 바로잡기 위한 비상조치였다."

엄청난 내용의 뉴스였다. 군인들이 궐기하여 벼랑 끝에 매달린 나라의 운명을 바로잡고, 국가를 통치하는 입법, 사법, 행정 등 모든 권력을 계엄사령관이 관할한다는 내용이었다. 아나운서는 군사혁명위원회가 국민들에게 알리는 혁명공약도 상기된 목소리로 계속 방송했다.

〈 혁명공약 〉

1. 반공을 국시의 제일의(第一義)로 삼고, 지금까지 형식적이고 구호에만 그친 반공태세를 재정비 강화한다.
2. 유엔헌장을 준수하고 국제협약을 충실히 이행할 것이며, 미국을 위시한 자유우방과의 유대를 더욱 공고히 한다.
3. 이 나라 사회의 모든 부패와 구악을 일소하고, 퇴폐한 국민도의와 민족정기를 바로 잡기 위하여, 참신한 기풍을 진작시킨다.
4. 절망과 기아선상에서 허덕이는 민생고를 시급히 해결하고, 국가 자주경제 재건에 총력을 경주한다.
5. 민족의 숙원인 국토통일을 위하여, 공산주의와 대결할 수 있는 실력 배양에 전력을 집중한다.
6. 이 같은 우리의 과업이 성취되면, 참신하고도 양심적인 정치인들에게 언제든지 정권을 이양하고, 우리들은 본연의 업무에 복귀할 준비를 갖춘다.

1961. 5. 16 군사혁명위원회

너무 엄청난 소식에 접한 대농이는 당황스러웠다. 현재의 장면(張 勉) 민주당 정권을 퇴출시키고, 군인들이 나라를 다스릴 것이라는 내용이었다. 국민들이 어렵게 자유당 독재정권을 쓰러뜨린 게 일 년 전인데, 또다시 국무총리 중심의 내각책임제 정권을 없앤다는 것이다. 이제 대농이도 정권교체라는 게 얼마나 막중한 사건인지를 잘 알고 있다. 국가와 국민

모두에게 엄청난 변화를 가져오게 한다는 걸 경험적으로 알고 있다. 대농이는 그날, 삼십 분 간격으로 계속 흘러나오는 군사혁명 뉴스를 청취하느라 공부도 망쳤다. 농민들도 그날은 "이제 군인이 일어섰다." 며 군사혁명에 관한 이야기만 했다.

혁명군을 지켜보는 국민들의 마음은 조심스러웠다. 군사혁명을 찬성하는 국민도 있고, 반대하는 국민들도 있었지만, 대부분의 국민들은 관망하는 자세였다. 다음날5.17, 서울에선 군사혁명을 지지하는 국군장병들의 시가지행진이 계속 되었다. 해병부대, 특수전 부대, 육군제23사단 소속 장병 등 많은 군부대 장병들의 행진이 하루 종일 계속됐다. 혁명군들의 소식은 시시각각 국민들에게 전파되었다. 계엄사령관 명의 포고령이 계속 방송되었다. 5.18일에는 육군사관학교 생도들이 멋진 제복차림으로 종로와 세종로 일대를 행진했다. 혁명지지 시가행진이었다. 많은 국민들이 연도에서 박수를 치며 환호했다.

이런 과정을 거쳐 군사혁명은 삼일 만에 국민들의 지지를 받았다. 그날 오후 두시 반, 며칠 간 침묵했던 장 면 국무총리가 중앙청으로 출근했다. 장 총리는 국무회의를 소집하고, 군사혁명위원회에 정권이양을 의결한 후, 내각 총사퇴를 발표했다. 장 총리는 전국비상계엄선포 사실도 추인追認했다. 이어 윤보선尹潽善 대통령도, 각의 결정사실들을 재개裁可하고, 국민들에게 군사혁명위원회 전폭지지를 호소했다. 내각책임제 제2공화국은 이렇게 역사 속으로 사라졌다. '군사혁명내각' 이 출범했다. 군사혁명위원회는 5.19일 '국가재건최고회의' 로 명칭을 바꿨다.

삼일간의 숨 막히는 군사혁명 과정을 지켜보는 대농이의 마음은 불안했다. 지난해 정권이 바뀐 이래 오늘까지 일 년 간, 변한 게 너무 많았기 때문이었다. 이제 군인들이 정권을 잡았으니, 무엇이 언제 어떻게 변할지 예측할 수 없을 것 같았다. 특히 문교정책 중 대학입학시험 분야도, 획기적으로 변할 수 있다고 생각했다. 그러나 마음이 흔들리거나 흩어지지 않았다. 대농이는 지난달처럼 사랑방과 책상만 지키며 공부만 했다. 일간신문도 열심히 구독하며 세상물정도 파악하고 지식도 넓혀갔다.

숨 가쁘던 오월이 가고, 아카시아 꽃향기가 대농이 사랑방까지 찾아왔

다. 유월이 온 것이다. 혁명정부는 모든 국정을 군인답게 속전속결로 처리했다. 정치깡패와 불량배들이

"깡패생활 청산하고 바른생활 하겠습니다"

라는 '플래카드'를 들고, 세종로에서 시가행진을 하도록 했다. 국민들이 보기도 후련했다. 부정부패와 구악을 일소하겠다는 혁명공약을 실천하겠다는 의지로 회자膾炙되었다. 혁명정부는 우선 혁명공약에 제시된 정책들을 중점적으로 추진했다. 반공태세강화, 자유우방국들과 유대강화, 부정부패와 구악일소, 민생고 해결과 자주경제재건, 국토통일을 위한 전력증강 등이 주요 국정이었다. 부지런한 혁명정부의 국정추진은 유월 한 달 중에도 세상을 많이 바꿔 놓았다. 국가재건비상조치법도 공포되어 혁명정부는 합법적으로 공약내용 이행에 박차를 가했다. 칠월에는 군사혁명의 중심인물로 알려진 박정희朴正熙 육군 소장이 국가재건최고회의 의장에 취임했다. 내각수반에는 송요찬宋堯贊 장군이 취임했고, 군장성 등 반혁명 인사 마흔네 명은 체포되었다. 자유당 시절 '3.15부정선거' 주인공이었던 공무원들과, 청치깡패 두목 등 사형언도를 받고 수형중이던 인물들을 사형 집행하여, 구악일소舊惡一掃를 위한 본보기로 삼았다.

지루한 장마철이 계속되고 있었다. 혁명정부는 내각에 '경제기획원'이라는 부서를 신설하여, '경제개발5개년계획'에 관한 정책을 추진했다. 국민들을 기아와 절망에서 구하려면, 시급히 경제를 발전시켜야 한다는 약속을 지키기 위한 정책이었다. 대농이가 관심을 두고 있는 문교행정에 대한 쇄신방안도 얼굴을 내밀었다. 각 대학교들이 자율적으로 신입생들을 모집하던 제도가 전면 폐지됐다. 대신 '대학수학능력국가시험'이라는 제도가 새로 생겼다. 대학수학능력국가시험은 국가에서 관리하고, 응시자들은 시험점수로 희망 대학교와 학과를 선정하여, 입학원서를 제출하는 방식이었다. 각 대학교들은 응시자들에 대한 '체력시험'을 실시하고, 국가시험 점수와 합산한 총점으로 합격자를 선정하는 것이다. 체력시험 내용은 넓이뛰기, 매달리기(턱걸이), 달리기, 팔굽혀펴기 등이었다.

대학입시 개선방안에는 신설된 학과도 몇 개 있었다. 그중에는 '안전

보장학과’ 도 있었다. 대학생들이 재학 중 이년간 군사훈련을 받고, 졸업 때 육군 장교로 임관되는 ROTC제도도, 혁명정부의 주요시책으로 도입되었다. 다음날 대농이는 모처럼 모교를 방문했다. 고등학교 삼학년 때 담임선생님을 찾았다.

“야~ 이게 누구야! 오래간만이다. 요즈음 어떻게 지내고 있나?”

“입학시험준비만 열심히 하고 있습니다. 그런데 혁명정부가 대학 신입생 선발방법을 바꾼 것 같습니다. 신설된 학과도 있고---”

“그렇지, 잘 알고 있구먼. 역시 대농이는 부지런하구나.”

“신설된 학과 중 ‘안전보장학과’ 와 관련된 상세한 내용을 알 수 없어 궁금합니다.”

“그래! 학교에서도 신문지상에 보도된 내용만 알고 있는 상태다. 교육청에 문의해도 아직 더 이상 구체적인 내용이 하달되지 않은 상태란다. 군인들이 국정의 중심에 있어, 작년과는 분위기가 많이 달라졌다. 추가 지침이 곧 하달 될 것이다. 다음에 한 번 더 들러라.”

대농이는 ‘안전보장安全保障’ 이라는 단어가 군부에서 많이 사용되는 말인 만큼, 안전보장학과도 혁명정부가 정책적으로 신설한 학과일 것이라고 생각을 했다.

삼복더위 속에도 대농이의 공부는 중단 없이 계속되었다. 이제 추석도 다가오고 가을도 멀지 않았다. 지난 해 타계하신 어머니의 일 년 탈상脫喪도 며칠 남지 않았다. 혁명정부 덕택으로 세상도 많이 안정되었다. 그러나 대학입시 응시자들의 마음은 다급해졌다. 혁명정부가 신설한 ‘대학수학능력국가시험’ 이 십일월 말에 차러질 예정이기 때문이었다. 대농이는 법학과 대신 안전보장학과를 지망하기로 결심했다. 그 학과가 어느 대학교로 배정될지 모르고, 교육 내용도 모르지만, 혁명정부가 정책적으로 신설한 학과일 것이라는 사실은 미루어 확인 할 수 있었다. 그간 대농이는 안전보장 학과에 대해 많은 노력을 기우려 알아봤다. 그러나 뜬소문만 스쳐갔다. 군부에서도 시원한 대답을 하지 않는다는 것이다. 이런 분위기는 대농이를 더욱 더 안전보장학과 응시생으로 만들었다.

그해 11월은 추웠다. 그래도 미국 국무부장관 ‘러스크’ 가 한국을 방문하여 혁명정부와 양국관계를 돈독히 했다. 박정희 국가재건최고회의 의장도 미국을 방문하고 '케네디' 대통령과 정상회담을 했다. 한국 · 미국 양국 동맹관계가 한 층 격상되었다. 대학수학능력국가시험은, 작년에 있었던 대학별 신입생모집 제도보다 한층 편했다. 지방 응시자들이 서울까지 올라가지 않고, 자기고장에 있는 시험장이나 인근지역 시험장에서 필기시험을 봤다. 대한민국 건국 이래 처음 경험하는 '대학입학국가시험' 이라는 말이, 시험장 응시자들의 화제로 떠올랐다. 대농이도 인근지역 시험장에서 필기시험을 봤다. 대부분 객관식 문제였고, 뒷부분에 주관식 문제와 기술형문제가 출제되었다.

대농이는 시험을 끝내고 즉시 집으로 왔다. 기억을 더듬어 대충 채점을 해 보았다. 합격 하안선인 '커트라인' 은 가볍게 넘길 수 있을 것 같았다. 그러나 주관식문제 와 기술형문제에 배점이 많아, 정확한 득점은 예측할 수 없었다. 그래도 마음은 편했다. 작년 시험 때처럼 시간이 부족하지도 않았고, 서둘러 마무리하지도 않았다. 기술형문제도 '5.16군사혁명' 에 관한 문제여서, 신문에서 축적한 지식들을 밑거름으로 성실하게 또박또박 써 내려갔다. 시간도 조금 남아, 재빨리 훑어보며 문맥을 수정하기도 했다.

"문제 : 5.16 군사혁명의 의의와 앞으로의 정책적 과제를 별지(1매)에 기술하시오."

"답 : 군사혁명위원회는 1961.5.16 05:00 거사 당일, 군사혁명위원회와 전국비상계엄사령관 명의로 대 국민 방송을 계속했다. 당시 군사혁명위원회가 국민들에게 밝힌 '혁명의 명분' 과, 6개 혁명공약을 통해 약속한 '정책적 과제' 는 아래와 같다.

혁명의 의의 : 혁명군이 궐기한 이유는, 기성정치인들에게 더 이상 국가의 운명을 맡길 수 없었기 때문이었다. 백척간두의 위기상황에서 방황하는 국가의 운명을 극복하기 위해 혁명거사는 불가피 했다. 이와 같은 혁명의 의의意義는 현재 국민들로부터 많은 호응을 받고 있다. 그 이유는 여러 가지다. 우선 우리 국민들은 해방 후 삼년 간 미국 군정체제 속에서

살아야했다. 그 전 일제 강점기 36년은, 식민지생활을 하며 금수 같은 노예생활을 했다. 또 자유민주주의 정체로 출발한 이승만 대통령 중심의 자유당 정권은, 십이 년간 부정부패에 물들어, 결국 국민들의 저항으로 비참한 종말을 고 했다.

그 중간에서도 우리 국민들은, 예기치 못하였던 6.25 동족상쟁同族相爭의 전쟁 속에 목숨을 걸어야 했다. 형제자매나 처자를 많이 잃었다. 생계가 막연하여 초근목피로 살아가는 국민들에게 나타난 정권은, 허정 과도정부와 내각책임제 민주당 정권이었다. 그때 국민들은 많은 기대를 했다. 정부도 사회안정을 위한 최선을 다했다. 그러나 그칠 줄 모르고 홍수처럼 밀려오는 데모군중들은 늘어만 갔다. 4.19의거를 경험한 한국사회는 허우적거렸고, 방향을 찾지 못한 채 방황했다. 국민들은 수십 년간 너무도 배고프고 힘들었다. 그 시점에서 출현 한 게 군사혁명정부였다. 때문에 국민들은 일단 호응하는 자세이며 기대도 크다.

정책적 과제 : 국가재건최고회의가 앞으로 추진해야 할 정책적 과제는 5.16군사혁명 거사당일 군사혁명위원회가 국민들에게 발표하고 약속한, 6개 혁명공약에 잘 나타나 있다. (1)반공체제 재정비 강화, (2)UN헌장준수와 자유우방과의 유대강화, (3)부패와 구악일소 및 민족정기 진작, (4)민생고 해결과 자주경제 재건, (5)국토 통일을 위해 공산주의와 대결할 수 있는 실력배양 등 내용이다.

이 내용들이 모두 우리 국민과 국가를 위해 시급히 추진되어야할 정책적과제들이다. 따라서 앞으로 이들 과제들이 성공적으로 결실을 맺는다면, 우리 국민과 국가는 새 세상을 맞이하는 것이다. 문제는 이들 과제들이 해결되는 시기와 내용이다. 언제 어떻게 마무리되는 지가 중요하다. 특히 이들 과제들은, 자유민주주의 이념과 시장경제 이론이 뒷받침되는 가운데 추진되어야한다. 국민들은, 이들 정책들이 약속한 대로 가감 없이 마무리되기를 기대하고 있다. 혁명정부와 함께 동참할 의사도 있다. 따라서 혁명정부는 해방 이후 각 정권들이 답습했던 구태를 본받지 말고, 공정하고 깨끗한 자세로 국민들과 함께 약진하는 분위기를 조성하는 것이 바람직하다, 고 사료된다. 끝."

대학수학능력국가시험을 끝낸 대농이는 한가했다. 이년에 걸쳐 계속된 '사랑방 귀신' 이라는 별명을, 친구들에게 듣지 않게 되었다. 명문대학교 법학과에 재학 중인 선배에게, 대학생활 이야기도 듣고 모르는 것은 배웠다. 국가시험 합격자 발표는 '크리스마스' 전날이었다. 재수생인 대농이는 일간신문을 통해 당락을 확인할 수 있었다. 그날 신문에는 합격자들의 이름과 점수가 깨알같이 인쇄되어 발표되었다. 대농이는 사랑방 문을 잠그고 혼자 이름을 찾았다 .가슴이 두근거리고 시야도 희미해 쉽게 찾아지지 않았다. 개미알 같이 새카만 이름들이 여러 쪽에 인쇄되어 있었다. 대농이는 결국 방문을 열고 밝게 한 다음, 처음부터 다시 확인했다. 기지개와 깊은 호흡을 하며, 우선 마음을 진정시켰다. 그래도 이름들이 어른거리고 글자가 두 개로 보이는 착시현상이 일어났다. 대농이는 결국 온 몸이 후끈거릴 때 "박대농(258점)" 이라는 글자를 찾았다. 대농이는 반가웠다. 기쁘고 몸이 가벼워지며 이리저리 흔들리는 것 같았다. 함성도 지르고 싶은데, 아무도 없는 시골 사랑방이었다. 대농이는 안방을 향해 튀어나가며 소리쳤다.

"누나! 나 시험 붙었어!"

"대농아, 뭐? 너 지금 뭐라고 소리 질렀어!"

숙희 누나는 맨발로 안방에서 마루로 뛰어 나와 대농이를 응시했다. 대농이는 노란색 밑줄을 친 자신의 이름과 점수를 누나에게 보여주었다.

"대농아! 너 장하구나. 고생했다. 어머니 산소에 다녀 오거라."

숙희 누나의 눈에는 눈물이 가득했다.

국가시험 합격자 발표가 있었던 그날 이후, 대농이의 얼굴은 나날이 좋아졌다. 누렇고 찌그러든 양은냄비 같았던 얼굴이, 통통하고 윤기 있게 변했다. 숙히 누나가 그런 이야기를 자주 했다. 대농이는 '체력시험' 준비만 하며 심신 회복에 힘썼다. 새해 연초엔 효숙 둘째누나가 소고기를 많이 사왔다. 온 가족들이 충분히 먹을 수 있는 분량이었다.

안전보장학과는 다행이 명문대학교에 배정되었다. 대농이는 다음 해 연초에, 신입생시험 응시원서를 제출하고, 체력시험을 본 다음 일월 중순에 합격했다. 신입생 입학식은 이월 중순에 있었다. 입학식 후 교직원은 안전보장학과 신입생들을 한자리에 모이게 했다. 강의실로 안내했다. 강의실에는 육군 장군 두 명이 기다리고 있었다. 장군들은 으리으리한 정복과 정모를 착용했고, 양쪽 어깨엔 별을 두 개씩 달고 있었다. 교직원이 소개를 했다.

"내일부터 여러분들을 가르치고 지도하실 장군님들 이십니다. 주임교수님과 지도교수님 직책도 함께 수행하실 것입니다."

신입생들은 줄지어, 장군 교수님들과 악수로 상견례를 했다. 장군 교수님들은 입학식 때 또 만나자며 현관으로 내려갔다. 신입생들도 함께 이동하여 현관에서 환송했다. 붉은 별판을 부착한, 지프차 두 대가 미끄러지듯 교정을 빠져나갔다. 대농이는 그 날 안전보장학과의 실체를 알 수 있었다. 안보과安保課는 외국의 침략으로 부터 나라를 지키는 민간인 전문가를 양성하는 학과였다. 대학생활 사년간 안보과 학생들을 가르친 교수님들은, 절반이 현역군인이었고, 나머지 절반은 민간인 교수였다. 안보과 학생들은 육 · 해 · 공군 사관생도들과 합동강의를 듣고, 유대도 강화했다.

사년 후, 대농이는 대학교를 졸업했다. 졸업식엔 아버지, 도립병원 효숙 누나, 집안 살림살이를 책임지고 있는 숙희 누나 등 세 명이 참석했다. 대농이는 학사학위도 받고, 육국 장교로 임관되었다. 대농이는 대학생활 사년간, 졸업을 할 수 있는 학점을 따는 한편, 이년간 군사훈련도 이수했다. ROTC 출신 육군 장교로 임관된 것이다. 졸업식 후 대농이는 가족들과 기념촬영을 했다. 교정을 돌아다니며 가족들을 안내도 했다. 가족들의 즐거움과 미소는 점심식사 때도 이어졌다. 식사 때 효숙 누나는 대농이의 학사까운과 사각모자를 자랑스럽게 여겼으며, 숙희 누나는 육군장교 정복과 정모를 자랑스러워했다.

대농이는 일주일 후, 육군장교 정장正裝차림으로 고향을 방문했다. 군복무 명령을 받아 입대入隊 전에 고향을 찾은 것이다. 대농이는 읍내 시외버스 정류장부터 고향마을 까지 두 시간을 걸었다. 지난 육년간 중고등학교 학창시절에 걸어 통학했던 정든 길이었다. 만감이 교차했다. 모든 게 반가웠다. 대학생활이 너무 바빠, 사년간 이 길을 걸어보지 못했다. 학사학위와 장교임관 이라는, 두 마리 토끼를 함께 손에 쥐느라고 많은 고생을 했다. 그러나 대농이는 오늘 자랑스러웠다. 이도령이 과거를 보러 서울로 가고, 춘향이도 나오는 '엽전 열 닷냥' 이라는 노래를 흥얼거렸다.

"대장군 잘 있거라, 다시 오마 고향 산천. 과거 보러 한양 찾아, 떠나가는 나그네에, 내 낭군 알성급제, 천번만번 빌고 빌며, 청노새 안장 위에 실어주던, 아-아-아- 엽전 열 닷냥.

대농이는 노래 2절도 계속 불렀다.

"금방에 이름 걸고, 금의환향錦衣還鄕 그 날에는"

이라는 가사까지만 불렀다. 고향마을에 도착하자, 대농이는 우선 어머니를 찾았다. 어머니 산소 앞에 부동자세를 취하고 섰다.

"충성! 신고합니다. 육군 소위 박대농은 대한민국 정부로부터 1966.3.2 부로 군 복무를 명받았습니다. 이에 신고 드립니다. 충성!"

* 첨부 : 5.16군사혁명 년대표 및 진행일지(참조 286쪽)
* 낱말풀이(참조 299쪽)

서울구경

새봄이 왔다. 박대농은 고등하교 삼학년이 되었다. 일류대학교에 합격해야 하는 결전決戰의 해였다. 대농이는 법학과를 지원키로 결심했다. 작년 가을부터 입학시험 준비만 했다. 시간을 아끼기 위해 금년엔 반장 같은 직책을 맡지 않았다. 학생회 지도위원만 맡았다. 주로 후배들의 활동을 지도하는 한가한 직책이었다. 일간신문도 매일 읽으며, 생생한 소식과 지식을 넓혔다. 선생님들도 열성적으로 학생들을 지원했다. 여러 선생님들이, 도서관에서 공부하는 학생들의 자문관이 되어주셨다. 학창시절이 아름답게 마무리 될 수 있도록, 경험담도 들려주시는 선생님도 있었다.

학교 면학분위기와 대조적으로, 바깥 세상은 시끄러웠다. 제4대 대통령과 부통령 선거가 다가오기 때문이었다. 신문기사는 대부분 선거나 정치와 관련된 내용이었다. 특히 야당인 민주당이 자유당 정권의 부정부패를 비난, 폭로, 규탄하는 내용들이 많았다. 대농이는 중요한 신문기사를 메모하며 일반상식을 넓혔다. 한동안 떠들썩했던 제4대 정부통령선거가 예정보다 두 달 빠르게3.15 치러졌다. 또 자유당이 승리했다. 자유당 이승만 후보가 대통령으로, 이기붕 후보가 부통령으로 당선됐다. 그러나 선거후유증도 심했다. 대구에서 학생시위示威가 발생하더니, 서울, 대전, 수원, 마산 등 많은 도시로 확산됐다.

정부통령선거가 끝난 지 한 달 조금 넘은, 사월 이십일4.20 아침이었다. 대농이는 여느 날처럼 학교에 도착했다. 말없이 교실에 들어서자, 교실이 어수선하고 떠들썩했다. 읍내邑內 사는 학생들이 신문을 가져와, 무리지어 읽으며 여기저기서 시끄러웠다. 대농이는 뒤늦게, 어제 서울에서 학생들이 데모하는, 큰 '시위사건'이 발생했다는 사실을 알게 되었다.

당시 농촌에는 '텔레비전' 이나 '라디오' 같은 게 없었다. 일간신문도 오후에 배달되어, 새벽 일찍 학교로 출발하는 대농이는, 밤에 그날 신문을 읽었다. 대농이는 읍내 사는 친구들 덕분으로, 서울에서 발생한 대규모 학생시위사건을 상세히 알 수 있었다. 신문들은 일면 제목을 정부, 서울지역 일원에 계엄령 선포, 경찰의 발포로 수백 명의 사상자 발생, 학생들, 이승만 대통령 하야를 요구 등으로 달았다. 군인들이 총을 들고 경계하는 사진, 대형 건물들이 불타는 사진, 경찰의 총탄을 맞고 길에 쓰러진 학생 사진도 실렸다. 기사에는 시위사건의 상세한 진행과정과 내용도 게재됐다. 시위는, 대학생은 물론 고등학교학생들과 일반시민들도 동참하여, 세종로와 시청광장 일대는 아수라장 같았다. 신문들은 서울 시가지가 무정부상태에서, 주요시설이 파괴되고, 불에 탔는가하면, 사상자도 수백 명 발생했다고 보도했다.

오전 수업이 끝나고 점심시간이 되자, 학생회장이 대농이에 말했다.

"대농아! 오늘 수업 끝나면 학생회 사무실로 와라. 오늘 총회 있다."

"뭐, 그래! 나도 필요하단 말이지."

"그럼, 네가 꼭 필요해. 꼭 와야 해. 내일 '공설공원' 에서 '궐기대회' 한다. 다른 학교들도 모두 나올 거다."

방과放課 후 대농이가 학생회 사무실에 도착하자, 학생회 간부들은 모두 바쁘게 움직이고 있었다. 곧이어 학생회가 시작됐다. 회장은 한 달 전, 3.15 실시된 정부통령부정선거관련, 어제 서울에서 있었던 전국적인 '학생궐기대회' 현황을 설명했다. 우리고장이 유관순 열사 고향과 인접하여, 기미년1919.3.1독립운동 때도 대규모 만세사건이 있었던 지역임을 강조했다. 회의 참석 간부들은 전폭적인 박수로 회장의 궐기대회 계획에 동의했다. 이어 간부들은 내일 행사를 위한 분야별 준비활동을 밤늦도록 했다.

다음날, 학생들은 오전만 수업했다. 점심식사를 마친 학생들은 운동장에 집합했다. 운동장 오른쪽은 고등학교, 외쪽은 중학교 학생들이 도열했다. 매주 월요일 아침, 전교생 조회 때처럼 숙달된 동작으로 도열했다. 학생회장의 짧고 힘찬 궐기대회 안내연설 후, 홍보부장의 구호제창 연습이 있었다.

"부정선거 다시 하라! 일인독재 물러가라! 대통령 하야하라!"

중 · 고등학교 전교생은 공설공원으로 출발했다. 학생악대樂隊가 행진곡을 연주하며 앞장섰다. 뒤이어 학생회장과 간부들, 고등학생, 중학생 순서로 출발했다. 경축식을 위해 공원으로 출발 하던 대열 그대로였다. 그러나 선생님들은 동행하지 않았다. 오직 지도교사 두 분만 동행했다. 선두 행렬이 주택가에 이르자 홍보부장이 구호제창을 하달했다.

"부정선거 다시 하라!" 고등학교 삼학년 일반 학생들이 우렁차게 복창했다. "부정선거 다시 하라!" 일반 학생들의 구호를, 이반 학생들이 이어받아 복창했다. "부정선거 다시 하라!" 구호는 자동적으로 이어져, 고등학생 여섯 개 반을 넘어 중학교 삼학년 일반으로 이어졌다. "부정선거 다시 하라!" 여기서 홍보부장은 다른 구호를 고등학교 삼학년 일반에 하달했다.

"일인독재 물러가라!" 두 번째 구호도 자동적으로 이어져 고등학생들을 넘어 중학생들에게 넘어갔다. 세 번째 구호가 하달됐다.

"대통령 하야하라!" 비봉고등학교와 비봉중학교 학생들이 외치는 세 가지 구호는, 함성과 파도를 만들며 읍내 전 지역으로 퍼져나갔다. 궐기대회 후 본격적인 시가지행진 때도 동일한 구호를 동일한 방법으로 제창할 예정이었다.

대농이는 중학생 지도를 맡았다. 비봉중학교 지도교사와 행동을 함께하며, 중학생 대열과 함께 이동했다. 대농이 동생 박성농도 중학교 삼학년 대열에 있었다. 대렬 선두가 공설공원에 도착하니, 공립고등학교와 중학교 학생들이 공원 오른쪽에 도열해 있었다. 악대의 연주를 듣고 있었다. 비봉학교 학생들은 공원 왼쪽에 도열했다. 공원 가운데 공간은 차령여자고등학교와 여자중학교 학생, 인문중학교 학생들이 도열했다. 공원에 학교별로 도열하는 것도, 경축식 때와 다를 게 없어, 모든 행동이 자동적이고 질서적 이었다. 경축식과 다른 게 있다면 기관장, 지역유지, 선생님, 시민들이 보이지 않는 다는 점이었다.

일곱 개 학교 학생들의 도열이 끝나기 무섭게, 공립고등학교 악대와 비봉고등학교 악대가 번갈아 연주솜씨를 선보였다. 한쪽이 군가 '진짜사나이'를 연주하면, 다른 한쪽은 가요 '빨간 구두 아가씨'를 연주하여, 학생들의 흥을 자아냈다. 대농이는 '지도'라는 글씨가 새겨진 완장腕章을 왼쪽 팔뚝에 차고, 중학생 지역을 오가며 활동했다. 특히 남학생과 여학생의 경계지역에 관심을 두었다. 개구쟁이 남학생들이 돌멩이를 발로 차, 여학생을 괴롭히기 일쑤였기 때문이었다. 오늘따라 공원에는 경찰도 보이지 않았다. 이틀 전 서울에서, 경찰이 데모 군중들에게 총을 쏜 사건이 문제 되었기 때문이었다.

궐기대회는 오후 두시에 시작됐다. 학생 수가 많은 공립고등학교 학생회장이 먼저 연단에 올라 대회사를 했다. '3.15 부정선거'의 내용, 전국적인 학생시위 실태, 학생시위의 불가피성 등을 웅변적으로 말했다. 그 후 비봉고등학교 학생회장이, 시가지 행동요령과 담당구역 등을 발표하고, 구호제창을 연습했다. 공립중고등학교 학생과 차령여자고등학교 학생들은, 읍내 남서쪽 지역을 행진키로 했다. 비봉중고등학교 학생들과 차령여중 학생, 인문중학교 학생들은, 읍내 북동쪽 지역을 맡았다. 시가지행진이 시작됐다. 악대가 연주하며 앞장섰고, 여학생 네 명이 대형 태극기를 손에 잡고 뒤따랐다. 그 다음은 비봉고등학교, 비봉중학교, 차령여자중학교, 인문중학교 학생들이 행진했다. 학생들은 행진을 하며, 체계적으로 구호를 제창하고, 유인물, "이렇다! 사건의 진상"을 주민들에게 배포했다. 3.15 부정선거와 4.19 학생시위에 관한 유인물이었다.

궐기대회에 대한 주민들의 반응은 좋았다. 주민들은 손을 흔들고, 박수를 쳤으며, 환호성도 질렀다. 새 정부 출범 후, 십이 년 간 억눌려 온 감정을 후련하게 털어내는 표정이었다. 그 때 등 뒤에서 대농이를 부르는 소리가 가늘게 들렸다.

"대농아! 이리 와봐, 빨리!" 홍보부장이 뛰어오며 말했다.

"경찰서로 가자, 빨리! 뛰자."

두 학생은 순식간에 경찰서에 도착했다. 지역출신 국회의원이 경찰서장실에서 학생회 간부들에게 둘러싸여 있었다. 국회의원은, 이틀 전 서울에서 발생한 학생시위와 계엄령 때문에, 고향으로 내려 왔다. 그러나 민주당 직원들이 집까지 찾아와, 항의하고 욕설을 하여 경찰서로 피신한 것이었다. 학생회 간부들은 국회의원직 자진사퇴를 요구했다. 그러나 경찰서장과 지도교사의 중개로, 국회의원은 "죄송하다." 는 인사를 하고, 어렵게 경찰서를 빠져나갈 수 있었다. 머리를 숙이고 서장실을 떠나는 삼 선 국회의원에게

"얼마나 호강하고 잘 얻어먹어, 그렇게 배가 뚝 튀어 나왔느냐."

고 비아냥거린 학생도 있었다.

비봉중고등학교 학생들은 오후 세 시경 교정에 귀환했다. 어제 학생회 결의대로 서울로 상경해, 중앙청과 내무부에서 궐기대회를 할 예정이었다. 서울 가서도 구호를 외치고 유인물도 배포할 예정이었다. 학생회는 상경하는 학생 자격을, 고등학교 학생 중 자진 참여하는 학생으로 제한했다. 그런데 예상 밖의 상황이 생겼다. 고등학생 사백 여명 모두가 동참한다는 것이었다. 학생회는 당일로 종료될 수 있는 행사가 아니라, 육십 명 정도의 학생을 예상하고 있었다. 학생회는 일단 학생들의 의견을 수용해, 고등학생 모두 출발하기로 했다. 일단 출발해 서울로 가며 대책을 강구키로 했다. 학교에서 서울까지의 거리는 약 사백 리160Km였다. 그 먼 거리를 아무런 대책 없이 걸어갔다 돌아온다는 것이다. 황당하고 무계획적인 행동이지만, 일단 출발 한다는 데 중점을 두었다.

학생들은 오후 네 시에 출발했다. 읍내 시가지를 지나, 서울로 향하는 지방도로를 걸었다. 차량통행에 방해가 되지 않도록, 도로 양쪽에 한 줄씩 나란히 걸었다. 무조건 북쪽으로 향하는 힘없는 발길이었다. 학생들이 만든 두 줄은 길었다. 언제 어떻게 서울에 도착 할 수 있을 런지, 아무도 알 수 없는 불확실한 행진이었다. 학생들의 머릿속엔 서울에 있는 중앙청과 내무부 청사뿐이었다. 한 시간이 지나자 발병 환자가 생겼고, 두 시간이 지나자 '일번국도' 가 나왔다. 부산에서 서울까지 올라 갈 수 있다는 유일한 찻길이었다. 봄비가 내리기 시작했다. 부슬부슬 안개 같은 봄비였다. 지도교사의 행보가 빨라졌다. 하느님은 정신없이 바빴던 하루를 짧게 마무리하려고, 이미 해를 서산에 달아 놓았다. 봄비도 내리고, 저녁식사도 문제고, 많은 인원이 함께 잠도 자야 했다. 지도교사는 이리

저리 뛰어다니고, 학교와도 많이 통화했다. 학생들은 지도교사의 안내로, 국도변에 있는 큰 성당으로 들어갔다. 비봉고등학교가 천주교에서 운영하는 학교라서, 쉽게 성당과 교섭이 이루어졌다.

학생회 간부들은 성당에서 긴급회의를 개최했다. 지도교사도 참가했다. 학생회는, 서울 가는 학생 규모와 숙식 및 이동 방법을 토의했다. 지도교사가 학교와 교섭한 내용을 설명했다.

"상경 학생 수는, 버스 한 대에 탑승할 수 있는, 오십 명 이하로 했으면 좋겠다. 내 경험으로 보면, 그 인원이면 충분히 학생들의 의견을 정부에 반영할 수 있다고 본다. 이런 내용을 학생회가 동의해 주면, 저녁식사 후 버스 세 대를 불러, 상경하지 않는 학생들을 귀가시키겠다. 서울 갈 학생들은 성당에서 자고, 내일 아침 아홉 시에 버스 편으로 출발토록 하겠다."

지도교사의 의견에 학생회는 동의했다. 저녁식사 후 학생회장은 결정사항을 학생들에게 발표했다.

"숙식과 교통문제로, 상경할 학생 규모를 고등학생 오십 명으로 제한했다. 일학년과 이학년은 한 반에서 두 명씩 여덟 명을 선발 했다. 나머지 마흔 두 명은 회장이 삼학년에서 선발 했다. 상경 할 학생들은 오늘이 성당에서 자고, 내일 아침 아홉 시에 버스로 상경한다. 집으로 돌아갈 학생들은, 한 시간 후 버스 편으로 출발할 예정이다."

성당은 우레 같은 박수와 환호성으로 가득했다.

대농이는 그 날, 난생 처음으로 성당에서 잤다. 집을 떠나 잔 것도 처음이었다. 그러나 대농이의 머릿속을 점령하고 있는 주인은, 내일이면 서울구경을 할 수 있을 것이라는 기대감이었다. 성당 여기저기 흩어져 있는 친구들도, 이미 서울 이야기를 하고 있었다. 뜬 눈으로 성당에서 밤을 새운 학생들은, 성당에서 제공한 아침식사를 했다. 어제 내리던 보슬비도 계속 내리고 있었다. 비는 뿌연 안개를 만들며 온 세상을 침울하고 조용하게 만들었다. 학교에서 보낸 버스는 아홉시 정각에 서울로 출발했다. 버스는 북으로 북쪽으로 달렸다. 대농이는 처음 가보는 길이었다. 오십 명의 고교생들을 태운 버스 안은 조용했다. '갈가마귀' 떼처럼 시끄러워야 할 버스 안이 조용했다. 잠을 설친 학생들이 자고 있었다. 코를 고는 소리도 들렸다. 대농이도 잠을 설쳤지만, 꾹 참고 창밖으로 펼쳐지는 풍광을 감상했다. 왕래하는 버스들이 너무 많았다. 차들의 속력도 상상이외로 빨랐다. 오가는 버스들이 마주 스칠 때마다, 귀를 가르는 "쌔앵~!" 하는 소리가 온몸을 흔들었다.

수원이라는 도시를 통과할 때부터, 지도교사는 도로 주변 특이한 볼거리를 설명해 주었다.

"조선 시대 정조대왕 께서 축성한 화성華城이다. 웅장하고 화려한 건축양식의 성곽城郭과 남문, 북문이 유명하다."

삼십 여분 후, 버스는 서울 외곽지역을 달렸다. 봄비도 개이고 하늘도 맑았다. 제일 먼저 영등포 네거리가 나왔다. 많이 들어 본 영등포였다. 길가에 구청區廳이 있었다. 대농이 고향처럼 군청郡廳이 아니었다. 곧 이어 버스는 노량진을 통과했다. 차도 근처에 철로가 있어 기차가 기적을 울리며 지나갔다. 서울에서 남쪽으로 내려가는 기차였다. 한강이 나왔다. 인도교를 통과하는 데, 왼쪽으로 기차가 다니는 철교도 보였다. 지도교사는 일본인들이 설계하고 준공한 다리들인데, 당시 일본인들의 건축기술을 엿볼 수 있는 대표적 작품이라고 평가했다. 인도교1917.10나 철교1900.7나 '디자인' 도 좋고, 튼튼하기로 소문난 다리였다.

한강 인도교 건너편에 있는 용산에는, 도로 주변에 큰 시외버스 정거장이 있었다. 남쪽에 있는 도시를 오가는 버스의 출발지이자 종착역이었다. 서울역은 가까이 있었다. 학생들이 용변을 보기 위해 버스는 주차장에 일시 정차했다. 대농이는 화장실로 이동하며, 그토록 그리웠던 서울 땅을 처음 밟았다. 일본 사람들이 돌로 지었다는 석조건물 청사가 눈길을 끌었다. 건물 내부도 깨끗했고, 오가는 승객들이 많았으며, 지척에서 들려오는 웅장한 기적소리에 놀라는 사람들이 많았다. 대농이는 서울역 구내에 많이 주차해 있는 기차들을 보고 또 놀랐다. 용산부터 서울 냄새가 나더니, 서울역부터는 도로와 건물이 사람을 압도했다. 대농이가 처음 겪어 보는 황홀한 서울 시가지 모습이었다. 잠시 후 남대문과 서울시청 청사라는 건물을 지났다. 모두 처음 보는 웅장한 건물들이었으며, 도로가 무척 넓었다. 서울시청 청사도 일본인이 건축했다는데, 큰 석조건물이었으며, 광장도 넓고, 주변엔 고층건물들이 빽빽했다. 버스는 넓은 차도를 조금을 더 달리다 길가에 멈췄다. 운전기사가 의자를 떠나 버스에서 내렸다.

학생들이 내린 곳에는 광화문이라는 현판이 걸린 조선식 건물이 있었다. 남대문처럼 웅장하게 생긴 광화문 출입구는 쇠창살로 막혔고, 좌우엔 계엄군들이 총에 착검하고 경비하고 있었다. 광화문 앞으로는 운동장처럼 넓은 도로가 뻗어 있고, 많은 자동차들이 새카맣게 달리고 있었다. 자동차 소리에 상대방이 말하는 소리를 알아들을 수 없는 상태였다. 대농이는 정신을 차릴 수 없었다. 머리를 흔들고 마음을 가다듬어 보니, 쇠창살 안으로 웅장한 석조건물이 보였다. 마당도 넓은 데, 오가는 사람들은 보이지 않았다. 건물과 마당이 함께 조용했다. 대농이는 그 건물이 중앙청이라는 사실을, 남들이 이야기하는 내용을 듣고 간접적으로 알았다. 대농이는 크게 소리쳤다.

"중앙청엔 국무총리실, 외무부, 법무부, 공보부 등 많은 행정기관들이 있다고 배웠는데 사람 얼굴이 안 보인다."

대농이는, 서울역에서 광화문까지 자신이 보았던 서울 시가지 모습이, 정말 황홀하고 예상치 못했던 진풍경이라고 생각했다. 특히 "땡땡땡" 종을 치며 시민들을 실어 나르는 전차電車는, 많이 보고 싶었던 서울의 명물이라고 생각했다.

학생들은 넓고 시끄러운 길가에 서 있었다. 어떻게 어떤 방법으로 궐기대회를 해야 하는지를 몰라, 어리둥절한 상태로 서 있었다. 복잡하고도 아름다운 시가지만 구경 했다. 그 때, 버스 한 대가 주변에 정차하더니, 또 학생 오십 여명이 내렸다. 지방에서 궐기대회를 하러 온 학생들이었다. 비봉고교 학생들은 그들과 합세하여 규탄대회를 했다. 중앙청을 향해 구호를 제창하고, 유인물을 낭독한 후, 행인들에게 배포했다. 학생들은 의견도 나누고, 기념촬영도 했다. 그 때 큰 소리로 외마디 소리를 지르는 사람이 있었다.

"잠깐! 저도 함께 찍겠습니다. 일간지 기자입니다."

기자는 기념촬영 후, 학교 이름을 메모하고, 유인물도 얻어갔으며, 지도교사 및 학생회장과 많은 대화를 했다. 그 기자는 "지방 학생들을 태우고 규탄대회 하러 오는 버스가 하루에 오십 대도 넘는다."고 말했다. 기자는 또 학생들에게 "중앙청 건물 뒤에 대통령이 집무하고 숙식하는 경무대景武臺가 있다."고 일러주었다.

대농이 일행들은 버스 편으로 내무부로 이동했다. 지도교사는 이동하며, 내일아침 일간신문에 비봉고등학교 데모기사도 보도될 것이라고 반겼다. 내무부 청사는 을지로입구 사거리라는 곳에 있었다. 광화문에서 보았던 시가지와 비슷한 번화가였다. 시청 창사도 보이고, 고층건물도 많았으며, 뒤로는 명동이라는 번화가가 있었다. 내무부 청사도 일본인이 지은 석조건물이었고, 쇠창살로 굳게 막힌 정문은 계엄군들이 경비하고 있었다. 출입하는 사람들이 보이지 않는 현상은 여기도 마찬가지였다. 그러나 '시멘트' 담장을 따라 뚫려있는 좁은 골목엔, 명동으로 빠지는 시민들은 많았다. 학생들은 중앙청 앞에서와 동일하게, 청사를 향해 구호를 제창하고, 유인물을 낭독한 후, 오가는 시민들에게 배포했다. 그 곳에도 기자가 숨어 있었다. 주변 상점부근에 머물다, 데모하는 학생들이 오면 취재활동을 하곤 했다. 학교이름, 구호내용, 학생규모, 유인물, 촬영 등 보도자료를 준비했다. 대농이 일행은 골목길을 따라 명동으로 이동하여, 남아있는 유인물을 모두 시민들에게 배포했다. 명동은 화려하고 많은 인파로 붐볐다. 대낮인데도, 가게마다 휘황찬란한 형광등을 켜놓고, 행인들은 맞이하고 있었다. 행인들의 용모도 모두 깨끗하고 귀족같이 보였다. 대농이 는 명동이 서울에서 최고의 번화가이고, 유행과 문화의 중심지라는 사실을 알게 되었다.

비봉고등학교 학생들은, 공식적인 규탄대회 종료선언을 하고, 버스 편으로 귀향길에 올랐다. 버스는 명동 입구라는 곳을 지나, 한국은행을 거쳐 남대문과 서울역 쪽으로 달렸다. 한국은행 청사도 일본인들이 건축한 석조건물이었다. 대농이는 지금까지 서울에서 본 대형 청사들이, 모두 일본인 작품이라는 게 못 마땅했다.

오전에 왔던 길을 되돌아가는 귀향길은 지루했다. 모든 걸 청산하고 낮잠을 즐기는 학생들이 많았다. 대농이도 피곤을 느꼈지만, 창밖으로 펼쳐지는 서울 시가지 모습을 외면할 수 없었다. 아직도 서울 시가지가 창밖으로 스쳐가고 있었다. 이렇게 꿈나라 같고 하늘나라 같은 곳에서, 데모군중이 방화하고, 총을 쏘고, 폭력을 휘둘렀다는 사실이 믿어지지 않았다. 시골집도 아닌 저렇게 엄청남 건물들을 파괴하고, 방화했다는 게 도저히 이해되지 않았다. 버스는 서울 시가지를 벗어나 농촌지역을 달리기 시작했다. 대농이는 반가웠다. 시골 풍경이 정다웠다. 잠시 둘러보았던 서울구경 때문인지, 오랜만에 시골에 오는 것 같은 느낌이었다. 대농이는 육년 전 중학교 일학년 입학 후, 읍내 번화가에 놀라, 한 학기를 방황했던 생각이 났다. 그런데 오늘 주마간산走馬看山 격으로 보았던 서울 시가지 모습은 그런 정도가 아니었다. 무어라 표한하기도 어렵고, 이런 도시도 있었구나 하는 생각뿐이었다. 대농이는 "세상 위에 새 세상이 있고, 또 그 위에 더 좋은 세상이 있다."

는 생각을 했다. 사람으로 태어나 좋은 세상에서 살려면, 열심히 공부하여 성공하는 것만이, 유일한 해결책이라는 결심도 했다. 대농이는 다섯 시간이나 걸리는 귀갓길에, 학생회에서 조급히 만들었다는 유인물 "이렇다! 사건의 진상은"을 꼼꼼히 읽어봤다.

【 이렇다! 사건의 진상은 】

〈 3.15 부정선거 〉

대한민국정부수립1948.8.15이후 새 나라를 통치해온 이승만 자유당 정권은, 6.25동란이라는 민족상쟁의 쓰라린 경험을 했는데도, 장기집권을 위한 부정부패만 일삼고 있다. 국민복지 향상이나 민주주의 발전 같은 데는 관심도 없는 정부 같았다. 이번 제4대 정부통령선거만 해도, 자유당은 대구에서 민주당 조병옥 후보 선거운동을 방해하려고, 일요일인데도 국민학교, 중학교, 고등학교 학생들을 등교시켰다. 고등학교 학생들은 총궐기1960.2.28했고, "학생을 정치에 이용하지 말라." 며 시위했다. 그 학생시위는, 서울, 대전, 수원, 마산 등 전국 각 지역으로 확산되었다. 학생들의 요구는 "학생은 민주주의 수호를 위해 몽치자."

라는 내용이었다. 한편 민주당 대통령 후보 조병옥趙炳玉 박사는, '월터리드' 미국 육군병원에서 신병 치료를 하다, 선거 한 달 전에 사망1960.2했다. 이런 시국에서 자유당은, 내무부가 주축이 된 '부정선거지령서'를 예하 부서에 하달했다. 그 내용은 말단 경찰관이 민주당에 내용을 제공함으로서 만천하에 들어났다. 부정선거 음모내용은 아래와 같다.

(1) 4활 사전투표 (2) 3인조에 의한 반 공개투표 (3)자유당의 완장부대 동원으로 유권자 위협 (4)야당 참관인 축출 (5)유령 유권자 조작과 기권 강요 및 기권자 대리투표 (6) 내통식內通式 기표소 설치 (7) 투표함 바꿔치기 (8)개표 때 혼표混票와 환표換標 (9) 투표 수 조작 발표

부정선거 음모는 국민들의 들끓는 마음에 불을 질렀다. 민주당은 학생들과 합세하여 데모하고 선거포기를 선언했다. 선거 당일3.15에는 마산에서 학생시위가 있었다.

각 지역 시민들도 선거포기를 선언하고 민주당사 주변에 모여

"협잡挾雜선거 물리치자."

라는 구호를 외치며 학생 시위대와 합류했다. 그러나 시위대들은 경찰과 자유당 정치폭력배들에게 무자비한 탄압을 당했고, 많은 사상자가 발생했다. 이런 분위기에서 실시된 선거를 통해, 자유당 이승만 후보가 대통령에 당선되고, 자유당 이기붕 후보는 부통령에 당선된 것이다.

〈 4.19 학생의거 〉

마산상업고등학교 학생 김주열金朱烈이 '3.15 부정선거규탄시위'에 참가 한 후 행방불명되었는데, 4.11 마산 앞 바다에서 눈에 최루탄이 박힌 시체로 발견되었다. 전국 학생들과 국민들의 분노는 극에 달했다. 서울 고려대학교 학생 3,000여명은 4.18, 국회의사당 앞에서 연좌시위를 하고 시국선언문을 발표한 후 귀교했다. 정치폭력배들이 학생들을 습격하여, 한명이 사망하고 수십 명이 부상당했다.

＊시국선언문 내용 ＊

"학생들은 일제에 항거하고, 멸공전선의 전위대열에 섰으나, 오늘은

진정한 민주이념 쟁취를 위한 봉화를 높이 들어야한다. 청년학도만이, 진정한 민주 역사창조의 역군이 될 수 있음을 명심하고 총궐기하자."

밤이 가고 새벽이 왔다. 이른바 "4.19학생시위사건" 은 이런 단계를 거쳐 시작되었다. 서울시내 각 대학생들은 미리 약속했던 계획에 따라, 교내에서 궐기대회와 선언문을 발표하고 중앙청을 향해 행진했다. 학생들의 '선언내용' 은 전날 고려대 학생들이 발표한 내용과 맥을 같이하고 있었다.

"학생들은 더 이상 현실을 좌시할 수만 없으며, 정의와 민주수호를 위해 궐기해야한다." 는 내용이었다.

시간이 갈수록 학생들은 인산인해를 이루었고, 세종로와 시청광장 등 서울 중심부는 학생으로 가득 찼다. 고등학교 학생들도 쏟아져 나와 합류했고, 시민들도 합세했다. 이제 시위 군중들은 학생이 아닌 국민들이었다. 경찰은 대통령이 집무하는 경무대 입구 효자동에 장애물을 설치하고 저지하다, 시위대에게 발포했다. 수백 명의 사상자가 발생했다. 흥분한 시위 군중들은 자유당 전위부대인 서울신문사, 반공청년단본부, 자유당 본부 등을 불태우거나 파괴했다. 경찰차량도 탈취했고 파출소도 불질렀다. 서대문 이기붕 부통령 자택도 습격했으나 정치 폭력배들이 방어했다. 서울 시가지는 완전히 무정부상태였다. 질서가 없어진 아수라장이었다. 당시 시위대원들이 외친 구호는

"3.15부정선거 다시 하라." "일인독재 물러가라." "이승만 대통령 하야하라."

등이었다. 완전히 혁명적인 내용이었다.

이승만 대통령은 15:00시를 기해 서울시 일원에 계엄령을 선포했다. 위기탈출을 위한 비상조치였다. 탱크와 총칼을 앞세운 계엄군들이 서울 시가지를 점령했다. 서울은 다시 평온을 되찾았다. 그날 사상자는 사망자 100여 명, 부상자 450여 명으로 잠정 집계되었다. 그러나 자유당 정권은, 그날 표출된 국민들의 요구사항을 외면하고, 긴장 속에 하루하루를 보냈다.

1960. 4. 22 비봉고등학교 학생회

유인물을 읽어 본 대농이는 만족했다. 학생회가 뜻밖의 서울소식을 듣고 서둘러 작성한 것인데, 내용도 좋고 공감共感도 형성할 수 있는 훌륭한 유인물 같았다. 대농이는 그날 밤 아홉시 경에 귀가했다. 안방으로 가 부모님들께

"어제는 읍내에서 궐기대회 하고, 오늘은 서울구경하고 왔습니다." 라고 인사드렸다.

"서울은 웬 서울? 길도 모르면서……?" 아버지는 얼토당토않다는 반응이었다.

"읍내 친구 집에서 자고 왔지?" 동생들도 대농이 말을 귀담아 듣지 않았다. 대농이는 잠이 그리워 사랑방으로 건너갔다. 잠에 곯아 떨어져 새벽에 눈을 떴다. 다음날, 학생회 간부들은 비봉고등학교 선생님들에게 칭찬을 받았다. 학교는, 학생회가 전국적인 학생의거에 동참하고, 일익을 담당하였다는 데 의미를 부여했다. 비봉학교 학생들이, 중앙청과 내무부 청사 앞에서 한 규탄대회 기사도, 사진과 함께 보도되었다. 대농이는 또 한 번 언론의 위력을 확인했다.

'4.19학생시위사건' 의 효과는 급물살을 타며 전국으로 확산되었다. 이승만 독재정부의 검은 야욕은 국민들의 뇌리에 각인되었으며, 미해결된 국민들의 요구사항은 국민들의 가슴속에서 곪아가고 있었다. 드디어 삼일 후4.25, 일이 터졌다. 서울지역 각 대학 교수 259명이, 세종로에서 시위하고 시국선언문을 채택했다. 교수들은 대통령 및 삼부요인 즉시 퇴진, 구속학생 석방, 정부통령 재선거 등을 요구했다. 존경받는 교수들의 거동은 4.19 학생시위사건을 마무리하는 결정적 계기를 만들었다. 교수들에게 자극을 받은 국민들은, 밤새도록 야간시위를 하며

"자유당 정권 물러가라."

고 외쳤다. 다음 날4.26 이 밝자, 학생들과 시민들이 함께 쏟아져 나왔다. 일주일 전 그 날4.19보다도 더 큰 시위로 발전했다. 인산인해를 이룬 시위 군중에, 계엄군들도 힘을 쓰지 못했다. 탱크 위엔 시위 군중들이 가득했다. 완전히 무정부상태였다. 엄청난 혼난 속에, 이승만 대통령은 송요찬宋堯讚 계엄사령관의 주선으로, 학생 및 시민단체 대표 다섯 명과 면

담했다. 이 자리에서 이 대통령은

"국민들이 원한다면 대통령을 하야한다. 3.15 부정선거 다시 한다."

고 약속 했다. 이 대통령은 그날 오후에 대통령직 하야下野 방송을 했다. 삼일 후 밤중에 미국 하와이로 망명했다. 이기붕 부통령도

"모든 공직에서 물러나겠다. 내각책임제 개헌을 하겠다. 고 약속했다."

이틀 후, 이기붕 부통령은 가족들과 함께 자살했다.

영구집권을 기도하던 이승만 대통령 중심의 자유당 독재정권은, 십이년 만에 비극적인 종말을 고했다. 권불십년權不十年 격이었다. 이제 '제이 공화국'이 새롭게 출범할 수 있는 문호가 활짝 열렸다. 대규모 학생시위가 또다시 역사의 한 쪽을 장식하며, 대한민국 사회를 바꿔놓았다. 대농이는 이번 '4.19학생시위사건'을 통해 많은 것을 깨달았다. 민주주의라는 정체政體에서는, 국민의 지지와 신망을 받지 못하는 정권은 존립할 수 없다는 사실, 부정과 부패를 척결하지 못하는 정부는 통치기반을 구축하지 못하고 쓰러지게 된다는 점, 민주이념 구현과 사회정의 실현은 국민들이 원하는 영원불멸의 최고가치라는 사실 등을 배웠다.

정권교체는 모든 것을 새로 출발하게 만들었다. '4.19학생시위사건'은 "의거義擧다, 혁명革命이다."하는 시비가 대두되면서, 정치, 경제, 사회, 문화, 군사 등 모든 분야가 변하기 시작했다. 한국 사회는, 손해를 보는 피해자와, 혜택을 받는 수혜자受惠者로 양분되기 시작했다. 대농이는 수혜자 쪽이었다. 학생시위 사태로, 예기치 못했던 서울구경을 했다. 우리나라에도 천당 같은 도시가 있다는 사실을 발견했다. 그렇게 황홀한 도시에서 세상살이를 하려면, 성공을 해야 가능한 것이라고 판단했다. 성공을 하려면 우선 유명대학교에 합격해야 한다고 생각했다. 이 목적을 달성하기 위해, 더 열심히 대학입학시험 공부를 해야겠다고 결심했다. 대농이는 읍내 도립병원에 근무하는 박효숙 둘째누나가 당부했던 말을 되새겼다. "유명대학교에 합격해야, 가정교사라도 하며, 네 학비를 네가 해결해야 하는 과제가 해결 될 것이다."

*첨부 : 4.19의거 연대표(참조 289쪽)
*낱말풀이(참조 301쪽)

엄마라일락 마을(Lilac)

맑은 봄날 오후였다. 박대농은 성묘 차 고향마을에 왔다. 생가生家 돌담 밖에서 '라일락꽃'을 감상하고 있었다. 생가는 주인이 바뀌어, 지금은 누가 사는지 모른다. 라일락꽃나무는 키가 커, 돌담 밖에서도 충분히 감상할 수 있었다. 연보라색 꽃에 코를 가까이 하여 냄새를 맡아보았다. 짙은 향기는 옛날 그대로였다. 그 때, 조용한 농촌의 정적靜寂을 깨며 대농이를 부르는 소리가 났다.

"대농이 오빠!"

생가 뒤 사당집 모퉁이였다. 왼 아주머니가 초등학생 두 명과 빠른 걸음으로 다가왔다. 아랫마을 대농이 친구 박강남의 동생 임향이였다.

"야, 오래간 만이네. 이게 누구야!"

"얘들아, 인사드려, 대농아저씨다."

"안녕하세요. 안녕하세요." 손자와 손녀였다.

"친정에 왔군. 어디 사나?"

"경기도 서쪽, 서해 바다가 가까운 농촌이에요."

"오빠는 안녕하시고?"

안부를 듣자마자 임향이는 왼손으로 얼굴을 가리고 머리를 돌리며 대답했다.

"돌아가셨어요. 지금 성묘하고…내려…." 울음 섞인 소리가 끝마무리를 못한다.

"뭐라고, 언제, 왜?"

"몇 달 전에, 간이 나빠…." 임향이는 슬픈 표정을 억지로 참으며 말했다.

"'엄마라일락' 보고 계셨어요?"

"그래, 향기가 여전하구나. 친정집에 있는 '라일락' 도 꽃 많이 폈나?"

"네, 시집 마당에도 심었는데 탐스럽게 꽃이 피었어요. 제가 여러 군데 묘목을 주었어요."

"임향이의 맑은 표정과 향기는 여전하구나. 내 오늘 오빠 산소에도 성묘할게."

임향이 일행과 헤어진 대농이는 뒷동산 선영으로 발길을 옮겼다. 친구 강남이와 대농이는 사당집 할아버지 후손後孫이고, 고등학교 동기동창이다. 강남이는 농토가 많아, 아버지를 돕겠다며 대학교 진학을 포기했던 효자다.

대농이 고향은 산골마을 농촌이다. 박씨들이 오백여년 전부터 모여 사는 씨족氏族부락이다. 칠십여 가구의 생계수단이 모두 농업이다. 읍내邑內로부터 이십 여리 떨어져 있는 오지奧地 마을 이고, 지금도 교통수단이 변변치 못하다. 사당집 할아버지께서는 대농이의 십구 대 할아버지다. 세종대왕 때 김종서 장군과 육진六鎭을 개척했고, 사육신들과 단종 복위를 모의하셨던 충신이다.

대농이는 오십오 년 전1955 읍내에 있는 '공립중학교' 에 입학했다. '공립농업고등학교' 와 한 울타리 안에 중학교가 있었다. 일학년 이학기가 되자, 대농이는 촌놈티를 많이 벗었다. 일 학기에는 정말 정신없었다. 생전 처음 보는 게 많아 날마다 황홀하고 놀랬다.

'찌찌폭폭' 하며 수증기를 내뿜는 기차, 지프차, 버스, 군청, 도립병원, 없는 물건이 없는 종합시장 등 정신이 없었다. 같은 반 학생들은 대농이를 '촌놈' 이라고 불렀다.

어느 날 오후, 대농이네 반 학생들은 원예학습장 묘목밭에서 잡초 뽑는 작업을 했다. 농업고등학교 때문에 농업, 임업, 원예, 축산과 관련된 실습장들이 많았다. 대농이는 넓은 묘목밭 중, '라일락(Lilac)' 이라는 팻말이 꽂힌 밭이랑 제초작업에 배치되었다. 무척 반가웠다. 며칠 전 영어시간에 '라일락' 에 관하여 공부했기 때문이었다. 외국에서 공부하신 영어선생님은 '라일락' 에 관하여 상세하게 말씀하셨다.

"'라일락' 은, 물푸레나무과에 속하는 낙엽활엽관목이다. 원산지는 유럽이고, 봄에 연보라나 흰색 꽃이 핀다. 향기가 짙어 많은 사랑을 받는다. 꽃말은 첫사랑의 감동, 아름다운 언약, 젊은 날의 초상화, 우애 등 많다. '라일락' 의 한국말은 '수수꽃다리' 다."

영어선생님의 말씀은 대농이 머릿속에 선명하게 입력되었다. 산골 농촌에서 진달래, 개나리, 철쭉, 목련, 벚꽃, 민들레, 벌개미취 같은 토종 꽃만 보아 온 대농이는, 외국꽃이라는 '라일락' 이름 자체가 신비로웠다. 재수 좋게도 오늘 그 라일락 묘목을 본 것이다. 대농이는 제초작업을 하며 라일락 묘목 한 개를 뽑았다.

한 뼘 정도 되는 묘목은 대농이 교복 주머니에 쏙 들어갔다. 대농이는 실습을 끝내고 교실에 돌아와, 종이로 '라일락' 묘목을 돌돌 말아 책가방에 넣었다. 방과 후 집에 와, 누나들이 돌담 밑을 따라 만들어 놓은 꽃밭에 정성스레 심었다. 가족들에게는 '라일락' 묘목이 다치지 않도록 조심하라고 심심 당부했다.

'라일락' 성장 속도는 무서웠다. 추운 겨울을 이겨낸 '라일락' 묘목은, 땅속으로 뿌리를 내렸는지 탐스럽게 자랐다. 사년 후 부터는 꽃을 피워, 온 가족들에게 화제꺼리를 제공했다. 세월은 빠르게 흘러, 대농이는 서울에 있는 대학에 입학했다.

대농이는 여섯 살 된 '라일락' 과 헤어지는 게 몹시 아쉬웠다. 당시 '라일락' 은, 건강한 대농이 처럼 싱싱하게 자라고, 아름다운 꽃과 짙은 향기로 마을 사람들은 매혹시켰다. 가정교사를 하며 학비를 벌어야하는 대농이는, 방학 때도 자유롭게 고향에 내려 올수 없었다. 가끔 일요일에 시간을 만들어 집에 내려와야 하는 입장이었다.

대농이의 대학교 졸업식은, 30개월 간 군복무를 위한 입대로 이어졌다. '라일락' 도 세월처럼 빠르게 성장하여 돌담 밖으로 얼굴을 내밀었고, 무성한 숲과 주렁주렁 하는 꽃송이로 짙은 향기를 내뿜고 있었다. 향기는 옆집까지 퍼지고, 마을 사람들에게 회자膾炙되는 대상으로 부각되었다. 사당집과 선영先塋으로 오가는 길목이라, 소문은 생각 보다 빠르게 퍼졌다.

대농이가 제대를 앞두고 휴가를 나왔다. 장년이 된 '라일락' 은 몰라보게 성장하였고, 아름다운 자태와 짙은 향기는 여전 했다. 그날도 대농이는 귀대歸隊를 앞두고 집안 마당에서 '라일락' 을 감상하고 있었다. 제대하면 날마다 볼 수 있을 지도 모른다는 생각이 들었다. 그 때, 대문 밖에서 사람 찾는 소리가 들렸다.

"오빠 계셔요. 대농이 오빠!"

임향이었다. 웬 일이냐고 물었더니, 임향이는 어려운 표정을 지으며 말했다.

"오빠, 저 부탁하나 해도 돼요?"

"뭔데, 말해봐."

"'라일락' 가지 한 개 얻으러 왔어요."

"뭐, 나무 가지로 뭐하려고?"

"꽃이 하도 곱고 향기가 좋아, 우리 꽃밭에도 심어보려고요."

"그래? 그게 살까? 꺾어 가 그럼, 강남 오빠는 뭐해?"

"집에 계셔요. 올라오시라고 할게요."

임향이는 '라일락' 나뭇가지와 뿌리 근처에서 돋아나고 있는 싹을 캐갔다. 나는 집으로 돌아가는 임향이에게

"만약, 임향이가 '라일락' 살리는데 성공하면, 우리 집 '라일락' 은 '엄마라일락' 이 되는 거다."

라고 지나가는 말 한마디를 했다.

제대 후 대농이의 생활은 직장생활로 이어졌다. 서울에 있는 직장이었다. 십년간 직장생활을 한 대농이는 중견간부가 되었다. 휴가를 받아 고향을 찾았다. 대농이는 아랫말 친구 강남이를 찾아갔다. 대문에 들어서자 웅장한 기와집이 대농이를 압도했다. 대농이는 안마당 한가운데 사각형 모양의 정원을 보고 다시 한 번 놀랬다. 정원 양쪽에 탐스러운 '라일락' 꽃숲이 무성하게 버티고 있었다. 대농이의 표정을 읽은 강남이네 가족들이 함께 웃었다. 임향이가 나서 설명했다.

"오빠가 주셨던 '라일락' 가지와 싹이 모두 살아 저렇게 컸어요. 매년 가을에 가지를 치면 버리지 않고, 우리 마을 이집 저집에 주었어요. 이제 우리 마을 모든 가구가 '라일락' 을 갖고 있어요. 뿐만 아닙니다. 이 근방

마을에 사는 제 여고동창생들에게도 많이 주었어요. 생각 보다 널리 퍼졌어요. 제 친구들은 우리 마을을 '엄마라일락 마을' 이라고 불러요. 저희 집 '라일' 락을 '엄마라일락' 이라고 부르고요. 저도 친구들에게 '라일락' 가지를 주며, 오빠가 저에게 하셨던 말씀과 똑같은 말을 했거든요. 성공하면 우리 '라일락' 은 '엄마라일락' 이라 부르라고."

임향이 말에, 나는 대답했다.

"그럼 우리 집 '라일락' 은 '할머니라일락' 이 된 것이다."

좌중이 한바탕 크게 웃었다. 임향이는 제안을 했다.

"엄마 '라일락' 만, 두 개 하자. 할머니 '라일락' 은 싫어."

좌중이 또 한 번 크게 웃었다.

강남이 어머니는 가정부를 시켜 점심상을 차려왔다. 오가는 사람들에게 조건 없이 베푸는 부자富者들의 '선비정신' 발휘였다. 강남이와 대농이만의 밥상이었다. 그 당시만 해도 남녀가 유별有別하고, '남녀 칠세 부동석' 이라며, 남녀가 함께 식사를 하지 않는 풍습이 잔존殘存해 있었다.

집으로 올라오는 대농이는 흐뭇했다.

중학교 때 남모르게 '라일락' 묘목 한 개를 가져온 게, 잘한 짓이라고는 생각하지 않고 있었다. 그러나 임향이 말을 들어보니, 어린 묘목 하나가 임향이의 정성스런 손으로, 여러 마을에 퍼져 주민들의 정서를 풍부하게 해주고 있다는 것이었다.

대농이는 이제 마음 속 걱정을 덜게 되었다. 대농이는 다시 안마당에 있는 '라일락' 앞에 섰다. 지난날을 되돌아보았다. 뒤쪽은 물론 옆도 보지 않고, 앞만 보며 뛰었던 세월이었다.

"'라일락' 도 꽃숲과 향기로 사람들을 즐겁게 하고 칭찬을 받는데, 나는 무엇으로 인간사회를 위해 헌신獻身하고 칭찬을 받을 수 있을까?"

대농이는 상념想念에 파묻혔다.

대농이는 지난 긴 세월 동안, 라일락이 자신에게 준 교훈을 더듬어 보았다. 우선, '라일락' 은 꽃과 향기를 인간에게 베풀어 영원한 사랑을 받고 있다. 베푸는 문화의 대상으로도 선정되었다. 둘째로, '라일락' 은 집주인이 바뀌어도, 계속 그 자리를 지키며, 사랑을 받는 존재로 자리 잡았다. 끝으로, 한 젊은 여성의 번쩍이는 '아이디어'와 실천으로, 수백 년 된 마을 이름에 별명이 하나 붙었다.

대농이는, 자신도 '라일락' 처럼 인간사회를 위해 헌신해야 할 과제를 선정하고, 임향이 처럼 실천해야 한다고 결심했다.

그 결심이 이번 휴가의 유일한 소득이라고 생각했다. 이런 결심 때문인지, 대농이의 직장생활은 순탄했다. 유명 대기업 사장까지 진급했다. 정년퇴직한 대농이는, 어느 맑은 봄날 오후, 성묘 차 선영을 찾았다. 내려오는 길에 강남이 산소도 들렀다.

* 첨부 : 낱말풀이(참조 302쪽)

선비정신

외출 후 귀가하니 우편함이 가득 찼다. 월말이 다가오기 때문일 게다. 많은 우편물을 보면 일단 마음도 풍성해진다. 겉봉만 대충 훑어보니 핸드폰요금고지서, 카드요금고지서, 친목회 소식지 등 매달 보는 익숙한 것들이다. 특이한 봉투 한 개가 눈에 띄었다. 고향 선배가 보낸 편지였다. 내용이 궁금해 엘리베이터를 따고 올라가며 뜯어 봤다. 문집文集 출판기념회 초청장이었다. 무척 반가웠다. 오십여 년 전 겨울, 내가 중학교 일학년 때, 선배가 목욕탕엘 데리고 갔던 기억이 아련하게 떠올랐다.

"꼭 참석해야지."

하는 각오가 즉석에서 다져졌다. 그 당시는 참으로 가난한 시절이었다. 6.25전쟁이 정전 된지 겨우 삼년이 지났다. 피해 복구는 아직 멀었고, 먹고 사는 호구지책糊口之策 조차 엉망이었다. 선배네 집은 읍내 번화가에 있었다. 선배의 부친은 한의사였고, 지역 유지有志 중 한분이셨다. 선배는 명가名家의 장남으로 태어난 것이다. 그런 신분의 선배가 농촌 촌뜨기 중학생인 나를 목욕탕에 데리고 갔었다, 추운 겨울에. 당시 산골 농민들은 겨울이면 목욕 할 데가 없었다. 작은 흡혈 기생충인 이가 몸에 득실거리고, 밤이면 전 가족이 등잔불 밑에 둘러앉아, 미국제 살충제DDT를 뿌리며 이를 잡곤 했다. 그 시절이 벌써 반세기 전이라니, 세월이 흘러도 너무 빨리 흘렀다.

선배와 나의 조우遭遇는, 단풍이 아름답게 화장하고 뽐내는 초가을 어느 일요일이었다. 그날도 나는 부모님 심부름을 하러, 이십 리나 되는 읍내邑內를 걸어 나왔다. 번화가를 지날 때, 사복을 입은 선배가 길가에서 나를 불러 세웠다. 거수경례를 하고 부동자세를 취했다.

"나 누군지 알겠나?"
"네, 학생회장 선배님."
"몇 학년인가."
"중학교 일학년입니다."
"집은 어딘가?"
"은하면, 북두리 입니다."
"아이고, 집이 멀구먼. 일요일인데 왜 나왔나?"
" '부모님이 편찮아 약 지으러 왔습니다."
"음, 가봐, 우리 집이 여기니 시간 있을 때 가끔 들러도 좋아."

얼어붙었던 나의 몸과 마음은 쉽게 녹았다. 가까이서 본 학생회장 선배가, 인상도 좋고 예상외로 친절했기 때문이었다. 그때 학생회장 선배가 왜 나를 불러 세웠는지, 지금도 나는 그 이유를 모른다. 키가 작은 140cm 내가 중학생 교복을 입었기 때문이었던가, 몰골이 너무 남루襤褸하였기 때문이었을 것이다. 당시 우리 반 학생들도 나를 '꼬마'라고 부르거나 '촌놈'이라고 불렀으니까.

나의 중학교 일학년 생활은, 황홀한 가운데 화살같이 빨리 흘렀다. 학교나 읍내에는, 평생 처음 보는 것들이 많고 재미도 있었다. 기차, 지프차, 라디오, 오토 바이, 자전거, 트럭 같은 장비들은 물론이고, 황홀하게 진열되어 있는 옷감, 먹을 게 많은 가게, 중국집 자장면, 생사공장에서 나오는 번데기, 도립병원, 읍사무소, 우체 국, 둘씩 발 맞춰 걸어가는 여학생들! 정말 읍내는 보고 듣고 즐길게 너무 많은 곳이었다. 그러나 겨울방학을 맞은 나는, 또다시 고향마을에서 하루하루를 보내는 촌뜨기로 변했다. 공부도 제대로 되지 않았다. 내 머리 속에 너무 새로운 문물들이 주입되었기 때문일까! 시골 국민학교 졸업식 때는 우등상을 받았었는데 공부하기가 싫었다. 공차기, 얼음지치기 같은 놀이에만 정신이 팔렸다.

몹시도 추웠던 어느 날, 나는 또 부모님 심부름을 하러 읍내에 들렀다. 우연히 길가에서 학생회장 선배를 또 만났다. 선배는 인사말 몇 마디를 건네고, 내 손을 잡아끌고 '목욕탕'이라는 곳엘 갔다. 선배의 손은 크고 뜨거웠으며, 힘도 억세었다. 큰길가에 새로 생긴 목욕탕이라, 나도 오가며 간판은 몇 번 보았지만, 직접 들어와 본 건 처음이었다. 내부시설이 으리으리하고, 무엇을 어떻게 해야 할 즐 몰라 우두 커니 서 있었다. 눈치를 챈 선배는

"내가 하는 대로 따라하면 돼."

하며, 옷을 벗어 옷장에 넣고, 내손을 잡고 욕탕으로 들어갔다. 선배는 시범을 보이면서 목욕을 했다. 우선 '샤워'로 온 몸의 땀을 닦고, 욕탕에 들어가 몸을 덥힌 다음, 탕을 나와 앉아서 때를 닦는다. 그 후 또 샤워를 하며 목욕을 마무리했다. 탈의실로 나오니, 온몸이 후끈거리고 얼굴도 빨갛게 달아올랐다. 내 모습을 발견한 선배는

"다시 욕탕으로 들어가 미지근한 물로 샤워를 하며 몸을 식히고 나오라."

고 지도했다. 당시는 탈의실에 선풍기 같은 게 없었던 시절이었다. 밖으로 나오니 몸과 마음이 하늘을 날 것처럼 홀가분했다. 선배는 나를 찐빵 집으로 데리고 갔다. 꿀맛 같은 찐빵이 계속 넘어가는 가운데, 둘만의 이야기가 시작되었다. 선배의 질문에 내가 답변한 내용들은 아래와 같았다.

"부모님, 누님 세 명, 형, 남동생, 여동생 등 식구가 아홉 명이다."

"아버지는 농사를 짓는데, 농토는 논 세마지기 뿐이다. 농한기에는 장터를 찾아다니며 장사를 하신다. 엄마는 돼지를 길러 우리들의 학비를 마련하신다."

"봄이 되면 식량이 없어, 부자 집에서 고리채로 쌀을 얻어먹고 가을에 갚는다." "동생들은 국민학교에 다니고, 형은 인문고등학교에 다니는데 친구들과 어울리기를 좋아한다. 나는 시골 보다 읍내에 나오는 게 좋아 심부름은 내가 맡아 한다."

"집에서는 방이 좁아 공부를 많이 할 수 없고, 나는 읍내를 오갈 때 공부를 한다. 영어단어 외우기 뿐 아니고, 대부분의 공부를 길에서 한다. 시골길은 자동차가 없어 공부하며 걷기에 좋다."

이런 인연이 얽힌 후, 선배는 겨울마다 두서너 번씩 나를 목욕시켜 주었다. 나도 추운 겨울이 되면, 먹이가 없어 인가人家를 찾는 고라니처럼,

선배를 찾아가곤 했다. 얼마 후 읍내에 목욕탕이 하나 더 생겼다. 그러나 우리 마을에는 전기도 들어오지 않고, 버스노선도 생기지 않았다. 라디오 방송을 집집마다 중개해 주고, 요금을 받아가는 '스피커' 가 집집마다 찾아왔을 뿐이었다.

선배와의 인연은 짧았다. 선배가 서울에서 대학생 생활을 하는 동안 나는 고등학교를 다녔다. 나는 대학교를 졸업한 후 군복무를 시작했고, 제대 후엔 숨 가쁜 직장생활이 계속되었다. 삼십 여 년이 넘는 동안 두 사람의 관계는 완전히 단절되었다. 십년 후, 나는 고향 친구들에게 부탁하여 선배를 수소문하고 인사를 드렸다. 나의 신분은 공무원이었다. 선배는 무척 반가워했다. 우리 일행들은 갈비와 불고기로 회포를 풀며 옛 추억을 반추反芻하였다. 노래도 불렀고, 아름다운 추억 속에도 빠졌었다. 그런데 마지막이 문제였다. 내가 선배를 찾은 목적은, 농촌 중학생을 목욕시켜 준 신세를 갚으려는 것이었는데, 선배가 식대食代를 절대로 못 내게 막았다. 약간의 실랑이도 있었지만, 참석자 모두가 이구동성으로,

"선배는 얻어먹지 않는 사람이다."

라고 말렸다. 결국 나는 혹을 떼려다 붙인 입장이 되고 말았다. 좌석이 끝나자 친구한 명이 선배를 칭찬했다.

"선배는 오십년 전부터 남을 도와주는 사회활동만 했다. 선친先親에게 물려받은 농토에서 농장을 경영한다. 산에는 근린생활시설을 마련하여, 주민들이 공부, 운동, 명상, 취미활동을 하는 장소로 무료제공하고 있다. 고향에서 각급 사회단체장 직책도 많이 역임했다. 필요한 모든 비용을 자신의 농장에서 생기는 수입으로 충당했다."

그날 나는 궁금증 하나를 풀었다. 오십년 전, 선배가 촌뜨기 중학생을 목욕시켜주었던 그 선행善行과, 대학졸업 후 고향에서 계속되는 적선활동積善活動은, 분명히 한 뿌리에서 돋아나는 사랑이라고!

선배의 문집 출판기념회 날은 추웠다. 아침 최저기온이 영하 십삼도였다. 나는 한파를 가르며 새벽에 고속버스에 몸을 실었다. 그래도 일 년만에 고향을 찾는 내 마음은 봄처럼 따뜻했다. 행사는 읍내 조촐한 식당에서 점심식사와 함께 진행되었다. 이백 여명의 축하객들 면면面面이 예

사롭지 않았다. 유지들의 축사 내용도 거의 비슷했다. 평생을 남을 위해 살아오는 사회사업가, 지역발전을 위해 온갖 희생을 다하는 선구자, 모든 비용을 혼자 부담하는 자선사업가, 험악한 세상에 밝은 희망을 주는 애국자...... 그런데 한 가지 이상한 게 있었다. 무슨 상장이나, 표창, 훈장을 받았다는 경력이 없었다. 식사를 하며 알아보니 본인이 그런 걸 한사코 사양한다는 것이다.

나는 출판기념회를 통해, 선배의 진실하고 때 묻지 않은 가슴속을 세 번째로 확인 할 수 있었다. 배고픈 사람들에게 베풀고, 사회와 국가를 위해 헌신하는 선배의 생활 자세는, 우리민족의 가슴속에 맥맥히 흘러오는 "선비정신" 이었다. 사대부가士大夫家와 명가名家들이 대대로 실천해 내려오는 법도法道이기도 했다. 일본 식민지 시절 전 만해도, 우리나라 양반兩班들은 대문 밖에 뒤주를 놓고 쌀을 가득 채워, 배고픈 과객이나 민초民草들이 자유롭게 양식을 가져갈 수 있도록 베풀었다. 자신의 배만 따뜻하게 채운 게 아니었다. 이런 선비정신을 실천하지 못하는 양반은 평민들에게 존경을 받지 못했다. 난리가 나면 먼저 처벌당했다. 선진국들도 마찬가지다.

"노블레스 오브리제, Noblesse Oblige."

기사도, 신사도로 불리는 전통적인 법도가 예외 없이 실천되고 있다. 유럽도 지체가 높은 백작이나 고관들은, 자진하여 국민의 의무를 선행先行하고, 희생을 아끼지 않는다. 그래야 자신의 떳떳한 지위와 품위가 보호받는다. 영국 왕자들이 자진하여 군軍에 입대하고, 전쟁터에서 복무하는 모습을 우리들은 많이 보았다.

선배의 공덕功德은 우리 고향이 중부내륙 지방이라서 더욱 돋보인다. 역사적으로도 우리 고향은 고구려, 백제, 신라가 번갈라 점령하고 통치하던 요지要地였다. 그래서 민심도 맑다. 백제토성百濟土城이 완벽하게 보존되어 있고, 이조李朝 때 산성山城은 물론, 수천 년 전 문화재들도 즐비하다. 예로부터 성안城內 백성들의 민심은 맑았다. 전쟁에 이기는 세력들이 성을 점령하고 다스렸기 때문이다. 누구에게 함부로 정情을 줄 수 없는 처지였기 때문에, 생존을 위해 생겨난 민심이었다. 맑은 물에는 고기가 살기 어렵고, 민심이 맑으면 선비정신 발휘도 어렵다. 이런 지역에서 반세기 동안 활짝 피어난 선배의 선비정신은, 파아란 잡초를 헤치고 피어난 민들레꽃처럼, 노오랗고 아름답다. 표창이나 훈장도 사양하며 잡초를 이기고 피어난 선배의 꽃다운 삶! 만인萬人의 귀감龜鑑 사례로 부각되어, 건전사회 건설의 초석礎石으로 활용됨이 마땅할 것이다. 이제 대한大寒도 지났으니 곧 희망찬 새봄이 찾아올 것이다.

* 첨부 : 낱말풀이(참조 302쪽)

성묘(省墓)

추석이 이십 여일 앞으로 닦아왔다. 보도매체들은, 벌초伐草를 하기 위한 성묘省墓 인파로 고속도로가 주차장으로 변했다고 앞 다퉈 보도했다. 벌초하다 벌에 쏘여 사망한 사람도 있고, 뱀에 물리거나 제초기 고장으로, 또는 자동차 사고로 피해를 입는 사람들도 있다. 매년 이맘때면 반복되는 우리민족 고유풍속 중 하나다. 추석은 가장 풍부한 명절이고, 조상님께 차례茶禮를 올리며, 성묘를 하는 조상숭배 풍속風俗이기도하다. 효도문화와도 관련된 풍속이라 더욱 아름답고, 외국인들에겐 관심의 대상이다.

성묘란, 산소에 가서 인사드리고, 산소를 살펴 잘못된 것들을 시정하는 일이다. 즉 사초莎草나 이장移葬 같은 산소관리 활동의 한가지다. 우리민족은 이조李朝 육백년간 유교문화 속에서 생활하며, 자연스럽게 조상숭배 문화에 적응할 수 있었다. 특히 한식寒食이나 추석秋夕 명절에는 각별한 마음으로 산소를 찾고 보살폈다. 그러나 지금 같이 많은 인파와 자동차가 동원되지는 않았다. 조용한 가운데 이루어졌다. 사십년 전만 해도 차동차가 많지 않았고, 고속도로 역시 별스럽지 못한 상태였으니, 그럴 수밖에 없었다. 최근의 성묘문화는 자동차와 고속도로가 어우러져 형성되고 있다. 성묘 인파는 산소를 찾는 사람, 납골당을 찾는 사람, 수목장樹木葬을 모시고 산속의 나무를 찾는 사람 등 다양하다. 세계에서도 찾아 볼 수없는 희귀한 사례다.

나도 남들처럼 조상님과 형제자매들의 산소를 찾아 성묘하고, 납골당을 찾기도 한다. 산소에 계신 분들도 있고, 납골당에 계신 분들도 있기 때문이다. 그러나 나의 성묘활동은 명절 전 후나 인파들이 붐빌 땐 이루어지지 않는다. 도로에 교통체증이 없는 날을 선택하여 성묘 한다. 이십

년 전만해도 나 역시 인파에 휩싸여 성묘를 하였다. 그러나 방법을 바꿨다. 내가 젊었을 때 아버지께서

"성묘란 명절 때만 하는 게 아니고, 제사 지내는 데 목적이 있는 것도 아니며. 삽 같은 연장을 소지하고 산소를 보살피는 것."

이라고 말씀하셨던 생각이 났기 때문이었다. 그런데, '산소를 보살피는 것' 이라 함은 '산소를 관리하는 활동' 을 말하는 것인데, 이 게 말은 쉬워도 실제로 격어 보니 매우 힘든 일이었다.

산소관리의 첫 번째 착안사항은 우선 물과 습기다. 산소 내 어디라도 물이 괴거나 습기가 차면 안 된다. 비 온 후나 장마철이 끝나면 건수乾水도 찰 수 있다. 건수가 있어도 땅속 광중壙中에서는 엄청난 일이 벌어질 수 있다. 시신屍身이나 유골遺骨이 물에 잠겨 있을 수도 있다는 말이다. '산소의 적敵은 물' 이라고 생각하면 된다.

둘째로 산불조심이다. 시골에서는 봄과 가을에 산불로 산소가 불타는 경우를 가끔 볼 수 있다. 조상님들은

"산소가 불에 타면, 후손들도 큰 재앙災殃을 입는다."

고 여겼다. 산불 피해를 입으면 볏짚을 작두로 여물 같이 잘게 썰어, 산소 전체에 뿌리는 게 가장 적절한 조치다. 외관상 보기도 좋고, 바람에 날아가지도 않고, 다음 해 잔디가 자랄 때까지 산소를 보호해 주며, 잔디가 살 수 있는 거름이 되어주기도 한다.

세 번째로 태풍이나 장마로 산사태를 맞아, 산소의 일부 또는 전부가 유실流失되는 경우도 종종 있다. 천재天災라서 불가항력전不可抗力的인 사항이지만, 당황하지 말고 응급조치를 한 후 기다려, 산소에 물기가 없을 때 복구하면 되다. 응급조치는 비닐이나 천막으로 유실된 부분을 덮고, 물길을 산소 밖으로 돌리는 작업을 말한다. 가끔은 광중까지 유실되어, 시신이나 유골을 찾을 길이 없는 경우도 발생한다. 이런 경우엔 동네 이장里長을 거쳐 면사무소 같은 행정기관에 알리면 도움이 된다. 불행 중 다행으로 유실된 시체나 유골을 찾았을 경우엔, 장례葬禮나 이장을 모실 때와 동일하게 모시면 된다.

네 번째로 산돼지 피해를 보는 사례도 점점 늘고 있다. 봉분은 물론 산

소 전체를 파헤쳐 놓는다. 산짐승들도 한번 재미를 붙이면 자주 온다. 이런 경우도 행정기관에 신고하고, 산돼지를 살殺 처분하는 게 좋다.

다섯 번째로 커다란 과제가 잡초 제거다. 잡초는 베어버리지 말고 뿌리 채 뽑아야 한다. 이 원리를 모르고, 일 년에 한 번 벌초할 때 잔디와 함께 잡초를 잘라버리면, 잔디는 결국 잡초에 굴복하게 된다. 산소가 흉하게 보여 잔디 입히는 공사, 즉 사초莎草를 해야 한다. 잡초는 비가 내린 다음날 손으로 뽑으면 잘 뽑힌다. 중요한 사항은, 잡초가 어릴 때 뽑는 게 좋다는 사실이다. 잡초가 커지면 뿌리도 깊게 뻗어, 뽑아도 잔뿌리가 땅 속에 남는다. 이 잔뿌리가 자라서 또 다른 잡초로 자라나는 것이다. 너무 어려운 일이라고 생각할지 모르나, 비가 내린 다음날 두서너 번 해보면, 얼마나 쉽고 성취감을 느낄 수 있는지 깨닫게 된다. 잔디 성장의 절대요건인 햇빛, 토양, 바람이 충족되지 않는 한, 그 길만이 잡초를 이기고 잔디가 파랗게 자라도록 도와주는 방법이다. 잡초 제거 농약을 사용하는 것도 한두 번 뿐이다. 쑥이나 외국풀 같이 농약을 이겨내는 잡초들이 있는 가하면, 삼년만 살포해도 토질이 푸석푸석해져 결국 잔디 성장에 피해를 준다. 농약이 땅에 스며들어 축적되었기 때문이다. 봉분 흙이 흘러내리고 신발이 푹푹 빠지는 상태로 땅이 변한다.

여섯 번째 사항은 산소에 쥐구멍, 뱀 구멍, 두더지 구멍, 벌집 같은 것을 조속히 없애고, 이름 모를 외국 풀이 기습적으로 번창하는 것을 막는 일이다. 산짐승 배설물도 신속히 없애는 것이 산소관리에 도움이 된다. 장기간 방치하면 다른 짐승들이 모여드는 빌미를 주게 된다.

마지막 착안사항은 산소 주변을 한 바퀴 돌며 살펴보는 것이다. 숲속에서 여려가지 물건들이 발견된다. 비닐봉지, 널빤지, 의자, 타이어, 농기구, 동물 뼈는 물론이고, 식기食器도 있다. 가끔은 산업폐기물이나 생활쓰레기도 발견되고, 토사土砂가 쌓여 막힌 실개천도 있다. 현장에서 시정하여 빗물이 산소로 흘러들어가지 못하도록 해야 한다. 이렇게 복잡한 게 산소관리 인데, 일 년에 단 한 번 벌초하고 성묘해서는, 산소관리 효과를 달성할 수 없다. 때문에 나는 일 년 중 필요할 땐 언제나 성묘를 한다. 거의 사십 년이 되었다.

나의 성묘방법이 남과 다른 점은 또 있다. 나는 우리 조상님들의 선영에만 성묘하는 게 아니고, 집사람의 조상님 선영에도 성묘를 한다. 우리 부부는 한 고장 사람이지만, 출생지는 사십 리 정도 떨어진 농촌이다. 승용차로 이동하면 십 분이면 충분하다. 양가 선영을 모두 성묘하려면, 시간과 노력도 자연히 배가된다. 어느 선영부터 성묘를 시작할 것 인지는, 그날 일정에 따라 결정한다. 선영이 바로 고향이기 때문에 성묘를 마치고 볼일이 항상 많다. 집사람의 볼일이 더 많다. 친정에서 쌀, 배추, 김치, 과일, 콩, 팥 등을 가져오곤 했다.

나는 성묘 때 고향마을에 들러, 십구 대 할아버지 사당祠堂에 참배하는 것을 잊지 않았다. 결혼 초기엔 집사람도 나에게 종종

"성묘 때 휴대용 삽, 괭이, 낫, 호미 같은 연장을 가지고 다니는 게 특이하다."

는 반응을 보였다. 그러나 세월이 흐르면서 자연스럽게 이해되었다. 성묘를 수십 년간 정성스럽게 다니다 보면, 예기치 못했던 일들을 종종 발견하게 된다.

칠월 경이었다. 어느 날 우리 부부는 처갓집 선영을 성묘하였는데, 장인 어르신 산소에 이름도 알 수 없고 생김새도 이상한 잡초가 잔뜩 펴져있었다. 작년에도 없었던 잡초가 봉분 앞까지 펴져있었다. 처남에게 전화하니 모르고 있었다. 나중에 알고 보니 그 풀이 바로 문제시되고 있는 외국 풀이라는 것이다. 무서운 번식력을 학인 할 수 있었다. 또 다른 위기일발危機一髮의 사례도 있다. 윤달閏月이 들어 있는 어느 해 윤 유월이었다. 나는 부모님이 함께 계신 산소를 맞은쪽 종산으로 이장해 모셨다. 한 달 후 커다란 태풍이 한반도를 휩쓸었다. 성묘를 가보니, 부모님 산소가 있던 곳에 엄청난 산사태가 발생하여, 지형을 이상하게 만들어 놓았다. 나는 크게 놀라며 안도의 한숨과 함께 가슴을 쓸어내렸다. 하늘에 감사드렸다. 그 때부터 나는, 산소가 나를 부르면 성묘를 가는 습관이 생겼다. 즉 부모님 생각이 나거나, 조상님들이 꿈에 보이면 주저 없이 성묘를 떠난다.

이제 나도 고희古稀가 발끝까지 와 있는 상태다. 그래서 많은 생각이

난다. 내 자식들이나 고향마을 젊은이들이 산소관리에 별로 관심이 없기 때문이다. 이제 농촌에서 산소자리 잡기도 그리 쉽지 않다. 더욱이 나의 성묘는 우리 조상님에 그치는 게 아니고 종중宗中 운영과도 연계되어 있다. 우리 종중은 여러 계층이다. 마을단위 종중, 읍면단위 종중, 시군단위 종중, 전국단위 종중 등 많다. 종중 사무실 소재지도 각각 다르다. 이 각급 종중들이 모두 시제時祭와 한식 제사를 올린다. 뿐만 아니다. 고생만 하며 홀로 지내시다, 가장 먼저 타계하신 누님 산소를 성묘하는 것도 내 몫이다.

너무 복잡하게 얽혀 있어 생각만 해도 가슴이 답답해 온다. 이순耳順의 육십 대에 궁여지책窮餘之策으로 생각한 게, 납골묘를 허가 받아 설치하고 여섯 분의 조상님들을 모신 것뿐이다. 부모님과 조부모님은 유명 사찰 대웅전에 영구위패永久位牌를 모셨다. 수시로 조상천도법회가 열리는 현장이다. 이렇게 나의 맹신적盲信的인 매장문화 추종의 결과는 저절로, 자진해서, 자연스럽게 궤도 변경을 추구하기에 이르렀다.

이런 현실을 생각하면, 수백 년간 미풍양속美風良俗으로 자리 잡은 성묘문화도 변화가 불가피 할 것으로 예상 된다. 효도정신과 어우러진 성묘는 이제 매장문화와 함께, 급변하는 새 시대의 가치관에 밀려 쇠퇴의 길을 걷게 될 것 같다. 우리가 살아 온 지난 한 세기는, 너무도 많은 문명의 이기들을 만들어 냈다. 핵무기, 컴퓨터, 핸드폰, 로봇, 우주선 같은 굵직굵직한 기술을 개발하여, 국경을 허물게 하고 지구촌을 한 개의 마을로 만들어 가고 있다.

또 이 같은 문명의 발달은, 지구온란화라는 또 다른 재앙과 변화를 불러들이고 있다. 이런 새 시대에 적응 하려고, 혼신을 다하는 젊은이들의 자세와 가치관을, 무조건 비판 할 수만은 없는 노릇이다. 최근 매장문화 대신 화장문화를 선호하는 비율이 급속히 상승하고, 생전에 장기臟器나 사후 에 시신을 기증하는 사람들이 늘어가는 현상도, 변화하는 매장문화의 진면목眞面目이라고 할 수 있다.

외국의 사례를 보면, 일본과 중국은 이미 삼십 여 년 전에 화장문화가 완벽하게 뿌리를 내렸다. 일본은 마을마다 국영 화장장이 가동되고 있으며, 중국은 행정력을 동원하여 화장문화를 정착시켰다. 한국은 금년 말에 화장율이 70%를 초과할 것으로 예상된다. 아시아 삼대국가인 중국, 일본, 한국의 인구를 합치면 15억 5,000만 여명이다. 유럽연합공동체 전체인구를 능가하는 규모다. 영국, 스위스, 덴마크 같은 대부분의 유럽 기독교문화 선진국들의 화장율도 이미 연평균 70% 선을 넘어섰다. 이제 우리 국민들도 냉정을 잃지 말고, 서서히 신중한 선택을 해야 할 시점에 와 있다.

* 첨부 : 낱말풀이(참조 303)

이장(移葬)

"윤달에는 송장을 거꾸로 매달아도 액厄이 찾아오지 않는다."

스님이나 풍수지리가風水地理家들이 자주 사용하는 말이다. 쉽게 말하면 윤달에는 어느 날에 장례를 올려도 '모질고 사나온 운수' 가 뒤따르지 않는다는 말이다. 태음력太陰曆은, 달이 둥글게 차는 기간, 약 29.5일을 기준으로 만든 달력이다. 일 년을 12개월로 하고, 큰달은 30일로, 작은 달을 29일로 하면 총 354일이 된다. 태양력太陽曆의 일 년 365일 보다 11일이 모자란다. 때문에 삼년 간격으로 한 달을 더 만들어 일 년을 13개월로 해야 한다. 이 더 만들어진 달이 윤달閏月이다. 따라서 윤달이 들면 일 년은 13개월이 되는 것이다. 윤달이 유월에 들면 유월과 윤유월을 지내고 칠월로 넘어가는 것이다. 이렇게 하지 않으면, 칠월이나 팔월에도 눈이 내리는 경우를 만나게 된다. 우리 조상님들은 윤달을 유용하게 활용했다. 윤달이 들어 있는 해가 밝으면, 조상님들은 이장移葬이나 사초莎草같은 큰일을 계획하여 실천했다. 나도 한번 윤달이 들어있는 해에, 네 분 조상님의 산소를 옮겨드렸다. 당시는 내 나이가 사십대의 불혹지년不惑之年이라, 하고 싶은 일들을 부질없이 망설이지 않았다.

내가 직장생활을 시작한지 삼년 째 되는 해였다. 그날 나는 시내 출장 근무 중 친구 사무실에서 우연히 사람을 한 명 소개 받았다. 나보다 두 살 더 먹은 연배年輩였다. 그 사람은 통성명通姓名이 끝나자, 나를 쳐다보며 "참, 오래 살 관상을 타고났다."

고 운韻을 떼고, 능숙한 말솜씨로 대화를 이끌어 갔다. 친구는 그 사람이 "풍수지리, 사주, 관상, 주역 등 동양철학과 한의학, 현대의학까지 통달한 '김 도사."라고 설명해 주었다. 그 후 몇 년간 그 사람을 사귀어 보니, 김 도사는 정말 아는 게 많은 사람이었다. 나는 김 도사를 '천재적인 두뇌를 가진 사람이 제대로 풀리지 못한 사람 중 하나' 라고 판단하게 되었다. 김 도사는 캄캄한 밤에 나침반을 갖고 방향감각을 시험해 봐도 정확하게 맞춘다. 승용차에 태우고 이산저산을 돌아 계곡에 들어가 확인해 보아도, 나침반이 가르치는 방향을 정확히 알아낸다. 최면催眠을 하는 사람도 아니고, 이상한 사람이라고 밖에 표한할 수 없었다.

친분이 두터워진 나와 김 도사는, 어느 날 함께 내 고향엘 갔다. 사당집과 마을을 둘러 본 후 조상님들이 계신 선영先塋으로 갔다. 뒷동산 넘어 두무실杜舞室, 부모님들이 계신 산소에 성묘를 갔다. 김 도사는 고갯마루에 도착하자, 성황당 옆에 앉으며 나 혼자 내려가 성묘를 마치고 올라오라고 했다. 내가 성묘를 마치고 되돌아온 것은 삼십분 정도 후였다. 김 도사는 나를 옆에 앉히고, 시야에 들어오는 산천과 풍광들을 상세히 설명했다. 풍수지리설에 입각한 지형분석이었다. 모두 알쏭달쏭한 말들이었다. 그는 산기슭 한 지점을 선택하여

"저기가 명당明堂이다. 오직 한개 남은 명당이다."

라며 기뻐하였다. 마치 무슨 큰일을 해낸 것처럼 좋아했다. 그는 왜 명당인지를 설명하고, 함께 내려가 현장을 보자고 제의했다. 현장 부근에 도착하자 김 도사의 걸음은 느려졌다. 조심조심 걸으며, 무슨 소리를 들어보려는 사람처럼 긴장된 표정까지 지었다. 김 도사는 발걸음을 멈춤과 동시, 구두 뒤축으로 땅을 찍으며

"여기다. 여기가 지기地氣와 정기精氣가 모여 있는 지점, 혈穴이다. 명당이다." 라고 소리쳤다.

우리는 혈이라는 지점에 작은 돌을 묻어 비표秘標를 했다. 제 모습으로 돌아온 김 도사는, 명당 터에서 보이는 모든 산하를 설명하였다. 산봉우리, 계곡, 방향, 토질, 산소와 주변 산세山勢, 물의 흐름 등 많았다. 자세히 살펴보니 북쪽으로 저수지 물도 굽어보였다. 설명을 듣고 나니 마음도 편해졌다. 나는 내심 "잘되었구나." 라고 생각하며, 김 도사와 함께 고향마을로 돌아왔다.

내 아버지는 일본 식민지 시절에도 공부를 하셔, 동네에서 유식한 농부로 대우받으셨다. 풍수지리나 동학철학 등에도 상당한 식견을 갖고 계

셨다. 설날이 오면 우리 집은 토정비결을 보려는 사람들로 붐볐고, 종중宗中의 모든 일은 아버지가 도맡으셨다. 어머니는 항암 투쟁을 하시다 내가 고등학교 삼학년 때 돌아가셨다. 아버지는 어머니의 산소자리를 손수 잡아 장례 모셨다. 선영이 있는 두무실 계곡의 우리 논畓 부근이었다. 농사를 지으러 논밭을 오가시며 어머니를 만날 수 있는 자리였다. 우리 칠남매는, 산소에 아름다운 꽃과 나무들을 많이 심어 어머니를 즐겁게 해 드렸다. 남향 산소라 햇볕도 잘 들고 토질도 좋았다. 그러나 해가 갈수록 산소 주변에 건수乾水가 끼기 시작했다. 이런 예기치 못하였던 현상 때문인지, 아버지는 어머니 산소를 오년 후에 건너편 산 밑으로 옮겨드렸다.

어머니의 새집은 남향이고 주변에 진달래꽃도 많았다. 그런데 물매가 심하고, 토질이 모래가 많이 섞인 흙, 토사土砂였다. 이사를 오신 새집도 잔디가 살지 못하는가 하면, 비만 내리면 토사가 빗물에 휩쓸려 내려갔다. 이런 상황을 예측하셨던지, 아버지는 산소 밑에 축대를 쌓았는데, 장마 비의 위력에는 속수무책이었다. 이런 현상을 직접 보신 아버지의 가슴속은 어떠했을까. 나는 그 당시부터 산소에 관심을 갖기 시작했다. 결국 아버지는 이 문제를 해결하지 못하고, 내가 직장생활을 시작 한지 오년 후에 타계하셨다.

예기치 못하였던 상喪을 당한 우리 남매들은, 아버지의 평소 말씀대로 어머니와 함께 계시도록 합장合葬해 드렸다. 산소관리에 정성을 다하였지만, 부모님의 산소는 해가 갈수록 벌거숭이로 변했다. 제일 걱정되는 것은 산사태 같은 변을 당하는 것이었다. 우리 남매들은, 비만 내리면 부모님 산소를 걱정하게 되었다. 청개구리 신세와 다를 게 없었다. 명절이 되어 성묘를 가면, 모두 기氣가 죽어 서로 얼굴만 쳐다 볼뿐, 말없이 돌아서곤 하였다.

김 도사가 예고도 없이 선정한 명당은 부모님 산소 맞은 쪽 기슭이었다. 정좌계향丁坐癸向, 즉 북쪽 방향의 산소 자리였다. 명당은 남쪽이나 동쪽에만 있는 게 아니고, 북쪽이나 서쪽에도 있다는 것이다. 나는 김 도사가, 내 마음을 읽고 자진해서 산소 터를 잡아준 것이라고 생각했고, 고맙기도 했다. 나도 내심 부모님 산소를 옮겨드리려고 생각하고 있었던 터였다. 우리들은 상경하는 승용차에서 이장 날짜를 결정했다. 김 도사는 주저 없이 "이장 날자는, 윤유월 육일 날로 한다."고 못 박았다. 그래야 액도 없고 손損도 없다는 것이다. 그해가 바로 유월에 윤달이 들어 있는 해였다. 나는 그날부터 윤달이 무엇인가를 분명히 알게 되었다.

그 해 세월은 생각보다 빠르게 흘렀다. 어느덧 봄이 가고, 여름도 끝자락을 보이기 시작했다. 윤유월이 온 것이다. 육일은 말복과 앞뒤를 다투며 달력에 배치되어 있었다. 이장 같은 큰일은 기다릴수록 빨리 닥아 오는 것 같았다. 아니면 내가 김 도사를 자주 만나서 그런지도 모른다.

드디어 이장 날이 밝았다. 하늘은 맑은데 내일이 말복이라 그런지 아침부터 더웠다. 나는 직장으로 정시에 출근하였다. 공휴일이 아니라 고향의 선영으로 직행할 수가 없었다. 고향에 계신 일가친척 몇 분에게 사전에 전화는 드렸지만, 큰일을 벌려놓은 장본인이 서울에 앉아있는 속내는 편치 못했다. 나는 오전 내내 고민에 고민을 거듭하다, 상급자에게 사실을 보고했다.

"조상님들을 이장 모시는 날이고, 내가 주동해서 벌린 일이라고."

구두 허락을 받은 나는 정오에 고향으로 출발했다. 승용차를 운전하는 내 몸은 날개가 달린 것 같았다. 고속도로 휴게소에서 김밥으로 점심을 때웠다. 고향에 도착한 건 오후 한시였다. 동구 밖에서 마을 뒤 무봉산舞鳳山을 둘러보니, 고갯마루 성황당 주변에 주민들이 하얗게 몰려있었다. 이장 일을 하는 인파였다. 나는 승용차를 고갯마루에 주차시키고, 나를 기다라던 고향친구들과 함께 현장으로 뛰었다.

모두들 현장에서 점심식사를 끝내고, 나를 기다라고 있었다. 오후 두 시로 예정된 하관시간下棺時間이 얼마 남지 않은 시각이었다. 종원宗員과 주민들은, 김 도사의 지시에 따라, 정해진 명당 터에 산소 두 기基를 큼직하게 만들어 놓았다. 광중壙中 옆에는 할아버지와 할머니, 그리고 아버지와 어머니 유골遺骨이, 칠성판七星板에 가지런히 정리되어 한지韓紙를 덮고 계셨다. 나는 도착 즉시 조상님들께 재배再拜 하며 예의를 올렸다. 더위에 고생하시는 고향 분들에게도 공손히 인사를 드렸다. 나의 행동거지만 관찰하시던 할아버지 한 분이 입을 열었다.

"아, 이 사람아! 이렇게 큰일을 벌려놓고 이제야 나타나는 뱃장은 어디서 배웠나?" 하시며 큰소리로 나무랬다. 나는

"죄송합니다."

라고 대답하며 고개를 숙였다. 아저씨 한 분이 또 한마디 하신다.

"직장이 바빠서 그런 것 같은데, 장본인의 마음은 오죽하겠습니까."

하시며 좌중座中을 달랬다. 주위를 둘러보니 행사에 참여한 인원이 마흔 명은 족히 될 것 같았다. 친구의 귀띔은,

"여기저기 흩어져 계시는 네 분의 조상님들을 모시는 일이라, 주민들이 서늘한 새벽부터 일을 시작하였다."

고 한다. 모두 옷이 땀으로 젖었고 계속 땀수건으로 얼굴을 훔친다. 참으로 고마운 고향 분들의 훈훈한 인심이었다.

하관은 정해진 오후 14:00 정각에 진행되었다. 조부모님을 먼저 모시고, 부모님 을 모셨다. 아침부터 화창하고 덥던 여름 날씨가, 하관 직전에 빗방울 던지기 시작했다. 주민들은 재빨리 천막을 치고 작업을 계속했다. 광중의 흙은 불그스레했다. 북향 산소치고는 좋은 흙이었다. 빗방울은 점점 굵어져 소나기로 변했다. 비가 무섭게 내리자, 광중 속에는 물안개 같은 김이 서리기 시작하여 밖으로 피어올랐다. 모두 긴장된 표정으로 하관작업만 응시했다. 소나기는, 천둥번개를 몇 번 몰아치며 비를 뿌리더니, 부모님 하관작업이 끝나자 서서히 그쳤다.

"우연의 일치인가! 하관과 소나기, 그리고 물안개는 무슨 관계가 있나요?"

나는 김 도사에게 물었다. 김 도사는

"물안개가 아니고, 서기瑞氣다, 서기야."

하는 말로 답변을 대신하였다. 일하는 주민들의 재치도 놀라웠다. 소나기가 내리자, 주민들은 삽으로 광중 주변에 흙을 높이 쌓아, 빗물이 흘러들어가는 것을 막았다. 비가 그치자 먹구름도 사라지고 다시 햇볕이 쨍쨍 내려쬐었다. 거짓말 같은 현상이 나타나 일하는 사람들을 긴장시켰다. 주민들은 양쪽 산소로 나뉘어 작업을 계속했다. 우선 봉분을 만들고, 양쪽에 활개를 달고, 묘지 전체를 다듬으며 잔디를 입혔다. 빗물이나 건

수가 괴지 않고 흐를 수 있게 물매를 만들며 작업을 했다. 모두가 전문가처럼 말이 없어도 손발이 척척 맞았다.

“이런 단체작업을 얼마나 많이 하여 저렇게 호흡이 일치하는 것일까.”

신기하기도 했다. 농촌이 생활터전인 농민들이 저렇게 고마울 줄은 미처 몰랐다. 묘지 전역에 파란 잔디가 입혀지자, 새롭게 만들어진 조상님들의 집, 음택陰宅은 품위 있고 아름다워 보였다. 장례업무 전문가인 아저씨 한분이 한마디 외친다.

“고삼저수지 물도 보인다. 물 명당이다.”

주민들의 입도 터지기 시작했다.

“수십 년을 매일 지나다녀도, 여기에 명당이 있는 줄은 몰랐다.”

“칠십 년을 살아도, 여기에 산소 쓰려는 생각은 하지도 못했다.”

산소가 완성되자

“조상님들을 불편하게 만든다.”

며 이따금씩 통곡을 하시던 누님의 얼굴도 밝아졌다. 이장 작업이 완전히 끝나자, 우리 가족들은 두 산소에서 준공제사를 올렸다. 이제 우리 남매들은 조상님들 산소 걱정은 하지 않아도 될 것 같았다. 일가친척이나 고향주민들도 “명당에 조상을 모시는 효도를 하였다”

며 우리 남매들을 칭찬했다. 나는 고향마을 이장里長업무를 맡고 계신 아저씨에게, 수고하신 분들의 저녁식사 값을 충분히 드리고 상경했다. 회사에 도착하여 상급자에게만 보고 드렸다.

삼우제三虞祭는 일요일 이었다. 나는 아침 일찍 출발하여 선영을 찾았다. 조부모님과 부모님이 한날 함께 이사 오신 선영은, 붉은 흙과 파란 잔디가 어우러져 대궐 같이 보였다. 주변의 울창한 숲속에서 산새들의 노래 소리도 들렸다. 앞으로 내려다보이는 논밭은 조상님들이 농사짓던 땅이며, 고삼저수지 또한 정들었던 물이요, 삶의 현장이었다. 산소 좌우로는 울타리처럼 양손을 벌린 산등성이가 세 겹으로 겹쳐있다. 저수지 넘어 멀리 보이는 조산祖山 봉우리도, 위용을 떨치며 선영을 손짓하고 있다. 소나무와 참나무가 무성했던 종산宗山 기슭을 선영으로 만들고, 자세히 살펴보니 김 도사가 지난 봄 이 자리에서 하였던 말들이 모두 확인되었다.

가슴속 한 곳에 잠재해 있던 산소 걱정도 이제 사라졌다. 확! 터진 가슴속으로 농촌의 맑은 공기와 땅 기운이 흠뻑 들어오는 느낌이었다. 마을로 돌아와 집집마다 인사를 드렸다. 대부분 아이들과 아주머니들만 계셨고, 남자들은 일터에 갔다. 문밖까지 나와 배웅해 주는 고향의 온정! 나는 귀가하며, 이제까지 내가 고향을 위해 한 일이 무엇인가를 되돌아봤다. 나는 작은 것을 고향에 주었는데, 고향은 나에게 큰 것을 준 것 같았다. 승용차 핸들을 잡은 양손에 힘이 들어갔다.

그 후 이십년이 지난 지금, 선영은 아직도 나에게 많은 혜택을 부여하고 있다. 이장을 모실 당시 각인되었던, 마을 주민들의 나에 대한 인식은 하나도 변하지 않았다. 그러나 나는 산소 때문에 말없는 가슴앓이를 하고 있다. 관리 때문이다. 명당에 조성된 산소들은 해가 거듭될수록 토질이 나빠져, 잔디가 살지 못하고 잡초가 판을 쳤다. 결국 나는 십칠 년 되는 해에 선영을 사초莎草하였다. 해묵은 흙과 잔디를 모두 걷어내고 새로운 흙과 잔디를 입혀드렸다. 또 오년이 지난 지금, 선영은 다시 잡초 판이다. 그렇게 애를 태우며 정성을 드리는 자손들의 정성도 소용없었다. 명당이라는 말이 부끄러울 정도다. 지구온난화현상과 화장문화의 급속한 확산추세가 근본 원인이었다. 나도 삼년 전에 납골묘納骨墓를 조성하여 여섯 분의 조상님들을 모셨다. 그러나 여기 계신 네 분은 모시지 못했다. 원인은 두 가지다. 돌아가신지 얼마 안 되신 조상님들이고, 화장하여 납골로 모시기는 아직 빠르다는 계산이다. 이런 일은 어쩌면 내 자식들의 몫이라는 생각도 든다. 나는 육년 전에 불교신도가 되었다. 나는 금년에, 여기계신 네 분의 조상님들의 영구위패永久位牌를, 서울에 있는 유명사찰 대웅전에 모셨다. 영구위패는, 화장문화나 매장문화에 영향을 받지 않을 것이다(사족蛇足).

* 첨부 : 낱말풀이(참조 304쪽)

억척 아줌마

엄마는 피곤하게 잠들어 있는 자식들의 모습을 훔쳐봤다. 눈에 이슬이 맺히기 시작했다. 딸은 아침식사를 짓고, 대학에서 강의를 들은 후, 학생네 집으로 달려가, 가정학습지를 가르치는 빡빡한 일과를 뛰었다. 천막공장에서 가위질을 하고, 짐을 나르는 노동에 시달렸던 아들도, 얼굴에 윤기가 없었다. 엄마는 한 숨을 길게 내쉬고 텅 빈 벽만 응시했다. 지난 삼년간 좌판坐板을 벌리고 고생하며, 자식들의 학비를 위해 고생하였던 날들이 꿈같이 떠올랐다. 그래도 지금은 그때보다 형편이 좀 나아진 것이다. 엄마도 피곤이 몰려와 눕기도 전에 눈이 먼저 감겨왔다.

박대농이의 장모님은 슬하膝下에 팔남매를 두셨다. 오남삼녀五男三女인데, 아들이 다섯이고 딸이 세 명이다. 장모님 부부는 우리 부모처럼, 일본 식민지통치 시절에 농촌에서 태어나 농민으로 타계하셨다. 장모님은 농민답지 않게 특이한 점이 많았다. 우선 종가宗家 맏며느리라는 지위가 그렇고, 젊어서부터 착실한 천주교 신도생활을 하셨다. 더욱 불가사의不可思議 한 점은, 백 명도 넘는 일가친척들을 부지런히 만나며, 우애友愛를 다지고 한 울타리를 만들어 놓는 열성이다. 온 동네에 소문이 자자하고, 평생에 큰소리 한번 내지 않으신 분이다. 근면성과 효도정신도 돋보여, 군청으로부터 '장한어머니상' 도 받으셨다.

대농이 아내와 처형, 처제 등 삼형제는 어머니 얼굴을 빼 닮았다. 삼형제가 한 자리에 있으면, 처음 보는 사람들도 즉석에서 형제지간이라는 사실을 알아낸다. 그래도 마음속까지 모두 닮은 건 아니다. 삼형제의 장점은, 내공內攻이 강하여 서두르러나 경거망동 하지 않고, 세 번 이상 생각한 후 행동에 옮긴다는 성품이다. 근면, 절약하는 성격도 타고 나 낭비를 모른다. 처형은 결혼이 빨랐고, 동서의 직업도 좋았다. 도청 소재 대도시에서 상업을 하며 잘 산다고, 처갓집 식구들의 인기를 독차지 했다. 키도 크고, 이목구비耳目口鼻가 수려한가 하면, 언변과 사교성도 좋아, 누가보아도 훌륭한 사윗감이었다. 그렇게 잘 나가던 동서의 사업이 기울어질 줄은 아무도 예측하지 못했다. 어느 날 갑자기 점포를 정리하고, 뚜렷한 직업이 없는 생활을 시작했기 때문이다. 그래도 처형 네 살림은 궁핍해 보이지 않았다. 그러나 한해, 또한 해가 거듭되면서 동서의 방황은 계속되었다. 대낮에도 술을 입에 댄다는 말이 들리더니, 간장병으로 입원하였다는 전갈傳喝이 왔다. 동서는 결국 술과 병을 이기지 못하고 오십대 초반에 다시 못 올 길을 가고 말았다. 식구들의 생계대책도 막연한 상태에서 가족을 떠나 공동묘지로 간 것이다. 그 때, 아들과 딸은 초등학생과 중학생이었으며, 집은 서해 바다가 가까운 면사무소 소재 농촌이었다.

처형의 고생살이는 숙명적으로 닥아 왔다. 처음에는 면사무소 옆에서 포장마차를 시작하였다. 떡볶이도 팔고, 소주와 안주도 파는 노점상이었다. 생활전선에 발 벗고 나선 것이다. 그러나 말이 포장마차지 서울이나 대도시의 그 것과는 완전히 달랐다. 손님 보기가 힘들었으며, 간혹 있어도 절반 정도는 외상손님이었다. 대농이가 일요일에 몇 번 내려가 보았는데, 농촌에서는 아직도 외상손님을 정중히 모셨다. 그 지역에서 힘이 있거나, 재산가들이 외상손님 행동을 잘했다. 외상을 하며 거드름을 부리는 졸부猝富들이 많았다. 처형은 상당한 기간, 자신의 남루襤褸한 모습을 지면知面 있는 사람들에게 보이는 걸 싫어했다. 특히 겨울에 그랬다. 그러던 어느 날, 처형이 포장마차 대신 도로 가에 좌판坐板을 벌리고 배추를 팔기 시작했다. 포장마차를 해보니 너무 힘들었다는 것이다. 일 년 만에 호구지책糊口之策의 방향을 바꾼 처형은, 숙달된 상인처럼 허리에 전대도 차고 반갑게 우리 부부를 맞았다. 얼굴에선 웃음이 흘러나왔으며, 손님들을 맞이하는 자세 또한 당당했다.

"배추요! 배추! 유기농 배추 들여가세요!"

를 계속 외치며, 손님들을 불렀다. 손님들도 상상 이외로 많았다. 처형은

"닷새 만에 찾아오는 장날에는 전대가 가득 찰 정도로 장사가 잘된다. 배추장사는 외상이 없어 좋다."

고 말하였다. 대농이는

"포장마차를 정리할 때 쌓였던 외상값은 다 받았습니까."

라고 한마디 물었다. 처형은

"노점상이 외상값 받으러 다닐 수도 없고, 그러려니 하고 있다. 그 보다도, 못살게 구는 인간들이 너무 많아 계속할 수 없었다. 세상이 생각보다 무섭다."

고 대답했다. 일가친척들은, 처형의 장사가 잘되어 다행이라며 모처럼 편한 마음을 가질 수 있었다. 어느 날 장모님이 대농이네 집을 방문했다. 먼 길을 오신 것이다. 장모님은 대농이 아내에게 말했다.

"네 언니를 만나고 오는 길인데, 그 애의 가엾은 형편이 온 동네에 퍼져 많은 주민들이 배추를 사주고 있다."

고 귀띔 해 주셨다. 장모님은

"그 애의 심덕이 착하여 하느님이 도와주시는 것 같다."

고 말씀하셨다. 그러나 처형에게도 고생은 많았단다.

"발이 동상에 걸렸고, 위장약을 복용하며, 쉰 목소리가 나오고, 무릎도 시리고...... 그래도 참을 수 있는데, 병원에 가지 못하는 신세가 너무 서럽다."

고 하소연하더라는 것이었다. 일 년 후, 처형은 배추장사를 끝내고 작은 가게를 월세로 얻어 식당을 개업하였다. 이제 동상 걱정은 안 하고, 병원에도 갈 수 있는 형편이 된 것이다.

동네 사람들이 처형에게 "억척 아줌마"라는 별명을 붙여준 것은, 딸이 고등학교를 졸업하고 대학교에 입학했을 때였다. 대학생이 된 딸은, 엄마의 고생을 덜어드린다며, 가정학습지를 가르치는 가정교사 생활을 시작했다. 학비와 생활비를 자신이 벌어 쓰는 '아르바이트'를 시작한 것이다. 집안일도 챙기고, 학점도 따고, 가정교사도 하는 힘든 일과를 뛰어다녔다. 이런 분위기 속에서, 고등학교를 졸업한 아들도 천막회사에 취직을 했다. 천막을 주문 받고, 제작하고, 배달하여, 설치해주는 회사였다. 막노동처럼 힘든 일을 매일 해야 하는 직장이었다. 아들이 출근을 하자 처형의 얼굴에도 화기和氣가 돌았다. 이제 처형의 모든 행동거지行動擧止는 자신에 차 있었고, 표정도 맑아졌다. 처형 네 가족들은, 가난이라는 긴 터널을 빠져나온 사람들답게 행복해 보였다. 그 후 딸을 결혼시키고, 며느리도 맞아드리고, 손자를 보고, 외손자도 보는 경사들이 꼬리에 꼬리를 물었다. 처형은 억척스럽게 번 돈을 즐거운 경사에 아낌없이 풀었다. 어느 날 처형은, 손자를 업고 서울에 있는 대농이네 집을 방문하는 여유도 보였다. 처형이 사는 농촌의 낡은 아파트는, 재건축 되어 널찍한 아파트 생활로 변했다. 절망과 가난 속에서 일궈낸 행복이었다. 처형이 장사 손을 놓은 것은 손자와 외손자가 생겼기 때문이다. 애들을 손수 키워주고, 아들과 딸이 원만한 직장생활을 할 수 있는 여건을 만들어 주기 위해서였다. 할머니 겸 외할머니가 지어주는 밥을 먹고 자란 손자와 외손자는, 어느덧 초등학생이 되었다. 세월이 처형의 계산보다 더 빠르게 흐른 것인지도 모른다. 행복에 겹던 어느 날, 처형은 가슴이 답답해오는 느낌을 받았다. 동네병원을 거쳐 찾아간 대도시 종합병원에서는, 처형의 병명을 폐암말기로 진단하고 수술을 권했다. 짧은 행복이 날아가고, 하늘이 무너지는 순간이었다. 그러나, 발전된 현대의학은 처형을 멀쩡하게 살려놓았다. 오른쪽 폐만 떼어내고, 퇴원하여 생기 있는 생활을 계속할 수 있었다. 억척 아줌마는 농사일도 거들며

"나 이제 살았다."

고 자신감을 피력하곤 했다. 그러나 삼년 후 통증은 다시 찾아왔고, 병원에서는 "장기 여러 곳에 암이 전이되어 수술을 할 수 없는 상태."

라고 진단하였다. 의사들은 보호자인 딸에게

"이제 준비를 하라."

는 말도 서슴지 않았다. 그래도 효녀인 딸은, 엄마를 속여 가며 온갖 노력을 다 했다. 그러나 종말을 향해 떨어져 가는 처형의 체력은 세 달을 넘기지 못했다. 그 모습은 누구나 거쳐야 할, 슬프고도 애석한 인생의 마지막 행로였다. 특히 문병 온 혈육들의 말을 알아듣고, 눈을 떠 보려고 안간힘을 쓰던 모습은 너무도 애처로웠다. 그 후, 억척 아줌마는 엄청난

고통을 이겨내며 마지막까지 조용한 얼굴을 간직했다. 억척 아줌마의 진면목을 보여주었다.

연말을 십여 일 남긴 겨울 날씨는 추웠다. 영하 십이도의 기온이, 서해바다 해풍과 합세하여 조문객들의 몸을 때렸다. 글자 그대로 칼날 같은 바람이었다. 강추위는 장례葬禮 준비에 여념이 없는 일꾼들의 손발을 얼게 했다. 모두 발을 동동거리고 연실 콧물을 훔쳐냈다. 그래도 일찍 시작한 '포크레인'의 무덤 파기 작업은 무난히 끝났으며, 두 개의 광중壙中에는 관棺이 들어갈 석재가 사방으로 완벽하게 설치되었다. 묘지는 붉은 황토흙이 가득한 남향 산소였다. 오른 쪽으로는 서해바다가 지척咫尺에 있고, 사방으로는 조상님들의 산소가 가득하다. 영구차가 도착하자 장례가 시작되었다. 고인故人이 다니던 교회에서 장례의식을 거행하고 하관下棺하였다. 유족들은, 어머니의 생시 외로움을 달래려고, 이십년 전에 타계하신 아버지의 유골도 함께 모시는 합장合葬을 해 드렸다. 이제 헤어졌던 부부가 함께 영면永眠하는 세월이 시작된 것이다. 장례를 끝낸 조문객들은 산소 자리가 좋다고 이구동성異口同聲이었다. 억척스럽고 정직하게 살아 온 '억척 아줌마' 에게 하늘이 은총을 내리신 것 같았다.

* 첨부 : 낱말풀이(참조 305쪽)

사조(莎草)

선영先塋에서 둘러보는 경치는 아름다운 꽃대궐이다. 사방으로 뻗어있는 산에는, 사월의 새봄을 맞아 봄꽃들이 자태를 뽐내고 있다. 벌 나비들도 공중에 원을 그리며 잉잉거린다. 봄꽃 중에도 진달래꽃이 가장 많아, 산불이라도 난 것처럼 활활 타오르고 있다. 그 사이로 목화송이처럼 하얗게 핀 조팝꽃이, 산목련, 벚꽃과 어울리며 군데군데 군락群落을 이루고 있다. 무릉도원武陵桃源과도 같은 경치가 연출되었다. 만화방창萬化方暢하는 상춘가절常春佳節! 이런 모든 것들은, 조상님들께서 우리 후손들에게 물려주신 종산宗山때문이다.

내가 서 있는 조상님 산소山所 밑엔, 삼만여 평의 농지가 달걀 모형을 하고 있다. 논두렁에는 아지랑이가 이글이글 타오르고, 자운영 붉은 꽃은 꽃다지, 민들레와 함께 어울리며, 아낙네들의 발길을 잡는다. 밭에는 부지런한 농부가 고추와 감자를 심고 비닐로 덮었다. 논에는 모내기에 대비하려는 못자리가 만들어져 있다. 논갈이를 하는 '콤바인' 소리도 분지형盆地形 계곡에 메아리 쳤다.

"부릉! 부르릉! 부르르릉! ----!"

시선을 지척에 있는 고삼저수지 쪽으로 옮기니, 작은 물결이 봄바람에 남실거리며 봄 햇살을 반사시키고 있었다. 물 위에는 귀향을 미루고 있는 가창오리 떼가 먹이사냥에 여념이 없다. 나는 오늘도, 육백여년 년 전부터 이곳 선영 두무실杜舞室에 잠들어 계시는 조상님들이, 한없이 고맙다는 생각을 했다. 조상님들은 종산과 선영을 지키셨고, 사당祠堂과 고향도 지켜오셨다. 또 나를 낳고 키워주신 부모와 조부모님도, 이곳에서 태어났고 잠들어 계시다는 데, 더 없는 긍지를 느끼고 있다. 모두 농부로 태어나 농부로 삶을 마감하신 분들이다. 때문에 두무실은 나에게 무한한 추억과 경험을 축적하게 한 마음의 고향이다.

내가 오늘 이른 아침에 선영을 찾은 이유는, 이곳에 영면永眠해 계신 부모님과 조부모님의 산소山所를 사초하기 위함이다. 사초莎草란, 산소에 잔디를 입히고 다듬는 작업을 말하는 것이다. 산소의 봉분封墳이 허물어지거나, 산사태 등을 만나 피해를 입었을 경우, 산소를 대폭적으로 손질하며 잔디를 입히는 작업은 불가피하다. 다만 광중壙中은, 특별한 경우를 제외하고 손대지 않는 게 원칙이다. 내가 조상님 산소를 사초하려고 작정한 것은 사년 전이다. 네 분의 조상님들을 이곳으로 옮겨 모신지도 어언간於焉間 십칠 년이 되었다. 그러나 자식들의 천신만고千辛萬苦스런 노력도 무심하게 잡초가 판을 쳤다. 산쑥, 망초, 씀바귀, 쇠뜨기, 칡덩굴 등 헤아리기 어렵다. 이들은 묘지 전 지역을 휩쓸며 왕성한 번식력을 자랑하고, 흙의 영양분을 모두 빨아먹는다. 그 여파로 토질土質이 푸석푸석하게 변하여 신발이 푹푹 빠진다. 부득이 형제들과 상의 후 사초작업을 계획했다. 오늘이 그 사초하는 날이다. 처음 경험하는 일이며 내가 진행하고 감독해야 하는 입장이다.

선영에서 삼십 여분을 기다리자, 고삼저수지 쪽 차도에 '포크레인'이 특유의 굉음과 함께 웅장한 몸체를 내보였다. 처음 보는 장묘사葬墓社 직원들과 인사를 나누고, 나는 산신제山神祭를 올리고 봉분封墳 앞에서 제사祭祀도 올렸다. 축문祝文도 읽었다.

"불효자 혜월이, 아버님의 생시 말씀에 따라 잔디를 파랗게 해 드리려고 합니다. 낡은 이불을 새 이불로 바꿔드리는 작업을 하오니, 놀라지 마십시오."

제사가 끝나기 무섭게 '포크레인'이 시동을 걸고 작업을 시작했다. 엔진 소리가 계곡 전체에 우렁차게 울려 퍼졌다. 묘지墓地 전체를 돌며 부석부석한 낡은 흙을 모조리 훑어 내고, 황토색 새 흙이 들어나게 제토작업,除土作業을 했다. 봉분이나 활개도 마찬가지다. 직원 네 명은, '포크레인과 보조를 맞추며 삽으로 할 일들을 처리했다. 잔디도 없이 붉은 흙만 뒤덮인 봉분을 보니, 조상님들께 죄송스러운 생각이 들었다. 인생의 허무감도 느껴지고, 생시 조상님들 모습도 떠올랐다. 작업은 조부모님이 계신 산소부터 진행되었다. 시간이 흐를수록 산소는 싱싱한 흙색갈로 뒤덮였다. 시원스럽기도 하고, 깨끗하다는 느낌도 들었다. 곧 이어 잔디를 가득 실은 대형 '트럭' 두 대가 도착했다. 두 시간에 걸친 제토작업이 끝나자, 직원들은 잠시 휴식을 취한 후, 잔디를 입히는 사초작업을 시작했다. 작업인원이 여섯 명으로 늘었다. 봉분에 먼저 잔디를 입히고, 활개와 평지 부분에 잔디를 입혔다. 사월의 따듯한 햇볕을 받은 잔디들은, 제 세상을 만난 것처럼 싱싱하게 보였다. 새집에서 건강하게 살아가겠다고 다짐하는 모습 같았다. 할아버지와 할머니 산소의 사초작업은 이렇게 끝났다.

점심식사를 현장에서 한 직원들은 잠시 휴식을 취하고, 바로 밑에 부모님들이 계신 산소를 사초작업 했다. 부모님 산소가, 잔디도 없이 붉은 흙색갈로 변한 것을 보니 또 가슴이 썰렁했다. 조부모님 산소 때보다 강도가 훨씬 높았다. 부모님 생시에 있었던 수많은 추억들이, 필름 되어 머리를 스치고, 가슴을 때렸다. 그러나 내가 지난 수십 년간 조상님들을 위해 심혈을 기우렸던 일들도 함께 떠올라, 겨우 안정을 회복할 수 있었다.

'남들은 어떻게 사나? 조상님들을 위해 나처럼 고생하나.'

하는 되새김말도 해봤다. 작업인원이 많아 세 시 반이 지나자 사초작업이 종료되었다. 나는 '포크레인은 시간이 돈이라는 사실' 을 나는 그때 알았다. 이제 부모님과 조부모님 산소가, 모두 초록색 잔디 이불로 새롭게 단장되었다. 십칠 년 전, 내가 조상님들을 이곳으로 이장移葬해 모실 때와 동일한 산소로 변했다. 즐거운 마음과 성취감을 함께 느낄 수 있었다. 처음으로 조상님들께 효도한 것처럼 여겨지고, 아버님의 유언을 실천한 것 같은 느낌이었다. 이제 잡초는 없어지고, 잔디들만의 생활 터전이 새롭게 마련되었다. 퇴직 후 생활리듬 변화로, 입맛을 잃고 영양제 주사를 맞고 있는 집사람의 얼굴이 떠올랐다. 바늘구멍 같은 취업난을 헤치고, 대기업에 취직한 아들놈이, 과로로 불면증에 시달리는 얼굴도 떠올랐다. 나는 새롭게 단장된 조상님 산소에서 제사를 올렸다. 축문도 읽었다.

“이제 잔디가 파랗게 잘 살도록 해 주시고, 우리가정에 궂은 일이 없도록 해주시라.” 고 크게 읽었다. 뒤늦게 사초작업에 참여한 남동생의 얼굴에도 화색이 만면滿面했다.

“형님덕분에 이제 조상님들도 편하게 되셨고, 저도 부담 없이 고향을 찾을 수 있게 되었다.”

고 침묵을 깨뜨렸다.

승용차로 귀가하는 상경 길은 즐거웠다. 오늘은 꽃대궐 속에서 조상님들께 효도하고, 우리 가정의 우환憂患도 깨끗이 씻어낸 하루였다. 부근에서 농사일을 하며 사초작업을 지켜보던 고향 주민들도, 땀수건을 흔들며 반갑게 인사한다. 저수지 물 넘어로 멀리 보이는, 우리 산소의 조산祖山도 시야에 들어왔다. 유년시절과 학창시절을 묻었던 고삼저수지도, 봄바람으로 잔잔한 파도를 만들어 내며, 또 만나자고 소리 내며 반짝거렸다.

* 첨부 : 낱말풀이(참조 305쪽)

개장(改葬)

이른 아침 아무도 없는 산골에서, 조상님 산소山所를 지킨다는 게 그리 쉬운 일 은 아니었다. 삼복더위 계절이라, 차도車道에서 여기까지 오르는데도 숨이 차고, 이슬에 바지가 흠뻑 젖었다. 우거진 숲을 헤치며 올라와, 벌레들도 기어올랐고, 가시나무에 얼굴도 찔렸다. 등산화는 흙과 물이 범벅되어, 발걸음 마다 찌그럭거리고 물거품도 새어나왔다. 서울에서 새벽에 출발해 사십분 전에 도착했는데, 장묘사葬墓社 직원들은 물론, 형제들도 얼굴을 내밀지 않는다. 산새 소리도 없고, 가끔 풀벌레만 '찌르륵, 찌르륵!' 계곡의 정적을 깨뜨렸다. 나 혼자만 바쁘게 동동거리는 것 같았고, 게으름을 떠는 피붙이들이 야속하게도 생각되었다. 지루함이 머리끝까지 올라왔을 때, 저 멀리 굽어보이는 차도 부근에서 '포크레인 엔진' 소리가 들렸다.

"이제 오는구나!"

나는 벌떡 일어섰다.

나는 지금 여섯 분 조상님의 유골遺骨을 화장火葬하여, 납골묘納骨墓에 모시려고 산소를 지키고 있다. 우리나라 전통적인 산소와 비슷한 모형을 하고 있는 납골묘는, 봉분 밑 부분에 사각형 모형의 납골함이 열두 개 원형으로 만들어져 있어, 스물네 분의 납골병을 모실 수 있다. 산소에 계시는 조상님들을 납골묘에 모시려면 '장사 등에 관한 법률' 에 의거 개장신고서제출, 현장확인, 분묘개장, 개장결과보고, 화장신고, 화장, 납골안치 등 일곱 단계를 거쳐야 한다. 나는 오늘 세 번째 단계인 조상님들 산소를 개장改葬 하려는 것이다. 분묘墳墓란 무덤 또는 산소라는 말이고, 개장이란 사람이 죽어 장사葬事를 지냈던 무덤을 파서 다시 장사를 지낸다는 뜻이다. 이장移葬이라는 말도 동일한 뜻이나, 공문서나 법률에서는 개장이라는 단어를 사용한다. 우리 조상님들은 수천 년 동안 내려온 유교적儒敎的인 전통장례傳統葬禮에 의거 장사를 지냈고, 풍수지리설風水地理說을 굳게 믿으며 명당明堂을 찾아 묘를 썼다. 장례 후에는, 하늘에 계시는 조상님의 영혼靈魂과 무덤 속의 시체屍體가, 후손들을 잘 보살펴 주신다고 믿었다. 때문에 가정이 편하지 못하고 자손들에게 궂은일들이 자주 생기면

"산소를 잘 못 써서 그렇다. 산소에서 발복發福이 않된다."

며 개장을 하곤 했다. 최근엔 이런 현상을 보기가 힘들지만, 조상님들을 납골당에 모시거나, 산소가 도시개발지역으로 편입되는 등, 불가항력적인 상황이 올 땐, 개장을 하지 않을 수 없다. 나도 장사를 지내본 경험은 많지만 개장은 오늘이 처음이다.

나는 빠른 걸음으로 '포크레인' 쪽으로 내려갔다. 중장비가 산소에 도착하려면 논밭을 지나고 농수로도 통과해야 하는데, 그게 쉽지만은 않을 것 같았다. 되도록 농작물 피해가 없도록 내가 직접 안내를 할 요량이었다. '포크레인'은 이런저런 고생 끝에 산소 앞에 도착했다. 나의 5대 할아버지가 계신 양지바른 남향 산소다. 몇 번 만났던 장묘사 김 사장과 직원들이 반갑다. 우선 땀으로 목욕 한 심신을 달래고 휴식도 취해야겠는데, 오늘의 내 신분이 상주喪主이고 보니 쉴 틈이 없었다. 나는 산소 뒤쪽으로 가 산신제山神祭를 지냈다. 축문祝文을 읽는 소리가 고요한 산골짜기를 쩌렁쩌렁 울리고 메아리 져 퍼졌다. 장묘사 직원들이나 '포크레인' 기사나, 모두 숨을 죽이고 나의 행동거지만 살폈다. 나는 봉분 앞으로 이동하여 준비한 제수祭需를 진설陳設하고 파묘破墓전 제사祭祀를 올렸다. 축문도 또 읽었다. 노련한 김 사장이 파묘를 시작하는 신호를 외쳤다. 파묘란 개장을 하기 위해 무덤을 파낸다는 뜻이다.

"파묘요! 파묘요! 파묘요!"

세 마디 외침이 끝나기 무섭게 '포크레인' 엔진 소리가 귀청을 때렸다.

"브르릉! 브르릉!"

개장작업이 시작되었다. 모든 사람들이 숨을 죽이고 '포크레인'의 삽질만 응시했다. 오 분이 채 안되었을 무렵, 산소 주변에 도열하였던 사람들의 함성이 터졌다.

"관棺이 보인다! 석회벽이다! 시멘트벽이다!"

시커먼 물체가 보이자 저마다 한마디씩 외쳤다. 조용하던 김 사장이 나섰다. 시멘트로 관의 사방을 덮었으니, 조심하여 이런저런 방법으로 작업을 하라고 지시했다. 말만 들었지, 처음 보는 시멘트 시공 현실玄室이었다. '포크레인' 은 시멘트 덩이의 남쪽, 동쪽, 북쪽을 깊게 판 다음, 커다란 삽으로 서쪽에서 힘을 주어 잡아당겼다. 삽의 힘이 부치는듯하더니, "쾅!"하는 소리와 함께 관 윗부분이 떨어져 나갔다. 현실과 관속이 얼굴을 들어내는 순간이었다. 숨을 죽이고 있던 모두가 놀라며 또 한 번 함성을 질렀다.

"와~, 물이다! 뭐야! 아무것도 없잖아!"

모두가 함께 놀란 이유는 관속에 물이 가득히 차 있었기 때문이었다. 맑은 물은 거울같이 투명한 색깔로 조용히 괴어있었다. 황토색 깊은 현실 속에서 작열하는 햇빛까지 반사시키며, 무언의 대화를 하고 있는 그 물은, 천년의 긴 세월을 지켜온 것 같았다. 내 가슴도 많이 놀랐다. 관 속에 물이 차 있다는 사실 자체가, 전통적 매장문화에서는 부정적인 현상이라고 생각하기 때문이다. 그러나 실망하지는 않았다. 명경지수明鏡止水 같은 물속에서 또 무엇이 나올지 모르는 순간이었기 때문이었다. 기사는 김 사장과 눈짓을 교환하고 관의 동쪽 벽을 헐어 버렸다. 물이 일순간에 땅속으로 스며들었다. 현실 바닥이 들어났는데 유골이 안 보인다. 전문가들이 그토록 자세하게 훑어봐도, 궁금하던 유골은 없었다. 현실 내부는, 관이 부패하며 생긴 것으로 보이는 검붉은 색깔의 흙뿐이었다. 나는 허탈함을 느꼈다. 이런 결과를 전혀 예측하지 못하고 있었다. 그런데, '우리 가족들은 여기서 무엇을 대상으로 성묘하고, 제사를 올리고, 벌초를 한 것일까?' 아무리 생각해 봐도 이해가 안 되고, 내 가슴 한 구석에 물음표가 자리 잡기 시작했다. 김 사장은 개장작업 결과를 종합분석 해주었다.

"현실의 규모가 정상보다 작은 것으로 보아 한번 개장을 모신 산소다. 나무 관을 유골과 함께 묻고 사방과 윗부분을 콘크리트 시공한 것이다. 유골은 모두 흙으로 변하였고, 물은 계속되는 장마로 바닥에서 스며 올라온 것이다. 유골이 흙으로 변한 후, 스며들고 빠지는 물은 신경 쓰지 않아도 된다."

나는 전문가다운 분석이 고마웠다. 직원들도 아무런 이의가 없었다. 나는 납골병舍利瓶 을 들고 현실로 내려갔다. 이곳저곳에서 검붉은 흙을 집어 납골병에 담았다. 머리, 어깨, 양손, 가슴, 심장, 복부, 다리 등 골고루 담았다. 개장결과보고를 위한 사진촬영도 했다. 밖으로 나와 현실에 동전 두 개를 넣고, 김 사장에게 평토平土작업을 요구했다. 직원들은 소나무를 심으며 꼼꼼하게 작업을 했다. 이제 산소의 모습은 사라졌다. 타계하신지 145년 되시는 5대 할아버지 개장은 허무하게 끝이 났다.

나는 승용차를 운전하며 고향마을로 출발했다. 십리 정도 거리에 내가 태어난 고향이 있고, 뒷동산에는 5대 할머니가 계신다. 마을에 도착하니, 종중宗中 종원宗員과 주민들이, 십구 대 할아버지 사당祠堂 앞에 모여 있었다. 공손하게 인사를 드리고 이야기꽃을 피우는데, '포크레인' 을 앞세우고 장묘사 직원들도 도착했다. 요즈음 중장비는 대부분 '고무 타이어' 라서 시속 오십 '킬로미터' 로 이동할 수 있단다. 승용차와 거의 비슷한 속도였다. 격세지감隔世之感을 느끼지 않을 수 없었다. 예전에는 산소 하나 개장 작업하는 데 하루가 걸렸는데…. 우리 일행은 뒷동산으로 이동했다. 타계하신지 174년 되시는 5대 할머니 산소였다. 한 시간 전에 개장을 모신 할아버지와 부부지간이다. 정남향 산소며, 내가 학창 시절에 올라와 책을 읽기도 했던, 그 산소다. 나는 늦게 합류한 남동생과 함께 산신제와 파묘 전 제사를 올렸다. 주위 눈길이 많아지니 축문 읽는 나의 목소리도 커졌다. 장묘사 직원들의 개장작업이 시작되었다. '포크레인' 에 달린 육중한 삽질이 시작되자, 산소는 순식간에 제 모습을 잃고 붉은 흙을 드러냈다. 여기도 부드럽고 연한 황토 흙인데 유골은 없었다. 장묘사 직원은

"흙이 좋은 남향 산소라서 모든 게 흙이 되어 흙으로 돌아가셨다." 고 말하였다. 종중 아저씨 한분은

"복 받은 분이라 하늘로 올라가셨다."고 말씀하셨다. 현실에 있는 흙을 납골병에 담고, 한지韓紙에도 담아 사진촬영 했다. 동전을 두 개 넣고, 평

토작업을 완벽히 했다.

새벽부터 비가 내릴 것이라는 일기예보가 있었는데 하늘이 맑아졌다. 하늘도 나를 도와주시려나보다, 하는 생각이 났다. 태양이 구름 속에서 얼굴을 내밀자, 김 사장의 얼굴도 맑아졌다. 김 사장은 나에게

"오전 중으로 모든 개장작업을 마치고 점심식사를 하시지요."

라며 작업일정을 얘기했다. 우리 일행은 '포크레인'과 함께 개울 건너편에 있는 고조할머니 산소로 이동했다. 산 넘어 논畓에, 농사를 지으러 오갈 때 마다, 지게를 내려놓고 쉬던 산소다. 명당자리로도 소문 난 서향西向 산소고, 마을이 훤하게 내려다보이며, 아름다운 석양노을도 감상할 수 있는 자리였다. 풍수지리를 아는 사람들은 할머니 산소 때문에 우리 가족들이 명맥命脈을 이어져 오는 것이라고 평가했다. 타계他界하신지 159년 되셨는데 가늘고 길쭉한 유골 두 점만 나왔다. 한지에 모셔 사진 촬영을 하고 평토작업을 했다.

일행들은 십리를 이동하여 고조할아버지 산소로 갔다. 방금 전에 개장을 모신 할머니의 남편이고, 아버지 산소 현실을 시멘트로 시공해 개장을 모셨던 할아버지였다. 타계하신지 137년 되셨는데 정남향正南向 산소이다. '포크레인'의 삽이 커다란 원을 그리며 삽질을 하자, 불그스레한 황토가 짙은 흙냄새를 풍겼다.

"산소 좋다. 잘 쓴 산소다."

하는 말이 여기저기서 나왔다. 모두 긴장된 표정으로 말없이 현실만 응시했다. 상상외로 현실에서 유골이 많이 나왔다. 효도를 많이 하신 할아버지라, 유골도 별로 없을 것이라고 생각하던 나의 예측은 틀렸다. 오늘 개장작업 중 처음 만나 뵈옵는 유골다운 유골이었다. 내 가슴과 머리는 담담했다. 반갑지도 않고 싫지도 않은, 그 중간의 형언할 수 없는, 멍한 상태의 마음이었다. 냉정을 잃지 않으려고 노력하며, 수골작업收骨作業을 세밀히 하라고 당부했다. 나는 한지에 계속 쌓여가는 유골을 보며

"사람이 죽어 땅에 묻히면 저렇게 되는 구나." 하는 생각을 했다.

고향마을 장묘 전문가는

"할아버지께서 풍신이 좋으셨고, 마음도 후덕하셨을 것." 이라고 평가

했다.

유골의 상태를 보고 미루어 평가하는 말이다. 나도 그렇게 짐작하고 있었다. 평토작업 때 인근 마을 주민들이 더 많이 나오셨다.

마지막 개장장소인 증조할아버지와 증조할머니 산소로 이동했다. 승용차로 오 분 거리인데, 우리 문중의 조상님들도 많이 계신 두무실杜舞室 야산이었다. 나의 아버지, 어머니, 할아버지, 할머니도 그곳에 계시기 때문에, 가장 추억이 많이 얽혀 있는 곳이다. 증조할아버지는 타계하신지 87년 되셨고, 증조할머니는 99년 되셨다. 부부가 함께 계신 남동 방향의 합장合葬산소다. 합폄 산소라고도 부른다. 두 분이 계시다는 말을 들은 장묘사 직원들은, 시작부터 매우 조심스러운 자세로 작업을 진행했다. 유골이 뒤섞이지 않게 하려는 배려다. 유골 수습을 하는 직원 한 사람이

"합장 산소가 아닌 것 같다."

고 중얼거렸다.

나는 놀라고 당황하기 시작하였다.

"그럼 우리 산소가 아니라는 말인가? 정말이라면 내가 큰일을 저지른 것인데."

하는 걱정이 생겼다. 문중 어른 한분이 말을 잇는다.

"아, 족보에 합장으로 되어 있으면 믿어야지. 족보가 얼마나 정밀한 것이데. 더 깊게 파보고 말해."

작업이 지루하다고 느껴질 무렵에 머리 부분 유골이 보였다. 족보대로 두 분이 나란히 계셨다. 예상대로 유골도 많았다. 유골이 섞이지 않도록 조심스럽게 작업을 하는 직원들이 고마웠다. 정오를 조금 지나 종료되었다. 김 사장과 종중 어르신들은 현실의 규모를 보고, 이 산소도 한번 개장을 모신 산소라고 평가했다.

조상님들을 납골묘에 모시는 작업 중, 가장 힘들게 생각되었던 개장과정은, 예상보다 쉽고 짧은 시간에 종료되었다. 일행들은 인근에 있는 음식점으로 이동하여 토종닭백숙으로 점심식사를 함께했다. 장묘사 직원들과도 친분이 두터워졌고, 문중 종원들도 많아 잔칫집 분위기 같았다.

다음날 나는 오늘 새벽 여섯 시에 집을 출발했다. 조상님들의 유골을

화장하기 위하여 수원연화장水原煙火場 으로 갔다. 화장신고는 이틀 전에 끝났고, 당시 화장 날짜와 시각도 확정되었다. 모든 일이 차질 없이 잘 진행되고 있었다. 수원 시내 지리를 잘 아는 편이지만 연화장은 초행길이다. 그래도 예상보다 쉽게 찾았다. 야산 속에 새로 건축한 시설이었는데, 주변 경치가 빼어나고, 각종 최신식시설로 잘 조성되어 있었다. 추모의집(납골당), 장례예식장(영안실), 승화원(화장장)을 비롯하여, 정원과 휴게실은 몰론 주차장까지 대규모여서, 화장장火葬場이라는 이미지를 가질 수 없었다. 승화원 굴뚝에서 하늘로 올라가는 연기를 한 점도 볼 수 없을 정도로 최신식 화장시설이었다. 잠시 후에 장묘사 김 사장과 장조카가 도착했다. 반갑고 대견스러웠다.

우리들은 접수장에서 승화원사용허가증과 화장증명서를 함께 받았다. 예약시간 정각에 호출 안내방송이 나왔고, 나는 승화실 직원들에게 조상님들의 유골을 인계했다. 대기실에서 한 시간 정도 기다리니, 승화작업이 종료되고 납골納骨을 인수할 수 있었다. 납골은 흙 색깔에 왕모래 모양이었다. 옛날처럼 밀가루 같은 분말이 아니었다. 가루형태 인 유분遺粉보다 깨끗해서 좋았으며, 취급하기도 자유로웠다. 깨끗한 유골을 보니 '잘했구나.' 하는 생각이 들었다. 날로 발전하는 세상사世上事에 또 한 번 놀랐다. 이제는 납골로 형형색색의 장신구를 만들어, 몸에 지니고 다닐 수도 있다니, 세상 참 많이 변했다. 오늘도 모든 일정이 예상보다 빠르게 끝났다. 나는 납골병에 납골을 모시고 납골묘가 있는 선영 두무실로 출발했다.

선영을 찾아가는 길에도 첨단 화장시설들이 눈에 어른거렸다. 납골병을 모신 승용차들은 한 시 간 후 납골묘에 도착했다. 이제 마지막으로 납골 안치安置 과정을 진행해야한다. 우선 산신제를 지내고, 장묘사 직원들과 납골함에 납골병들을 모셨다. 한 개의 납골함에 부부夫婦 두 분의 납골병을 모셔, 함께 계시도록 했다. 납골안치를 끝낸 후, 상석床石에 제수를 진설하고 개장제사를 올렸다. 축문도 정성 드려 읽었다. 이제 여섯 분의 조상님들이 납골묘 한 울타리에서 계시는 세월이 시작된 것이다. 오늘을 위하여 지난 십년 간 얼마나 많은 노력을 하였던가! 힘들고 괴로웠던 일들이 주마등처럼 스쳐갔다. 푸르고 건강하게 자란 잔디를 한 바퀴 둘러보고, 묘지석墓地石에 새겨진 생전의 아버님의 말씀도 읽어 보았다.

"나 죽거든 산소에 잔디나 파랗게 살게 해 다오."

눈물이 주르륵 흘러내렸다, 나도 모르게 저절로……

귀가 길도 경부고속도로를 이용했다. 정오가 좀 넘어 죽전휴게소에 도착, 혼자 점심식사를 했다. 잔디공원으로 나와 한가롭게 휴식을 하고 보니, 어느새 가을 냄새가 났다. 은행나무와 느티나무 잎들이 푸르다 못해 검푸른 색채를 띠고 있었고, 가을의 전령 코스모스도 꽃망울을 만들고 있었다. 멀리 보이는 광교산도 검푸른 얼굴을 하고 있었다. 나는 창공을 쳐다보며 말했다.

"가을이 언제 이토록 가까이 왔을까! 내가 계절도 모르고 한 가지 일에만 몰두했나 보다."

나는 느티나무 밑 그늘진 의자로 자리를 옮겼다. 머릿속에서 만감이 교차했다. 내가 조상님들께 관심을 갖게 된 과정은 아주 자연스러웠다. 삼형제 중 가운데 인 나는 호구지책糊口之策이 가장 좋은 편이었다. 아버지는 내가 결혼 한 지 오 개월 후에 타계하셨다. 그 후 명절이면 형님 댁에서 차례상茶禮床을 올리곤 했다. 나는 과일이나 고기 등 제수에 필요한 것들을 사 들고 가거나 금일봉을 드리곤 했다. 형님의 고향 행보行步는 점점 무디어졌으며 산소관리는 저절로 내 몫으로 인식되었다. 나는 아버님이 평시에도 자식들에게

"산소에 잔디나 파랗게 해 다오."

라고 하신 말씀을 유언처럼 생각하며 실천했다. 5대에 걸친 조상님들의 산소관리는 그리 쉬운 일이 아니었다. 특히 잔디 살리기가 어려웠다. 이유는 위치나 흙의 종류 때문이다. 산소가 비탈진 곳이고, 모래흙 토질이라, 잔디 살리기가 거의 불가능했다. 농민들에게 자문해도 묘책이 없었다. 나는 풍수지리 전문가 도움을 받아, 부모님과 조부모님 산소를 햇볕이 잘 들고 낮은 곳으로 부부 합장하여, 개장을 모셨다. 잔디가 생존하는데 꼭 필요한 햇빛, 토질, 바람, 삼대요소를 충족시키는 산소 터였다. 그러나 그곳도 삼년 만에 잔디가 마르고 잡초가 점령했다. 십칠 년간을

잔디와 싸우다, 결국 산소 전체를 새로 만드는 사초莎草를 했다. 특히 잔디를 잘 깔았다. 그러나 또 삼년을 넘기지 못하고 잡초에 굴복했다. 다행히 납골묘는, 산 밑 밭田의 일부를 묘지로 용도변경하여 조성하였기 때문에 잔디가 파랗다.

이런 과정과 세월 속에서 나는 화장이나 납골묘 같은 것을 생각하게 된 것이다. 우연이겠지만, 내가 조상님들을 납골묘에 모신지 몇 년이 지나자, 화장문화가 많이 확산되었다. 수목장樹木葬까지 등장했다. 우리나라 주변 국가들인 일본과 중국은 완전히 화장문화가 뿌리를 내렸다. 특히 일본은 마을마다 화장장이 있다. 국가예산으로 운영되고 있다. 한국도 화장율火葬率이 2008년 기준으로 전국평균 62.9%, 서울지역 72.2%, 부산지역 90%로 상승하였다. 이런 추세는, 강제적 행정력 동원이 없이 우리국민 스스로가 만들어낸 결과여서 더욱 값지게 보였다. "화장문화 확산"은 반대로 "매장문화의 쇠퇴현상"이라고 말할 수 있다. 왜 그럴까? 우선 전 세계가 컴퓨터와 이동통신 및 지구온난현상으로 들끓고 있다는 사실이다. 수천 년 만에 새로운 세상이 온 것이다. 지구에 사는 젊은이들도, 새로운 문화에 적응하며 살고 있어, 세대 간 가치관의 차이도 넓고 크다. 이런 영향으로 우리나라 젊은이들도 화장문화 선호도가 높다. 다음으로 매장문화의 허구성이다. 풍수지리설의 명당이론이 대표적으로 지적될 수 있다. 명당이란 땅의 정기精氣가 모여 있는 혈穴을 말하는 것인데, 여기에 산소를 쓰면 수백 년, 수천 년이 넘어도, 발복發福하여 부자가 되고 고관대작이 나온다는 말이, 과연 신뢰할만한 것일까? 발복 현상을 과학적으로 증명할 수 있는가? 명당에 묻혀도 백골이 진토塵土 되지 않는 곳이 있다. 이번에 내가 개장을 모신 결과도 그렇다. 이런 문화를 '인터넷' 기술과 '유비쿼터스' 기술로 무장한 신세대들이 수용할 수 있을까. 마지막으로 지구온난화현상 때문에 산소관리에 문제가 생겼다. 산쑥같은 잡초들의 번식 능력이 강해져, 잔디가 죽는다. 일 년에 벌초伐草를 두서너 번은 해야 겨우 산다. 잡초로 뒤덮인 산소는 임자 없는 고총이나 마찬가지다. 여하튼 요즈음 농촌 청년 중에도 산소에 벌초하겠다는 사람을 찾아보기 힘들다. 가만히 살펴보면, 농촌에도 왕릉王陵처럼 파랗게 잔디가 살아있는 산소를 찾아보기 어렵다. 잡초가 잔디를 이기기 때문이다. 명절만 되면 조상을 찾는 수많은 자손들도, 이런 현상을 알게 될 것이다. 이제 명절 때 마다 자식들을 꼭 동반하는 성묘는 하지 않을 것이다. 자발적으로 제사지내고 성묘하며, 조상숭배 하는 사람만, 발복의 혜택을 누리게 되지 않을까!

* 첨부 : 낱말풀이(참고 306쪽)

납골묘

조상님들의 산소山所가 있는 선영先塋, 두무실杜舞室은 더웠다. 유월 말인데도 삼복 더위 못지않게 훅훅 찌고 숨이 막혔다. 커다란 분지형盆地形 계곡이라 바람 한 점 없었다. 그래도 일꾼들은 '포크레인'과 보조를 맞추며 빈 틈 없이 무거운 석물石物을 다뤘다. 모두가 전문가 같이 보였다. 미리 공사를 해둔 시멘트 바닥 위로, 납골병 22개가 들어갈 사각형 모양의 납골함12개를 원형으로 만들었다. 가운데 공간은 흙으로 채우고 봉분을 조성한 다음, 양쪽에 활개를 붙이고, 앞으로는 상석과 묘지석을 놓았다. 전통적인 산소 모형의 납골묘納骨墓를 만드는 공사였다. 나는 '무슨 일이 있어도 오늘은 공사를 마무리해야 한다' 는 각오를 하며 현장을 떠나지 않았다. 장마나 태풍을 만나면 언제 또 작업날짜가 잡힐 줄 모르기 때문이었다. 올 추석에는 모든 일가들이 모여, 이 납골묘에서 성묘하고 제사를 지내려는 게 나의 계획이었다.

내가 납골묘를 설치하려고 작심作心한 것은 십년도 넘는다. 그간 직장생활에 얽매인 처지였기 때문에 한 발짝도 나아가지 못하고, 미해결된 사업으로 머릿속 한가운데 저장되어 있었다. 직장 퇴직 후, 설계와 결심을 구체화하여 네 달 전에 실행에 옮겼다. 이제 우리 국민들도 납골당을 모르는 사람이 별로 없으며, 많이 공감을 하는 세상이 되었다. 그러나 나 같이 행동에 옮기는 사람은 생각보다 많지 않다. 왜 그럴까. 분명한 이유는 두 가지다. 수천 년 간 내려온 풍습인데 불효자처럼 어떻게 산소를 파헤치느냐는 것이다. 또 하나는, 조상님들의 유골을 어떻게 불에 태우느냐는 효심孝心이다. 반대로 납골묘를 선호하는 필요성은, 산소를 관리할 후손이 없다던가, 국토의 수십 퍼센트%가 묘지라던가, 환경문제, 또는 묘지 터가 더 이상 없다는 등 많다. 이런 세간의 논란도 무시하고 내가

납골묘를 선호하게 된 이유는 왜일까. 한마디로 표현해 본다면

"이제 산소를 벌초伐草하는 풍습은 사라질 것."

이라는 전망이다. 나는 아버님이 타계하신 후, 삼십여 년 간 여러 조상님들의 산소를 관리했다. 장기간 열정적으로 관리하니, 이런저런 생각들을 하게 되고, 얻은 것도 많았다. 그러나 이제는, 내 나이와 건강이 더 이상 관리를 할 수 없게 되었다. 해마다 남에게 벌초를 부탁할 수도 없는 세상이며, 벌초대행회사만 믿을 수도 없었다. 이제는 농민들도 벌초를 부탁하면, 친분 유무나 정도에 관계없이

"사람을 어떻게 보는 것이냐."

며 대드는 세상이 되었다. 농촌 젊은이들도 산소관리를 하려는 사람이 별로 없고, 시제時祭 참석도 잘 안한다. 게다가 최근에는 일 년에 한번 벌초를 하면 산소를 버리게 된다. 세 번은 해야 잔디가 파랗게 유지된다. 지구 온난화로, 잡초들의 성장 속도가 빨라져 잔디떼가 살아남기 힘들다. 정성스럽게 산소관리를 한 사람이면 이런 현상을 이미 발견했을 것이다. 언론들도 보도한 바 있다.

납골묘 설치공사는 '장사 등에 관한 법률' 에 의거, 서류제출, 현장답사, 측량(2회), 설치허가, 설치공사, 준공검사 등 여섯 단계를 거치는 것이다. 시청에 서류를 제출한 후 오늘 설치공사까지 사십오 일이 경과되었는데, 내 머릿속은 삼년은 족히 흘러간 것 같다. 납골묘에 관한 집착이 어느 정도이었기에 이런 현상이 나올까. 자문자답해 보아도 알 수 없는 노릇이다. 직장 퇴직 후 관공서나 사업가들을 상대하는 게 처음이라서 오는 현상이거나, 내가 너무 서두르는 성격이어서 그럴 것이다. 그래도 피를 말리는 것 같은 순간이나, 볼 성 사나운 경우가 있었던 건 사실이다.

설치공사는 오후 네 시 경에 끝났다. 검은 색 돌로 만들어진 납골함과 번쩍이는 상석을 비롯, 묘지석에는 아버님께서 생시에 하신 말씀이 새겨졌다. 봉분과 묘지 전체에 파아란 잔디를 입히고 나니, 우아하고 고급스럽게 보였다. 전통적인 보통 산소와 모양이 거의 같아 더욱 마음에 들었다. 나는 준비해간 제수祭需를 상석 위에 진설陳設하고 준공제사를 올렸

다. 축문祝文도 읽었다. 일꾼들이 나의 행동거지行動擧止를 자세히 관찰하더니

“요즈음 세상에 축문을 혼자 읽는 효자는 처음 보았다.”

고 한마디 하였다.

그리고 두 달 후, 나는 오대조부모님, 고조부모님, 증조부모님등 여섯 분의 조상님들을 납골묘에 모셨다. 유골화장遺骨火葬을 위한 분묘개장墳墓改葬시에는, 고향마을 종중宗中 종원宗員들과 주민들이 많이 현장에 나오셨다. 장례를 모신지 백오십년 이상 되신 조상님들의 현실玄室에는 검은 색깔의 흙만 있었으며, 백삼십년 되신 조상님 의 현실에서는 손가락 정도의 유골 두세 개가 발견되었다. 작업과정을 시종 조용하게 관찰하던 종원들은

“앞으로 닥쳐올 세상에 대비하여 미리 대책을 강구한 첫 번째 사례이고, 성장하는 후손들에게 큰 도움이 될 것.”

이라고 평가하였다. 주민들도

“관청의 허가를 받아 납골묘를 설치한 것은 이번이 처음.”

이라는 반응을 보였다.

승용차를 운전하며 집으로 상경하는 내 머릿속은 신선한 산소가 많이 주입된 것 처럼 상쾌했다. 십년도 넘는 세월을 생각하고, 고민하고, 땀 흘리던 순간들이 영화 필름처럼 스쳐 지나갔다. 경부고속도로에 진입하여 나는 좋아하는 가요 ‘섬마을 선생님’ 을 비롯 많은 노래를 들었다. 마음속도 후련해 졌다. 이제 남은 평생 동안 조상님 산소를 벌초해달라고 부탁하는 일은 없을 것이다. 라디오 뉴스에서는 우리 국민들의 화장률이 지난해2008 말 기준, 전국 62.9%이고, 서울지역은 72.2%이며, 부산지역은 90%였다는 내용과 수목장도 등장하였다고 보도했다.

김치 단상

승용차가 경부고속도로에 진입하자 가슴이 탁~ 트였다. 내심 걱정했던 출근길 교통체증이 없어, 차량들이 씽씽 달렸기 때문일까, 아니면 일 년 만에 고향을 찾는 길이기 때문일까? 하기야, 일 '킬로미터Km' 조금 넘는 도심도로와, 반시간도 넘게 실랑이를 벌리며 여기까지 왔다. 가슴이 후련 해 지는 게 당연한 현상일거다. 고속도로 좌우로는 초겨울의 농촌풍경이 펼쳐졌다. 농촌은 언제나 조용하고, 아늑하며, 정답고, 평화롭다.

"그런 고향을, 한 시간만 달리면 도착할 수 있는 고향을, 일 년이 넘도록 찾지 못한 이유는 무엇이었나?"

나는 이런 생각을 하며 승용차 '핸들'을 돌리고 '페달'을 밟았다. 되돌아보니 굵직굵직한 일들이 주마등 같이 떠올랐다. 아들 결혼식, 축농증 수술. '임푸란트' 수술, 막내 누이 타계, 문인상 수상 등 희로애락喜怒哀樂이 교체되는 인생살이였다. 게다가 고희古稀가 가깝게 보이니 한해 한해가 아쉽다. 승용차는 벌써 서울요금소를 지나, 수원 나들목을 달리고 있다. 뒷좌석에 손님처럼 앉아 있는 집사람은 눈을 감고 조용하다. 뒷거울로 살펴봐도 잠든 것인지 아닌지를 분별할 수 없다. 그래도 고향이 가까워지니 말을 꺼내지 않을 수 없는 형편이었다. 나는 어제 저녁부터 내일 고향에 간다는 사실만을 알고 있었다.

"오늘 고향에 무슨 일로 가는 거지?"

"김치 가질러 간다고 했잖아요."

집사람의 대답은 냉담했다.

"그래, 난 생각이 안 나는데, 그럼 누구네 집으로 가는 건가."

"흰다리 로."

안성천을 가로지르는, 다리 근처에 사는 넷째 처남 네 집으로 간다는 말이다.

집사람은 작년에도 처남 네서 김치를 가져왔었는데, 올해도 김치를 가져와 겨울을 나겠다는 요량이었다.

안성나들목에 접어들자 몸에 밴 고향냄새가 느껴졌다. 입동이 지난 고향 들판은 만추와 초겨울이 어우러진 풍경이었다. 저 멀리 냇둑 밑엔, 여름 내 농사일에 지친 경운기가 아무렇게나 잠들어 있고, 벼 베기가 끝난 논바닥은 검붉은 흙이 들어났다. 김장배추가 뽑혀나간 넓은 밭엔 늙은 허수아비만 외롭다. 농가 뒤란 에 있는 과수들은 열매를 잃고 북풍에 시달리는데, 감나무만 붉은 연시를 주렁주렁 달고 까치를 쫓고 있었다.

흰다리 근방의 처남 네 집도 여전했다. 대문 밖에서 기다리다 반기는 처남 네 가족들! 아침에 사전 연락을 받았는지 안마당에 멍석을 깔고 온갖 농산물을 진열해 놓았다. 김치뿐만 아니라 콩, 팥, 마늘, 대파, 양파, 고구마, 감자, 된장까지 있다. 처남댁은 무공해 유기농법으로 재배한 배추로 담근 김치라고 자랑했다. 일행은 멍석을 뒤로하고 안방으로 들어갔다. 웃음소리가 창밖으로 흘러나온다.

"저것들이 다 승용차에 들어갈 수 있을까…"

나는 그 게 궁금했다. 승용차 문들을 활짝 열어 놓고 흰다리로 올라갔다. 안성천과 평야가 한눈에 들어왔다. 시야에 들어오는 모든 게 정답고 반가웠다. 추억들도 떠오른다. 유년시절과 학창시절의 추억이 가장 아련하다. 그 누가 말했던가,

"산천은 의구 依舊한데 인걸人傑은 이순을 넘겼다."

고. 그래서 고향은 영원한 게 아닐까, 죽어서 돌아올 수 있으니까.

나는 조상님들이 계신 선영先塋을 향하여 합장반배合掌半拜를 두 번 올린 다음, 큰 기지개를 한 번 켜고, 김치생각으로 머릿속을 바꿨다. 김치, 우리민족에게는 없어서는 안 될 발효식품이고, 최근에는 '싸스', 독감, '신종플루' 에까지 좋다는 식품이 아닌가. 동남아에서는 김치 특허 다툼까지 벌어졌다. 그렇게 소중한 민족식품을, 우리 집에서는 이제 담글 수 없게 되었다. 몇 년 전 까지만 해도, 우리 집은 이맘때가 되면 김치를 담

그려고 일가친척들이 모여 잔칫집 같이 떠들썩했었다. 그러나 이제는, 그때 모이던 일가친척들이 대부분 연로年老하던가, 투병생활 중이고, 멀리 이사를 간 사람도 있다. 모일 사람들이 마땅치 않은 것이다. 이런 상황에 처하게 된 집사람의 심정은 어떨까. 얼마나 괴로운 속앓이를 하다 오빠 집에까지 오게 되었을까. 나이 먹은 게 죄였다. 집사람은 며칠 전에도 며늘아기를 불러, 온종일 함께 김치를 담궈 아들 승용차에 실려 보냈다. 지금 생각하니 새 식구가 된 며늘아기에게, 김치 담그는 방법만은 꼭 가르쳐 주어야겠다는 속내가 있었던 것이다.

"나는 못 먹어도 너만은 먹게 해 준다."

하는 정성이 진정한 모정의 실체가 아닐까! 추억과 상념을 씹으며 마당으로 내려오니, 억척같은 두 명의 아낙네들은, 김치와 그 많은 농산물들을 깔끔하게 승용차 속에 감춰버렸다. 그것도 모자라는지 시누이와 언니는 따듯한 안방을 차지하고 끝없는 담소談笑에 빠졌다. 나는 슬며시 승용차 운전석으로 들어갔다. 김치 생각이 끊어지지 않는다. 김치! 김치는 먹으면 더욱 좋고, 보기만 해도 '엔돌핀'이 나와 몸과 마음이 건강해지는 민족식품이다. 김치는, 정도 나누고, 마음도 나누며, 인심도 나누고, 조상님들의 얼까지 깃들어 있어, 사람들의 정서도 치유할 수 있는 보약이다.

별난 개와 여주인

오늘 새벽에도 나는, 우리 아파트 내 산책로와 운동마당으로 산보를 떠났다. 총 오천 사백여 세대의 아파트 단지 담장을 따라 조성된 산책로에는, 꽃나무와 정원수들이 대견스런 숲을 만들고 신선한 공기를 내뿜고 있었다. 십년 째 계속되는 나의 산책은 육백여 미터에 이르는 산책로를 여유 있게 걸은 다음, '운동마당' 으로 옮겨 열 바퀴 정도 도는 것인데, 대충 사십분 정도 걸린다.

오늘 아침 산책 때, 내 머리를 점령했던 생각은, 어제 일간지의 아침논단에서 읽었던 '법치국가 수립 필요성' 에 관한 내용이었다. 법은 공평하게 적용되어야 하고, '포리스라인' 을 침범하면 국회의원이라도 현행범으로 체포하는 미국 수준의 법치국가가 되어야, 민주주의도 가능하다는 내용이었다. 모처럼 의미 있는 사색을 하였던 나는, 지난 사년 간 별난 개 여주인과 싸우며 신경전을 펼치고, 우울한 세월을 보냈던 과거를 아쉬워하지 않을 수 없었다.

사년 전 내가 그들을 처음 만난 건 따듯한 봄날 정오경이었다. 우리 부부는 산책로 주변 의자에 앉아 봄볕을 즐기고 있었는데, 지나가던 낯선 개가 짖으며 내게 돌진하여 왼쪽 발등을 공격한 것이다. 다행히 물리지는 않고 바지만 찢어졌다. 나는 반사적으로 일어나 발길질을 하며 개를 물리쳤지만, 결국 삼십대 중반 여주인과의 언쟁으로 발전했다.

나는 여주인에게,

"대중들이 이용하는 시설에서 개에 목줄을 하지 않는 것은 위법행위다. 과거 두 번이나 개에 물려 광견병 예방주사를 척추에 이십 여회 맞는 고통을 당했었다. 보아라. 저기 나무기둥에도 아파트관리사무소에서 부착한 '애완견 출입금지 팻말' 도 있지 않으냐!"

라며 지적해 주었다. 여주인은 나에게

“개에게 물리지는 않았지 않느냐. 위법인줄은 나도 알고 있다. 상관하지 마라. 우리 개는 예방주사 맞아서 걱정이 없다. 억울하면 고소해라. 벌금 내겠다. 당신의 자식들을 쇠사슬에 묶어 끌고 다니면 기분이 좋겠느냐.”

등 감정적인 공격을 해왔다. 미안하다는 답변을 기대하였던 나는 소스라치게 놀랐다. 여주인의 얼굴에는 살기가 돌고 눈은 노란 광채를 내뿜고 있었다. 나는

“앞으로 또 개의 공격이 온 다면 정당방위를 할 것이다.”

라고 말했다. 발길질하는 시범을 보여주었고, 소송도 준비하겠다는 의사를 분명히 한 후 일단 헤어졌다. 그 사건을 계기로 이들과의 각축전이 사년간 계속되었다. 그 별난 개와 여주인은 하루에도 두서너 번씩 아파트 여기저기를 다니며, 어린이, 청소년, 노인은 물론 청년들에게도 달려들며 민폐를 끼쳤다. 사람을 수시로 공격하는 개! 여주인은 개에 목줄을 하라는 피해자들의 성화에도, 나에게 하였던 말들만 앵무새처럼 반복하며 단지 내를 휘젔고 다녔다.

한편 이들의 만행을 뿌리 뽑겠다는 나의 공개적인 노력도 계속되었다. 나는 틈나는 대로 피해자 명단을 작성하고, 카메라와 녹음기를 휴대하고 이들을 찾아 아파트 단지를 돌아다녔다. 별난 개와 여주인이 원래 많이 돌아다녀 이들을 만나기는 아주 쉬웠다. 산책로나 ‘운동마당’에서는 물론이고, 재래시장이나 눈 내린 엄동설한 늦은 밤에, 산책로에서 조우한 적도 있었다. 덕분에 위법행위 채증도 성과가 좋았다. 개가 사람을 공격하는 장면, 잔디밭에 대변을 보는 장면, 공격받은 어린이가 정신을 잃은 장면, 묶지 않은 개가 운동마당이나 산책로를 뛰어다니는 장면 등 수십건이 채증 되고 녹음되었다. 쫓고 피하는 분위기가 사년간 계속되어도 그들의 만행은 더욱 심해졌다. 나는 그 개를 애완견이라고 말할 수 없었다. 여주인도, 자신의 행위로 피해를 입은 상대방에게 미안하게 생각할 줄 모르는 정신질환자(싸이코패스)라고 생각하게 되었다.

우리 아파트의 순박한 주민들은, 인도 한가운데서 두 뼘 조금 넘는 크

기의 누런 개가 짖어대는 파열음이 무서워, 항상 피해 다니는 진풍경 속에 너무도 오래 살고 있었다. 이들을 어여삐 여겨서일까, 하늘은 지난달 중순 위법자들에게 준엄한 심판을 내렸다. 그날 아침도 운동마당에는 걷기운동을 하는 주민들로 붐볐는데, 별난 개와 여주인도 동참했다. 물론 별난 개는 목줄도 매지 않은 상태에서 신나게 뛰어다녔다.

뛰다 또 광기가 도졌는지, 그 개는 나보다 삼 미터 정도 앞에서 걷던 사십대 젊은 남자의 종아리를 괴성과 함께 물어버렸다. 개에 물린 젊은이의 외마디 소리가 하늘을 진동시켰고, 일대는 순식간에 아수라장이 되었다. 피해자는 여주인에게 소리를 지르며 대들었지만, 여주인은 태연히 말도 안 되는 변명만 계속했다. 나는 자연스럽게 그들의 언쟁에 합류하였으며, 피해자에게 지난 사년간 있었던 가해자들의 행적을 설명한 다음,

"경비원을 불러 정식 신고하라. 관련 증거자료들은 모두 내가 제공하겠다."

고 제의했다.

경비실까지 당당하게 동행한 별난 개와 여주인은 시간이 갈수록 조용해 졌다. 경비일지에 피해자와 가해자가 각각 서명 한 후, 경찰에 112신고를 끝내고, 경찰차가 도착하기를 기다리고 있었다. 긴장된 분위기가 계속 되자 여주인은 고개를 무릎 속에 파묻고 있었다. 경비원이 정적을 깨고 여주인에게 말을 꺼냈다.

"경찰서에 끌려가면 우리 모두가 언제 나올지 모르는 일이니, 지금이라도 이 어른들에게 용서를 빌어보라."

고 조용히 타일렀다. 여주인은 이미 목을 들썩거리며 울고 있었다. 그 후 일주일 간 개와 여주인은 보이지 않았다.

이틀 전, 산책로 저 멀리 잔디밭에서 그들이 목격되었는데 개와 여주인의 손 사이에는 검은 줄이 늘어져 있었다.

쓰레기와 남자

나는 재건축아파트에 산다. 서울 관악산 주변에 있던 유명한 빈민촌이 거대한 아파트촌으로 변한 곳이다. 팔년 전 아들과 딸에게 독방을 한 개씩 주려고, 서울 신반포 지역 아파트생활을 청산하고 이사 왔다. 불편한 교통과 문화시설 등을 생각하면 신반포 생활이 그립다.

우리 부부는 농촌에서 태어나고 자랐다. 젊어서부터 맞벌이를 했고, 삼십 여 년 간 직장생활을 마무리하는 시점은, 동일하게 조정하여 외로움은 모르고 산다. 부모들이 없는 상태에서 맞벌이를 했기 때문에, 나는 신혼 때부터 이런저런 가사家事를 거들어야 할 입장이었다. 감기 들린 아이들 병원진료나, 저녁상 차려주기 같은, 엄마가 늦을 때 내 몫으로 돌아오는 일거리들이 한두 가지가 아니었다. 집안 청소나 쓰레기 버리기 같은 소소한 일들은, 자진해서 내가 거들어야 가정이 편하고 잘 돌아갔다.

때문에, 나는 이곳으로 이사를 와서도 아무런 생각 없이, 음식물쓰레기와 생활쓰레기를 지정된 날 지정된 장소에 버렸다. 음식물쓰레기는 매일 버리고, 일주일에 생활쓰레기 분리수거 한 번과, 규격봉투쓰레기 두 번을 버렸다. 그런데 이사한지 한 달도 안 되는 어느 날, 경비원이 나에게 조용히 물었다.

"집안에 아주머니나 따님이 안 계시느냐."

는 것이다. 이유를 알아보니, 우리 아파트에서 남자가 쓰레기를 버리는 가정은 우리 집 하나뿐이고, 이런 나의 생활자세가 일부 주민들에게 껄끄럽게 회자膾炙되고 있다는 것이었다.

그 후부터 나는 각별한 관심을 갖고 쓰레기를 버리는 입장이 되었는데, 정말 몇몇 노인들은 좋지 않은 표정과 시선을 나에게 보냈고, 대부분의 주부들은 쓰레기 버리는 나의 모습을 세밀하게 관찰하는 것이었다.

나는 곧 난민촌이었던 이곳 주민들의 정서가, 도심지 부촌과는 다르게 남자들의 '가부장적인 자세' 가 두텁게 살아 있는가 하면, 인심도 삭막하고, 조그마한 이해관계도 양보하지 않는 특징을 갖고 있다는 사실을 알게 되었다. 그래도 나는 이런 분위기에 신경 쓰지 않고, 매일 음식물쓰레기를 버렸으며, 집사람과 함께 외출할 때도 내가 버렸다. 지저분한 쓰레기를 남자가 버리고 여자는 구경만하는 모습을, 주민들은 더욱 세밀하게 관찰했다.

나는 기회가 주어지는 대로, 경비원이나 청소원 및 주민들에게 쓰레기 처리 같은 가사는 남자들이 맡아 해야 할 일이며, 노년기에는 더욱 남자들의 도움이 필요하다고 강조했다. 보다 더 당당한 자세로 바뀐 나의 모습을 보는 주민들의 반응은 제각각이었다. 얼굴을 돌리며 나를 외면하는 사람이 있는가 하면, 음식물쓰레기수거장에서 만나는 주부 중에는, 뚜껑을 열어주는 친절파도 있었다. 이사한지 육 개 월 정도 지난 어느 날, 주차장에서 만난 여성 통장과 반장은

"아저씨가 매일 쓰레기를 버리는 모습을, 주부들이 건전한 생활 자세라고 생각하고 있다. 부녀회에서는 남자들의 이런 생활자세를 더욱 확산시킬 예정이다."

고 귀띔 해 주었다.

이 말을 들은 나는 보다 편한 마음에서 쓰레기를 버릴 수 있었다. 그러나 일 년이 다 가도록, 쓰레기를 버리는 남자들은 발견되지 않았다. 나는 부녀회의 결의도 찻잔 속의 태풍이었다고 평가절하하며, 변함없이 내 할 일을 계속했다. 그런데 이 년째 되는 해에, 육십 대 남자 두 명이 쓰레기를 버리는 모습이 발견되었다. 무척 반가웠다. 그 후 해가 거듭 될수록, 서서히 몇 명씩 쓰레기 버리는 남자들이 늘더니, 작년에는 십 여 명으로 늘었고, 금년에는 젊은 남자와 학생 및 어린이들도 동참하는 게 눈에 띄었다. 대신 주부들이 쓰레기를 버리는 모습은, 상대적로 격감하여 드문드문 보이는 상태로 역전되었다.

나는 특이한 변화라고 직감하고, 집사람에게 여반장을 찾아가 상세한 내용을 파악해 달라고 부탁했다. 집사람도 직장생활 때문에, 늘 반상회

에 참석하지 못해 구체적인 내용을 모르고 있었다. 여반장은 집사람에게, 바쁘지 않을 때 상세하게 말씀드리겠다는 답변만 했다. 그 후 일주일이 되던 날, 우리 집 우편함에는 낯선 편지 한통이 꽂혀있었다.

드림아파트 111동 1001호 아저씨 귀하

직접 찾아뵈옵고 인사드리지 못해 죄송합니다. 우리 아파트 부녀회에선, 지난 팔년 간 회원들이 주축이 되어, '남자가쓰레기버리는운동' 을 조용히 전개하였고, 그 호응도가 최근 높게 나타나고 있습니다. 직장생활을 하는 젊은 남자들은 참여하기가 어려운 실정이고, 생활쓰레기 분리수거를 하는 날이 주말이 아니라는 여건을 감안하면, 현재의 상태 이상의 호응도를 기대하기는 어려울 것으로 생각됩니다. 그러나 이제는, 우리 아파트 서쪽에 있는 아파트와 동쪽에 있는 아파트 남자들도, 쓰레기버리기 바람이 불어 동참하고 있으며, 주민들은 우리 동네를 "남자들이 쓰레기 버리는 동네" 라고 호칭하고 있습니다. 팔 년 만에 얻어진 쾌거라고 할 수 있지요. 뿐만 아니라 현명한 부녀회 회원들은, 이 같은 변화를 또 다른 변화로 연결시켰습니다. 남자들이 궂은일을 거들어 사기가 고무된 주부들은, 자녀교육과 화목한 가정 만들기에 보다 많은 시간을 할애하는가 하면, '친절한이웃만들기운동' 에도 적극 참여하고 있어요. 쓰레기수거장에 갈 필요가 없어진 주부들은 명절 때 마다 경쟁적으로 경비실에 음식, 떡, 술 등을 제공하던 행위를 중단했습니다. 또한 경비원들에게 잘 보여야 할 필요가 없게 된 주부들은, 명절 때 마다 오천 원씩 걷어 경비원들에게 주던 떡값도 없애버려, 준조세 성격의 악습도 퇴치하였지요. 이제 분리수거를 잘 못하는 주부들에게 소리를 지르고 면박을 주는 경비원도 없어졌으며, 쓰레기수거장에 나온 주부들을 치근거리는 경비원들의 행위도 근절되었습니다. 쓰레기수거장이 건전하고 명랑한 분위기로 바뀐 것이지요. 한편 이사를 하는 많은 세대들 중, 들어오는 세대는 남자들이 쓰레기를 버리는 모습을 보고 놀라며 동참하는가 하면, 떠나는 세대는 새로운 삶의 터전에서 남자들이 쓰레기를 버리는 모범을 보이며 이곳의 분위기를 전파시키고 있답니다.

"내가 살던 동네는 남자들이 쓰레기를 버리는 동네였다"

고요. 더욱 고무적인 것은, 서구문화 추종 추세를 보이고 있는 요즈음 젊은이들이, 밥 짓기는 물론 쓰레기 버리는 일에도 거부반응을 보이지 않고 있다는 점입니다. 때문에 앞으로도 전망은 밝다는 말씀을 드립니다. 끝으로 우리 부녀회가 일할 수 있는 과제를 실천적으로 제시해 주시고, 모범적으로 앞장서 주신데 대하여 진심으로 감사드립니다.

드림아파트 부녀회장 올림

〈기행문〉

북해도(홋가이도)

올해 장마는 두 달이나 계속되어 사상 최장最長이라는 보도가 있었다. 지구온난화 영향 때문이라는데, 일기예보도 정확하지 않아 국민들도 어리둥절했다. 피로한 심신을 달랠 궁리를 하다, 일본 북해도北海道로 떠났다. 칠월 중순경이었다. 그곳은 서늘하고 아름다우며, 조용하고 깨끗하다는 홍보만 믿고 작심했다. 북해도, 하면 생각나는 게 '삿보로동계올림픽' 뿐이었다. 그날도 새벽부터 비가 억수 같이 내렸다. 돌풍과 폭우를 동반한 무서운 비였다. 항공편이 아침이라 새벽 네 시에 기상했다. 얼마 전 축농증수술을 받은 왼쪽 코 속에서, 검붉은 피가 흘렀다. 별스럽게 생각하지 않고 응급조치만 하고 집을 떠났다. 반포에서 '리무진버스' 편으로 인천국제공항으로 떠났다. 계속되는 폭우는 한강에 안개를 뿌려놓았고, 황홀한 서울 야경도 집어삼켜버렸다. 어두움을 뚫고 달리는 버스 속에서 즐거움 대신 긴장감을 달래야 했다.

인천국제공항에 도착하니 안도의 한숨이 길게 나왔다. 그래도 출국대합실은 만원이었다. 폭우가 외국여행 인파는 붙잡지 못한 것 같았다. 휴식을 취하고 항공사에서 출국수속을 했다. 짐을 부치고 탑승권도 받고 '핸드폰'을 '로밍' 했다. 인종 전시장 같은 대합실 구경은 생략하고, 보안검색 후 법무부 사열대에서 여권검사를 받았다. 언제 보아도 보세구역 CIQ 내 면세점들은 화려하고 눈부셨다. 형형색색의 진열품들이 아름다워, 외국에 온 기분을 갖게 했다. 격리대합실에서 창밖을 보니, 빗발의 기세가 좀 꺾이고 이슬비가 내렸다. 그래도 항공기는 예정 보다 한 시간 늦게 활주로를 박차고 이륙했다.

기체機體는 두꺼운 비구름을 뚫고 힘들게 올라갔다. '안전벨트'를 점검하라는 기장의 근엄한 방송이 전파된 후, 객실은 숨소리만 들렸다. 승무원들도 움직이지 않아 긴장감이 흘렀다. 기체는 비틀거리고 흔들거리며 비행하다, 고도高度를 잡았는지 실내등이 켜졌다. 기내 방송도 시작되고 승무원들도 빠르게 움직였다. 객실은 즐거움을 되찾았다. 오늘은 운좋게도 창가좌석을 차지하여, 밖으로 펼쳐지는 구름나라를 구경할 수 있었다. 폭우에 찌들었던 머리와 가슴에 뭉글뭉글한 흰 구름이 가득 들어왔다. 텔레비전도 즐거운 '오락프로'를 방영했다. 승객들이 만들어내는 여행기분이 객실에 가득하자, 점심식사 시간이라는 안내방송이 나왔다. 하늘에서 먹는 기내식, 팔 개월만인 것 같았다. 그러나 정식이 아닌 '샌드위치' 한 개가 제공될 뿐이었다. 어이가 없다는 표정을 짓는 승객도 많았다. 그래도 무엇이든 들어가면 항상 만원이 되는 기내 화장실, 오늘도 승객들은 긴 줄을 만들었다. 아직도 볼일을 못 본 승객들이 많은데, '하코다테국제공항'에 착륙을 준비하라는 방송이 나왔다. 두 시간의 짧은 비행, 일본에 발을 디딜 때마다 "이렇게 가까운 나라인데. 수십 년을 억압하고, 억압을 당하고......" 하는 생각이 또 스쳤다.

'하코다테'函館 공항청사는 생각보다 협소했다. 국제공항답게 국제선청사와 국내선청사가 나란히 있었다. 그래도 외국인들에 대한 입국수속은 까다로웠다. 양손 지문을 채취하고, 얼굴도 촬영하고, 세관검사도 세밀했다. 우리일행은 관광버스로 공항을 출발, '오오누마'大沼지역으로 이동했다. 고속도로와 국도를 넘나들며 달리는 창밖은 계속 농촌풍경이었다. 눈과 얼음의 땅 북해도! 일행은 일본열도 중 가장 북쪽이고, 동쪽이기도 한 북해도 땅을 달렸다. 북극이 가까운 동토凍土이고, 여름이 한 달 밖에 안 되며, 한류와 난류가 만나 수산물이 풍부한 지역이었다. 낙농의 땅이기도 하고, '스키장'이 백 이십120 여개 있다는 관광지였다. 일본인들은 불모지였던 북해도를 개발하여, 현재는 백팔십180만 여명의 인구가 살고 있다. 미국과 통상조약1854을 체결하고 개항開港한 이래, 주민들은 북해도를 복지의 땅으로 바꿔 놓았다.

달리던 버스는 '오오누마' 지역 일본식당에 주차했다. 전통 일본식 요리와 마주 앉은 일행은, 깨끗한 식기와 깔끔한 음식에 눈이 팔렸다. 종업원들은 모두 상냥하고 밝은 표정으로 굽실거렸다. 식사가 끝난 후에도 불만을 이야기하는 일행은 없었다.

'오오누마국립공원'大沼國立公園은, 호수3개와 작은 섬126개 이 함께 어우러진 공원으로, 일본 삼대절경 중 한 곳이다. 산이 아닌 국립공원은 일본에서 처음 봤다. 공원 안에 절묘하게 만들어 놓은 산책로를 한 바퀴 돌며, 울창한 수림樹林과 원숭이에 놀랐고, 맑은 공기와 물을 즐길 수 있었다.

첫째 날 관광일정을 마치고 숙소로 가는 도로 주변도 모두 농촌풍경이었다. 어딜 가나 산림대국 다운 울창한 숲이 눈길을 끌었다. 일본은 국민들을 십년 간 먹여 살릴 수 있는 산림자원을 갖고 있다는데, 그게 어디 하루아침에 만들어진 자원일까? '기타유자와' 지역에 있는 명수정明水亭 호텔에 투숙했다. 침실이 일본인용 '다다미방'과 외국인용 침대방이 함께 있었다. 일본인들의 용의주도用意周到한 관광전략이 놀라웠다. 욕탕 온천수에서는 유황냄새가 코를 찔렀다. 뜨겁고 미끈미끈한 온천수! 우리나라 온천수와는 분명히 달랐다. 자동차도 많지 않아 차도에는 매연가스가 없고, 가로등 옆에는 붉은 색 화살표가 땅을 향해 설치되어 있는 북해도! 눈이 지붕보다도 높게 쌓이면, 저 붉은 화살표를 보며 도로와 집을 찾고 제설작업도 한단다. 함께 협동하고 화합하며 노력하는 일본인들의 인성人性에 북극 추위도 굴복했나보다. 잠을 청하니 서울의 폭우와 돌풍이 생각났다. 북해도는 폭염도 없고, 시원하며, 조용한 낙원이었다. 아침해도 새벽 세시에 돋는다는, 북해도의 첫날 은 이렇게 끝났다.

새벽 여섯시에 기상하였는데 해가 중천에 떠 있다. 식사 후 '도야'洞爺 지역 화산지대로 떠났다. 날씨가 맑았으며 차창 밖으로 보리밭과 농부들이 보였다. 울창한 산림이 맑은 공기를 토해 내는 건, 여기도 마찬가지였다. 한 시간 만에 도착한 '소화신산'昭和新山 분화구는, 계속 연기를 내뿜고 있었다. 육십 육년 전1943에 폭발하였다는 소화신산은, 칠 부 능선 이상의 봉우리 전체가 용암과 유황으로 붉게 물들었다. 버스에서 내리는데 으스스한 느낌도 왔다. 그래도 잘 만들어진 주차장과 공원, 잔디밭, 전망대 등이 관광객들을 안심시켰고, 신비로움을 만끽하게 만들었다. 화산과 지진의 나라 일본! 일본인들은 이런 위험한 환경을 잘 활용해 명승지로 만들고, 관광대국으로 성장시켰다. 근처에 있는 '니시야마분화구' 西山火口도, 구년 전에 폭발한 우수산有珠山 분화군噴火群 중 한 곳인데, 여기저기서 분연噴煙이 계속 피어오르고 있었다. 주변에 만들어진 산책로를 거닐자, 폭발당시 생긴 지각변동과, 흙에 묻힌 전신주, 파괴된 건물, 쭈그러진 차량 등이 원형 그대로 있어, 당시의 참상을 감상할 수 있었다. 작은 분화구도 많아, 발밑도 분화구가 아닐까하는 걱정도 되었다. '도야호' 洞爺湖는 둘레가 백리도 넘는 '칼데라호수' 인데, 가운데 네 개의 섬이 솟아 있고, 우수산, 소화신산, '사이로전망대' 등이 한눈에 들어온다. 유람선 관광도 즐길 수 있고 온천도 많다. 국제회의를 할 수 있는 고급호텔들도 많아 항상 외국인들로 붐볐다. 헬리콥터를 이용하는 관광객들도 보여, 유명 휴양지라는 사실을 직감할 수 있었다.

오후에 '하코다테' 로 귀환하는 길은 지루했다. 운무가 자욱한 산악지대와 터널을 지나고, 고산지대도 달렸다. 빗방울이 북태평양 물속으로 빠져버리는 해안도로도 달리고 또 달렸다. 그래도 멀고 먼 도로가엔 불법주차 한 오토바이나 차량이 한 대도 없었다. 어부들이 사는 해안가 마을에도 울타리나 담장은 없었다. 허식과 사치를 모르고 불법행위를 하지 않으며, 공중도덕을 우선시하는 일본인들의 단면을, 버스 속에서도 확인할 수 있었다. 나는 '하코다테' 변두리에 있는 '다시마백화점' 곤부관昆布館에서 또 한 번 놀라지 않을 수 없었다. 토산물 중 하나인 '다시마' 한 가지로 수많은 상품을 만들어 판매하는 곳인데, 여성들이 매료되어 쇼핑하기에 정신이 없었다. 음식, 과자, 차, 건강식품 등 이루 다 열거할 수가 없을 정도의 상품을 개발한 일본인들의 저런 노력이 있어, 오늘의 일본이 만들어진 것 같았다.

저녁 해가 서쪽 바다에 걸렸을 때 '하코다테' 항구 부두埠頭에 도착했다. 백 오십 육년1854전, 미국 해군 '페리' Perry제독이 개항을 요구하여 미일통상조약을 체결했던 장소였다. 깨끗한 부두 가에는 '메이지' 明治시대에 지어진 건물들이 가득했다. 빈 건물이 아니고 유리공예품 판매장 같은 상가로 활용되고 있었다. 옛것을 보존하려는 일본인들의 의식이 뚜렷했다. 북해도 사람들의 '도시락문화' 벤또문화, 오르고리 도 유난스러웠다. 여행을 할 때 자기 마을 특산물로 '도시락'을 만들어 외지外地에서 먹는다. 단 한 번이라도 고향 생산품을 애용한다. 북해도라는 동토의 땅은 이처럼 주민들의 뜨거운 열기로 녹고 또 녹았다. 저녁식사는 '하코다테' 시내에 있는 평성관平成館 호텔에서 했다.

유명하다는 '하코다테' 야경夜景을 즐기기 위해 서둘렀다. 전망대로 향하는 도중 개항당시의 시청, 러시아정교회, 수녀원 같은 건물을 구경할 수 있었다. 규모가 상상이외로 웅장하고 화려한데, 당시 자기나라의 국력을 상징하던 건물이었다.

'하코다테' 야경은 세계 삼대야경 중 하나라고 홍보하고 있었다. 대형 '곤도라'를 타고 해발 삼백 삼십사334m 미터의 '하코다테산' 정상에 오르니 전망대가 있었다. 인산인해였다. 시가지와 항구가 북태평양과 함께 들어왔다. 커다란 '에취'H자 모형의 넓은 시야視野가, 휘황찬란한 불빛으로 뒤덮였다. 빛의 향연과도 같은 야경으로, 전망대는 떠나갈 것처럼 시끄러웠다. 가을 하늘 갈가마귀 떼들이 만들어 내는 합창소리 같기도 했다. 그래도 안전사고를 조심하라는 여행사 안내원들 소리가 제일 컸다. 남쪽항구 주변의 이국적인 건물들이 이름다운 빛을 발하고, 가로수 언덕도 이채로웠다. 안내원은 야경 중에도 가장 아름다운 야경이 '하치만자카'八幡坂 야경이라고 자랑했다. 넓은 '하코다테' 야경에도 핵심核心이 있었다. 호텔로 귀환하여 온천욕을 즐겼는데, 어제 온천수와 동일했다. 일본 어디를 가도 온천수만큼은 모두 정품精品이었다. 내일은 귀국하는 날. 짐을 챙기고 누워 이 번 관광을 결산해보니 아무래도 일본은 선진국이라는 생각만 났다

마지막 날 새벽에도 아침 해가 중천에 떠 있었다. 창밖으로 시가지를 구경하다, 자투리 시간은 밖으로 나가 산책을 했다. 식사 후 찾은 곳은 '고료카쿠'五稜郭성곽이었다. 성곽은, '에도막부'江戶莫府가 '하코다테' 지역을 방어하기, 위해 불란서 양식인 별모양으로 건축1864했다. 여기가 '하코다테' 전쟁1869 당시 막부군과 유신군이 대결한 전장前場이었고, 일본 땅에서 봉건제도가 종식되고, 근대화가 시작된 역사의 현장이었다. 이제 '고료카쿠'는 아름다운 수목들과 어울리며, 공원으로 다시 태어나

관광명소로 부상했다. 전망대와 함께 북해도 개척과 개발의 기수로 활약하고 있었다. 마지막 관광일정은 '트라피스치누' 수도원을 구경하는 것이었다. 백 십년1898전 프랑스 수녀修女 여덟 명이 세운 수도원이었다. 현재는 육십 팔 명의 수녀가 자급자족하며 생활하고 있는데, 규모가 크고 웅장했다. 농장과 목장 등 재산도 소유하고 있지만, 내부출입은 불허되었다. 일본정부는, 오래전부터 종교의 자유가 주어졌던 나라라는 '이미지'를 외국인들에게 홍보하려는 목적으로, 수도원 관광을 권유하고 있었다. 용의주도用意周到한 관광시책이었다.

이박삼일 간의 관광일정을 마감하고, '하코다테공항'으로 출발했는데 날씨가 화창했다. 항공편도 순조로워 정시에 출국했다. 몸도 마음도 가벼워졌다. 기내機內에서 '샌드위치'로 점심을 때우며, 금번여행을 다시 결산해 보았다. 아직도 내 머릿속을 떠나지 못하고 있는 생각은 '일본은 선진국'이라는 단어였다. 세 번째 일본여행을 마치는 이 순간에도 말이다. 이유도 한결같았다. 지리적 여건도 그렇고, 국민성도 가히 선진국을 만들고 남는다는 생각이다.

그럼 우리나라 국민성과는 어떻게 다른가. 우리는 고칠 점이 너무 많아 보였다. 한국을 선진국이라고 평가하는 나라도 있지만, 호주나 '스위스'처럼 많은 나라들이 그렇게 생각하지 않고 있다. '스위스' 국제경영개발원은, 한국 '이미지'Image가 작년2008에 오십오55개국 중 이십구29위라고 분석했다. 영국 학자 '사이몬 안홀트'도, 한국 '브랜드'Brand를 오십50개국 중 삼십삼33위라고 평가했다. 또 한국인은 무한경쟁시대에 외국인에게 불친절하고, 기초질서 위반율이 일본의 사십사44배 수준이다. '인근소란죄'도 일본의 천팔백 칠십팔1878배이고, 국제결혼 이혼율이 사십 '퍼센트'40%나 된다. 외국인들의 한국에 대한 '브랜드지수'는 오십50 개국 중 삼십구39위에 머물고 있다.

우리정부도 이러한 현실을 잘 알고 있다. 국무총리 산하 경제인문사회연구회가, 며칠2009.11.18 전에 발표한 '삶의 질 지표조사' 결과에 의하면, 한국은 경제협력개발기구OECD 삼십30개국 중, 종합지표가 이십일21위였다. 경제부문은 십사14위, 사회통합부문 이십육26위, 환경부문 이십이22위를 기록했다. 한국은 아직 선진국과는 거리가 멀다는 결과다. 한국이 경제협력개발기구OECD회원국이고, 단기간에 기적을 이룩한 경제대국이며, '인턴넷' IT강국이고, G20정상회의 의장국이라는 평가에만 만족할 수 없는 입장이다.

한국은 남북분단이라는 원초적인 취약점을 안고 있는 유일한 국가이며, 언제 무슨 운명이 닥쳐올지 모르는 환경에 처해 있다. 때문에 우리민족은 내실內實을 강화하고, '남북통일과업' 을 성취할 때 까지, 서로 화합하고 힘을 모아야 한다. 우리민족이 통일을 이룩하고, 강대국으로 전진할 때, 전 세계는 우리를 부러워하고 고개를 숙일 것이다. 인천공항에 도착하니 아직도 장마비가 내리고 있었다. 전국에 호우주의보가 내려져 있는 상태였다.

신인상

지난 시월, 나는 월간스토리문학사로부터 수필부문 신인상을 수상했다. 고희古稀를 두 발짝 앞두고 받은 것이다. 팔월에 신인상모집에 응모하고, 구월에 전화로 당선통보를 받았다. 전화는

"당선소감을 작성하여, 학경력과 사진을 함께 보내달라는 내용."

이었다. 문학사의 당선통보는 내 머릿속을 온통 흥분의 도가니로 만들었다. 지난 십일 년간, 유명 일간신문과 문학잡지에 많이 응모했었다. 그러나 번번이 낙방했다. 이제 기氣가 죽어 포기하고 있는 상태에서 낭보朗報가 날라 왔다. 나는 크게 흔들렸다. 며칠 동안 그 생각뿐이었다. 나는 체계도 없이 독학으로 문학공부를 해왔다. 때문에, 문학도들과는 비교도 할 수 없을 정도로, 기초가 부족 하다는 생각을 하고 있었다.

나는 이 사실을 일단 혼자만 알기로 하고, 생각에 생각을 하다 날이 밝았다.

기분이 좋은 만큼 걱정도 컸다. 우선 창작활동을, 젊은이들처럼 왕성하게 할 수 있겠느냐, 하는 게 문제였다. 일 년 이내로 문집文集을 발간해야겠는데, 그게 뜻대로 될 지 궁금했다. 늘그막에 신인상을 받는다는 사실도, 주변 사람들이 손가락질을 할 수 있는 화두로 작용할 수 있을 것 같았다. 때문에 언행을 조심해야겠다는 생각을 함께 했다. 노년기 건강문제도 생각하지 않을 수 없었다. 나는 용기를 꺼내 몇몇 친구에게 의견을 물었다.

"받아야 좋을까, 포기해야 옳은가?"

에 대한 질문이었다. 답변은 한결 같았다.

"행복한 고민이다. 앞으로 이십년은 창작활동을 할 수 있다. 우선 신인상을 받고, 최선을 다해 창작활동을 하면 되는 거다."

라는 반응들이었다. 이런 분위기 속에 구월은 어수선하고 빠르게 지나갔다.

시월이 되자 예정대로 월간문학잡지 시월호가 우송되었다. 내가 쓴 신인상 수상작품 내용도 심사평 및 당선소감과 함께 실렸다. 문학잡지 참여작가 사진기사에는 내 사진도 있었다. 만감이 교차했다. 여기까지 오는 길이 얼마나 멀고 지루 했었나! 나는 젊었을 때 직장 직원들이 발간하는 월간소식지에 많은 원고를 제출했다. 내 작품을 책을 통해 읽어보는 경험을 수십 년 간 겪었다. 그러나 이번에 느껴지는 감회는, 지난날들의 그 쾌감과는 비교도 할 수 없을 만큼 컸다. 즐거움과 성취감도 함께 있었다.

내가 삼십대에 문학에 관심을 두기 시작한 건, 오르지 직장과 월간소식지 때문이었다. 직장 직원은 지방 근무자까지 합쳐 천여 명에 달했다. 월간소식지는 잡지 형태로 직원들이 제출하는 작품들로 꾸며졌다. 직원들은 월간소식지를 위해 새소식, 업무개선방안, 생산성 향상방안, 미래사업 아이디어, 체험담, 건강, 여행상식 같은 원고를 많이 제출했다. 문학작품이나, 그림, 서예 등 특기분야 원고도 제법 접수되었다. 높고 낮은 많은 계층의 직원들이 월간소식지를 통해 교감하고, 정을 나누는 아름다운 분위기가 조성되었다.

근무시간 중 내가 해낸 일의 결과는 구두가 아닌 보고서로 매일 제출되었다. 이런 여건이 몇 년 계속되자, 나의 작문 실력은 나도 모르게 향상되었다. 남들이 내 이야기를 해서 알게 되었고, 남들도 나와 같이, 남에게 들어 자신을 발견할 수 있었다. 지금 생각하면 이런 방법으로 조직을 운영한 결재권자들이 한없이 고맙다.

직장이라는 울타리 안에 삼십년이 넘는 세월을 머물렀다. 언제 부터인가, 나는 문학에 관한 책들을 읽고 있었다. 그 종류도 점점 많아졌다. 그래도 문학은 언제나 나의 취미에 불과했고, 부업적인 역할일 뿐이었다. 직업이 그렇게 만들었다. 나이가 오십대에 들어서자 나의 담당업무는 바뀌었다. 외근 대신 내근內勤으로 바뀐 것인데, 나만의 자투리 시간도 만들 수 있었다. 나는 더 많은 시간을 창작에 투자 할 수 있었다. 사내 월간소식지 편집위원 직책도 맡았다. 그때부터 나는 국내 유명 일간지들이 연초에 발표하는 신춘문예에 응모하기 시작했다. 그러나 해마다 낙방했다. 나는 작가의 길이 얼마나 멀고 험한가, 문학도들이 어느 정도 많은지도 알 수 있었다. 당선이 나에게는 너무도 높은 벽이라는 사실도 깨달았다. 나는 희망을 잃은 상태에서 직장생활을 마감했다. 둔탁한 육십 대 노인생활이 시작되었다. 나만의 시간이 너무 많아졌다. '무엇으로 소일을 해야 할까' 를 생각하는 게 생활의 전부였다. 이런 정황으로 보아, 금번 나에게 신인상이 주어지지 않았다면, 나는 문학과 헤어졌을 지도 모른다. 타고 난 취미 덕분인가, 하늘이 내려주신 복福때문일까!

신인상수상식은, 동짓날을 보름 정도 앞둔 늦가을에, 흥사단 강당에서 거행되었다. 대학로의 가로수들이 형영색색의 낙엽을 달고 으스댈 때였다. 행사는 월간문학잡지사 임직원, 유명문인, 스토리문학문인협회 회원(작가), 신인상 수상자, 가족 등 삼백여명이 참가한 가운데 열렸다. 행사는 유명문인 특강, 문학잡지사 사장인사, 내빈소개, 공로패 증정, 신인작품상 시상, 축사, 시낭송, 기념공연, 만찬 등 내용으로 진행되었다. 유명문인은 특강에서

"고 박목월 시인에게 개인지도를 받으려고 방문을 했더니, 국어사전을 세 번 이상 읽은 후 다시 찾아오라."

며 돌려보내더라는 일화를 소개했다.

나는 난생 처음 문인들과 호흡을 함께하며 오랜 시간 어울렸다. 많은 것들을 보고 배웠다. 문인들의 훈훈한 인성人性도 느낄 수 있었다. 그래서 더 많은 보람을 느끼고 희망도 가질 수 있었다. 집사람도 함께 참가해, 사진촬영을 하고 대학로의 황홀한 네온싸인도 구경했다. 문인들과 함께했던 보쌈정식이 그렇게 맛있을 줄은 미처 몰랐다. 다음 날부터 나는 적극적인 사고를 했다.

추석에 떠난 누이

추석이 사흘 앞으로 닥아 왔다. 모든 보도매체들은 추석 관련 기사들을 집중적으로 쏟아냈다.

"주말을 이용해 벌초하려는 차량들로 고속도로가 주차장으로 변했다. 금년 추석 귀향인파는 삼천오백만 명이 넘을 것 같다."

는 등 때만 되면 들려오는 이야기였다. 특이한 내용이라고 생각되어 귀를 기우렸던 소식들은,

"'신종플루' (독감)가 추석 후 심각하게 만연될 예정이다. 다섯 명의 국회의원을 뽑는 재선거 · 보궐선거 판세도, 추석 후 굳어질 것이다."

라는 내용 정도였다.

대농이는 사십칠 년 전에 상경하여 서울생활을 하고 있다. 몇 년 전부터는 명절날에 임박하여 성묘나 벌초를 하지 않는다. 고희古稀를 두 발짝 남겨두고 있기 때문이지만, 그 보다도 더 큰 이유는 교통대란 때문이다. 전국의 모든 도로와 귀성객들이 한바탕 전쟁을 치루고, 조용해지면 고향과 선영先塋을 찾는다. 그래도 명절에 조상님들께 차례상을 올리는 예의만큼은 빠짐없이 한다. 절을 찾아 큰스님들과 합동차례상를 올린다. 그렇게 하면 대농이의 마음이 편해지고 조상님들도 좋아하시는 것 같았다. 대농이는 자신의 독특한 명절 자세도 많이 생각해 봤다.

"혼잡을 핑계로, 편한 방법으로 조상님들을 모신다고 오해 받지 않을까. 하늘에 계신 가족들이 어떻게 생각하실까."

하는 질문을 던지고 조용히 대답을 기다리곤 했다. 결과는 항상 대농이 마음이나 가족들의 마음이 편한 것으로 귀결되었다. 대농이는

"효도한 자식은, 부모를 잃어도 슬퍼하거나 괴로워하지 않는다."

고 깨우치시던 아버지의 말씀을 유언처럼 생각하고 있다. 대농이는 몇

년 전에 납골당을 설치하고, 조상님들을 모셔드렸다. 산소 이장移葬은 물론, 사초莎草와 벌초伐草도 도맡아 했다. 가족들이 투병생활 할 때 마다 최선을 다했다. 일가친척이나 고향 사람들이 대농이의 이런 행적을 잘 알고 있다.

대농이 가족은 원래 아홉 명이었다. 대농이는 위로 부모님과 누님 세 분 및 형님이 계셨고, 밑으로는 여동생과 남동생이 있었다. 산간오지山間奧地 농촌에서 태어났는데, 지금도 이십리나 되는 읍내邑內 까지 왕래하는 버스가 없다. 해방 이후 삼십 년간의 농촌생활은, 이루 다 형언 할 수 없는 가난과 굶주림의 투쟁이었다. 그 여파餘波 때문인지, 아버지는 고혈압으로 돌아가셨고, 어머니와 막내 누님은 회갑 전에 암으로 타계하셨다. 형님은 당뇨병으로 세상과 하직했다. 이제 대농이 가족은 다섯 명만 남은 터이라, 대농이도 이따금 죽음에 대한 생각을 하게 된다. 인지상정人之常情일 것이다. 이런 형편 때문에 대농이는 친구들로부터 부모가 돌아가셨다는 부고訃告를 받으면, 슬프겠다는 마음과 복 많은 친구라는 평가를 함께하게 된다. 반대로 친구들의 부음訃音에는 자신의 일처럼 가슴이 아려온다.

그런데 이번 추석은 사정이 좀 달랐다. 명절날 시계침은 항상 달리기를 하게 마련이었다. 오늘도 해가 서산 위에 걸렸는데, 고향에 사는 둘째 누님께서 전화를 하셨다. 누님은 대농이에게 놀라지 말라고 진정부터 시키고,

"막둥이가 조금 전에 타계했다."

고 훌쩍였다. 전화는 바로 끊기고 대농이는 거실을 빙빙 돌며 정신을 가다듬었다.

"막둥이가 세상을 하직했다. 소띠丑답게 착하고 명랑한 막둥이가 떠났다. 학창시절에 테니스 대표로 전국체전을 휩쓸던 누이가 희생되었다. 당뇨병과 고혈압에 정신질환까지 합쳐 고생만 하다 하늘로 갔다."

이런 생각 속에 거실은 어두움이 가득 했고 대농이는 아무데도 갈 수가 없었다. 계속 밀려오는 불안과 충격은 진정되지 않았다. 텅 빈 대농이 머릿속은, 이제 네 명만 남았다는 생각이 점령하고 있었다. 창밖의 가로

수들도 짙은 낙엽을 떨어뜨리고 있었다. 드디어 대농이 머릿속에 빛이 들어오기 시작한다.

"지금 이 순간 누이의 아들딸은 어디서 무얼을 하고 있을까. 재산을 빼앗아 가던 그 인간은, 어느 여자와 어디서 살며, 무슨 사기행각을 벌리고 있을까. 이제 울음을 그치고 하늘에 잘 보여야겠구나. 막둥이가 마지막 가는 길을 위해......"

되돌아보면 대농이 누이의 일생은 타의에 의해 엮어졌고, 지식인知識人 남편에 의해 짓밟힌 비극이었다. 농촌에서 막둥이로 태어나 천진天眞스런 인성人性이, 아들과 딸이라는 모정의 벽에 가로막혀 폭행당하고 내쫓기는 한편, 재산을 강요당하다 희생된 드라마였다. 그래서 한恨이 많아 추석을 가슴에 안고 떠난 것 같았다. 조상님들을 찾아보려고.

대농이 누이는 고향마을 종중宗中 언니의 중매로 스물다섯 살 때 결혼하였다. 당시 대농이 아버지는 육십육 세로 고혈압을 앓고 계셨다. 자신의 병세를 잘 아시고 서둘러 대대로 내려온 농촌생활을 정리하여, 누이와 대농이 형제 두 명이 결혼할 수 있는 여건을 조성하셨다. 그 의도는 뜻대로 이루어졌고, 대농이 세 남매는 다섯 달 간격으로 결혼을 했다. 아버지는 자식들의 셋방을 전전하시다 네 달 만에 돌아가셨다.

대농이 매부는, 대학교에서 영어공부를 하고 중학교 영어교사로 재직중이었다. 도청 소재 대도시에 집도 한 채 있어, 누이의 신혼생활은 행복해 보였다. 고향에서도 시집 잘 갔다는 말이 떠돌았다. 그러나 아들과 딸이 성장할수록 거칠어지던 대농이 매부의 언행은, 어느 날 폭력으로 발전하였고 날이 갈수록 심해졌다.

"네 집으로 가라."

는 말과 함께 구타하며, 누이를 대문 밖으로 밀어내는 행동으로 악화되었다. 어두운 밤중에 고의적으로 자행하는 행패였다. 힘으로 당할 수 없는 누이는, 한밤중에 서울 사는 언니나 오빠들의 집을 찾아올 수밖에 없었다. 그러나 대농이 형제들은 부모님께 배운 대로, 누이를 집으로 돌려보내곤 했다. 밤중에 함께 택시를 타고 간 게 몇 번인지도 모른다. 대농이 형제들은 시간을 만들어, 매부를 방문하고 타이르며 사정도 했다.

그러나 그의 계획적이고 지능적인 자세는 바뀌지 않았다.

그 시점에서, 대농이 가족들은 매부가 여자문제로 음독자살을 기도한 바 있고, 동거생활도 두 번이나 했다는 전과前過를 알게 되었다. 이제 대농이 형제들은 누이에게

"남편이 구타하고 내쫓으면, 우선 파출소로 가 신고부터 하고 행동하라. 여관에서 밤을 새워도, 파출소에 신고한 후 새워라."

라고 지도했다. 그러나 누이는 한사코 망설이며

"아이들 때문에도 그렇고, 남편을 어떻게 경찰에 신고하느냐."

고 반대하며 형제들 집으로 왔다. 드디어 매부는 폭력과 함께 노골적인 요구를 해왔다.

"혼수를 추가로 더 많이 해 와라. 결혼 당시는 네 집 형편은 별스럽지 못했지만, 이제 형제들이 생활기반을 잡았으니 추가 혼수를 해 와야 한다."

는 의견이었다. 해괴하고 망측한 논리였다. 결국 누이는, 결혼 십삼 년 만에 무단가출 명목으로 이혼소송을 당했으며, 아무런 증거도 제시하지 못하고 패소했다. 외톨이가 된 누이는 대농이 곁에서 십이 년을 보냈다. 나머지 십 년은 정신병원에 세 번이나 장기 입원하는 등, 삼류 인생살이만 하다 한 많은 삶을 마감했다.

대농이는 슬펐다. 그리고 생각했다. '티 없이 맑은 성격을 타고난 누이는, 너무도 가혹한 지능범죄에 시달렸다. 회갑 날을 오십삼 일 앞둔 추석날에 세상을 등졌다. 쓰린 가슴을 쓸고 또 쓸어내리며 생각해 봐도, 누이의 넋은 한恨이 맺혀 구천九天을 떠돌게 분명했다. 어떻게 하면 누이의 넋을 위로하고, 파란색갈의 한을 풀어 극락정토極樂淨土에 안착시킬 수 있을까. 다음 세상에서는 선녀로 태어나, 모든 이들의 존경과 사랑을 받았으면 좋겠다. 이제 선善이 악惡에 먹히고, 모정母情이 지능범知能犯에 짓밟히는 세태世態는 뿌리 채 뽑혔으면 좋겠다.'

제3부 | # 단편소설 마당

거울 속의 소녀

박 과장은 유리창 밖으로 내려다보이는 '성운시' Soungun City의 시가지를 내려다보고 있었다. 어젯밤에 좀 과하게 마신 술 때문에 머리가 깨끗지 않았다. 호텔 이십 이층의 '스카이라운지' 에서 바라본 시가지는 열대지방의 전형적인 풍경으로 낭만적이다. 늘씬한 야자수들이 넓은 잎들을 시원스럽게 늘어뜨리고, 태양이 작열하는 '아스팔트' 위로 내달리는 승용차들은 마치 장난감 같았다. 고층건물을 신축하는 여러 곳의 공사현장들도 높이 걸린 '크레인' 과 함께 선명하게 보였다. 시가지 전체가 더위를 피해 조용하게 잠든 것 같았다.

"안녕하십니까, 박 과장님"

등 뒤에서 발자국 소리와 함께 '까말' 의 목소리가 들렸다.

"어서 오십시오, 홍보계장님 앉으세요."

두 사람은 악수를 나누고 '토마토주스' 와 '파인애플주스' 를 각각 주문했다.

"얼굴이 밝아 보이십니다. 은하스탄 외무성에 좋은 일이 있었습니까."

"아닙니다. 별로 한 것도 없는데 두 주일이 지났네요. 공사는 잘 진행되고 있나요."

"예, 몇 달 후면 준공이 될 것 같습니다. 준공식 때 미리 초청장을 보내드리겠습니

다."

박 과장은 약 2년 전에 이곳 '은하스탄' Eunhastan 공화국에 왔다. 수도인 '성운시' 번화가에 삼십층 규모의 대형건물 신축을 수주 받고 건설공사 요원으로 온 것이다. 공식 직책은 (주)낙동건설 해외사업부 홍보과장 박숭무다. '성운시' 인구는 육백 오십만 명이다. '은하스탄' 의 지도상

위치는 적도와 동경 구십 도가 만나는 지점이기 때문에, 오래 전부터 인도양의 정거장이라는 별명이 붙어 있는 곳이다. 가까이는 아시아 모든 국가들을 비롯하여 인도, 유럽, 아프리카, 호주로 오가는 배와 비행기들의 직항 노선들이 모두 닿아 있는 교통요지다.

"건축공사가 예정보다 빠르게 진행되나 보죠."

"예, 조금 빠른 편이지요. 은하스탄 근로자들이 생각보다 근면하고 적극적인 것 같습니다."

"예, 잘 보셨습니다. 국민성은 그 나라의 지리적 여건이나 역사적 환경 등의 영향을 받아 형성되는 것 같습니다. '은하스탄'은 섬나라이며 약 십만 평방킬로미터의 넓이에 인구 이천오백만 명이 살고 있습니다. 제2차대계전 직후 민주공화국이 수립되었고 대통령중심제 정부형태를 선택했지요. 국제연합 회원이며 주민들의 종교는 불교가 절대적이고 나머지가 회교와 기타종교들입니다. 언어는 네 개 원주민들의 말이 있지만 영어를 공용어로 사용하고 있으며, 연간 일인당 소득이 팔천 불 수준의 개발도상국가입니다. 석유도 나는 산유국이지만 예로부터 출입하는 선박과 항공기들로부터 얻어지는 수입이 재정의 큰 비중을 차지하고 있는 나라입니다."

"고맙습니다. 말씀을 듣고 보니 행복한 나라입니다. 좋은 교통과 풍부한 자원, 그리고 영어를 공용어로 사용하고 있는 점이 경제발전과 세계화에 크게 기여할 것 같습니다."

"제 생각에는 발전 속도가 좀 더 빨랐으면 좋을 것 같은데요."

"아닙니다. 저는 '은하스탄'이 예상보다 빠르게 발전하고 있다고 생각합니다. 발전 속도가 빠르다고 좋은 게 아닙니다. 튼튼한 기반을 구축하면서 발전해야지요. 고층건물과 같아요. '성운시' 시가지도 제가 부임할 때보다 많이 발전했습니다."

박 과장은 '은하스탄'이 자신이 부임할 때보다도 눈에 띄게 많이 발전하였다는 생각을 하며 자신의 조국을 소개했다.

"태백太白공화국은 일본 동남쪽 태평양에 있는 섬나라입니다. 수도 반월시半月市의 좌표가 북위 삼십 도와 동경 백 사십 오도가 만나는 온대지방이라서 사계절이 뚜렷하고 자연환경이 아름답습니다. 정부형태는 대통령 중심제에 약간의 내각책임제가 요소가 첨가되었는데, 부통령이 없고 수상首相 산하에 각부 장관들이 있습니다. 우리 국민들은 이제 배고팠던 가난을 물리치고 선진국 대열에 합류했습니다. 세계에서 열두 번째 경제 강국으로 성장했습니다. 짧은 기간 내에 기적을 이룬 나라의 표본으로 평가받고 있습니다. 최근에는 인터넷기술을 비롯하여 발전된 여러 가지의 선진제도를 개발도상 국가들에게 수출하고 있습니다. 연간 일인당 국민소득이 이만불도 넘는 상태입니다."

박 과장은 오늘 '성운시' 번화가에서도 가장 고급호텔로 평가받는 '스타호텔 스카이라운지' 에서 은하스탄 외무성 홍보계장 '까말' 을 만나고 있다. '까말' 계장은 박 과장이 부임 초에 소개 받아 사귀고 있는 외교관이며, 매달 둘째와 넷째 토요일 오후 두시에 만난다. 오늘도 정례 만남인데 점심식사는 물론 함께 즐거운 시간을 갖고 저녁식사도 함께 할 예정이다. 물론 모든 비용은 박 과장이 부담하게 되어있다. 박 과장이 '까말' 과 절친한 친분관계를 쌓기까지는 많은 시간과 자금, 그리고 정성이 함께 투자되었다. 박 과장은 어느 나라 어느 사람이라도 정이 들고 친분이 돈독해 지려면, 양쪽이 모두 공감할 수 있는 공통분모가 있어야 한다고 생각하고 있다. 박 과장과 까말 사이의 공통분모는 조국을 위한 새 소식, 즉 첩보다. 두 사람 모두 첩보가 필요한 사람들이다. 외교관인 '까말' 이 첩보에 관심을 갖고 있음은 국제적으로 공인되고 공개된 비밀이다. 그러나 박 과장이 첩보에 관심을 두고 있는 이유는 고국 태백의 공무원 김덕선 과장과의 친분과 자발적인 애국심 때문이다. 박 과장의 애국심이란

"국가가 없으면 국민도 없다"

는 투철한 국가관을 말하는 것이다. 이러한 정신은 삼십여 년 전에 있었던 세 건의 분단국가가 흡수통일 될 당시에, 흡수를 당한 국민들의 처참한 종말을 알고 난 후에 저절로 생겼다. 특히 유럽이 아닌 아시아와 아프리카에서 있었던 흡수통일은 세계인들에게 많은 교훈을 남긴 사건이었다. 그런데 태백 국민들만, 이런 교훈을 잊고 안보의식이 해이되어 있다고 박 과장은 생각하고 있다. 김덕선 과장도 박 과장과 비슷한 성격이

라서 항상 어울리며 함께 성장하였고, 지금은 공무원으로 국가에 충성하고 있다.

박 과장이 이곳에서 첩보를 수집하여 전달해 주면, 김 과장은 고국에 있는 박 과장의 가족들을 보호해 주고 각종 애로사항들도 해결해 준다. 때문에 박 과장은 편한 마음으로 해외 근무를 할 수 있다. 뿐만 아니라 김 과장은 박 과장에게 매달 활동비를 송금해 주고, 가끔은 사례비 명목의 자금도 보내주며, 박 과장이 일할 수 있도록 든든한 활동기반을 마련해 주고 있다. 박 과장도 자신의 폭 넓은 활동 때문에, 낙동건설 해외사업부 직원들이 '성운시' 에 주재하고 있는 태백대사관 외교관들과 절친하게 지내고 있는 것이라고 생각한다.

"점심 메뉴를 무엇으로 할까요."

"가벼운 것으로 하시지요."

"안심스테이크와 포도주 한 병이 어떨까요."

"식대가 많이 나올 텐데요. 고급호텔이라."

식사 도중 두 사람 간에 오고간 대화는 안부나 날씨 같은 가벼운 인사말뿐이었다. 박 과장보다 세 살 아래인 '까말' 은 회교도 신자답게 과묵하고 책임감과 자존심이 강한 성격이다. 식사 후 두 사람은 승용차 편으로 삼십 여분을 이동하여 야외에서 온천욕을 즐겼다. 온천욕장은 주민들과 관광객들로 만원이었다.

"생각보다 손님들이 많습니다."

"관광객들이 계속 증가하여 온천욕장 전체를 새롭게 단장하였답니다."

"야외 온천욕장이 바닷가에 있어 환상적입니다."

박 과장은 이곳에서도 '은하스탄' 이 힘차게 신흥개발도상국가로 변모하고 있다는 사실을 실감했다. 발전 경험을 체험하지 못한 ' 까말 '은 박 과장 같은 생각을 하지 못하는 것 같았다. 노천온천욕탕 바로 옆에는 백사장과 조약돌이 자연스럽게 조화를 이루었고, 무리지어 이동하는 괭이갈매기 떼들과 어울려 황홀한 경치를 자아내고 있었다. 괭이갈매기들은 사람들의 손길도 무서워하지 않고 인간들과 자연스럽게 함께 놀았다.

"이번 월드컵 중간결승에서 우리 태백공화국 선수들이 잘했습니다. 본선 진출이 확정적입니다."

"저도 텔레비전을 시청했는데 훌륭하였습니다. 경제가 발전하면 다른 분야들도 함께 발전하나봅니다."

박 과장은 월드컵 경기 같은, 부담이 되지 않는 화두만을 꺼내며 '까말'에게 심적인 부담을 주지 않으려고 노력했다. 고국 태백 국민들이 하계휴가를 즐기는 풍습과 추석명절에 성묘하는 풍습을 소개하였다. 예의 바른 국민성과 수 천 년을 이어 온 '매장문화'가 서서히 '화장문화'로 변해 가는 추세도 소개했다.

한편 '까말'은

"불교신도가 절대적으로 우세한 은하스탄 국민들의 생활수준이 아직도 미흡하지만 행복지수는 세계에서 십위 이내지요."

하고 말했다.

두 사람은 저녁나절 쯤 다시 '성운' 시내로 돌아와 단골식당으로 들어갔다. 자신들의 대화 내용이 밖에서 들리지 않는 독방이었다. 그들은 식사와 반주를 함께 하면서 지난 십오일 동안 주변에서 있었던 일들을 교환했다.

"최근 전 세계 언론들은 호압국의 핵실험과 장거리미사일 발사, 국왕 광명光明의 건강상태 등을 집중적으로 보도하고 있습니다."

"'은하스탄' 외무성도 최근 호압국 광명 국왕의 건강문제를 '성운시' 소재 호압 외교관들에게 확인했는데, 그들은 전혀 모른다는 답변만 하고 있습니다. 우리 정부는 태백공화국의 발전된 전자교통카드제도와 국민건강보험제도를 도입하려합니다. 언제 어떠한 절차를 밟아야 하는지 과장님께서 지도해주시면 고맙겠습니다."

"고맙습니다. '은하스탄' 공무원들의 태백국 방문 일정이 확정되면 최선을 다해 협조하겠습니다."

박 과장은 '까말'의 제의가 개발도상국 외교관으로 기발한 착상이라고 생각했다.

호압虎壓군주국은 태백공화국의 동북쪽 이백여 마일 해상에 위치하고 있는 섬나라다. 입헌군주국이고 국왕이 최고통치자인데 국왕은 세습제다. 인구는 이천만여 명이며 광물자원이 풍부하다. 연간 일인당 소득이 이천 불 수준의 경제 후진국이지만, 군사강국이다. 군 병력이 백만 명도 넘고, 화학무기도 보유하고 있으며, 이년 전부터 핵실험을 주기적으로 실시해 세계 각국의 관심이 집중되고 있다. 수도는 연주시戀州市이다.

술기운이 거나해진 두 사람은 술잔을 돌려가며 즐겼다.

"계장님, 앞으로 근무하시다 호압 군주국의 핵무기개발이나, 국왕 광명의 건강과 관련된 새 소식이 있으면 꼭 좀 알려주십시오."

박 과장은 기회를 놓치지 않고 부탁하며 사례금이 든 봉투를 '까말' 에게 건넸다. '까말' 은 순간적으로 멈칫하다, 박 과장이 과거에도 몇 번 사례비를 주었던 사실을 상기하며

"고맙습니다."

하고 답례하고 술잔을 박 과장에게 돌렸다. 주고받는 행동이 거의 동시에 순간적으로 이루어졌다.

좌석은 술잔이 서너 순배 더 돌았고, 두 사람이 함께 어깨동무를 하고 '죽도록 사랑한다' 는 내용의 외국가곡 "아모레미오"를 합창한 다음 종료되었다.

"계장님, 오늘 귀하신 시간을 내주셔서 감사합니다."

"아닙니다. 제가 오히려 감사드립니다. 항상 신세만 지고."

"좋은 일요일 되십시오."

"또 뵙겠습니다. 고맙습니다. 'See You Again, Thank You' ."

한 밤중에 숙소로 돌아온 박 과장은

"작년에 '까말' 이 호압국 국왕 광명이, '연주시' 주재 외교사절들에게 행한 연설내용을 자신에게 제공하여, 본국 김덕선 으로부터 칭찬을 받았었는데……."

하고 생각하며 좋은 결과가 있기만을 마음속으로 빌었다.

당시 '까말' 은, 연주시에 주재하고 있는 '은하스탄' 외교관이 본국 외무성에 보내 온 광명 국왕의 연설내용을 복사하여 자신에게 주었다. 박 과장은 만일 이번에도 '까말' 이 호압국과 관련된 좋은 첩보를 제공하면, 휴가를 얻어 가족들의 얼굴을 보아야겠다고 마음먹었다. 박 과장이 장기

간 휴가를 가지 않은 이유도 이런저런 사유가 얽혀 있었기 때문이었다. 최근 박 과장의 머릿속은 부인과 혜진이, 동민이 모습으로 가득 차 있다.

"혜진이는 육학년이 되고 동민이는 삼학년이 되었을 텐데."

삼십대 인생 십년을 고스란히 해외건설 현장에서 보내고, 이제 사십대 초반 불혹의 세월을 보내고 있는 박 과장은 전과 달리 수시로 가족이 그리워진다.

박 과장과 '까말'의 심도 있는 접촉이 있은 후 한 달도 되지 않은 시점에서, '까말'은 호압국 연주시에 주재하고 있는 '은하스탄' 대사가 본국 외무성으로 보고한 호압국 '핵개발 관련 보고서' 한부를 박 과장에게 제공하였다. 박 과장은 놀라움을 금할 수 없었다. 보고서에는 호압국이 이십년 간 핵개발에 심혈을 기우려 핵실험을 하기까지의 과정, 향후 우주개발계획, 참여 과학자 명단, 각종 핵시설 현황 등 메가톤 급 비밀내용들로 가득하였다. 호압국은 이십년 전 공산주의 국가들이 붕괴될 때, 직장을 잃고 방황하던 강대국 핵물리학자들을 모셔다 우대하며 핵개발에 박차를 가하고 있었다.

"이렇게 엄청난 협조를 아끼지 않다니!"

박 과장의 맥박은 폭발하는 화산처럼 갑자기 요동치기 시작했다. 박 과장은 '까말'에게 받은 보고서를 당일로 본국 김덕선에게 송부했다. 다음날에는 태백공화국 수도 반월시에 있는 (주)낙동건설 본사에 휴가를 신청했다. '까말'에게는 어제 헤어질 때 본국으로 휴가를 다녀올 것이라는 인사를 미리 했다.

박 과장의 큰 딸, 혜진이는 며칠 전에 초등학교 육학년이 되어 착실하게 학교생활을 하고 있었다. 동생 동민이도 잘 돌보며 함께 놀기도 한다.

"혜진아 안녕."

"안녕 옥자야, 내일 또 만나."

수업을 마친 혜진이는 학교 정문에서 짝꿍 옥자와 헤어졌다. 혜진이와 옥자는 아파트가 서로 반대쪽에 있어, 요즈음 매일 정문에서 헤어진다. 작년만 해도 두 사람은, 집에 가는 길이면 학교 옆 어린이놀이터에서 그네를 뛰거나 미끄럼틀 타기를 하며 놀았다. 그러나 금년에는 한 번도 놀지 못했다. 몹시 추웠던 겨울 날씨 때문이기도 하지만, 육 학년이 되었다는 자부심과 하급생들에게 모범적인 행동을 보여야한다는 우월적 심리가 작용하고 있기 때문이다.

옥자와 헤어진 혜진이는 집을 향해 걸었다. 차도를 따라 칠십 미터 정도 걷고 횡단보도를 건너 아파트 단지 안으로 들어섰다. 사방이 고층 건물로 둘러싸인 아파트 단지는 조용하고 포근했다. 삼월 하순의 따뜻한 봄볕이 단지 전체에 내려앉아 있었다. 혜진이는 아파트 건물 밑으로 길게 만들어진 정원에 찾아온 봄을 구경하며 걸었다. 잔디밭에는 냉이와 꽃다지들이 제법 넓은 잎을 벌렸고 개나리, 진달래는 잎과 꽃망울을 거의 동시에 내밀고 있었다. 휘휘 늘어진 능수버들 가지는 파란 물을 흠뻑 마시고 어느새 뾰족한 잎들을 파릇파릇하게 내밀었다. 주차장에 줄지어 있는 자동차 지붕 위에선 아지랑이가 이글거리며 눈부시게 하늘을 향해 올라가고 있었다. 혜진네 집 앞의 털생강나무도 벌써 노오란 꽃을 탐스럽게 피웠다.

혜진이는 집 앞에 있는 어린이놀이터로 들어가 그네에 앉았다. 그네가 좁았다. 양쪽 줄 사이로 겨우 엉덩이가 걸쳐졌다. 지난겨울 혜진이의 키는 훌쩍 커버렸고, 양쪽 가슴도 튀어나와 제법 처녀티가 나기 시작했다. 오래간만에 앉아보는 그네였다. 작년 가을 이후 처음인 것 같았다. 뜨겁고 뭉클하는 느낌이 가슴속을 스쳐갔다. 앞으로도 그네 같은 건 즐길 수 없을 것이라는 생각이 들었다.

"어릴 때나 하던 놀이지."

라고 중얼거리며 가볍게 그네를 흔들었다. 조금 전 자신이 혼자 걸어왔던 아파트 단지 입구를 바라보았다. 수업을 끝내고 삼삼오오 집으로 향하는 후배들만 보였다.

"옥자도 집에 도착했겠지."하는 생각이 스쳐갔다.

혜진이와 옥자는 절친한 친구다. 육 학년이 되기까지 네 번이나 같은 반에 편성되었고 짝꿍도 세 번째다. 키는 비슷하지만 성격은 반대였다. 하지만 한 번도 다투어 본 적이 없으며, 너무 자주 어울려 친구들에게 쌍둥이라는 놀림도 받는다. 그토록 절친한 옥자가 육 학년이 되면서 가끔 혜진이의 마음에 걸리기 시작한다. 특히 남학생들이 옥자만 괴롭히고 놀릴 때 그렇다. 자기에게는 농담을 거는 남학생이 거의 없다.

"옥자의 얼굴이 예뻐 그럴까, 아니면 화를 낼 줄 모르는 성격 때문일까?"

혜진이는 오래 전부터 옥자의 얼굴이 자기보다 약간 더 예쁘다고 생각해 왔다. 성격도 옥자는 무던한 데 비해 자신은 좀 예민하다고 생각했다. 그러나 그것 때문에 고민해 본 적은 없었다.

"더 두고 보자, 개학한지 이십여 일밖에 안되었는데 뭐."

하고 혜진이는 옥자 생각을 잊어버리기로 했다. 그네에서 내려와 머리를 좌우로 흔들어 보고 집으로 들어갔다. 그 날 저녁 혜진이는 숙제를 하고 가족들과 어울리며 하루를 보냈다.

다음날 아침도 화창한 봄 날씨였다. 혜진이는 오늘도 아침밥을 먹은 후 거울 앞에서 몸맵시를 다듬으며 학교 갈 준비를 했다. 우선 웃옷의 칼라를 살핀 다음 머릿결을 만지고 가방 끈은 꼬이지 않았나, 이빨에는 음식물 찌꺼기가 끼어 있지 않은지 등 이모저모를 꼼꼼히 살폈다. 몸을 좌우로 돌리면서 전신의 모습도 확인했다. 별다른 이상은 없었다. 그러나 아무리 보아도 얼굴은 마음에 들지 않았다. 오늘 뿐 아니다. 요즈음 매일 그렇다. 지난달만 해도 혜진이는 자신의 얼굴이 그렇게 못마땅하지는 않았다. 왜 그런지 모르겠다.

내년이면 중학교에 진학하게 된다는 사실이, 마음 한구석에 자리 잡고 있기 때문인지도 모른다. 아니 옥자보다 더 예쁘게 보여야한다는 경쟁의식이 숨어 있기 때문인지도 모른다. 웃음을 잃은 지도 벌써 며칠이 되었다. 밥맛도 덩달아 없었다. 혜진이가 요즈음처럼 자신의 몸맵시에 관심을 둔 적은 없었다.

거울을 떠난 혜진이는 덤덤한 표정으로 방문을 나와

"엄마, 학교 다녀오겠습니다."

하고 현관문을 빠져 나오려 했다. 그 순간 혜진이는, 신발장 맞은쪽 벽에 걸려 있는 거울이 비춰준 자신의 모습과 마주쳤다. 순간적으로 슬쩍 훑어만 보고 현관문을 닫았다. '엘리베이터'로 다가서 내려가는 단추를

눌렀다. 고속으로 달려온 '엘리베이터' 는

"이십 층입니다." 하고 인사하며 문을 열어주었다.

문이 닫히는 순간 혜진이는 또다시 삼면에 부착된 커다란 거울에 둘러 싸이고 말았다. 조금 전 공부방에서 보았던 거울이나, 현관에 걸려 있던 거울보다 훨씬 크고 맑아서, 얼굴 뿐 아니라 상반신 전체가 세 방향에서 자연스럽게 비춰졌다. 혜진이는 텅 빈 '엘리베이터' 속에서 자신의 모습에 둘러싸이고 만 것이다. 혜진이는 자신의 몸맵시를 다시 한 번 관찰하고 이런저런 자세를 취해 보았다. 이번에도 몸 전체 균형에는 자신이 있는데 얼굴만은 그렇지 않았다. 혜진이는 거울을 등지고 문 쪽으로 한 발짝 다가서서 일층이 되기를 기다렸다.

"커 갈수록 얼굴 모양이 변하는데 또 달라지겠지."

하는 기대감으로 마음의 안정을 찾으며 학교로 향했다.

운동장에는 벌써 등교하는 학생들로 가득했다. 운동장 좌우 인도를 따라 많은 학생들이 줄지어 교실로 향하고 있었다. 현관에 들어서는 순간 혜진이는 진짜 커다란 거울과 마주쳤다.

뒤따라 걸어 들어오는 학생들의 모습은 보이지 않고, 자신의 전신 모습만 거울에 커다랗게 떠올랐다. 자신이 마치 영화 '스크린' 에서 걸어가고 있는 것 같은 느낌이 들었다. 황당하다는 생각을 할 틈도 없이 혜진이는, 몇 발자국을 뛰어서 거울 속에서 빠져 나왔다. 4층 교실까지 계단을 어떻게 올라왔는지 모른다. 뛰었는지 빨리 걸었는지도, 잘 생각이 나지 않을 정도로 당황했다. 복도에 멈춰 잠시 숨을 고르려 하였지만, 같은 반 학우들과 계속 마주쳐 마음대로 되지 않았다. 전신에 힘이 쭉 빠졌다. 그래도 땀은 나지 않았다.

어쩔 수 없이 교실로 빨려 들어가는 순간, 혜진이는 또다시 거울과 마주쳤다. 교실 뒷벽은 물론이고 칠판 옆과 선생님 책상 위에도 거울이 놓여 있는 게 아닌가! 이제 지겹다는 생각이 들었다.

"어떻게 이토록 거울이 많을 수 있을까. 온 세상이 거울 천지잖아. 세상 사람들은 왜 이토록 많은 거울이 필요할까?

하는 의문이 머릿속을 스쳐갔다. 그런 생각 속에 혜진이는 자기 자리로 가서 앉았다. 책가방을 책상 위에 올려놓고 친구들과 인사를 나눈 다음 뒷벽에 걸려 있는 거울 앞으로 갔다. 교실의 거울은 조금 전 공부방에서 보았던 거울보다도, 엘리베이터에 있는 거울보다도 자신의 모습을 밝고 환하게 비춰주었다. 햇빛을 받아 환하게 반사시켜 주는 자신의 모습을 대하니 마음도 한층 맑아지는 것 같았다. 혜진이는 눈가에 미소를 지으며 자리에 와 앉았다.

첫째 시간 수업이 시작되기 전의 교실은 매우 시끄러웠다. 저마다 한 마디 씩 해대는 반 친구들의 깨알 같은 소리가 어우러져, 교실은 떠나갈 것만 같았다. 늦은 가을 기러기 떼가 새카맣게 하늘을 가리고, 울고 울며 남으로 향하는 소리와도 흡사했다. 혜진이는 의자에 앉아 "요즈음 내가 왜 거울에 신경을 쓰는 것일까"

하고 생각하였다. 언제부터 그렇게 되었는지 모르지만 곰곰이 생각해 보니 얼추 한 달이 되어 가는 것 같았다.

"거울이 여기저기 너무 많아서 그럴까. 아니면 옥자보다 더 예쁘게 보이려는 욕심 때문일까?"

거듭 자문자답해 보아도 결론이 나지 않았다. 특히 학교 현관에 놓여 있는 큰 거울에 비친 자신의 모습엔, 왜 그렇게 당황했었는지 이유를 알 수 없었다. 옆에 앉아 있는 옥자에게 미안한 생각까지 들었다.

"딩동댕! 딩동댕!"

수업 시작을 알리는 '타임 벨' 이 울렸다. 국어 시간이다. 담임선생님께서는 옛시조에 관하여 설명하셨다. 그러나 혜진이의 머릿속엔 선생님의 말씀들이 새겨지지 않았다. 이런 생각 저런 생각들만 복잡하게 오가고, 거울에 관한 생각도 간간이 스쳐갔다. 그 날 혜진이는 어떻게 일곱 시간을 끝내고 무엇을 배웠는지 기억할 수 없을 정도로, 머릿속이 어수선한 상태에서 수업을 마쳤다.

수업을 마친 혜진이는 ,오늘도 정문에서 옥자와 헤어진 뒤 곧바로 집으로 향했다. 혜진이는 자동차도로 건너편에 있는 집으로 오는 도중, 또 한 번 거울충격을 받아야 했다. 교문을 나와 차도 옆 인도를 따라 걸어가자, 꼬리를 물고 질주하는 수많은 차량들이, 모두 저마다 당나귀 귀처럼 생긴 거울을 좌우에 붙이고 지나가는 게 아닌가. 뿐만 아니라 스쳐 가는 차량마다, 자신의 모습을 꼬마 인형처럼 잠시 비춰 주고 사라지곤 하였다.

결국 혜진이는, 자신의 조그마한 모습을 계속 보면서 걸어야 하는 이상한 체험을 하고 있었다. 계속 이어지는 거울물결에 진저리를 치며, 혜진이는 차량들을 외면하고 걸었다. 그래도 마음이 진정되지 않았다. 뛰는 가슴을 진정시켜 보려고, 긴 호흡을 해 보고 총총걸음으로 걸어도 보았지만, 별 소용이 없었다. 갈등과 조바심이 머리를 꽉 점령하여 몸서리가 처지는 상태에서, 혜진이는 횡단보도에 도착했다. 횡단보도를 건너 집으로 향하자 차량들이 보이지 않았고, 혜진이의 마음도 진정되기 시작했다. 어린이놀이터에서 가까스로 마음의 평온을 되찾고 집에 도착하니 아무도 없었다. 혜진이는

"휴~"

하며 또 한 번 긴 한숨을 쉬고, 공부방으로 들어가 침대 위에 벌렁 누웠다. 두 팔을 쩍~벌리고 물끄러미 천장을 쳐다보며, 오늘 하루 종일 거울의 마력 속으로 빨려 들어갔던 자신을 되돌아보았다.

"왜 그랬을까"

아무리 냉정하게 곰곰이 생각해 봐도, 거울이 너무 많아서 생긴 일 같았다. 혜진이는 결국 거울과 인간을 비판하는 데까지 상상력을 동원했다.

"세상에는 왜 이렇게 거울이 많을까? 자신의 얼굴과 모습을 보며 화장하고 몸맵시를 다듬으려고? 화장하고 몸맵시를 다듬는 것은 결국 꾸민다는 게 아닌가. 실제보다 더 예뻐지고 멋지게 보이려고 꾸미는 행동이 아닌가. 그렇다면, 거울은 인간의 진실한 모습을 가리고 가짜 모습을 만드는데 이용되는 흉물이다. 사람들이 자연스런 모습으로 진실하게 살지 않고, 더욱 부풀려 거짓으로 살아가는 데 이용되는 흉물!"

하루 종일 거울에 시달렸던 혜진이는 거울을 흉물이라고까지 정의했다. 내일부터는 거울을 보지 않겠다는 결심도 했다. 거울을 보며 몸맵시를 다듬고 예쁘게 보이려고 고생할 게 아니라, 생긴 모습 그대로 살아가

는 것이 더욱 진실하고 영원한 것이라고 생각했다. 아니 그렇게 하는 것이 옥자를 이길 수 있는 길이라고 생각했다. 그러나 혜진이는 또 다른 고민에 빠졌다. 거울을 모두 없애자고 주장할 수 없는 노릇일 뿐만 아니라, '거울안보기운동' 을 전국적으로 추진하자고 떠들어댈 수도 없기 때문이다. 결국 혜진이는 거울만 생각하다 낮잠이 들었다. 얼마나 지났을까. 인터폰 소리에 잠을 깬 혜진이는, 눈을 비비며 현관문을 열었다. 엄마였다. 엄마는 시장에서 채소, 과일, 일용생필품 등을 사서 비닐봉투에 나누어 넣고 양손으로 들고 오셨다.

"일찍 왔구나. 잤었니?"

"응 - "

"엄마하고 채소도 다듬고 과일도 씻어 냉장고에 넣자."

"네 - "

엄마는 자신과 함께 틈틈이 집에서 살림살이를 배우는 딸 혜진이가 몹시도 대견스러웠다. 부모들의 말이라면 무조건 순종하며 오늘날까지 커온 혜진이가 아닌가. 여느 집 딸들처럼, 새 옷 투정 한번 해본 적이 없는 혜진이다.

"너 어느 중학교에 진학했으면 좋겠니. 추첨으로 하는 거라 네 마음대로 되는 건 아니지만…."

"아무데나 들어가도 괜찮아."

덤덤한 대답이었다.

"그래도 마음에 드는 학교가 있을 게 아니냐."

"글세…."

"너, 어디 아프니?"

"아니. 그런데 엄마."

엄마의 눈초리를 읽은 혜진이는 재빠르게 말머리를 돌렸다.

"엄마, 언젠가 아빠께서 그런 말씀을 하신 적이 있지?"

"무슨 말씀…"

"TV 뉴스는 보지 않으신다고. 직장인이 세상 물정을 너무 많이 알면, 본연의 임무에 충실할 수 없다고."

"글쎄다. 잘 기억이 나지 않는데…"

엄마는 시선을 채소 쪽으로 돌렸다. 기억을 더듬어 보니 언젠가 남편이 그런 말을 한 것도 같은 생각이 들었다. 열대지방에서 무더위와 싸우며, 건설공사에 전념하고 있는 남편의 모습을 그려보는 엄마의 얼굴은, 잠에서 막 깬 사람처럼 풀이 죽어 있었다.

"한번 다녀가실 때도 되었는데…."

남편은 작년 초에 과장으로 진급하여, '은하스탄' 공화국 수도인 '성운시' 소재 (주)낙동건설 해외사업부로 출국한 후, 한 번도 집에 오질 못했다. 얼굴 본 지가 일 년도 넘었다. 채소를 다듬는 엄마의 손도 힘이 없어 보였다.

"엄마."

"왜."

"나 내일부터 거울 안 볼래. 중학교에 가면 사주신다던 '핸드폰' 안 사줘도 좋고."

"그게 무슨 소리야, 갑자기?"

혜진이를 쳐다보는 엄마의 눈동자는 번개처럼 빛났다. 혜진이는 조금 전 침대에 누워 생각했던 것들을 그대로 말로 이어 갔다.

"아빠가 하신 말씀의 뜻은, 사람이 쓸 데 없는 곳에 한눈을 팔면, 자기 할 일을 할 수 없게 된다는 의미 아냐?"

"그거하고 거울 보는 것하고 무슨 상관이야. 또 '핸드폰'은 왜 소용이 없다는 것이고!"

엄마는 경계의 눈초리를 풀지 않고 혜진이를 쳐다보았다.

"사람들이 거울을 보며 몸치장이나 하다 보면, 자연히 자기 할 일을 소홀히 하게 될 것 아니야? 뿐만 아니라 화장이나 몸치장이라는 것 자체가, 진실을 가리고 부풀려 거짓으로 세상을 살아가려는 행동이고."

혜진이도 엄마를 쳐다보며 대들 듯이 또박또박 대답했다.

"뭐?"

엄마는 또 한 번 놀라며 말을 잇는다.

"거울을 보며 몸단장하는 것이 설마 세상살이에까지 지장을 줄까?"

엄마의 대답은 부드러웠다. 혜진이의 속마음을 읽었기 때문이다.

"따르릉! 따르릉!"

이모로부터 걸려온 전화 때문에, 혜진이와 엄마의 대화는 자연스럽게 끝났다.

다음날 아침부터 혜진이는 어제 다짐한 대로 거울을 보지 않았다. 몸단장은 혼자 책상을 지키는 컴퓨터 모니터에 어른거리는 검은 물체를 보며, 흩어진 머리카락들을 손으로 긁어 올리는 정도로 끝내고, 학교로 출발했다. 혜진이는 아파트 현관에 있는 거울도, 엘리베이터에 있는 거울도, 학교 현관이나 교실에 있는 거울 등 모든 거울을 무시하고 관심을 두지 않았다. 줄지어 지나가는 차량들의 백미러도 외면했다. 거울에 신경을 쓰지 않고 교실에 도착하니 마음도 편해졌다.

"그동안 쓸데없는 데 신경을 쓰느라고 내 마음이 불편했었구나."

혜진이는 이렇게 말하며 수업 전 자습에 임했다.

넷째 시간이 끝나고 점심시간이 되었다. 혜진이도 배식을 받아 책상에서 식사를 하기 시작했다. 모처럼 편한 마음으로 먹어 보는 기분이었다. 짝꿍 옥자와 함께 이야기를 하며 먹는 도중, 담임선생님이 오셨다. 학생들이 점심 먹는 모습을 감독하시다가 혜진이 곁에 멈추신 것이다.

"박혜진, 밥 맛있니?"

"네."

"그래, 많이 먹어."

하시며 선생님은, 귀 근처에 흐트러진 혜진이의 머리카락들을 손으로 다듬어 주셨다.

"어머!, 내 머리카락들이 흐트러져 있었나 봐."

혜진이는 선생님이 지나가자, 점심을 먹는 둥 마는 둥 하고 일어나, 반사적으로 교실 뒷벽에 걸려 있는 거울로 향했다.

"아~아니, 난 거울을 보지 않기로 했잖아."

장승처럼 굳어 버린 혜진이의 발길은 더 이상 떨어지지 않았다. 혜진이는 마음을 진정시키려고 숨을 고르고 교실 밖으로 나왔다.

"무얼 보고 머리를 다듬는 담?"

막막해진 혜진이는 이런저런 궁리를 하다, 운동장 반대편에 있는 세면장으로 향했다. 손바닥을 모아 수돗물을 받고 얼굴을 비춰보았다. 그러나 얼굴은 떠오르지 않았다. 수돗물을 땅바닥에 내동댕이치고, 운동장 서쪽에 있는 쪽문을 지나, 어린이놀이터로 갔다. 그곳에 조그마한 분수대가 있었기 때문이었다.

지루한 겨울을 보낸 분수대는 물을 내뿜지는 않고 있었지만, 연못처럼 동그랗게 만들어진 넓은 바닥엔, 제법 많은 물이 괴어 있었다. 혜진이는 쪼그리고 앉아 물결에 반사되는 자신의 모습을 들여다보았다. 자신의 상반신이 하늘하늘 물결 따라 흔들리며 떠올랐지만, 흐트러진 머리카락들이 보일 정도로 투명하진 않았다. 더구나 봄바람이 불 때마다 출렁이는 물결은, 자신의 모습을 완전히 망가뜨리곤 했다. 머리카락들의 상태를 보기는 완전히 불가능했다. 실망스런 마음으로 일어나려는 순간, "휙~!" 또 한 번 흙바람이 놀이터를 휩쓸고 지나갔다. 분수대 연못에도 흙먼지와 가랑잎들이 어지럽게 떠돌기 시작했다.

혜진이는 포기하지 않고 이번에는 미끄럼틀로 다가갔다. 미끄럼대가 녹슬지 않는 '스테인레스 스틸' 로 만들어져 유리같이 하얀빛을 반사하고 있었기 때문이었다. 미끄럼대에 자신의 얼굴을 들이대며 비춰보았다. 그러나 어둡고 이상한 형체만 어른거릴 뿐, 얼굴이나 상반신은 전혀 나타나지 않았다. 기대 이하의 결과였다.

"맑고 반짝인다고 다 거울 역할을 하는 게 아니로구나."

혜진이의 생각은 실망보다도 거울의 특이성으로까지 비약하고 있었다.

혜진이는 모든 것을 포기하고 힘없이 일어나 학교를 향해 걸었다. 고개를 숙이고 걸어가던 혜진이는 또 한 번 멈춰 섰다. 자신의 그림자를 발견했기 때문이다. 등 뒤에서 비추는 한낮의 따뜻한 봄 햇살이, 어린이놀이터 땅바닥에 혜진이의 모습을 뚜렷하게 그려 놓은 것이다. 혜진이는 자신의 그림자를 살피면서, 얼굴과 머리 모습을 읽어보려고 노력했다. 그러나 얼굴이나 머리 모습은 그림자에 나타나지 않았다. 혜진이는 햇빛을 향해 돌아선 다음 목을 돌려 그림자를 뒤돌아보았다. 그래도 허사였다. 햇빛은, 사람들의 전체적인 얼개만을 그림자로 만들어 놓는다는 사실을, 혜진이는 오늘에서야 실감했다.

혜진이는 또다시 힘없는 발걸음을 옮겼다. 도무지 거울을 보지 않고 자신의 모습을 살필 수 있는 묘책이 떠오르지 않았다. 점심시간이 거의 끝나 가는 것 같았다. 운동장에서 놀던 학생들이 대부분 교실로 들어가고 있었다. 교실로 돌아온 혜진이는, 하루의 수업이 다 끝날 때까지도 마음속의 숙제를 해결하지 못했다.

수업이 끝나고 집으로 돌아온 혜진이는 엄마와 마주쳤다. 엄마는 부엌일을 하고 계시다가 혜진이를 맞이했다. 엄마는 오늘도 혜진이의 표정이 밝지 못한 것을 읽었다. 그래서 의도적으로 자극적인 질문은 하지 않았다.

"손 닦고 쉬어라."

엄마는 부엌일을 계속했다.

혜진이는 어제처럼 공부방으로 들어가 침대 위로 몸을 던졌다. 한숨을 길게 내쉬고 눈을 감았다. 어제처럼 머리가 복잡하지는 않았지만, 앞으로 정말 거울을 보지 않고 생활할 수 있을지 궁금하고 답답했다. 그러나 곧 혜진이는 어제 거울을 보지 않겠다고 엄마에게 다짐하였던 결심을 떠올렸다.

"거울을 안보겠다고 큰소리쳤던 결심을 하루도 못 참다니."

혜진이는 자신을 꾸짖으며, 오늘 학교에서 헝클어진 머리카락을 다듬으려고, 이리 뛰고 저리 뛰던 모습을 생각했다.

"세면대, 분수대, 미끄럼틀을 찾아 헤맸고, 심지어 그림자에서도 내 얼굴을 찾아보려고 방황하지 않았던가! 내가 싫어하는 거짓을 찾아 헤맸던 게 아닌가!"

자신이 초라해졌다고 생각했다. 거울을 보며 몸맵시를 다듬고 옥자보다 더 예쁘게 보이려던 자신이 비굴해진 것이라고 자학했다.

거울을 보지 않고 지내는 혜진이의 생활은, 어느덧 한 달이 넘도록 계속되었다. 그래도 티 없이 맑은 혜진이의 얼굴은, 날이 갈수록 뽀얗게 피어났다. 가끔 흐트러진 머리카락들이, 이마나 귀 앞으로 흘러내렸지만 문제되지 않았다. 혜진이는 감각으로 알아차리고, 손가락으로 긁거나 다

듣으며 해결했다. 엄마도 혜진이의 이런 생활을 눈치 채고 있었지만 관여하지 않았다. 오히려 거울을 보지 않고 등교 준비를 하는 혜진이를 도와주었다. 제 마음대로 꾸밈없이 자연스럽게 성장하는 게 보다 진실하고 원만한 인격 형성에 도움이 될 것이라고 생각했다.

가을이 되자, 열대지방 은하스탄 공화국에서 건설 업무에 종사하시던 아빠가 돌아오셨다. 아빠와 함께 생활 할 수 있는 가정 분위기가 일 년 십 개월 만에 찾아온 것이다. 엄마의 표정도 한없이 밝아지고, 집안 분위기도 활기에 넘치면서 단란한 가정으로 변했다. 그러나 아빠는, 혜진이가 거울을 보지 않고 생활하고 있다는 사실을 아직은 모른다.

어느 날 혜진이네 가족들은, 저녁 식사를 마치고 거실에서 함께 '텔레비전'을 시청했다. 아빠도 모처럼 일찍 귀가하셨고 개구쟁이 남동생 동민이도 자리를 함께 했다.

"몇 년 만에 찾아 온 순간인가. 아니 얼마나 기다렸던 행복인가."

엄마는 이렇게 생각하며 일일 연속극을 시청하고 있었다. 아기자기한 내용들이 유명 배우들에 의해 연출되었다. 삼십여 분 후, 남자 주인공 부모들이 완강하게 결혼을 반대한다는 사실을 알게 된 여자 주인공이, 애인의 행복을 빌며 도망치는 장면에서 연속극은 끝났다.

엄마는 싱크대 쪽으로 가 부엌일을 계속하였고, 동민이도 공부방으로 들어갔다. 혜진이는 아빠와 거실에 남아, 일일 연속극 다음에 방영되는 아홉시 뉴스를 시청했다. 함께 뉴스를 시청하던 혜진이는 소스라치게 놀랐다.

"어~, 아빠가 뉴스를 보시네!"

어이없는 충격이었지만, 혜진이는 억지로 내색을 하지 않으며 표정을 관리하고, 뉴스를 청취하시는 아빠의 거동을 살폈다. 뉴스는 헤드라인 뉴스에 이어 정치, 경제, 사회, 문화, 군사, 스포츠에 관한 소식들은 물론, 기동취재를 통해 사회 비리를 고발하는 내용까지 포함되어 있었다. 아빠는 계속되는 뉴스를 빠짐없이 시청하셨다. 가끔은 앉은 자세를 고쳐 가며, 뉴스에 빨려 들어가는 것 같은 표정을 지으시기도 했다. 혜진이는 뉴스가 끝나기만을 기다렸다. 직장인이 세상 물정을 너무 많이 알면, 본연의 임무에 충실할 수 없다고, 단호하게 말씀하셨던 아빠가 아닌가!

일기예보를 마지막으로 아홉시 뉴스는 끝났다.

"아빠!"

혜진이는 기다렸다는 듯이 아빠를 불렀다.

"응, 그래, 왜?"

아빠는 나지막한 목소리로 대답했다. 아빠의 머릿속에는 아직도 뉴스의 내용들이 남아 있는 것 같은 표정이었다.

"뉴스를 열심히 보시네요."

"그럼, 열심히 보아야지. 세상 돌아가는 것을 알려면, 무엇보다도 뉴스를 열심히 청취하고, 신문도 많이 읽어야하는 거다."

아빠는 상상외로 딸을 교육시키는 말투로 대답했다. 또 한 번 놀란 혜진이는 아빠의 대답이 끝나기도 무섭게 제일 궁금했던 질문을 했다.

"네? 지난번 아빠가 집에 오셨을 땐 뉴스를 보지 않으신다고 하셨잖아요?

직장인이 세상 물정을 너무 많이 알면, 본연의 임무에 충실할 수 없다고 하시면서…."

"뭐~, 음~, 그랬나!"

아빠는 잠시 후에 말을 계속 이어가셨다.

"혜진아, 그때 내가 너에게 그런 말을 했을 땐, 내가 해외건설 현장에서 밤낮으로 일하는 게 내 업무였고, 지금은 '은하스탄' 공화국 '성운시' 소재 (주)낙동건설 해외사업부 홍보과장으로 근무하고 있지 않니? 홍보업무는 모든 정보를 알아야 업무를 수행할 있고, 아울러 우리 사회의 구석구석도 알아야 효율적으로 해낼 수 있는 업무다. 때문에 내가 지금 이 직무를 수행하는 한, 뉴스도 열심히 보고 신문도 부지런히 읽어야 정보를 분석도 할 수 있단다."

혜진이는 아빠의 말씀을 이해하기 어려웠지만 대강은 짐작이 갔다.

"그럼 뉴스를 보고 안 보는 것이, 아빠에게 주어진 직무와 관련이 있는 것이라는 말씀이시군요."

"그럼, 그렇지."

“아~, 저는 모든 직장인들이 뉴스를 보면 일하시는데 지장이 있는 줄 알았어요.”

혜진이는 머리를 끄떡이며 아빠에게 말을 이어갔다.

“그런데 아빠, 요즈음 사람들은 정보라는 말을 너무 많이 사용하는 것 같은데, 정보라는 말의 참뜻은 무엇이고 분석이란 말은 또 무슨 의미인가요?”

하고는 혜진이는 아빠를 쳐다보았다.

“뭐~, 정보가 무슨 뜻이고 정보분석의 의미는 무엇이냐고?”

아빠는 놀란 표정으로 혜진이를 쳐다본 후 무슨 결심이라도 한 것처럼

“그래, 말해주지. 그런데 내 설명을 네가 알아들을 수 있을지 모르겠다.”

하시며 잠시 숨을 고르고

“그러나 언젠가는 꼭 알아두어야 할 말들이니 이번 기회에 설명해 주마.”

하시며 눈동자를 이리저리 굴린 다음, 강의하는 표정까지 지으며 설명을 시작했다.

“우선 정보라는 단어는 일반적인 의미와 전문적인 의미로 구분되어야 할 것이다. 일반적인 의미는, 국어사전에 있는 것처럼 사물의 내용이나 형편에 관한 소식 또는 자료라고 알아두면 될 것이고, 전문적인 의미는, 사용자를 위한 사전지식이라고 정의할 수 있다. 여기서 사용자란 대통령을 비롯해서 국무총리, 장관, 회장, 사장 등 다양한 데, 정보기관의 종류나 성격에 따라 달라지는 것이다. 민간적인 측면에서, 가령 어느 대기업 소속 사원들이 자기 회사를 위해 정보활동을 하고 있다면, 그 정보의 사용자는 회장이나 사장이 될 것이다. 그리고 사전지식이란, 정보 사용자가 어떤 행동을 하거나 의사를 결정하기 전에, 제공되거나 보고되는 지식이라는 의미다.”

여기까지 설명한 아빠는, 혜진이의 표정을 살피며 자신의 설명을 딸이 알아듣고 있는지를 확인하려했다. 혜진이가 거실 창밖을 보며 고개를 끄덕이자 아빠의 설명은 계속되었다.

"그리고 정보분석이란, 정보보고서를 작성하기 위해 수집된 자료나 첩보들을 처리하고 종합하는 일련의 과정을 말하는 것이다. 소문이나 자료 수준의 내용들이, 정보로 탈바꿈되어 보고서가 필요한 사용자에게 제공되는 것이다."

장황한 내용들을 교과서적으로 설명한 아빠는

"이해하기 힘들지?"

하시며 혜진이의 대답을 기다렸다.

"거의 못 알아듣겠어요."

혜진이는 솔직하게 말했다.

"그럴 것이다. 사람들이 정보, 정보하며 저마다 떠들지만 실제로 전문적인 입장에서 정보라는 단어를 정의하려면 많고 어려운 낱말들이 나열되어야 가능하단다. 그러니 너도 정보의 참다운 의미 같은 것엔 신경 쓰지 말고, 고등학교를 졸업할 때까지는, 남들처럼 아무런 부담 없이 정보라는 단어를 사용하는 게 좋을 것 같다. 물론 배움의 길을 계속 걸어야 하는 너 같은 입장에서, 모든 것에 의문적인 시각을 갖고 접근하는 자세야말로 칭찬 받아야 할 일이다. 그러나 정도가 지나치면 오히려 머리가 복잡해지고 역효과를 가져올 수 도 있단다. 그러니 혜진아! 인간세계의 진리나 철학은 변할 수 없는 것이지만, 이것들을 밑바탕으로 하는 세상살이의 방법은, 여건이나 상황에 따라 항상 변할 수 있는 것이다. 원칙만을 고수하며 융통성 없이 세상을 살아가기보다는, 가능한 한 자신을 양보하며 부드럽게 살아가는 자세야말로, 상대방과의 충돌도 피하고 화합적인 분위기를 조성하여, 우리 사회를 보다 건전하게 발전시킬 수 있는 좋은 생활방법이다. 만일 세상 사람들이 모두 이기적인 생활자세를 버리고 자신을 양보하며 살아간다면, 공중도덕이나 사회질서는 저절로 잘 유지될 것이며, 선진국 수준의 민주주의도 꽃피울 수 있게 될 것이다. 그러니 앞으로는 항상 오늘 내가 한 말들을 명심하면서 살아가거라."

말씀을 끝낸 아빠는, 딸의 커다란 숙제를 풀어 준 것처럼 후련한 표정을 지으며, 혜진이에게 보리차 한 잔을 주문했다. 혜진이는 일어나 식탁으로 가며

"녹차를 한 잔 드릴까요?"
하고 물었다
"아니다. 잠자기 전엔 보리차가 좋다."
하시며 녹차에도 '카페인' 이 들어 있다는 뜻을 딸에게 암시해 주었다.
혜진이가 보리차 한 잔을 드리자 아빠는 단숨에 마시고
"자, 이제 그만 잘 준비를 할까."
하며 혜진이에게 말했다.

아빠와 함께 일어선 혜진이는 공부방으로 갔다. 침대에 누워 잠을 청했다. 그러나 뜻밖의 새로운 사실을 알게 된 혜진이의 머리는, 또다시 혼란과 갈등으로 가득 찼다. 맡은 직무에 따라 생활자세도 바뀌는 것이라는 아빠의 말씀과, 거울을 보고 화장하는 것이 세상살이에까지 영향을 미치겠느냐고, 말씀하시던 엄마의 모습이 생생하게 떠올랐다. 예상은 했었지만 정보라는 말의 의미도 뜻밖으로 어려웠고 처음 듣는 단어들도 많았다. 아빠의 설명 내용은 매우 전문적인 것 같았으며, 표현 자세나 능력도 예상외로 놀라울 정도였다. 평소엔 전혀 느낄 수 없었던 아빠의 모습이었다. 불필요하게 예민한 자세로 생활하지 말고, 정도에 지나치지도 말라는, 자신에 대한 질책 또한 예사로운 말씀이 아닌 것 같았다.

"앞으로 무엇을 얼마나 더 배워야하는 것일까? 중학교, 고등학교, 대학교…. 아니 석사, 박사, 유학 공부도 있잖아."

끝없이 이어질 배움의 길이 너무도 길고 지루할 것 같았다. 그런 생각을 한 다음 혜진이의 생각은 또 다시 거울 문제로 돌아왔다.

"그러면 거울 문제는 어떻게 해결해야 하나? 계속 거울을 보지 않고 살아갈까? 아니면 다시 보기 시작할까? 중학교에 진학한 후에 보기 시작하면 어떨까?"

혜진이의 머리는 혼란스럽기만 했다. 결론을 내리지 못한 혜진이는, 일단 자신이 결정한 일이니 자신이 해결해야 할 문제라고 괴로워하다 잠이 들었다.

아빠와의 진솔한 대화가 있었던 날 이후, 혜진이의 머릿속은 항상 아빠의 훈계 말씀과 엄마의 말씀이 함께 맴돌았다. 날이 갈수록 무뎌졌던 거울에 대한 감각도, 소리 없이 되살아나기 시작했고, 가끔 자신도 모르게 거울을 보는 행동으로까지 발전되었다. 혜진이는, 그럴 때마다 자신의 굳은 결심이 깨어지는 안타까움을 느끼곤 했지만, 곧 마음의 평온을 되찾았다. 뿐만 아니라, 거울을 볼 때마다 점점 달라지는 자신을 발견할 수 있었고, 실수도 예방 할 수 있었다. 혜진이는 거울을 볼 때마다, 아빠와 엄마가 자신을 포근히 감싸주는 것 같은 감정도 느끼곤 했다.

이런 변화된 생활이 계속되던 어느 가을 날. 창밖의 나뭇잎들이 단풍으로 울긋불긋 물들고, 아침저녁으로 제법 쌀쌀한 기운까지 감도는 날이었다. 혜진이는 오늘도 학교를 가려고 엄마에게 인사를 드리다 크게 당황했다. 엄마가 자신을 바라보시며

"야, 우리 혜진이 참 예쁘구나. 멋진 '코트'에 머리까지 단정히 빗고 보니 정말 선녀같이 보인다. 너 오늘은 거울 보며 몸단장했지!"

하시는 게 아닌가.

"어, 내가 거울을?"

자신의 모습을 아래위로 훑어 본 혜진이는, 소스라치게 놀라며 벌써 며칠 전부터 거울을 보고 몸단장한다는 사실을 시인했다.

"엄마, 어떻게 알았어?"

"네 차림새를 보고 직감적으로 알았다. 혜진아 너 중학교에 진학해도 '핸드폰' 필요 없다고 했지?"

"아니 '핸드폰' 예정대로 사줘 엄마. 필요할 것 같아."

엄마는 황급히 현관문을 닫고 뛰어 나가는 딸의 뒷모습을 보며 환하게 웃었다. 혜진이도 여덟 달만에 감옥에서 해방된 것 같은 홀가분한 기분을 느끼며, 학교를 향해 가벼운 발걸음을 옮겼다. 코트 주머니 속의 작은 손거울을 만지작거리며…….

혜진이의 아빠 박숭무 과장은, 꿈같은 휴가를 즐기던 중, 친구 김덕선의 연락을 받았다. 반월 시내에서 만나 오랜만에 저녁식사를 하고 회포도 불었다. 박 과장은 김 과장으로부터 열흘 간 휴가 후 "진급이 될 것 같다는 이야기"를 이야기를 들었다. (주)낙동건설 과장에서 부장으로 승진될 것 같다는 소식이었다. 김 과장은 박 과장이 '은하스탄'에서 보내 준

"호압군주국 핵무기개발 관련 비밀 보고서" 가 태백공화국 안전보장 정책수립에 지대한 기여를 했다고 전달해 주었다. 박 과장은 고마웠다. 지긋지긋한 해외건설현장을 떠나, 국내에서 가족들과 아기자기하게 살아가는 게 최고의 '행복코스라' 고 그리워하던 터였다. 두 죽마고우의 정다운 이야기를 상현달이 도청했다. 내일 햇님에게 보고할 예정이다.

매장, 화장

김규종金圭鍾 박사의 설명이 계속되었다. 사십 여명의 농민들이 숨죽여 듣고 있다. 모두 박대농朴大農이 고향 주민들이다. 거침없는 달변達辯이었다.

“윤달에는 송장을 거꾸로 매달아도 액厄이 찾아오지 않는다.”

윤달 중 어느 날에 장사葬事를 모셔도 ‘모질고 사나온 운수’가 뒤따르지 않는다는 의미였다. 김 박사의 설명은 윤달閏月에 관한 내용으로 옮겨졌다.

“윤달이란 무엇이고, 어떻게 산출하여 만드는가? 태음력太陰曆은, 달이 둥글게 차는 기간, 약 29.5일을 기준으로 만든 달력이다. 일 년을 12개월로 하고, 큰달은 30일로, 작은달을 29일로 하면, 총 354일이 된다. 태양력太陽曆의 일 년 365일 보다 11일이 모자란다. 때문에 삼년 간격으로 한 달을 더 만들어, 일 년을 13개월로 해야 한다. 이렇게 더 만들어진 달이 윤달이다. 따라서 윤달이 들면 일 년은 13개월이 되는 것이다. 윤달이 유월에 들면, 유월과 윤유월을 지내고 칠월로 넘어가는 것이다. 이렇게 하지 않으면, 칠월이나 팔월에도 눈이 내리는 경우를 만나게 된다. 우리 조상님들은 윤달을 유용하게 이용했다. 윤달이 들어 있는 해가 밝으면, 조상님들은 이장移葬이나 사초莎草, 집짓기 같은 큰일을 계획하여 실천했다.”

김 박사와 농민들 곁엔, 산소 두 기基가 아래위로 마련되었다. 주변이 온통 황토 흙투성이다. 대농이 부모와 조부모의 유골遺骨은, 칠성판七星板에 묶여 모셔져 있었다. 유골은 한지韓紙로 깨끗이 포장되어 천막아래 보호 되었다. 오늘은 대농이 조상님 네 분을 이장移葬모시는 날이다. 하관下官시각 14:00시를 기다리는 중이다.

대농이가 직장생활을 시작한지 삼년 째 되는 해였다. 그날 대농이는 시내 출장 근무 중, 친구 사무실에서 김규종 박사를 소개 받았다. 대농이보다 두 살 더 먹은 연배年輩였다. 김 박사는 통성명通姓名이 끝나자, 대농이 얼굴을 쳐다보며

"박대농 선생은, 참 오래 사실 관상觀相을 타고났다."

고 운韻을 떼고, 능숙한 말솜씨로 대화를 이끌어 갔다. 대농이는 김 박사를 보며

"어떻게 그리 잘 아시느냐?"

고 반문했다. 양쪽 말을 듣던 친구가 끼어들었다.

"김 박사는, 풍수지리, 사주, 관상, 주역, 동양철학, 유학, 한의학, 현대의학까지 통달한 만물박사." 라고 설명했다.

그 후 몇 년간 대농이가 김 박사를 사귀어 보니, 김 박사는 정말 아는게 많은 사람이었다. 대농이는 김 박사를 '천재적인 두뇌를 가진 사람이 제대로 풀리지 못한 사람 중 하나' 라고 판단하게 되었다. 김 박사는 캄캄한 밤에 나침반을 갖고 방향감각을 시험해 봐도 정확하게 맞춘다. 승용차에 태우고 이산저산을 돌아 계곡에 들어가 확인해 봐도, 나침반이 가르치는 방향을 정확히 알아낸다. 최면催眠하는 사람도 아니고, 이상한 사람이라고 밖에 표한하지 않을 수 없다. 친분이 두터워진 대농이와

김 박사는 어느 날 함께 대농이네 고향엘 갔다. 사당祠堂과 마을을 둘러 본 후 대농이 조상님들이 계신 선영先塋으로 갔다. 뒷동산 넘어 두무실杜舞室 계곡에, 대농이 부모님 산소에 성묘를 갔다. 고갯마루에 도착하자, 김 박사는 성황당 옆에 앉으며

"박대농씨 혼자 내려가 성묘를 마치고 올라오라."

는 말을 불쑥 꺼냈다. 대농이가 성묘를 마치고 되돌아온 건 삼십분 후였다. 김 박사는 대농이를 옆에 앉히고, 시야에 들어오는 산천과 풍광들을 상세히 설명했다. 풍수지리설에 입각한 지형분석이었다. 모두 알쏭달쏭한 말들이었다. 김 박사는 산기슭 한 지점을 선택하여

"저기가 명당이다. 오직 한개 남은 명당이다."

라며 기뻐하였다. 마치 무슨 큰일을 해낸 것처럼 혼자 좋아했다. 김 박

사는

“함께 내려가 현장을 보자.”

고 대농이에게 제의했다. 현장 부근에 도착하자 김 박사의 걸음은 느려졌다. 조심조심 걸으며, 무슨 소리를 들어보려는 사람처럼 긴장된 표정까지 지었다. 김 박사는 발걸음을 멈춤과 동시, 구두 뒤축으로 땅을 찍으며

“여기다. 여기!” 하며 소리쳤다.

“여기가 지기地氣와 정기精氣가 모여 있는 지점, 즉 혈穴이다,”

라고 설명했다. 두 사람은 혈이라는 지점에 작은 돌을 묻어 비표秘標를 했다. 제 모습으로 돌아온 김 박사는, 명당 터에서 보이는 모든 산하를 설명했다. 산봉우리, 계곡, 방향, 토질, 산소와 주변 산세山勢, 물의 흐름 등 많았다. 자세히 살펴보니 북쪽으로 저수지 물도 굽어보였다. 김 박사의 설명을 듣고 나니 대농이의 마음도 편해졌다. 대농이는 내심 ‘잘 되었구나’ 라고 생각하며, 김 박사와 함께 고향마을로 돌아왔다.

대농이 아버지 박무봉朴舞鳳은 일본 식민지 시절에 고등보통학교를 졸업하셔, 동네에서 유식한 농부로 대우받았다. 풍수지리나 동학철학에도 상당한 식견을 갖고 계셨다. 설날이면 대농이네 집은 토정비결을 보려는 사람들로 붐볐고, 종중宗中의 모든 일도 아버지가 도맡아 처리하셨다. 대농이 어머니는 항암 투쟁을 하시다 대농이가 고등학교 삼학년 때 돌아가셨다. 대농이 아버지는 어머니의 산소자리를 손수 선정하여 장례 모셨다. 선영이 있는 두무실 계곡 논밭 부근이었다. 농사 일로 논밭을 오가며, 산소를 보살필 수 있는 자리였다. 대농이 칠남매는, 산소에 아름다운 꽃과 나무들을 많이 심어, 어머니를 즐겁게 해 드렸다. 남향 산소라 햇볕도 잘 들고 토질도 좋았다. 그러나 해가 갈수록 산소 주변에 건수乾水가 끼기 시작했다. 이런 예기치 못하였던 현상 때문인지, 대농이 아버지는 어머니 산소를 이년 후에 건너편 산 밑으로 옮겨드렸다.

대농이 어머니의 새집은 남향이고 주변에 진달래꽃도 많았다. 그런데 물매가 심하고, 토질이 모래가 많이 섞인 흙, 토사土砂였다. 이사를 오신 새집도 잔디가 살지 못하는가 하면, 비만 내리면 토사가 빗물에 휩쓸려

내려갔다. 대농이 아버지는 산소 밑에 축대를 쌓았는데, 장마 비의 위력에는 속수무책이었다. 당시 대농이 아버지의 가슴속은 어떠하셨을까. 대농이는 그 당시부터 산소에 관심을 갖기 시작했다. 결국 대농이 아버지는 이 문제를 해결하지 못하고, 대농이가 직장생활을 시작 한지 오년 후에 타계하셨다. 예기치 못하였던 상喪을 당한 대농이 남매들은, 아버지의 평소 말씀대로 어머니와 함께 계시도록 합장合葬해 드렸다. 산소관리에 정성을 다하였지만, 대농이 부모님의 산소는 해가 갈수록 벌거숭이로 변했다. 제일 걱정되는 것은 산사태 같은 변을 당하는 것이었다. 대농이 남매들은, 비만 내리면 부모님 산소를 걱정하게 되었다. 청개구리 신세와 다를 게 없었다. 명절이 되어 성묘를 가면, 모두 기氣가 죽어 서로 얼굴만 쳐다 볼뿐, 말없이 돌아서곤 하였다.

김 박사가 예고도 없이 선정한 명당은, 부모님 산소 반대 쪽 기슭이었다. 정좌계향丁坐癸向, 즉 북쪽 방향의 산소 자리였다. 김 박사는

"명당은 남쪽이나 동쪽에만 있는 게 아니고, 북쪽이나 서쪽에도 있다."

고 강조했다. 대농이는 김 박사가, 자신의 속 마음을 읽고 자진해서 산소 터를 잡아준 것이라고 생각했다. 대농이도 내심 부모님 산소를 옮겨 드리려고 생각하고 있었다. 두 사람은 상경하는 승용차에서 이장 날짜를 결정했다. 김 박사는 주저 없이

"이장 모시는 날은 윤유월 육일 날로 한다. 그래야 액厄도 없고 손損도 없다."

고 말했다. 그해가 바로 유월에 윤달이 들어 있는 해였다. 대농이는 그 날부터 윤달이 무엇인가를 분명히 알게 되었다. 그 해 세월은 생각보다 빠르게 흘렀다. 어느덧 봄이 가고, 여름도 끝자락을 보였다. 윤유월이 온 것이다. 육일은 말복과 앞뒤를 다투며 달력에 있었다. 이장 같은 큰일은 기다릴수록 빨리 오는 것 같았다. 아니면 대농이가 김 박사를 자주 만나서 그런지도 모른다.

드디어 이장移葬 날이 밝았다. 내일이 말복이어서 그런지 아침부터 더웠다. 대농이는 직장으로 정시에 출근했다. 공휴일이 아니라 고향 이장 현장으로 갈 수가 없었다. 고향에 계신 일가친척 몇 분에게 사전에 전화

는 드렸지만, 큰일을 벌려놓은 장본인이 서울에 앉아있는 속내는 편치 못했다. 대농이는 오전 내내 고민에 고민을 거듭하다, 과장님께 사실을 보고했다.

"과장님, 오늘은 제가 시골에서 조상님들을 이장 모시는 날입니다. 제가 주동해서 벌린 일입니다."

구두 허락을 받은 대농이는 정오 정각에 고향으로 출발했다. 승용차를 운전하는 대농이 몸은 날개가 달린 것 같았다. 고속도로 휴게소에서 김밥으로 점심을 때웠다. 고향에 도착한 것은 오후 한시였다. 동구 밖에서 마을 뒤 무봉산舞鳳山을 살펴보니, 고갯마루 성황당 주변에 주민들이 하얗게 몰려있었다. 이장 일을 하는 인파였다. 대농이는 승용차를 고갯마루에 주차시키고, 고향친구들과 함께 현장으로 뛰었다.

모두 현장에서 점심식사를 끝내고, 대농이를 기다리고 있었다. 오후 두시로 예정된 하관시간下棺時間이 얼마 남지 않았다. 종원宗員과 주민들은, 이미 김 박사의 지시에 따라 정해진 명당 터에 산소 두 기基를 큼직하게 만들어 놓았다. 광중壙中 옆에는 대농이 할아버지와 할머니, 그리고 아버지와 어머니 유골遺骨이 칠성판七星板에 가지런히 정리되어 한지韓紙를 덮고 계셨다. 대농이는 도착 즉시 조상님들께 재배再拜 하며 예의를 올렸다. 더위에 고생하시는 고향 분들에게도 공손히 인사를 드렸다. 대농이의 의 행동거지만 관찰하던 할아버지 한 분이 입을 열었다.

"아, 이 사람아! 이렇게 큰일을 벌려놓고 이제야 나타나는 뱃장은 어디서 배웠나?" 하시며 큰소리로 나무랬다. 대농이는 "죄송합니다." 라고 대답하며 고개를 숙였다. 아저씨 한 분이 또 한마디 하신다.

"직장이 바빠서 그런 것 같은데, 장본인의 마음은 오죽하겠습니까."

하시며 좌중座中을 달랬다. 주위를 둘러보니 행사에 참여한 인원이 마흔 명은 족히 되었다. 친구의 귀띔은,

"여기저기 흩어져 계시는 네 분의 조상님들을 모시는 일이라, 주민들이 서늘한 새벽부터 일을 시작했다."

고 한다. 모두 옷이 땀으로 젖었고 계속 땀수건으로 얼굴을 훔친다. 참으로 고맙고 훈훈한 고향 인심이었다.

하관은 정해진 오후 14:00 정각에 시작했다. 조부모님을 먼저 모시고, 부모님 을 모셨다. 아침부터 화창하고 덥던 여름 날씨가, 하관 직전에 빗방울 던지기 시작했다. 장묘사 김동진金東眞 사장은 직원들에게

"빨리 광중 위로 천막을 치고 작업은 계속하라."

고 소리쳤다. 광중의 흙은 불그스레하였다. 북향 산소치고는 좋은 흙이었다. 빗방울은 점점 굵어져 소나기로 변했다. 비가 무섭게 내리자, 광중 속에는 물안개 같은 김이 서리기 시작하여 밖으로 피어올랐다. 모두 긴장된 표정으로 하관작업만 응시했다. 소나기는 천둥번개를 몇 번 몰아치며 비를 뿌리더니, 부모님 하관작업이 끝나자 그쳤다.

"우연의 일치인가, 하관과 소나기! 그리고 물안개는 무슨 관계가 있나요?"

대농이는 김 박사에게 물었다. 김 박사는

"물안개가 아니고, 서기瑞氣다, 서기야."

하는 말로 답변을 대신했다. 일하는 장묘사 직원들과 주민들의 재치도 놀라웠다. 소나기가 내리자, 주민들은 삽으로 광중 주변에 흙을 높이 쌓아, 빗물이 흘러들어가는 것을 막았다. 비가 그치자 먹구름도 사라지고 다시 햇볕이 쨍쨍 내려쬐었다. 거짓말 같은 현상이 나타나 일하는 사람들을 긴장시켰다. 주민들은 양쪽 산소로 나뉘어 작업을 계속했다. 우선 봉분을 만들고, 양쪽에 활개를 달고, 묘지 전체를 다듬으며 잔디를 입혔다. 빗물이나 건수가 괴지 않고 흐를 수 있게, 물매를 만들며 작업을 했다. 모두가 전문가처럼 말이 없어도 손발이 척척 맞았다.

"이런 단체작업을 얼마나 많이 하여 저렇게 호흡이 일치하는 것일까."

대농이는 친구의 얼굴을 보며 말했다. 농촌이 생활터전인 농민들이 이렇게 고마울 줄은 미처 몰랐다. 묘지 전역에 파란 잔디가 입혀지자, 새롭게 만들어진 조상님들의 집, 음택陰宅은 품위 있고 아름다워 보였다. 장례업무 전문가인 아저씨 한분이 한마디 외친다.

"고삼저수지 물도 보인다. 물 명당이다."

주민들의 입도 터지기 시작했다.

"수십 년을 매일 지나다녀도, 여기에 명당이 있는 줄은 몰랐다."

"칠십년을 살아도, 여기에 산소 쓰려는 생각은 하지도 못했다."

산소가 완성되자 "조상님들을 불편하게 만든다." 며 이따금씩 통곡을 하시던 누님의 얼굴도 밝아졌다. 이장 작업이 완전히 끝나자, 대농이 가족들은 두 산소에서 준공제사를 올렸다. 이제 대농이 남매들은 조상님 산소 걱정은 하지 않아도 될 것 같았다. 일가친척이나 고향주민들도

"명당에 조상을 모시는 효도를 했다"

며 대농이 남매들을 칭찬했다. 대농이는 고향마을 이장里長업무를 맡고 계신 아저씨에게, 수고하신 분들의 저녁식사 값을 충분히 드리고 상경했다. 회사에 도착하여 과장님께 보고 드렸다.

삼우제三虞祭는 일요일 이었다. 대농이는 아침 일찍 출발하여 선영을 찾았다. 조부모님과 부모님이 한날 이사 오신 선영은, 붉은 흙과 파란 잔디가 어우러져 대궐 같이 보였다. 주변의 울창한 숲속에서 산새들의 노래 소리도 들렸다. 앞으로 내려다보이는 논밭은 조상님들이 농사짓던 땅이며, 고삼저수지 또한 정들었던 물이요, 삶의 현장이었다. 산소 좌우로는 울타리처럼 양손을 벌린 산등성이가 세 겹으로 겹쳐있다. 저수지 넘어 멀리 보이는 조산祖山 봉우리도, 위용을 떨치며 선영을 손짓하고 있었다. 소나무와 참나무가 무성했던 종산宗山 기슭을 선영으로 만들고, 자세히 살펴보니 김 박사가 지난 봄 이 자리에서 하였던 말들이 모두 확인되었다. 가슴속 한 곳에 잠재해 있던 산소 걱정도 이제 사라졌다. 확! 터진 가슴속으로 농촌의 맑은 공기와 땅 기운이 흠뻑 들어왔다. 대농이는 마을로 돌아와 집집마다 인사를 드렸다. 대부분 아이들과 아주머니들만 계셨고, 남자들은 일터에 갔다. 문밖까지 나와 배웅해 주는 고향의 온정! 나는 귀가하며, 이제까지 내가 고향을 위해 한 일이 무엇인가를 되돌아봤다. 나는 작은 것을 고향에 주었는데, 고향은 나에게 큰 것을 준 것 같았다.

십년 후, 선영은 아직도 대농이에게 많은 혜택을 부여하고 있다. 이장을 모실 당시 각인되었던, 고향 사람들의 대농이에 대한 인식은 하나도 변하지 않았다. 그러나 대농이는 산소 때문에 말없는 가슴앓이를 하고 있다. 관리 때문이다. 명당에 조성된 산소들은 해가 거듭될수록 토질이

나빠져, 잔디가 살지 못하고 잡초가 판을 쳤다. 그렇게 애 태우며 정성을 드리는 자손들의 정성도 소용없었다. 명당이라는 말이 부끄러울 정도였다. 결국 대농이는 선영을 사초莎草해야겠다는 결심을 했다.

드디어 사초하는 날이 왔다. 선영先塋에서 둘러보는 경치는 아름다운 꽃대궐이었다. 사방으로 뻗어있는 산엔, 새봄을 맞아 봄꽃들이 저마다 자태를 뽐내고 있다. 벌 나비들도 공중에 원을 그리며 잉잉거린다. 봄꽃 중에도 진달래꽃이 가장 많아, 울긋불긋하고 산불이라도 난 것처럼 활활 타오르고 있었다. 그 사이로 목화송이처럼 하얗게 핀 조팝꽃이, 산목련, 벚꽃과 어울리며 군데군데 군락群落을 이루고 있다. 무릉도원武陵桃源과도 같은 경치가 연출되었다. 만화방창萬化方暢하는 상춘가절常春佳節! 이런 모든 것들은, 조상님들께서 우리 후손들에게 물려주신 종산宗山 때문이다.

대농이가 오늘 이른 아침에 선영을 찾은 이유는, 이곳에 영면永眠해 계신 조상님들의 산소山所를 사초하기 위함이다. 사초莎草란, 산소에 잔디를 입히고 다듬는 작업을 말한다. 산소의 봉분封墳이 허물어지거나, 산사태 등을 만나 피해를 입었을 경우, 산소를 대폭적으로 손질하며 잔디를 입히는 작업은 불가피하다. 다만 광중壙中은, 특별한 경우를 제외하고 손대지 않는 게 원칙이다. 대농이가 조상님 산소를 사초하려고 작정한 건 이년 전이다. 네 분의 조상님들을 이곳으로 옮겨 모신지도 언간 십여 년이 되었다. 그러나 자식들의 천신만고千辛萬苦스런 노력도 무심하게 잡초가 판을 쳤다. 산쑥, 망초, 씀바귀, 쇠뜨기, 칡덩굴 등 헤아리기 어렵다. 잡초는 묘지 전 지역을 휩쓸며 왕성한 번식력을 자랑하고, 흙의 영양분을 모두 빨아먹었다. 그 여파로 토질土質이 푸석푸석하게 변하여 신발이 푹푹 빠졌다. 부득이 형제들과 상의하여 사초작업을 계획했다. 오늘이 그 사초하는 날이다. 대농이가 처음 경험하는 일이며 직접 진행하고 감독해야 하는 입장이다.

대농이가 선영에서 삼십 여분을 기다리자, '포크레인'이 특유의 굉음과 함께 웅장한 몸체를 내보였다. 장묘사葬墓社 한동진 사장 및 직원들과 인사를 나누고, 대농이는 산신제山神祭를 올리고 봉분封墳 앞에서 제사祭

祀도 올렸다. 축문祝文도 읽었다.

"불효자 대농은, 아버님의 생시 말씀에 따라 잔디를 파랗게 해 드리려고 합니다. 낡은 이불을 새 이불로 바꿔드리는 작업을 하오니, 놀라지 마십시오."

제사가 끝나기 무섭게 '포크레인이' 시동을 걸고 작업을 시작했다. 엔진 소리가 계곡에 우렁차게 울려 퍼졌다. 묘지墓地 전체를 돌며 부석부석한 낡은 흙들을 모조리 훑어 내고, 황토색 새 흙이 들어나게 하는 제토작업除土作業을 계속했다. 봉분이나 활개도 마찬가지다. 장묘사 직원 네 명은, '포크레인' 과 보조를 맞추며 삽으로 할 일들을 처리한다. 한 사장이 대농이에게

"작업과정 중 마음에 드시지 않는 게 있으면, 즉시즉시 말씀해 주세요."

라고 친절을 베풀었다. 대농이는

"잔디도 없이 붉은 흙만 뒤덮인 봉분을 보니, 조상님들께 죄송스러운 생각이 든다. 인생의 허무감도 느껴지고, 생시 조상님들 모습도 떠오른다."

고 대답했다. 작업은 조부모님이 계신 산소부터 진행되었다. 시간이 흐를수록 산소는 싱싱한 흙색갈로 뒤덮였다. 시원스럽기도 하고, 깨끗하다는 느낌도 들었다. 곧 이어 잔디를 가득 실은 대형 트럭 두 대가 도착했다. 두 시간에 걸친 제토작업이 끝나자, 직원들은 잠시 휴식을 취한 후, 잔디를 입히는 사초작업을 시작했다. 작업인원이 여섯 명으로 늘었다. 봉분에 잔디를 입히고, 활개와 평지 부분에 잔디를 입혔다. 사월의 따듯한 햇볕을 받은 잔디들은, 제 세상을 만난 것처럼 싱싱해 보였다. 새 집에서 건강하게 살아가겠다고 다짐하는 모습 같았다. 할아버지와 할머니 산소의 사초작업은 이렇게 끝났다.

대농이와 장묘사 직원들은 점심식사를 현장에서 한 후 휴식을 취하고, 부모님이 함께 계신 산소를 사초작업 했다. 부모님 산소가, 잔디도 없이 붉은 흙색갈로 변한 것을 보니 대농이 가슴은 또다시 썰렁했다. 조부모님 산소 때보다 강도가 훨씬 높았다. 부모님 생시에 있었던 수많은 추억

들이, 필름 되어 머리를 스치고, 가슴을 때렸다. 그러나 대농이가 수십 년간 조상님들을 위해 심혈을 기우렸던 노력들이 함께 떠올라, 겨우 안정을 회복할 수 있었다. 장묘사 한동진 사장이 대농이에게 낮은 목소리로

"많은 사람들이 조상님들을 위해 고생하시고 돈도 많이 쓴다."

고 일러주었다. 대농이는

"그래요! 생각 보다는 많은가 보죠. 납골당 만드는 사람들도 많습니까?"

하고 물어다. 한 사장은 빙그레 웃으며, 그렇다는 표정을 지었다.

사초 작업은 작업인원이 많아 세 시간 반 후에 종료되었다. 이제 부모님과 조부모님 산소가, 모두 초록색 잔디 이불로 새롭게 단장되었다. 십칠 년 전, 내가 조상님들을 이곳으로 이장移葬해 모실 때와 동일한 산소로 변했다. 즐거운 마음과 성취감을 함께 느낄 수 있었다. 대농이는 처음으로 조상님들께 효도한 것처럼 여겨졌고, 아버님의 유언을 실천한 것 같았다. 이제 잡초는 없어지고, 잔디들만의 생활 터전이 새롭게 마련되었다. 대농이는 새롭게 단장된 조상님 산소에서 제사를 올렸다.

"이제 잔디가 파랗게 잘 살도록 해 주시고, 우리가정에 궂은 일이 없도록 해주십시오." 라고 큰소리로 말했다. 뒤늦게 사초작업에 참여한 대농이 남동생의 얼굴에도 화색이 만면滿面했다.

"형님덕분에 이제 조상님들도 편하게 되셨고, 저도 부담 없이 고향을 찾을 수 있게 되었다." 고 침묵을 깨뜨렸다.

오늘은 대농이가 조상님들을 모실 납골묘納骨墓를 설치하는 날이다. 조상님들이 계신 선영先塋 두무실杜舞室은 더웠다. 유월 말인데도 삼복 더위 못지않게 훅훅 찌고 숨이 막혔다. 커다란 분지형盆地形 계곡이라 사방이 산으로 두러 싸여 바람 한 점 없었다. 그래도 장묘사 일꾼들은 '포크레인' 과 보조를 맞추며 빈 틈 없이 무거운 석물石物을 다뤘다. 모두가 돌을 다루는 전문가 같이 보였다. 미리 공사를 해둔 시멘트 바닥 위로, 납골병 22개가 들어갈 사각형 모양의 납골함12개를 원형으로 만들었다. 가운데 공간은 흙으로 채우고 봉분을 조성한 다음, 양쪽에 활개를 붙이

고, 앞으로는 상석과 묘지석을 놓았다. 전통적인 산소 모형의 납골묘納骨墓를 만드는 공사다. 대농이는 "무슨 일이 있어도 오늘은 공사를 마무리해야 한다."

는 각오를 장묘사 한동진 사장에게 밝혔다. 장마나 태풍을 만나면 언제 또 작업날짜가 잡힐 줄 모르기 때문이다. 대농이는

"올 추석에는 모든 일가들이 모여, 이 납골묘에서 성묘하고 제사를 지낼 예정." 이라고 한 사장에게 말했다.

대농이가 납골묘를 설치하려고 작심作心한 것은 일 년도 넘는다. 그간 직장생활에 얽매여 한 발짝도 나아가지 못하고, 미해결된 사업으로 머릿속 한가운데 저장되어 있었다. 직장 퇴직 후, 설계와 결심을 구체화하여 네 달 전에 실행에 옮겼다. 이제 우리 국민들도 납골당을 모르는 사람이 별로 없으며, 많이 공감을 하는 세상이 되었다. 그러나 대농이 같이 행동에 옮기는 사람은 생각보다 많지 않다. 왜 그럴까. 분명한 이유는 두 가지다. 수천 년 간 내려온 풍습인데 불효자처럼 어떻게 산소를 파헤치느냐는 것이다. 또 하나는, 조상님들의 유골을 어떻게 불에 태우느냐는 효심孝心이다. 반대로 납골묘를 선호하는 필요성은, 산소를 관리할 후손이 없다던가, 국토의 수십 퍼센트%가 묘지라던가, 환경문제, 또는 묘지 터가 더 이상 없다는 등 이다. 이런 세간의 논란도 무시하고 대농이가 납골묘를 선호하게 된 이유는 왜일까. 한마디로 표현해 본다면

"이제 산소를 벌초伐草하는 풍습은 사라질 것."

이라는 전망이다. 대농이는 아버님이 타계하신 후, 삼십여 년 간 많은 조상님들의 산소를 관리했다. 장기간 열정적으로 관리하니, 이런저런 생각들을 하게 되고, 얻은 것도 많았다. 그러나 이제는, 대농이 나이와 건강이 더 이상 관리를 할 수 없게 되었다. 해마다 벌초를 남들에게 부탁할 수도 없는 세상이 되었으며, 벌초대행회사만 믿을 수도 없었다. 이제는 농민들도 벌초를 부탁하면,

"사람을 어떻게 보는 것이냐."

며 대드는 세상이 되었다.

납골묘 설치공사는 '장사 등에 관한 법률' 에 의거, 서류제출, 현장답

사, 측량2회, 설치허가, 설치공사, 준공검사 등 단계를 거치는 것이다. 대농이가 시청에 서류를 제출한 후 오늘 설치공사까지 사십 오일이 경과되었는데, 대농이 머릿속은 삼년이 흘러간 것 같았다. 납골묘에 관한 집착이 어느 정도이었기에 이런 현상이 나올까. 자문자답해 보아도 알 수 없었다. 직장 퇴직 후 관공서나 사업가들을 상대하는 게 처음이라서 오는 현상이거나, 대농이가 너무 서두르는 성격이어서 그럴 것이다. 그래도 피를 말리는 것 같은 순간이나, 볼 성 사나운 경우도 있었다.

설치공사는 오후 네 시에 끝났다. 검은 색 돌로 만들어진 납골함과 번쩍이는 상석을 비롯, 묘지석에는 대농이 아버님께서 생시에 하신 말씀이 새겨졌다. 봉분과 묘지 전체에 파아란 잔디를 입히고 나니, 우아하고 고급스럽게 보였다. 전통적인 보통 산소와 모양이 같아 더욱 마음에 들었다. 대농이는 준비해간 제수祭需를 상석 위에 진설陳設하고 준공제사를 올렸다. 축문祝文도 읽었다. 장묘사 한동진 사장은 대농이의 행동거지行動擧止를 자세히 관찰 하더니

"요즈음 세상에 축문을 혼자 읽는 효자는 처음 보았다."

고 한마디 하였다. 작업과정을 시종 조용하게 관찰하던 종원 한명은

"앞으로 닥쳐올 세상에 대비하여 미리 대책을 강구한 첫 번째 사례이고, 성장하는 후손들에게 큰 도움이 될 것."

이라고 평가하였다. 주민 한명은

"관청의 허가를 받아 납골묘를 설치한 것은 이번이 처음."

이라는 반응을 보였다.

오늘은 대농이 조상님들 산소를 개장改葬하여 유골을 화장하고, 납골묘에 모시는 날이다. 이른 아침에 아무도 없는 산골에서 조상님 산소山所를 지킨다는 게 그리 쉬운 일 은 아니었다. 삼복더위 계절이라, 차도車道에서 여기까지 오르는 데도 숨이 차고, 이슬에 바지가 흠뻑 젖었다. 우거진 숲을 헤치며 걸어와서 벌레들도 기어올랐고, 가시나무에 얼굴도 찔렸다. 등산화는 흙과 물이 범벅되어, 발걸음 마다 찌그덕거리며 물거품이 배어나왔다. 서울 집에서 새벽에 출발하여 사십분 전에 도착하였는데, 장묘사葬墓社 직원들은 물론, 형제들도 얼굴을 내밀지 않았다. 산새 소리

도 없고, 가끔 풀벌레만 찌르륵 거리며 계곡의 정적을 깨뜨렸다. 나 혼자만 바쁘게 동동거리는 것 같고, 게으름을 떠는 피붙이들이 야속하게도 생각되었다. 지루함이 머리끝까지 올라왔을 때, 저 멀리 굽어보이는 차도에서 '포크레인 엔진' 소리가 들렸다.

"이제 오는구나!" 나는 벌떡 일어섰다.

대농이는 지금 조상님 여섯 분의 유골遺骨을 화장火葬하여, 납골묘納骨墓에 모시려고 산소를 지키고 있다. 우리나라 전통적인 산소와 비슷한 모형을 하고 있는 납골묘는, 스물네 분의 납골을 모실 수 있다. 산소에 계시는 조상님들을 납골묘에 모시려면 '장사 등에 관한 법률' 에 의거 개장신고서제출, 현장확인, 분묘개장, 개장결과보고, 화장신고, 화장, 납골안치 등 일곱 단계를 거쳐야 한다. 대농이는 오늘 세 번째 단계인 조상님들 산소를 개장改葬 하려는 것이다. 분묘墳墓란 무덤 또는 산소라는 말이고, 개장이란 사람이 죽어 장사葬事를 지냈던 무덤을 파내서 다시 장사를 지낸다는 뜻이다. 이장移葬이라는 말도 동일한 뜻이나, 공문서나 법률에서는 개장이라는 단어를 사용한다. 우리 조상님들은 수천 년 동안 내려온 유교적儒敎的인 전통장례傳統葬禮에 의거 장사를 지냈고, 풍수지리설風水地理說을 굳게 믿으며 명당明堂을 찾아 묘를 썼다. 장례 후에는, 하늘에 계시는 조상님의 영혼靈魂과 무덤 속의 시체屍體가 후손들을 잘 보살펴 주신다고 믿었다. 때문에 가정이 편하지 못하고 자손들에게 궂은일들이 자주 생기면

"산소를 잘 못 써서 그렇다. 산소에서 발복發福이 않된다."

며 개장을 하곤 했다. 최근에는 이런 현상을 보기가 힘들지만, 조상님들을 납골당에 모시거나, 산소가 도시개발지역으로 편입되는 등, 불가항력적인 상황이 올 땐, 개장을 하지 않을 수 없다. 대농이도 장사를 지내본 경험은 많지만 개장은 오늘이 처음이다.

대농이는 빠른 걸음으로 '포크레인' 쪽으로 내려갔다. 중장비가 산소에 도착하려면 논밭을 지나고 농수로도 통과해야 하는데, 그게 쉽지만은 않을 것 같았다. 되도록 농작물 피해가 없도록 직접 안내를 할 요량이었다. '포크레인' 은 이런저런 고생 끝에 산소 앞에 도착했다. 대농이 할아

버지가 계신 양지바른 남향 산소다. 몇 번 만났던 장묘사 한동진韓東眞 사장과 직원들이 반가웠다. 대농이는 우선 땀으로 목욕 한 심신을 달래고 휴식도 취해야겠는데, 신분이 상주喪主이고 보니 쉴 틈이 없었다. 대농이는 산소 뒤쪽으로 가 산신제山神祭를 지냈다. 축문祝文을 읽는 소리가 고요한 산골짜기를 쩌렁쩌렁 울리고 메아리 져 퍼졌다. 장묘사 직원들이나 '포크레인' 기사나, 모두 숨을 죽이고 대농이의 행동거지만 살폈다. 대농이는 봉분 앞으로 이동하여 준비한 제수祭需를 진설陳設하고 파묘破墓전 제사祭祀를 올렸다. 축문도 또 읽었다. 노련한 한 사장이 파묘를 시작하는 신호를 외쳤다. 파묘란 개장을 하기 위해 무덤을 파낸다는 뜻이다.

"파묘요! 파묘요! 파묘요!"

세 마디 외침이 끝나기 무섭게 '포크레인' 엔진 소리가 귀청을 때린다.

"브르릉! 브르릉!"

개장작업이 시작되었다. 모든 사람들이 숨을 죽이고 '포크레인' 의 삽질만 응시했다. 오 분이 채 안되었을 무렵, 산소 주변에 도열하였던 사람들의 함성이 터졌다.

"관棺이 보인다! 석회 벽이다! 시멘트벽이다!"

시커먼 물체가 보이자 저마다 한마디씩 외쳤다. 조용하던 한 사장이 나섰다.

"시멘트로 관의 사방을 시공했으니 조심하여 작업하라."

고 지시했다. 말만 들었지, 처음 보는 시멘트 시공 현실玄室이었다. '포크레인' 은 시멘트 덩이의 남쪽, 동쪽, 북쪽을 깊게 판 다음, 커다란 삽으로 서쪽에서 힘을 주어 잡아당겼다. 삽의 힘이 부치는듯하더니, "쾅!"하는 소리와 함께 관 윗부분이 떨어져 나갔다. 현실과 관속이 얼굴을 들어내는 순간이었다. 숨을 죽이고 있던 모두가 놀라며 또 한 번 함성을 질렀다.

"와~, 물이다! 뭐야! 아무것도 없잖아!"

모두가 함께 놀란 이유는 관속에 물이 가득히 차 있었기 때문이었다. 맑은 물은 거울같이 투명한 색깔로 조용하게 괴어있었다. 황토색 깊은 현실 속에서 작열하는 햇빛까지 반사시키며, 무언의 대화를 하고 있는 그 물은, 천년의 긴 세월을 지켜온 것 같았다. 대농이도 많이 놀랐다. 관 속에 물이 차 있다는 사실 자체가, 전통적 매장문화에서는 부정적인 현상이라고 생각하기 때문이다. 그러나 실망하지는 않았다. 명경지수明鏡止水 같은 물속에서 또 무엇이 나올지 모르는 순간이었기 때문이었다. '포크레인' 기사는 한 사장과 눈짓을 교환하고, 관의 동쪽 벽을 헐어 버렸다. 물이 일순간에 땅속으로 스며들었다. 현실 바닥이 들어났는데 유골이 안 보인다. 전문가들이 그토록 자세하게 훑어봐도, 궁금하던 유골은 없었다. 현실 내부는 관이 부패하며 생긴 것으로 보이는 검붉은 색깔의 흙뿐이었다. 대농이는 허탈함을 느꼈다. 이런 결과를 전혀 예측하지 못하고 있었다.

"백년이 넘도록 우리 가족들은 여기서 무엇을 대상으로 성묘하고, 제사를 올리고, 벌초를 한 것일까?"

대농이는 아무리 생각해 봐도 이해가 안 되고, 가슴 한 구석에 물음표가 자리 잡기 시작했다. 한 사장은 개장작업 결과를 종합평가를 해 주었다.

"현실의 규모가 정상보다 작은 것으로 보아 한번 개장을 모신 산소다. 나무관을 유골과 함께 묻고 사방과 윗부분을 콘크리트 시공한 것이다. 유골은 모두 흙으로 변했고, 물은 계속되는 장마로 바닥에서 스며 올라온 것이다. 유골이 흙으로 변한 후, 스며들고 빠지는 물은 신경 쓰지 않아도 된다."

대농이는 한 사장의 전문가다운 평가가 고마웠다. 직원들도 아무런 이의가 없었다. 대농이는 납골병舍利瓶을 들고 현실로 내려갔다. 이곳저곳의 검붉은 흙을 납골병에 담았다. 머리, 어깨, 양손, 가슴, 심장, 복부, 다리 등 골고루 담았다. 개장결과보고를 위한 사진촬영도 했다. 밖으로 나와 현실에 동전 두 개를 넣고, 한 사장에게,

"평토平土작업을 철저히 해 주세요."

라고 요구했다. 직원들은 소나무를 심으며 꼼꼼하게 작업했다. 이제 산소의 모습은 사라졌다. 타계하신지 백사십오145년 되시는 오대 할아버

지 개장은 허무하게 끝났다.

대농이는 안도의 한숨을 쉬며 승용차를 운전하여 고향마을로 출발했다. 십리 정도 거리에 대농이 고향이 있고, 뒷동산에는 오대 할머니가 계신다. 마을에 도착하니, 종중宗中 종원宗員과 주민들이, 사당집 앞에 많이 모여 있었다. 공손하게 인사를 드리고 이야기꽃을 피우는데, '포크레인'을 앞세우고 장묘사 한 사장 일행도 도착했다. 요즈음 중장비는 대부분 '고무 타이어'라서 시속 오십 '킬로미터'로 이동할 수 있단다. 승용차와 거의 비슷한 속도였다. 격세지감隔世之感을 느꼈다. 예전에는 산소 하나 작업하는 데 하루가 걸렸는데….

대농이 일행은 뒷동산으로 이동했다. 타계하신지 백칠십사174년 되시는 오대 할머니 산소다. 한 시간 전에 개장을 모신 할아버지와 부부지간이다. 정남향 산소며, 대농이가 학창 시절에 올라와 책을 읽기도 했던, 그 산소다. 대농이는 늦게 합류한 남동생과 함께 산신제와 파묘 전 제사를 올렸다. 주위 눈길이 많아지니 축문 읽는 대농이의 목소리도 커졌다. 장묘사 직원들의 개장작업이 시작되었다. '포크레인' 삽질이 시작되자, 산소는 순식간에 제 모습을 잃고 붉은 흙을 드러냈다. 여기도 부드럽고 연한 황토 흙인데 유골은 없었다. 장묘사 한 사장은

"흙이 좋은 남향 산소라서 유골이 모두 진토塵土되었다."

고 말하였다. 종중 아저씨 한분은

"복 받은 분이라서 하늘로 올라가셨다."

고 말씀하셨다. 현실에 있는 흙을 납골병에 담고, 한지韓紙에도 담아 사진촬영을 하였다. 동전을 두 개 넣고, 평토작업을 완벽히 했다.

새벽부터 비가 내릴 것이라는 일기예보가 있었는데 하늘이 맑아졌다. 하늘도 대농이를 도와주시려나보다, 하는 생각이 났다. 태양이 구름 속에서 얼굴을 내밀자, 한 사장의 얼굴도 맑아졌다. 한 사장은 나에게

"오전 중으로 모든 개장작업을 마치고 점심식사를 할 예정입니다."

라며 작업일정을 제시했다. 대농이는 '고개를 끄덕이며 긍정적인 신호'를 보냈다. 대농이 일행은 '포크레인'과 함께 개울 건너편에 있는 대농이 고조할머니 산소로 이동했다. 대농이 가족들이 산 넘어 논畓에 농사

를 지으러 오갈 때 마다, 지게를 내려놓고 쉬던 산소다. 명당자리로도 소문 난 서향西向 산소고, 마을이 훤하게 내려다보이며, 아름다운 석양노을도 감상할 수 있다. 풍수지리가 들은 할머니 산소 때문에 대농이 가족들이 탈 없이 명맥命脈을 이어져 오는 것이라고 평가했다. 타계他界하신지 백오십구159년 되셨는데 가늘고 길쭉한 유골 두 점만 나왔다. 한지에 모셔 사진촬영을 하고 평토작업을 했다.

대농이 일행은 일행들은 십리를 이동하여 대농이 고조할아버지 산소에 도착했다. 방금 전에 개장을 모신 할머니의 남편이고, 아버지 산소 현실을 시멘트 시공으로 개장 모셨던 할아버지다. 타계하신지 백삼십칠137년 되셨는데 정남향正南向 산소다. '포크레인'의 삽이 커다란 원을 그리며 삽질을 하자, 불그스레한 황토가 짙은 흙냄새를 풍겼다.

"산소 좋다. 잘 쓴 산소다."

하는 말이 여기저기서 나왔다. 모두 긴장된 표정으로 말없이 현실만 응시했다. 상상외로 현실에서 유골이 많이 나왔다. 효도를 많이 하신 할아버지라서, 유골도 별로 없을 것이라고 생각하던 나의 예측은 틀렸다. 오늘 개장작업 중 처음 만나 뵈옵는 유골다운 유골이었다. 대농이 가슴과 머리는 담담했다. 반갑지도 않고 싫지도 않은, 그 중간의 형언할 수 없는, 멍한 상태의 마음이었다. 대농이는 냉정을 잃지 않으려고 노력하며,

"수골작업收骨作業을 세밀히 하라."

고 한 사장에게 당부했다. 대농이는 한지에 계속 쌓여가는 유골을 보며

"사람이 죽어 땅에 묻히면 저렇게 되는 구나." 라고 말했다.

고향마을 장묘 전문가 아저씨는

"할아버지께서 풍신이 좋으셨고, 마음도 후덕하셨을 것." 이라고 평가했다.

유골의 상태를 보고 미루어 평가하는 말이다. 대농이도 그렇게 짐작하고 있었다. 평토작업 때 인근 마을 주민들이 더 많이 나오셨다.

대농이 일행은 마지막 장소인 증조부모 산소로 이동했다. 승용차로 오

분 거리인데, 대농이 문중의 조상님들도 많이 계신 두무실杜舞室 야산이었다. 대농이의 아버지, 어머니, 할아버지, 할머니도 그곳에 계시기 때문에, 가장 추억이 많이 얽혀 있는 곳이다. 증조할아버지는 타계하신지 팔십칠87년 되셨고, 증조할머니는 구십구99년 되셨다. 부부가 함께 계신 남동 방향의 합장合葬산소다. 합폄 산소라고도 부른다. 두 분의 조상님이 함께 계시다는 말을 들은 장묘사 직원들은, 시작부터 매우 조심스러운 자세로 작업을 진행했다. 유골이 뒤섞이지 않게 하려는 배려다. 유골 수습을 하는 장묘사 직원이

"합장 산소가 아닌 것 같다." 고 중얼거렸다.

나는 놀라고 당황하기 시작했다.

"그럼 우리 산소가 아니라는 말인가? 그러면 내가 큰일을 저지른 것인데."

하는 걱정이 생겼다. 문중 어른 한분이 말을 잇는다.

"아, 족보에 합장으로 되어 있으면 믿어야지. 족보가 얼마나 정밀한 것이데. 더 깊게 파보고 말해."

작업이 지루하다고 느껴질 무렵 머리 부분 유골이 보였다. 족보대로 두 분이 나란히 계셨다. 예상대로 유골도 많았다. 유골이 섞이지 않도록 조심스럽게 작업을 하는 장묘사 직원들이 고마웠다. 작업은 정오를 조금 지나 종료되었다. 한 사장과 종중 어르신들은 현실의 규모를 보고, 이 산소도 한번 개장을 모신 산소라고 평가했다.

조상님들을 납골묘에 모시는 작업 중, 가장 힘들게 생각되었던 개장과정은, 예상보다 쉽고 짧은 시간에 종료되었다. 일행들은 인근에 있는 음식점으로 이동하여 토종닭백숙으로 점심식사를 함께했다. 오찬은 잔칫집 같은 분위기였다.

다음날, 대농이는 새벽 여섯 시에 집을 출발했다. 조상님들의 유골을 화장火葬모시기 위하여 수원연화장水原煙火場 으로 가는 길이다. 화장신고는 이틀 전에 끝났고, 당시 화장 날짜와 시각도 확정되었다. 모든 일이 차질 없이 잘 진행되고 있었다. 연화장가는 길은 초행길이었다. 그래도 예상보다 쉽게 찾았다. 야산 속에 새로 건축한 시설이었는데, 주변 경치

가 빼어나고, 각종 최신식시설로 잘 조성되어 있었다. 추모의집(납골당), 장례예식장(영안실), 승화원(화장장)을 비롯하여, 정원과 휴게실은 물론 주차장까지 대규모여서, 화장장火葬場이라는 이미지를 가질 수 없었다. 승화원 굴뚝에서 하늘로 올라가는 연기를 한 점도 볼 수 없을 정도로 최신식 화장시설이었다. 잠시 후에 장묘사 한동진韓東眞 사장과 장조카가 도착했다. 반갑고 대견스러웠다.

대농이는 접수장에서 승화원사용허가증과 화장증명서를 함께 받았다. 예약시간 정각에 호출 안내방송이 나왔다. 대농이는 승화실 직원들에게 조상님들의 유골을 인계했다. 대기실에서 한 시간 정도 기다리니, 승화작업이 종료되고 납골納骨을 인수할 수 있었다. 납골은 흙 색깔에 왕모래 모양이었다. 옛날처럼 밀가루 같은 분말이 아니었다. 가루형태 인 유분遺粉보다 깨끗해서 좋았으며, 취급하기도 자유로웠다. 깨끗한 유골을 보니 '잘했구나.' 하는 생각이 들었다. 날로 발전하는 세상사世上事에 또 한 번 놀랐다. 한 사장이 말했다.

"최근에는 납골로 형형색색의 장신구를 만들어, 몸에 지니고 다니는 사람들도 있다." 고 일러주었다.

대농이는 "세상 참 많이 변했다." 고 대답했다.

오늘도 모든 일정이 예상보다 빠르게 끝났다. 대농이는 납골병에 납골을 모시고 납골묘가 있는 선영 두무실로 출발하였다.

대농이는 선영先塋을 찾아가는 길에도 첨단 화장시설들이 눈에 어른거렸다. 납골병을 모신 승용차들은, 한 시 간 후 선영에 있는 납골묘에 도착하였다. 이제 마지막으로 납골 안치安置 과정을 진행해야한다. 대농이는 우선 산신제를 지내고, 장묘사 직원들과 납골함에 납골병들을 모셨다. 한 개의 납골함에 부부夫婦 두 분의 납골병을 모셔, 함께 계시도록 했다. 대농이는 납골안치를 끝낸 후, 상석床石에 제수를 진설하고 개장제사를 올렸다. 축문도 정성 드려 읽었다. 이제 여섯 분의 조상님들이 납골묘 한 울타리에서 계시는 세월이 시작된 것이다.

"오늘을 위하여 지난 십년 간 얼마나 많은 노력을 하였던가!"

대농이는 힘들고 괴로웠던 일들이 생각났다. 푸르고 건강하게 자란 잔디를 한 바퀴 둘러보고, 묘지석墓地石에 새겨진 생전의 아버님의 말씀도 읽어 보았다.

"나 죽거든 산소에 잔디나 파랗게 해 다오."

눈물이 주르륵 흘러내렸다, 나도 모르게 저절로…

대농이는 경부고속도로를 이용하여 귀가 했다. 정오가 넘어 죽전휴게소에 혼자 점심식사를 했다. 잔디공원으로 나와 한가롭게 휴식을 하고 보니, 어느새 가을 냄새가 났다. 은행나무와 느티나무 잎들이 푸르다 못해 검푸른 색채를 띠고 있었다. 가을의 전령 코스모스도 꽃망울을 만들었다. 멀리 보이는 광교산도 검푸른 얼굴을 하고 있었다. 대농이는

"가을이 언제 이토록 가까이 왔을까! 내가 계절도 모르고 한 가지 일에만 몰두했나 보다." 하며 흥얼거렸다.

대농이는 느티나무 밑 벤치로 자리를 옮겨 앉았다. 머릿속에서 만감이 교차했다. 대농이가 조상님들께 관심을 갖게 된 과정은 아주 자연스러웠다. 삼형제 중 가운데 인 대농이는, 호구지책糊口之策이 가장 좋은 편이었다. 아버님는 대농이가 결혼 한지 오 개월 후 타계하셨다. 그 후 명절이면 형님 댁에서 차례상茶禮床을 올렸다. 대농이는 과일이나 고기 등 제수에 필요한 것들을 사 들고 가거나 금일봉을 드렸다. 형님의 고향 행보行步는 점점 무디어졌으며, 산소관리는 저절로 대농이 몫으로 인식되었다. 대농이는 아버지가 평시에도 자식들에게

"산소에 잔디나 파랗게 해 다오."

라고 하신 말씀을 유언처럼 생각하며 실천했다. 오대五代에 걸친 조상님 산소관리는 그리 쉬운 일이 아니었다. 특히 잔디 살리기가 어려웠다. 이유는 위치나 흙의 종류 때문이다. 산소가 비탈진 곳이고, 모래흙 토질이라, 잔디 살리기가 거의 불가능했다. 농민들에게 자문하여도 묘책이 없었다. 대농이는 전문가 도움을 받아, 부모님과 조부모님 산소를, 햇볕이 잘 들고 낮은 곳으로 부부 합장하여, 이장移葬을 모셨다. 잔디가 생존하는데 꼭 필요한 햇빛, 토질, 바람, 삼대요소를 충족시키는 산소 터였다. 그러나 그곳도 삼년 만에 잔디가 마르고 잡초가 점령했다. 십여 년간을 잔디와 싸우다, 결국 산소 전체를 새로 만드는 사초莎草를 했다. 특히

잔디를 잘 깔았다. 그러나 또 삼년을 넘기지 못하고 잡초에 굴복했다. 다행히 납골묘는, 산 밑 밭田 일부를 묘지로 용도변경하여 조성하였기 때문에 잔디가 파랗다.

이런 과정과 세월 속에, 대농이는 화장이나 납골묘 같은 것을 생각하게 되었다. 우연이겠지만, 대농이가 조상님들을 납골묘에 모신지 몇 년이 지나, 화장문화가 많이 확산되었다. 수목장樹木葬까지 등장했다. 우리나라 주변 국가인 일본과 중국은, 완전히 화장문화가 뿌리 내렸다. 특히 일본은 마을마다 화장장이 있다. 국가예산으로 운영되고 있다. 아시아 삼대국가인 중국, 일본, 한국의 인구를 합치면 15억 5,000만 여명이다. 유럽연합공동체 전체인구를 능가하는 규모다. 영국, 스위스, 덴마크 같은 유럽 기독교문화 선진국들의 화장율도 이미 연평균 70% 선을 넘었다.

한국도 화장율火葬率이 2008년 기준으로 전국평균 62.9%, 서울지역 72.2%, 부산지역 90%로 상승하였다. 이런 추세는, 우리국민 스스로가 만들어낸 결과여서 더욱 값지게 보인다. 아름다운 미래를 위한 선진국 차원의 행정적 뒷받침이 절실하다.

화장문화 확산은 반대로 매장문화의 쇠퇴현상이라고 볼 수 있다. 왜 그럴까? 우선, 전 세계가 컴퓨터와 이동통신 같은 문명의 이기利器 발달로 세상이 변했기 때문이다. 이제 인류사회는 수천 년 만에 새로운 세상을 겪고 있다. 우리가 살아 온 지난 한 세기는, 너무도 많은 문명의 이기들을 만들어 냈다. 핵무기, 컴퓨터, 핸드폰, 로봇, 우주선 같은 굵직굵직한 기술을 개발하여, 국경을 허물게 하고 지구촌을 한 개의 마을로 만들어 가고 있다. 젊은이들도, 새로운 문화에 적응하며 살고 있어, 세대 간 가치관의 차이도 넓고 크다. 이런 영향으로 우리나라 젊은이들도 화장문화 선호도가 높다.

다음으로, 매장문화의 허구성이다. 풍수지리설의 핵심인 명당론明堂論이 대표적으로 지적될 수 있다. 명당이란 땅의 정기精氣가 모여 있는 혈穴을 말하는 것이다. 여기에 산소를 쓰면 발복發福하여 부자가 되고 고관대작이 된다는 이론이다. 그러나 요즘 세상엔 신뢰를 받지 못하고 있다. 발복을 과학적으로 증명할 수도 없다. 명당에 산소를 써도 백골이 진토塵土되지 않는 곳이 있다. 이번에 내가 개장을 모신 결과도 그렇다. 이런 문화를 '인터넷' 기술과 '유비쿼터스' 기술로 무장한 신세대들이 수용하지 않는 건 자연스럽다.

마지막으로 지구온난화현상 때문에 산소관리에 문제가 생겼다. 산쑥 같은 잡초들의 번식 능력이 강해져, 잔디가 죽는다. 잡초가 잔디를 이긴다. 일 년에 벌초伐草를 두서너 번 해야 겨우 잔디가 산다. 잡초로 뒤덮인 산소는 임자 없는 고총이나 마찬가지다. 명절만 되면 조상을 찾는 수많은 자손들도, 이제 이런 현상을 발견하게 될 것이다. 박대농은 앞으로 명절 때 마다 가족들을 동반하는 성묘는 하지 않을 것이다. 매장문화와 화장문화를 왕래하던 박대농은, 작년에 불교신도가 되었다. 금년엔, 네 분 조상님들의 영구위패永久位牌를, 서울 시내 유명 사찰 대웅전에 모셨다.

* 첨부 : 낱말풀이(참조 307쪽)

요지경 마을

까만 하늘이 별들을 왕소금처럼 하얗게 뿌려 놓았던 어느 여름날 밤이었다. 정범이 누나 세 명은 안마당에 멍석을 펴고, 마른 쑥으로 모깃불을 피웠다. 푸르스름한 연기가 이리저리 움직이며 아름다운 그림을 그렸다. 매큼한 연기가 약냄새로 진하게 퍼졌다. 자리에 앉아 손톱에 봉숭아로 꽃물을 들이는 일을 시작했다. 하얀 사기 사발에 봉숭아 이파리와 꽃잎을 따 넣고, 나무 방망이로 찧어가며 소금과 백반을 뿌렸다. 누나들의 능숙한 동작으로 봉숭아 꽃잎들은, 순식간에 푸른 물이 흘러나오며 검푸른 떡같이 변했다. 누나들은 손톱에 조금씩 떼어 붙인 다음, 칡잎으로 덮고, 칡껍질로 동여맸다. 이제 내일 아침 눈을 뜨면, 누나들의 손톱은 봉숭아 같은 연분홍색으로 예쁘게 물들어 있을 것이다.

누나들은 멍석에 누어 손가락을 배위에 올려놓고, 별들을 헤아리기 시작했다. "별 하나 나하나, 별 둘 나 둘......"

"저 별은 네 별, 이 별은 내 별......"

"북두칠성, 카시오피아, 작은곰자리, 큰곰자리,. 은하수....."

고등학교 삼학년인 둘째 누나 종애宗愛가 정적을 깨며 봉숭아 노래를 시작했다.

"울 밑에 선 봉선화야 네 모양이 처량하다."

엄마가 자주 부르던 애달프고 구슬픈 곡조의 노래였다. 중학교 삼학년이고, 정범이가 가장 만만해하는 셋째 누나 종화宗花도 합창한다.

"길고 긴 날 여름철에 어여쁘신 아가씨들 너를 반겨 놀았도다."

밤하늘의 별들은 더욱 빛났고 사방은 조용했다. 아직까지 점잖게 말이 없던 큰누나 종숙宗淑이 나섰다. 종숙이는 서울에 있는 명문대학교 행정학과 삼학년생이다. 외교관이 되려는 꿈을 갖고 있다. 용띠 해(辰)에 태어나 성격도 남자답고, 강인하며 고집도 있었다. 침착하고 말 수가 적지만, 한 번 입을 열면 자신의 소신을 분명하게 밝히는 성격이다. 승부 근성도 강하여 도전적인 자세를 보이기도 한다. 가끔은 엄마에게

"말馬만 한 게 집안일도 돕지 않는다."

고 꾸지람을 듣기도 한다.

"너희들은 왜 슬픈 노래만 부르니. 그 노래는 일본 사람들이 우리나라를 강제로 다스릴 때, 힘들고 서러웠던 우리 조상님들이 시름을 달래고, 일본 사람들을 미워하면서 부르던 노래야. 이젠 그런 노래보다는 밝고 명랑한 노래를 불러야 해."

하면서 최근 유행가인 '봉선화 연정' 을 한 곡조 뽑았다.

"손을 대면 톡하고 터질 것만 같은 그대 봉선화라 부르리, 더 이상 참지 못할 그리움을 가슴 깊이 물들이고. 수줍은 너의 고백에 내 가슴은 뜨거워."

노래 솜씨가 보통이 아니다. 둘째와 셋째 누나들이 언니와 함께 합창에 나섰다. 여성합창대의 아름다운 노래 소리가 토담을 넘어 온 동네로 퍼져나갔다.

"손을 대면 톡하고 터질 것만 같은 그대 봉선화라 부르리. 울면서 혼자 울면서 사랑한다 말해도. 무정한 너는, 너는 알지 못하는. 봉선화 연정, 봉선화 연정."

누나들의 노래 소리가 끝나자 주변은 고요하고 어두웠다. 종애 누나가 정적을 깨며 일어나

"손톱 끝이 뜨끈뜨끈하고 이상하다."

며 불안해하였다. 종숙 누나가 나서 꽃잎에 소금을 넣고 잎떡을 만들어 그런 것이라며 곧 없어질 것 이라고 달랬다. 그러나 종애 누나는

"멋 부리려다 손 다 버리겠다"

며 봉숭아 잎떡들을 손톱에서 모두 떼어냈다. 종숙 누나는

"그것도 참지 못하고 떼어내!" 하며 핀잔을 주었다.

"밤새도록 고생해도 '매니큐어' 한 번 바른 것보다 못할 텐데 뭐." 종애 누나가 말했다.

"봉숭아와 '매니큐어'는 질이 다른 거야." 종숙 누나가 뾰로통했다.

"뭐가 다른데" 종애 누나가 물었다.

"봉숭아는 무공해 자연산 화장품이고 '매니큐어'는 화학약품으로 만든 거다. 하늘과 땅 차이야. 자연산을 무시하고 화학약품만을 애용하며, 편리한 생활수단만을 추구하는 데 문제가 있는 거야. 암도 걸리고 각종 부작용도 생기고. 화장품 뿐 만아니라, 요즈음 음식물에도 '멜라민'인가 뭔가 그 방부재 말이야, 안 들어가는 데가 없단다. 건물에서도 발암물질들이 판을 치고 있으니 해도 너무해. 어디 음식물뿐인가? 과자, 우유, 음료수를 비롯해, 가짜 휘발유와 짝퉁 명품들이 판을 치는 세상이다. 그런 것들을 생각하면 이 곳 시골생활은 천당이야, 별다른 공해도 없고 건강상 문제점도 없으니. 도시생활이야말로 공해와 건강과의 싸움이라고 보아야 한다. 건강을 지키며 살아남는 게 다행이라고 보아야해."

"그럼 서울 보다 시골이 더 좋은 곳이야." 하며 종화 누나가 끼어들었다.

"단정적으로 말할 수는 없고 각각 장단점이 있는 거다. 문명이 발달하니 도시생활의 부정적인 측면이 너무 많아졌다. 대학생활도 그렇다. 너희들이 이곳 시골에서 보고 느끼는 것과 많이 달라. 대학이라고 배울 것만 있는 게 아니고, 학생이라고 다 학생이 아니다. 학생들의 특이한 행태를 보면, 전신을 명품들로 휘감고 강의실에 들어오지 않는 학생, 전날 밤 과음으로 아침에 강의실에서 토하는 학생, 강의실에선 볼 수 없고 시험장에는 빠짐없이 나타나는 학생, 밤낮 없이 데모만하는 학생, 입학한지 얼마 되지 않아 결혼하고 휴학하는 학생, 고급 승용차로 등하교하는 학생, 일학년 마치고 후진국가로 유학 떠나는 학생, 등 이루 헤아릴 수없이 많다. 한마디로 요지경 속이다 요지경! 자전거 분실신고가 하루에도 세 건 이상 발생하는 것을 생각하면, 보통 요지경 속이 아니라 지겨운 요지경 속이다. 이와 같은 대학 캠퍼스 분위기가 언제 어떻게 조성되었는지 모르겠어. 일조일석에 만들어 진 것은 아니겠지만, 너무 낯 뜨거운 광경들이 많아. 우리들로서는 정말 이해할 수가 없어."

종숙 누나는 아직도 할 말을 다 하지 못하였는지 설교를 계속 이어

갔다.

"그런데 문제는 여기서 끝나는 게 아니야. 강의실에 나오지도 않은 학생의 학점이 상상외로 높게 나오고, 명품으로 휘감고 친구들과 어울리는 데만 열을 올리는 학생들의 학점도 좋게 나온다는 사실이다. 직업적으로 데모를 하고 다니는 학생들이 학점 부족으로 유급하는 걸 보지 못했어. 나로서도 풀리지 않는 수수께끼다. 대충은 감이 잡히지만. 이런 생각하면 머리가 복잡해진다. 한 가지만 잘해서는 세상살이도 힘들겠으니, 대인관계라도 잘해 사회진출 발판을 넓히는 처세를 좀 해보아야겠어. 때로는 요지경 속에도 들어가 보고. 내가 외교관이 되면 치마, 저고리 같은 한복을 애용해, 외교가 홍일점이 되어 보겠다는 생각도 해보았다."

엄마는, 정범이와 누나들의 봉숭아 노래 합창은 물론, 흘러나오는 대화까지도 부엌일을 하면서 귀동냥 했다.

종숙 누나의 설교를 듣던 정범이는 정신없이 선영이네 집으로 달려갔다. 선영이도 누나들과 함께 손톱에 꽃물 들이라고 재촉할 셈이었다. 그러나 선영이는 집에 없었다. 맥이 빠진 정범이는 무거운 다리를 끌며 터덜터덜 집으로 돌아왔지만, 또 다른 실망이 기다리고 있었다. 사기그릇 속에 남겨두었던 봉숭아 잎떡이 모두 사라졌기 때문이었다. 정범이는

"내가 봉숭아 꽃씨를 심고 보살펴 준 것은 선영이 때문이었는데."

라고 투덜거리며 대문 밖으로 나갔다.

"엄마! 밥 줘."

정범이는 책가방과 함께 몸을 마루 위에 내던지고 아무렇게나 벌렁 누워버렸다.

십리가 좀 넘는 시골길을 걸어 학교에서 돌아왔다. 낮은 고갯길도 하나 넘고, 냇물위에 놓인 외나무다리도 건넜다. 같은 반 친구인 선영이 와 원식이 등 세 명이 이야기 하며 걸어온 하굣길은 즐거웠다. 그래도 다리가 좀 아팠지만 어제 같이 춥지 않고 날씨가 포근해 고생을 덜 했다. 들녘에는 아지랑이가 피어오르고, 시냇가 둑 방 양지 녘엔 꽃다지가 노랗게 돋아나는 새봄이었다.

"그래 조금만 기다려라."

엄마는 외아들을 쳐다보지도 않고 무표정하게 하던 일만 계속했다. 안마당 토담 주변을 따라 만들어진 화단에 꽃씨를 심는 중이었다. 마루에 걸터앉아 피곤한 다리를 훑으며 엄마의 거동을 살피던 정범鼎範이는, 무슨 생각을 하였는지 재빨리 책가방을 정리하고 엄마 곁으로 갔다.

"엄마, 나도 꽃씨 심을래."

"그만둬, 아무렇게나 심으면 싹 안 터. 밥이나 먹어"

엄마는 정범이가 늘 누나들과 어울려, 성격이 소심해져 가는 것을 걱정하고 있었다. 엄마는 왼쪽 손으로 허리를 짚고 천천히 일어나 부엌으로 향했다. 정범이도 뒤따라와 마루에서 늦은 점심식사를 했다. 밥상을 마주한 엄마는 그제야 아들에게 관심을 갖았다.

중학교 분위기가 어떠냐. 반이 몇 개냐. 무슨 공부를 하였느냐. 담임선생님이 마음에 드느냐. 공부가 어떠하냐는 등 많은 질문을 퍼부었다. 정범이도 잔뜩 긴장을 하고 또박또박 거침없이 대답했다.

"일 학년은 반이 두 개고, 우리 반 담임은 남자인데, 이반 담임은 여자선생님이며, 오늘은 쉬운 공부만 했는데, 원식이는 공부가 어렵다고 한다."

정범이는 가끔 엄마에게 자신을 뽐내기까지 했다.

아들의 구석구석을 점검한 엄마는, 안심하는 듯 한숨을 길게 내쉬고 화단으로 향했다. 하던 일을 끝 낼 셈이었다. 정범이도 서둘러 식사를 마치고 밥상을 그대로 놓아 둔 채 화단으로 가 거들었다.

엄마의 만류도 뿌리치고 봉숭아鳳仙花 씨만 심으며 돌아다녔다. 아직은 시커먼 흙이지만, 이 작은 봉숭아 씨앗들이 싹트면, 화단은 붉고 푸른 색깔로 덧칠이 될 것이다.

정범이는 봉숭아 씨앗을 자신의 마음과 함께 꾹꾹 눌러 심었다. 올여름 누나들이 손톱에 봉숭아꽃물을 들일 때, 여자 짝꿍인 옆집의 선영이도 불러 함께 꽃물을 들이게 할 셈이었다. 그날 밤 정범이는 선영이의 손톱에 봉숭아 꽃물을 들여 주는 꿈을 꾸었다. 그 후 정범이의 화단 가꾸기는 자발적으로 계속되었고, 봉숭아에 각별한 관심을 갖고 비료를 많이 주었다.

어느덧 하지가 지나고 여름방학. 무더운 여름은 매미들의 합창 속에, 온 세상을 풍요로운 초록으로 만들어 놓았다. 정범이네 화단에도 채송화, 금송화, 다알리아, 파초, 나팔꽃, 맨드라미 같은 여름꽃들이 무성하게 어우러졌다. 봉숭아도 탐스러운 꽃송이들을 종처럼 많이 피웠다. 꽃잎은 연분홍 색깔을 하고 수줍은 듯 땅을 향해 매달려 있고, 노란색과 연분홍 색깔이 조화를 이루고 있는 줄기는, 마치 투명한 빨대로 붉은 물을 계속 빨아올리는 것처럼 보였다. 가끔 실바람이 불 때 마다 옆의 꽃들과 얼굴을 비벼대며 사랑스럽게 놀기도 한다.

이튿날 정범이는 동구 밖 등굣길에서 선영이를 만났다. 선영이는 빨간 산딸기가 피어 있는 '부라우스'를 입고 있었다. 예쁜 하얀 얼굴과 어울려 더욱 아름다워 보였다.

"어제 저녁엔 어디 갔었니?"

"엊저녁 언제?"

선영이는 특유의 고운 말씨로 대답했다.

"해진 후 초저녁 무렵."

"냇가 밭에 지은 원두막에서 참외를 지키다가 어두워진 후에 집에 왔다."

"혼자서."

"아니 원식이 와 함께. 원식이가 배고프다고 해서 참외도 하나 따주고 낮에는 냇물에서 멱도 감았다."

선영이의 말이 끝나기 무섭게 정범이의 가슴은 쿵당거렸으며, 발걸음도 균형 감각을 잃었다. 그래도 정범이는 용기를 내 이야기를 이어갔다.

"재미있었겠구나."

"재미있긴. 아빠가 원두막에 늦게 나오셔서 모기만 많이 물렸다."

"누가 더 많이 물렸니?"

"내가 더 많이 물렸다."

"쑥으로 모깃불이라도 만들어 피우지."

"아이참! 우리가 왜 그런 생각을 못하였을까. 원식이는 너보다 머리가 좋지 않은 것 같아. 공부도 그렇고......"

그 말로 정범이는 가슴의 평온과 용기를 함께 되찾았다. 선영이는 항상 원식이가 정범이 보다 섬세하지 못하고, 대충 대충하는 모습을 보여 못마땅하였으며, 장난치기를 너무 좋아한다고 생각했다. 그런 평가 때문에 초등학교 뿐 아니라 중학교에 올라와서도 정범이와 짝꿍이 된 것을 내심 반기고 있었다. 그래도 선영이는, 원식이가 아버지도 없이 엄마와 쓸쓸하게 살아가는 걸 생각하면, 코끝이 찡해왔다. 평온을 되찾은 정범이가 말을 이어갔다.

"어제 저녁에 우리 누나들은 손톱에 봉숭아 꽃물을 들였다."

"예쁘게 잘 들었대?"

"아직 모르겠어. 누나들은 아마 지금도 손톱에 싼 꽃잎들을 떼어내지 않았을 걸.

너도 어제 집에 있었으면 손톱에 봉숭아 꽃물을 들일 수 있었을 터인데……"

정범이는 '선영이의 손은 얼마나 따듯하고 보드라울까.' 라고 생각하며 자신의 손을 살며시 펼쳐 보았다. 손은 땀으로 촉촉했다.

"얘는! 중학생인 내가 어떻게 손톱에 꽃물을 들여. 처녀들이나 하는 거지. 그리고 요즈음 세상에 누가 손톱에 봉숭아 꽃물을 들여. 나는 이다음에 예쁜 '매니큐어' 도 바르고 멋도 낼 거야. 좋은 대학교에 들어가 공부도 열심히 하고."

선영이의 말을 듣는 순간 정범이 머리는 큰 돌멩이로 맞은 듯 멍해지고 말았다. 그래도 정신을 가다듬고서 물었다.

"좋은 대학교가 어디 있는데?"

"서울에 있겠지. 공부 잘하면 갈 수 있을 게고."

"무슨 공부를 할 건데?"

"'컴퓨터' 하고 철학 공부."

"뭐, 우리 이모부님께서도 그런 말씀하시던데. 며칠 전 서울에 있는 명문대학교의 사회학 교수이신 이모부께서 이모와 함께 우리 집에 오셨어. 컴퓨터 공부는 무궁무진한 것이고, 세상의 모든 일들이 컴퓨터와 관련되어 있다고 하셨어. 뿐만 아니라 철학은 '모든 공부와 인생의 근본 원리를 연구하는 학문' 이라고 말씀하시면서, 철학이 없는 국민들은 나라를 지켜낼 능력도 없고, 살기 좋은 세상도 만들 수도 없다고 말씀하셨어."

"아, 너는 훌륭한 이모부님이 계셔서 좋겠다."

선영이는 부러운 표정을 하며 대화를 끝냈다.

정범이 엄마는 오늘 하루 종일 심난 했다. 어제 아들과 딸들이 멍석 위에서 벌렸던 봉선화 노래합창과, 자유롭게 나누었던 이야기 내용을 부엌에서 귀동냥 한 게 화근이었다. 특히 큰애 종숙이가 대학생 사회를 요지경이라고 정의하며, 자신도 유연성 있는 처세를 해보고, 요지경 속에도 빠져 볼 예정이라고, 당당히 밝힌 게 마음에 걸렸다. 대학교에 다니는 큰딸이 동생들에게 공개적으로 밝힌 이야기들은, 부모로서 그냥 흘려 넘길 수 없는 내용들이라고 생각했다.

엄마는 잠자리에 들기 전에 남편과 상의해 내일 저녁 원두막에서 '삼겹살파티' 를 하기로 했다. 파티 분위기가 고조되면 이모부님께 아이들을 위한 좋은 말씀을 잠깐 부탁드려 볼 요량이었다. 엄마는 이모부가 호랑이寅 띠 해에 태어나 성격이 활달하고 강직하며, 포용력과 통솔력이 탁월하고, 남의 사정을 잘 도와주는 개성이라고 생각하고 있다. 엄마의 이 같은 의견에 남편도 동의했고 동생도 좋아했다. 원두막이 시냇물과 참외밭 중간인 냇둑에 있어, 시원하고 야외휴가파티를 하기에는 좋은 장소가 될 것 같았다.

다음날 엄마는 종숙이와 종애 두 딸을 데리고 읍내로 가 시장을 보아왔다. 어른과 아이들의 성격과 기호를 생각하며, 여러 가지 음식을 정성스레 준비했다. 등심, 삼겹살, 목살, 소주, 막걸리, 전, 동태, 생선회를 비롯하여 정범, 선영, 원식이가 좋아하는 과자, 바나나도 샀다. 엄마는 자신이 마련한 파티 준비로 하루가 어떻게 가는 줄도 모르며 뛰어다녔다.

길고 길었던 여름 해가 둥그런 저녁노을을 만들며 서산에 걸리자, 정범이네 원두막은 갑작스러운 인파로 뒤덮였다. 모두 열 명이었다. 원두막에서 전망되는 여름 들판은 싱그럽고 풍성한 초록색 광야였다. 깊은 바다색 벼 잎 위로 석양이 떨어지니, 모두 황홀감을 감추지 못했다. 검푸른 광야 한가운데로 시냇물이 흐르고, 북쪽 산 밑에 자리 잡은 정범이네 동네에도 석양이 걸쳐 있다. 산 밑에 위치한 정범이네 종중 할아버지 사당祠堂이 특출하게 돋보였다. 사당 뒤 조산朝山과 좌청용左靑龍 우백호右白虎도 뚜렷하여, 공작포란형孔雀抱卵形 명당임을 쉽게 알 수 있었다. 사당 뒤, 산신령님께 제사를 지내는 산제당山祭堂도 원추형 고깔모자 같이 조그맣게 보였다.

산제사山祭祀는 마을 주민들이 함께, 정월 열나흘 날 자정에 지내는 제사이며, 제수로 소나 돼지를 잡고, 제당祭堂은 옛날부터 볏짚으로 만든다. 앞쪽에 출입구가 있고, 제주는 한 달 전에 주민 중에서 두 명을 선정한다. 제주로 선정되면 한 달 전부터 매일 목욕을 하고, 심신을 깨끗하게 한 상태에서 제사를 올린다.

원두막에 제일 먼저 오른 두 명의 동서同壻들은 화색이 만면했다. 다른 식구들은 원두막 밑 냇둑 잔디밭에 깐 멍석에서 음식준비를 했다. 정범이와 친구들은 물고기를 잡는다며 그물로 냇물을 훑고 또 훑는다. 손아래인 정범이 아버지가 먼저 이모부에게 인사를 드렸다.

"귀한 휴가시간을 이런 데서 쓸쓸하게 보내시게 해 죄송합니다."

두 사람이 동서 지간이지만 나이 차이도 있고 농부와 교수라는 직업 차이도 있어 정범이 아버지는 깍듯하게 인사를 했다.

"어- 아닙니다. 동서! 이런 곳에서 휴가를 보내려고 집사람에게 부탁하여 계획적으로 온 것입니다. 넓은 들판 한 가운데로 시냇물이 흐르고, 사방은 산으로 병풍을 둘렀으니 보통 경치가 아닙니다. 인심이 좋고 예의도 바른 농촌 같습니다. 저기 암소가 송아지를 데리고 잔디 뜯는 광경 좀 보십시오. 이국적이고 목가적인 풍경입니다."

말씀을 끝낸 이모부는 동서에게 한 가지 제의를 했다.

"우리 동서 두 명은 원두막에서 좋은 경치를 실컷 즐겼고 어두움도 깃드니, 우리가 멍석으로 내려가 그곳에서 파티를 합시다. 원두막은 정범이 친구들과 아이들이 마음대로 오르내리며 놀도록 하는 게 좋겠어요."

라는 내용이었다. 정범이 아버지는 지체하지 않고 멍석 쪽으로 소리를 질러, 아내와 이모 및 아이들의 의견을 들었다. 멍석에서는

"와- 신난다. 정범이 아빠 만세!"

하는 함성과 박수로 응답했다. 멍석 부근에서는 고기 냄새가 짙게 풍겼고, 참석자 열 명은 둥글게 마주앉았다. 한쪽 곁에선 모깃불이 타오르며, 뿌연 연기를 멍석 쪽으로 보내주었다. 또 다른 쪽에선 정범이네 암소가 송아지와 함께 풀을 뜯으며, 가끔 꼬리를 흔들고 정범이네 가족들에게 신호를 보낸다.

"푸우우욱 쩍! 음매……"

삼겹살 파티가 시작되었다. 이모님은

"말이 '삼겹살파티' 지 없는 음식이 없으니 그냥 파티라고 하자."

고 제의했다. 동생이 음식준비를 많이 했다는 의미다. 좌중은 이모의 제의에도 모두 동의했다. 이모부 제의로 건배를 했다. 좌중의 종이컵 속엔 소주, 맥주, 막걸리, 사이다, 콜라 등이 제각각 들어있었다. 조금 전 좌장이신 이모부께서

"컵을 채우는 것은 개인의 자유다."

라고 분위기를 부드럽게 푸셨기 때문이다. 술을 마시는 어른들 주변에서는 삼겹살, 목살, 등심 같은 고기가 많이 팔렸다. 중학생 네 명과 딸 두 명은 도토리묵, 빈대떡, 송편, 닭튀김, 과자, 음료수 등을 많이 먹었다. 특히 중학생 네 명은 원두막을 오르내리며 시끄럽고 분주하게 뛰놀았다. 정범이 엄마가 시끄럽다고 한마디 하자 이모부께서

"두 명은 남자고 두 명은 여자이기 때문"

이라고 농담을 하여 좌중을 웃겼다. 정범이 엄마는 식사를 하기 전에 이모부님의 한마디가 필요한 것이라고 생각했다. 옆에 있는 언니 허리를 손가락으로 살짝 누르며 눈총을 이모부에게 돌렸다. 이모도 빠르게 눈치채고 동생에게 낮은 목소리로

"다들 모이라고 해."

하며 대답했다. 어제 밤에 아내들로 부터 귀띔을 받은, 이모부와 정범이 아빠도 술잔을 비우고 아이들을 불렀다. 삽시간에 멍석엔 또다시 둥근 원이 생겼다. 훤칠한 용모와 반백半白의 머리를 한 정범이 이모부 김동진金東進 교수는,

"음식을 앞에 놓고 말하는 게 도리는 아니다."

라고 운을 떼고, 종숙이 부터 학년을 모두 물었다. 그리고

"강의 대상자가 중학생, 고등학생, 대학생 등 각각 달라 모두에게 통하는 이야기를 할 수 없으니, 청소년을 주제로 너희들이 꼭 알아야 할 문제점들을 몇 가지 말하고 끝내겠다."

고 서두를 꺼냈다. 이모는 사회정의 실현과 복지사회 건설에 솔선한다는 분명한 목표를 갖고 교수생활을 하는 남편다운 말씀이라고 생각했다.

"청소년문제가 사회문제로 대두된 것은 어제 오늘이 아니다. 국가가 전적으로 노력해도 잘 해결이 되지 않는 문제다. 그래도 실정을 알고 있어야 본인도 자신을 보호할 수 있고, 부모들도 자식을 키우는데 도움이 될 것이다. 청소년들에게 미래가 없으면, 국가의 장래도 좋을 수 없기 때문에 나라에서도 신경을 쓰는 것이다. 도시 청소년을 중심으로 간단하게 말해주마.

첫째로, 폭력배들의 꼬임에 넘어가 학교를 버리고 길거리에서 하수인 노릇을 하는 경우를 예방해야한다. 이 문제는 친구 사귀는 문제와도 연결된 것이라 중요하다. 때문에 본인도 조심하고 부모도 항상 관찰하고 관심을 가져야한다. 부모에게 반항하고 심지어는 못된 짓을 하는가 하면, 스승에게 덤벼들고 학교생활을 외면하는 청소년들도 많다. 마약에 중독된 청소년도 있고….

둘째로, 언어와 글인데 이문제도 마찬가지다. 초등학생들의 평상시 대화에 상소리가 너무 난무한다. 올바른 우리글과 말을 사용하는 청소년들을 발견하기가 힘든 실정이다. 우리 고유의 말과 글이 너무 많이 손상된 상태로까지 변했다. 컴퓨터와 휴대전화기가 널리 보급되면서 더욱 빠르게 확산된 것이다. 특히 청소년들의 댓글과 문자통신을 보면, 앞으로 우리말과 글이 제대로 보존될지 걱정하지 않을 수 없다.

국문법에 따른 철자법과 맞춤법을 거의 모르고, 사용하지도 않고 있는 실정이다. 고등학교를 나와도 편지 한 장을 쓸 줄 몰라서야 되겠느냐. 올바른 말과 글을 사용하지 않고는 청소년문제 해결이 불가능하다. 우리말과 글을 잃으면 민족도 국가도 잃게 되는 것이다.

셋째로, 국가관인데 요즈음 청소년들은 국가가 무엇인가를 아주 몰라!

나라가 없으면 국민도 없어지는 것이다. 가족도 나도 있을 수 없는 것이라는 진리를, 전혀 생각조차 못하는 실정이다. 우리민족이 일본에게 나라를 빼앗겼을 때, 삼십 육년간 우리 조상님들이 어떻게 탄압을 받았었고, 어떻게 투쟁을 하여 나라를 되찾았는지를 알아야 한다. 역사 공부를 통해서 말이다. 내 생각으로는 학교에서 배우는 내용들이 통일되어 있지 않은 것 같다. '이스라엘'이나 '스위스' 같이 아주 작은 국가들이 잘 살고 있는 배경에는, 모두 역사공부를 통한 '애국심의 함양'이라는 정부의 노력이 숨어있는 것이다.

넷째로, 가족관인데 우리나라는 도덕이 땅에 떨어져 있는 나라다. 건전한 가족관계는 건전한 사회의 초석이 되는 절대적 요소다. 전통과 예절 및 풍습이 생활화 되어야 가능한 것인데, 부모를 멸시하고 구타하는가 하면, 살해까지 서슴지 않는 이상한 세상이 되어 버렸다.

요지경 세상이지, 요지경! 지금으로부터 육십 년 전만 해도, 우리나라는 '동방예의지국가' 라고, 예절이 가장 바른 나라로 세계에 소문난 나라였다. 그런데 이 지경으로까지 변했다.

요즈음 중고등학교에서 윤리나 도덕을 제대로 가르치는지도 궁금하다. 정범아, 이제 너희들이라도 앞으로 부모님 말씀 잘 들어라. 바르게 성장하여 단란한 가정을 만드는 게 사회와 나라에 큰일을 하는 거다. 공부 열심히 하고. 부모님들의 은혜를 잊지 않으면 누구나 올바른 사람이 될 수 있다."

이모부님은 정범이와 친구들을 쳐다보며

"내 말 중 이해하기 힘든 내용은 부모님들에게 자주 물어서 깨닫도록 해라. 누구나 노력하며 성장하면 훌륭한 인물이 될 수 있다."

며 용기를 북돋아 주셨다. 이모부님은 전문가다운 강의를 밝은 표정으로 멋있게 끝냈다. 말씀 굽이굽이에서 분위기에 어울리는 손짓과 몸짓이 나왔고, 목소리 또한 우렁차고 맑아 듣는 이들은 지루함을 몰랐다. 조리있고 압축된 청소년 문제를 설파하신 이모부님은, 대책방안을 별도로 말씀하셨다.

"내가 앞에서 말한 청소년문제들은 청소년들에게만 책임이 있는 건 아니다. 청소년 보다 오히려 기성세대와 국가에 책임이 더 많은 지도 모른다. 예를 들어 교육문제를 보면 국가에 더 많은 책임이 있는 것 같다. 지금 우리나라는 완전한 교육자치제를 실시하지 못하고 있다. 여러 번 거론되고 건의도 했는데, 반쪽짜리 교육자치제를 하고 있다. 교육부를 통해 국가가, 전국 각지의 교육문제를 지시하고 통제한다는 건, 이론적으로도 설득력이 없다.

완전한 교육자치제란, 우리나라 열다섯 개 광역자치단체 별로 교육청을 두고, 그 지역 교육문제는 그 지역에서 해결하는 제도다. 즉 국가가 교육에 관한 모든 것을 교육청과 광역자치단체에 위임하는 것이다. 이 교육자치제는, 대부분의 선진 국가에서 오래 전부터 실시하고 있는 제도이고, 훌륭한 성과를 거두고 있다.

우리나라도 이 제도를 도입하려고 교육부 해체를 구상하였는데 무산되었다. 교육자치제는, 모든 것을 떠나 국민과 국가 그리고 미래와 후손들을 위해 결정되어야 하는 건데, 정치적인 타협으로 무산됐다. 이제 학부모와 학생들은 희망을 잃었다. 또 다시 학교평준화문제, 대학구조조정문제, 학원문제, 특목고문제 등 각가지 문제점들이 표출되었기 때문이다.

매년 때만 되면 나타나 세상을 뒤흔들고, 학부모와 학생들을 불안하게 만드는 교육의 문제점들이, 모두 어제오늘 제기된 게 아니다. 수학능력시험 같이, 수십 년 전부터 국민들을 괴롭히는 제도조차 해결하지 못하고 있는 실정이다. 이게 요지경 세상이 아니고 무슨 세상이냐! 사실 나도 과거엔 철모르고 요지경 세상에 빠진 적이 있었다. 그러나 정신을 차리고 빠르게 탈출했다. 사람이 자기 허물을 감추고 살면 병마와 감옥이 찾아오고, 허물을 벗어 버리면 희망과 행복이 뒤따르게 마련이다. 완전한 교육자치제가 물거품이 될 때 나는 매우 안타깝게 생각했다."

라고 열변을 토하셨다.

이모부님의 말씀이 끝나자 좌중은 큰 박수로 환영했다. 학생 여섯 명은 모두 조용하였다. 정범이 아버지가 무겁게 내려앉은 밤공기를 갈랐다. 자, 이제 식사들 하자. 일행들은 밥과 고깃국에 각가지 반찬으로 저녁식사를 했다. 정범이와 친구들이 잡은 민물고기도 매운탕이 되어 나왔다. 찌그러진 양은 냄비가 농촌 실정을 대변했다. 파티 종료는 인사말씀 대신 교육내용에 나온 요지경 노래를 합창하는 것으로 하자고 종숙이가 제의했다. 찬성하는 박수 소리가 그치자 종숙이가 선창했다. "세상은 요지경"이라는 노래가 고요한 농촌 벌판에 메아리치고 끝없이 퍼져나갔다.

세상은 요지경, 요지경 속이야
잘 난 사람 잘난 대로 살고, 못난 사람 못난 대로 산다.
야 야 야들아, 내말 좀 들어라.
여기도 짜가, 저기도 짜가, 짜가가 판친다.
인생이 살면 칠팔십년, 화살같이 속히 간다.
정신 차려라, 요지경에 빠진다.
싱글벙글 싱글벙글, 도련님 세상.
방실방실 방실방실, 아가씨 세상.
영감 상투 삐뚤어지고, 할멈 신발 도망갔네, 허-
세상은 요지경, 요지경 속이다.
잘난 사람은 잘난 대로 살고, 못난 사람은 못난 대로 산다.

합창을 끝낸 일행들은 박수를 치고 함께 마을로 향하였다. 논밭과 냇물이 흐르는 한여름의 농촌 들녘은 서늘했다. 중천에 떠있던 상현달도 어느새 서산마루에서 밤 인사를 하고 있었다.

정범이 아버지는 동네로 들어오며 사당에 모셔진 할아버지를 소개했다. 이모부님은 산제당과 사당 주변의 조산 및 좌청룡 우백호에 관한 질문을 했다. 동네 주민들의 민심도 물었다. 이모부 부부는 상구집喪具이 보이자 너무 오랜만에 보는 모습이라며 반가워했다. 뒤따라오는 정범이 일행은 한밤중에도 장난을 치며 쑤군거렸다. 그날 원두막 삼겹살 파티에 참석하였던 일행들은 밤늦게 잠자리에 들 수 있었다.

이모부로부터 강의를 들었던 파티 참석 학생 여섯 명은, 일 년 반이라는 세월이 흐르자 모두 신분이 달라졌다. 종숙이는 외무고시에 합격하여 외교관이 되려던 꿈을 이루었다.

치마저고리 등 한복을 즐기는 홍일점 외교관으로 부상될 가능성이 높아졌다. 종애는 이모부님이 계시는 명문대학교 교육학과에 합격하여, 서울 이모네 집에서 통학하고 있다. 교육학 박사를 따는 게 목표다. 종화는 고등학교에 진학하여, 언니들에게 지지 않겠다며 면학의 칼을 갈고 있다. 정범이 부모는 풍년이 들어 농사를 잘 지었으며, 두 마리 암소가 각각 송아지를 출산하여 둘째 놈 등록금 걱정이 없어졌다. 정범이와 친구들은 중학교 이학년을 거의 마치고 겨울방학을 보내는 중이다. 겨울이 지나면 졸업반이 될 것이다. 정범이는 공부가 실증 날 때면 이모부님 얼굴을 떠올리는 습관이 생겼다. 이모부님 내외도 가끔 정범이네 집에 들르시며, 퇴직 후 동서 네 마을에서 여생을 보내려고 준비한다.

정범이 아버지는 자식들이 모두 잘되고, 동서가 우리 마을에서 여생을 보내겠다고 결심한 이유가, 사당 및 산제당과 공작포란형의 명당明堂 때문이라고 생각하고 있다.

손위 동서와 종숙이가 요지경에 빠지기는 했지만, 공작포란형 명당이 들어 있는 요지경에 빠졌기 때문에, 그 괴력怪力으로 앞길이 훤해지는 것이라고 마을 사람들에게 자랑했다. 정범이 아버지의 이 같은 이야기 내용은 점점 펴져나갔다. 그 여파로 마을에 요지경을 만들어 정성스럽게 보관하는 세대가 늘어가기 시작했다.

주민들은 요지경을 만들어 형형색색의 노리개와 장신구 등을 넣었다. 물론 산제당과 사당이 있는 지도도 조그맣게 접어 함께 넣었다.

주민들은 요지경이 만들어 진 첫날 밤 열시에, 전 가족이 모여 양쪽 발을 요지경에 빠뜨렸다 다시 뺀 다음, 영구 봉인하여 조용한 곳에 모셨다. 가족들의 안녕과 부자가 되기를 기원하면서...... 이 같은 마을 주민들의 동향을 보며 정범이 아버지는 내심 불안한 마음을 떨칠 수 없었다. 자신들의 마을이 요지경 마을로 변해도 사당에 계시는 할아버지와 산신령님께 누를 끼치는 게 아닌지 궁금했다. 정범이 아버지는 동서가 내려오기를 학수고대하고 있었다.

삼년 후, 정범이 이모부는 정년퇴직을 하고, 정범이네 마을로 낙향落鄕했다. 여생을 요지경 마을에서 보낼 요량料量이다. 그리고 또 이년 후, 정범이 이모부가 근무하시던 '명문대학 지방캠퍼스' 도 요지경 마을에 신축되었다. 요지경 마을 주민들은 즐겁고 행복했다.

명문대학 덕분으로, 요지경 마을은 이름난 마을로 부상했으며, 주민들도 부자가 되었다. 특히 정범이네 일가들이 덕을 많이 보았다. 대학교를 짓는 부지敷地로 정범이네 종중 땅이 많이 수용되었고, 토지 보상비도 잘 받았기 때문이다.

요지경 마을 주민들은, 예기치 못했던 이런 변화가, 사당에 계시는 할아버지와 산제당에 계시는 산신령님, 그리고 공작포란형 명당 때문이라고 생각하고 있다.

사당집 제사

사당집 제사의 네 번째 순서는 축문祝文을 읽는 독축讀祝이었다. 독축은 사십 여분 걸리는 제사의 중점 부분이고 꽃이다. 대농이는 어제 아버지가 주신 원본을 타자하여 프린트 해 드렸다. 대농이 아버지는 목청을 가다듬고 또박또박 읽어 갔다. 사당 구내는 물론 담장 넘어 고요한 산촌 마을이 쩌렁쩌렁 울렸다. 독축 소리는 리듬도 있어, 멀리서 듣는 사람들은 구슬픈 느낌도 받는다. 오늘따라 달빛이 밝아 괴괴함도 느껴졌다. 제사에 참석한 참사參祀 후손後孫들은, 제당祭堂 밑 잔디정원에 무릎과 양손을 대고 꿇어 앉아 조용히 듣는다.

今以 顯考 十八代祖父 淸齋府君 遠諱之辰 敢請 神主出就 正寢

금이 현고 십팔대조부 청재부군 원휘지신 감청 신주출취 정침

해석 : 돌아가신 날이 왔습니다. 할아버지께서 나오셔서 정침에 나가시기를 감히 청하옵니다.

維歲次庚寅 十月丁卯朔 十日己巳 孝孫舞鳳 敢昭告于

유세차 경인 시월 정묘삭 십일 기사 효손무봉 감소고우

懸祖考 忠貞公府君 歲序遷易 諱日復臨 追遠感時

현조고 충정공부군 세서천역 휘일부임 추원감시

不勝永慕 謹以 淸酌庶羞 恭伸奠獻 尙 饗

불승영모 근이 청작서수 공신전헌 상 향

해석 : 2010년 10월 10일 효손 무봉은 감히 말씀드립니다. 해가 바뀌어 할아버지 돌아가신 날이 다시 왔습니다. 영원토록 사모하는 마음을 이기지 못하여, 삼가 술과 여러 가지 음식으로 공손히 절을 올리오니, 많

이 드십시오.

'상향!' 이라는 소리에 맞춰 후손들은 일제히 일어나, 사당집 제사의 다섯 번째 순서, 아헌亞獻광경을 지켜보았다.

박대농이는 시골에 있는 고등학교 일학년생이다. 오늘은 토요일이라 오전 수업만 하고 귀가하는 길이다. 늦가을 이라 귀갓길은 썰렁했다. 가로수들이 붉고 노오란 낙엽을 떨어뜨리고, 바람이 불 때마다 흙먼지가 휘날렸다. 그래도 지루하거나 짜증은 나지 않았다. 이십 리도 넘는 길을 걷는데 걸리는 시간을, 무의미하게 보내지 않았다. 영어 단어도 암기하고, 국사 연대표도 읽으며 걸었다. 이학년이 되면 해야 할 생활계획도 구상하는 등, 시간을 유용하게 활용했다. 오늘은 청재 할아버지 기제사忌祭祀 날이다. 청재淸齋는, 대농이 아버지의 십팔 대, 박심문朴審問 할아버지의 호號이다. 옛날 사람들은 이름보다 호를 많이 사용했다. 특히 상위계층 국민들이 그랬다. 기제사는 대농이네 집 뒤에 있는 사당祠堂에서 지낸다. 농촌 사람들은 지금도, 사당을 사당집이라 부르고, 사당에서 지내는 제사를 '사당집 제사' 라고 부른다. 초가草家를 '초가집' 이라고 부르는 습관과 마찬가지다. 청재 할아버지도 마찬가지다. 고종高宗 때 충정공忠貞公이라는 사시賜諡를 받으신바 있는데도 청재공淸齋公이라 부른다. 청재공은 이조李朝 세종대왕, 문종, 단종 때 벼슬 하셨고, 나라를 위해 훌륭한 일도 많이 하셨다. 청재 할아버지가 타계하신 후, 여러 임금님들이 많은 벼슬과 부조묘不祧廟를 내리셨다. 나라에서 영구하게 청재 할아버지 제사를 지내도록 한 것인데, 지금은 시대가 달라져 종중宗中에서 지낸다.

대농이의 머릿속은 사당집 제사로 가득 찼다. 대농이가 청재공 제사에 관심이 많은 건, 사당이 가까워서 뿐 아니다. 아버지 박무봉께서 종중회장 직무를 맡고 계셔, 제사를 주관하시기 때문이다. 아버지는 제사가 끝날 때 까지 심부름을 많이 시키신다. 대농이는 항상 아버지 곁을 지켜야 한다. 어제는 '후손교육' 자료도 주셔 타자하고 출력해 드렸다. 대농이 아버지는 일본 식민지 시절에 고등보통학교를 졸업하셨다. 항상 동네일을 많이 맡으신다. 아버지가 바쁘실 땐, 대농이도 바쁠 경우가 많다. 그래도 대농이는 불평하지 않는다. 보고 듣는 게 많아, 지식도 쌓이기 때문이다. 대농이는 어려서부터 청재공 제사에 많이 참석했다. 그래도 대농이는 축문 내용은 잘 모른다. 모두 한자漢子이기 때문이다. 축문 뿐 아니고 대부분의 제사 자료들이 한자다. 제사를 지내는 순서를 흘기吃記라 하고, 후손들이 전국 방방곡곡에서 도착하면 이름을 적는 대장을 도기到記라고 한다. 그래서 한자는 정말 대농이에게 미운 존재다. 그래도 대농이는 제사의 전반적인 내용을 안다. 일 년 중, 설날, 한식, 추석, 기제사 등 네 번이나 사당집 제사를 지내기 때문이다. 내용을 느낌으로 알아차린다.

사당 경내境內는 청재공 위패位牌가 모셔진 제당祭堂, 제사를 위한 음식을 준비하거나 회의를 하는 제실祭室, 먼 지방에서 오신 후손들이 숙식할 수 있는 관리동, 등이 있고, 돌담과 개와蓋瓦로 튼튼하게 담을 쌓아 사방을 둘렀다. 제실의 넓이는 육십 평坪 정도다. '청재공종중'宗中에서는, 금년 기제사 때 젊은 후손들이 많이 참석하도록, 각 '지방종중'에 편지를 보냈다. 금년에는 음식도 많이 준비했고, 일손을 돕는 후손들도 많다. 대농이는 저녁식사 후 시작될 '후손교육'에 참가할 준비를 했다. 후손교육은 제사에 참여하는 모든 후손들이 제실에 모여 받는다. 항상 대농 아버지가 선생님이 되어 가르치신다. 어제 대농이가 출력해 드린 내용을 보시며 두 시간을 강의하신다. 대농이도 관리동으로 이동하여 저녁식사를 했다. 사당집 관리인 가족들과 많은 종중 아주머니들이 함께 부엌일을 하고 계셨다. 집에서 먹던 식사보다 맛이 더 좋았다. 사람이란 모두 떠들썩하고 웅성거리는 분위기를 좋아하나 보다, 하는 생각을 했다. 오후 일곱19:00 시가 되자, 대농이 아버지의 후손교육이 시작되었다. 참석자들이 이백 명200 정도 되었다. 간이칠판도 설치되었다.

첫째시간 교육은 청재공의 가문家門, 어린 시절, 벼슬길, 계유정난癸酉靖難등 내용이었다.

"우리 박씨朴氏 모두는 신라 박혁거세왕의 후손입니다. 신라 오십사54대 경명왕景明王에 이르러, 여덟 명의 왕자王子들이 각 고을에 봉封해짐에 따라, 여덟 개의 본관本貫이 생겼습니다. 첫째 왕자 밀성대군密城大君 언침彦沈 께서, 밀양密陽 지역에 봉해져 밀양박씨密陽朴氏가 생겼고, 둘째왕자 언성彦成께서는, 고령高靈지역에 봉해지셔 '고령박씨'가 생겼습니다. 또 다른 본관 함양박씨, 죽산박씨, 상주박씨, 전주박씨, 순천박씨, 경 주박씨도 왕자들이 봉封해졌던 지역 이름을 따 정해진 것입니다.

청재공은 아버지 박강생朴剛生조상님과 어머니 파평 윤씨尹氏 사이에서 태어나셨습니다. 강생 할아버지는 고려 공민왕 팔년1369에 출생하셔, 공양왕 이년1390에 문과文科 과거科擧에 급제及第하셨습니다. 집현전集賢殿 부제학副提學을 역임하시고, 이조李朝 세종世宗 이년1420에는 안변부사安邊府使를 역임하셨습니다. 어머니貞敬夫人 윤씨의 아버지이신 윤승경尹承慶 께서는 고려 때 좌윤佐尹의 벼슬을 하셨습니다. 향년享年 오십사54세입니다.

청재공의 조부祖父 박침朴沈조상님께서는, 고려 충해왕 삼년1342에 태어나, 조선朝鮮 정종 일 년1399에 타계하셨습니다. 고려 조정朝廷에서 전의사典儀司 와 판사判事 벼슬을 하셨습니다. 이성계 장군의 역모逆謀로 조선국朝鮮國이 탄생하자, 벼슬을 내던지고, 개성 두문동杜門洞 광덕산에 숨어 사셨던, '두문동 칠십이72현' 중 한 분이십니다. 오직 고려 조정에만 충성을 다하고 타계하셨습니다. 박침 할아버지는 평시 이성계 장군과 친분이 두터워, 이성계 장군께서 조선국 태조가 되어, 벼슬길을 제의하였지만 응하지 않으셨습니다. 그래도 이 태조께서는 할아버지께 개국원종공신開國原從功臣의 상을 내리셨습니다. 향년 오십팔58세이셨고, 슬하에 저생, 강생, 눌생, 신생 등 사 형제를 두셨습니다.

청재공의 증조부曾祖父 박사경朴思敬 조상님께서는 고려 때, 전법사展法司의 판서判書,정3품를 역임하시고, 상장군上將軍,정3품도 겸임하셨습니다. 우왕 일 년1375에는, 원元나라에 사신使臣으로 파견되어, 태후太后와도 만난 사실이 고려사高麗史에 기록되어 있습니다. 공민왕 시해사건을 상의했던 것으로 생각됩니다. 추성익위공신推誠翊威功臣의 녹권錄券을 하사下賜 받으셨습니다. 향년 구십사94세의 수壽를 누리셨습니다.

청재공의 고조부高祖父되시는 박문유朴文有 조상님도, 문과 과거에 급제하셔 전리사典理司의 좌랑佐郎, 정5품, 경주慶州 판관判官 등 벼슬을 역임하셨습니다. 슬하에 사경思敬, 사인思仁, 사민思敏 등 삼형제를 두셨습니다. 고려시대 관리들의 계급은, 정正일1품 종從일1품, 정이2품 종이2품 식으로 구품9까지 있어, 십팔18개 계급이었습니다. 향년 구십오95 세의 수를 누리셨습니다.

마지막으로, 청재공의 오대조부5代祖父 박현朴鉉조상님도, 문과 과거에 급제 하시고 사헌부司憲府 규정糾正,종3품 벼슬을 하셨습니다. 문장과 인품이 뛰어난 당시의 저명인사이셨습니다. 이 분이 바로 우리 밀양박씨 규정공파糾正公派의 주인공이 되시는 할아버지이십니다. 향년 팔십칠87 세의 수를 누리셨습니다. 이제 우리 참사자들은, 밀양박씨 규정공파의 주인공이 되시는 조상님이 밀성대군이시고, 그 밑에 규정공파 주인공이 되시는 조상님은, 규정공 박현 할아버지라는 사실을 알게 되었습니다. 규정공파 묘역墓域은 경기도 고양시 덕양구 주교동 두웅촌에 있습니다. 많은 조상님들의 묘가 있으며, 제실은 추원재追遠齋입니다."

대농이 아버지는 교탁 위에 있는 감주를 마시며 목을 축이고, 교육을 받는 후손들에게 급한 용변은 다녀와도 좋다고 말씀하셨다. 참사자들은 강의에 기우렸던 긴장감을 잠시 풀고 두런두런 거렸다. 그러나 자리를 뜨는 참사자들은 없었다. 대농이 아버지는 자세를 바로하고, 간이칠판 앞으로 나가 교육을 계속했다.

"앞에서 말씀드린 바와 같이 청재공清齋公 가문은, 오대에 걸친 조상님들이 모두 큰 벼슬을 하셨고, 국가에 충성하셨을 뿐 아니라, 학문과 덕행德行도 뛰어나신 분들이셨습니다. 명실 공히 양반兩班 중의 양반이라고 불렸던, 사대부가士大夫家였다는 사실이, 고증考證을 통해 확인된 것입니다. 이제 우리 후손들은, 이 같은 조상님들의 피를 받아 태어난 청재공의 한 평생은, 어떠하였는지 보기로 하겠습니다. 조상님들을 제대로 알아야, 후손들이 본받고, 가야할 방향을 설정할 수 있는 게 아닙니까."

대농이 아버지의 말씀은 아직도 카랑카랑했다.

"청재공은 이조李朝 태종 팔년1408년에 태어나셨습니다. 아버지 강생剛生 할아버지와 어머니 정경부인 파평 윤尹씨는 이미 앞에서 설명 드렸습니다. 청재공의 부인婦人은 정경부인 청주 한韓씨 입니다. 슬하에 팔 남매를 두셨습니다. 삼남 오 녀 중 청재공은 셋째 아들이시고, 형님들의 이름은 의문疑問,護軍公과 절문切問,正字公이십니다. 다섯 명의 누이들 중 막내 누이가, 세종대왕의 궁녀宮女가 되어 귀인貴人까지 승진하시고, 장의궁주莊懿宮主가 되셨습니다.

청재공이 십육16세 되던 해에, 안변부사로 재직하시던 아버지 강생剛生께서 타계하셨습니다. 이미 의문과 절문 등 두 형님들도 타계하신 상태였습니다. 청재공 혼자 염습 등 예법禮法에 따른 장례葬禮를 모셨습니다. 세종대왕도 후한 부의賻儀와 수레를 내리셔, 사 개월 후에 선영에 장사를 모셨습니다. 선영先塋은 경기도 고양군 덕양구 주교동 두응촌 이었습니다. 청재공은 산소 옆에 풀로 만든 집, 여막廬幕을 짓고 이년 간 거주하며 효도 하였습니다. 이웃마을 사람들도 청재공의 지극한 효성에 감동하였습니다. 상喪을 마치던 해 막내 누이가 장의궁주로 승진되는 경사가 났습니다. 장의궁주는 후에 귀인으로 승진하여, 세종대왕님의 사랑을 많이 받았습니다.

청재공은 과거에 급제하기 전이었던 세종 십육 년1434에, 재상宰相들의 추천으로 사온서 직장直長,종7품에 임용되어 벼슬길에 나섰습니다. 세종 십팔년1436에는 문과 과거에 급제하셨습니다. 과거 시험장에서 이십 구세29이었던 청재공은, 세종대왕이 직접내린 문제 “오랑캐에 대한 대책과 그들에게 식량을 넉넉하게 해 주는 길”이라는 내용에, 충실하고 전문적인 답안을 제시하여 급제하셨습니다. 세종대왕께서는 이미 삼년 전인 세종 십오 년1433부터, 김종서金宗瑞를 함길도咸吉道 도절제사道節制使로 임명하여, ‘조선의 옛 강토는 한 치라도 야인野人들에게 줄 수 없다.’는 결의를 표시하고, 북쪽 변방에 육진六鎭을 개척하기 시작하셨습니다. 여진족 침략을 막기 위해, 두만강 하류에 있는 종성, 온성, 회령, 경원, 경흥, 부령 등 육 개 지역을 국방요지國防要地로 만들었습니다.

청재공은 과거 합격 후, 세종 십구 년1437에 종사관從事官,종6품으로 선발되어, 김종서와 함께 육진을 개척하셨습니다. 김종서 장군께서는 청재공에게 ‘야인들을 무마하고 북방을 튼튼하게 하는 묘책’을 물었습니다. 청재공은 ‘신설된 육진에 남방 각 지역 백성들을 이주시키는 것이 상책.' 이라고 대답하셨습니다. 청재공 묘비墓碑에는 그 내용이 아래와 같이 적혀있습니다. '야인들의 땅을 빼앗고, 그들을 추방하는 것이 먼 곳을 다스리는 길이 아니라고 하나, 야인들은 모질고 사나워, 아침저녁으로 변란을 일으키기 일쑤여서, 교화정책으로는 막을 수 없으니, 큰 은혜로 베푸는 것으로만 어찌 끝내 보전할 수 있겠습니까? 완전한 계책으로는 국경지방을 메우는 것이 좋을 것입니다. 메움이란 남쪽지방 주민들을 이주시키자는 의미입니다.'

김종서 장군께서는 이 같은 건의를 조정에 보고했고, 세종대왕도 건의를 받아드려 시행하셨습니다. 그 결과로 세종은 숙원이었던 옛 강토江土를 되찾았습니다. 청재공도 세종 이십오년1443, 예조禮曹 정랑正郎,정5품으로 승진되어, 수도 한양에서 십년을 근무하셨습니다. 청재공은 누이동생 장의궁주가 귀인으로 승진되자, 더욱 처세를 조심하셨습니다. 자택도 궁궐에서 멀리 떨어진 나루터로 옮기셨습니다. 당시 육진六鎭을 함께 개척한 김종서 장군께서는, 문종文宗 때 우의정右議政,정1품이라는 높은 자리에 계셨습니다. 지금 국무총리 격인 벼슬입니다. 그래도 청재공은 신중한 처세를 계속하셨습니다. 청제공의 십이12 대 방계혈족傍系血族인 박규순朴圭淳은, 승정원承政院 좌부승지左副承旨를 역임한 인물이십니다. 좌부승지께서는 가족들에게 남기는 가상家狀에, 청재공을 다음과 같이 기록하셨습니다. '청재공의 누이동생이 대궐로 들어가 장의궁주가 되니, 그는 조심스럽고 두려워하며 몸은 나추고, 물러가기를 바랐다. 청재공이 말단직에 매어 있었던 것은, 본인의 뜻이었다.' 한편 청재공은, 아버지 강생剛生이 돌아가셨을 때, 아버지 서재에서 유서遺書를 발견하셨습니다. 유서 내용은 충성, 효도, 신의, 염치에 관하여 자손들에게 부탁하는 내용이었습니다. 지금도 종중에서 보존하고 있습니다.

수양대군世祖의 계유정란癸酉靖亂은 단종 일 년1453년에 발발했습니다. 조선국朝鮮國의 나이 어린 단종왕端宗王을 쫓아내고, 자신이 국왕國王이 되었던 모반謀反이었습니다. 당시 김종서, 황보인, 성삼문 등 사육신을 비롯 일흔세73 명이 살해되었습니다. 청재공은 수양대군이 왕위에 오르자, 신병을 핑계 삼아 공직에서 물러나 집에서 조용히 보내셨습니다. 성삼문, 박팽년 등과 친밀한 관계를 유지하며, 단종을 다시 국왕으로 모시는 모의謀議도 진행하셨습니다. 세조 이년1456에는 사신使臣 질정관質正官을 명령 받아 명明 나라로 떠나셨습니다. 청재공은 임무를 완수하고 귀국 중 의주新義州에서, 성삼문 등 친구들이 많이 죽었다는 소식을 들었습니다. 청재공은 수행 군관軍官에게 말씀하셨습니다. '사육신과 더불어 언약한 게 있었는데, 모두 다 죽음을 당했으니, 혼자 살아남는 다면, 무슨 면목으로 저승에서 세종대왕, 문종대왕을 뵙겠는가. 오늘 내 뜻은 이미 정했으니, 백이숙재伯夷叔齋를 따르련다.' 라고 말씀하셨습니다. 또한 군관에게 봉해진 편지를 주시며, '우리 아이들에게 전해주고, 단종임금 당시의 벼슬로 내 신주神主와 비문碑文을 쓰라고 일러라. 그 때 나의 벼슬은 예조정랑이 아니었다.' 고 당부하셨습니다. 청재공은 독약毒藥을 마시고 순국殉國하시기 전, 자손들에게 유서도 전하셨습니다. '삼엄한 시대에 나의 죽음을 병사病死로 위장하고, 각자 피신하여 살아가라.' 는 내용이었습니다. 그 날이 세조 이년1456 시월十月 십일十壹일, 향년 사십육46세로 생生을 마감하셨습니다."

제실 분위기는 숙연했다. 대농이 아버지의 목소리는 힘이 없고 슬픔을 머금은 목소리였다. 참사자들의 표정도 모두 비통해 보였으며, 힘 빠진 눈길로 천정만 응시하고 있었다. 대농이 아버지는 물을 한 컵 마시고 다시 교육을 이어갔다.

"청재공의 타계 소식은, 삼일 후에 우리 마을에 전해졌습니다. 이미 오래전부터, 이곳으로 피난 오신 정경부인 청주 한씨에게 전해졌습니다. 할머니는 그 자리에서 음독飮毒 순절殉節하셨습니다. 시월 십삼 일이고, 향년 삼십육36세셨습니다. 청재공 부부가 모두 순절하신 것입니다. 그 당시 청재공의 형 절문切問의 아들 대손大孫이, 평북절도사平北節度使로 재직하고 계셨습니다. 대손께서는 의주로 행차하여 청재공의 유해를 모셔 오셨습니다. 유언에 따라 병사로 위장하고, 경기도 고양시 성사동에 있는 선영에 장사를 모셨습니다. 작은 아버지 부부를 쌍묘雙墓로 모셨습니다."

교육을 받는 후손들의 자세는 진지眞摯했다. 특히 젊은 세대들은 처음 듣는 내용이 많아 감개를 느끼는 모습이었다. 대농이 아버지는 첫째시간을 마치고, 휴식시간 이십 분을 주었다. 모든 후손들이 제실을 나와 잔디 정원에서 산골 맑은 바람을 마셨다. 마침 달빛도 밝아 후손들의 마음을 즐겁게 했다. 관리동에 있는 부엌, 안방, 작은방, 숙소, 마루 등지는 후손들로 들 끓었다. 제사에 사용할 음식도 제상에 탐스럽게 진설 중이었다.

후손교육 둘째시간은 밤 여덟 시 정각에 시작되었다. 대농이 아버지도 휴식을 취하고 더욱 건강한 얼굴이었다. 교육내용은 청재공 순절 후, 후손들의 생활실태, 복권활동, 후손들의 과제 등 이었다.

“청재공 순절殉節 후, 후손들은 할아버지의 유언대로 전국 방방곡곡으로 흩어져 조용히 살았습니다. 대부분 농촌으로 피신했습니다. 삼백사십팔348 년이라는 길고 긴 세월을 소리 없이 살아가야 했습니다. 양반이나 사대부가 자손이 아니라, 순수한 농민으로 전락한 것입니다. 그래도 급한 일들은 후손들 간에 주고받으며 살아갔습니다. 세월도 유수 같이 빨리 흘렀습니다. 삼백사십팔348 년이 지나, 모두 이런저런 일들을 까맣게 잊고 살아갈 때, 정조대왕正祖大王이 등극登極하셨습니다. 정조께서는 ‘사육신 사건 관련 억울한 백성은 상소토록 하라.’ 는 화해정책을 발표하셨습니다. 그러나 청재공 후손들은, 이런 내용도 모르고 농촌에서 지나쳐 버렸습니다. 상소기한 이 끝난 후 알았습니다. 천재일후의 기회를 노친 것입니다. 청재공 순절 후 삼백사십오345년째인 순조純祖 일 년 1801, 후손 박경운朴景雲과 구절재공九節齋公이 힘을 모아, 청재공의 복권復權을 조정에 상소上疏 하기로 합의하였습니다. 순조純祖 사 년1804에, 후손 두 명은 순조의 산책길에 나아가 ‘단종 때 공신 청재공이, 임금을 위하여 절의節義를 바쳐 죽은 일은, 사육신과 못하지 않으니 복권을 시켜 달라’ 고 상소하셨습니다. 조정은 고증자료考證資料를 확인하게 되었습니다. 마침 단종의 매부였던 정종鄭悰이, 단종 시절 형조판서刑曹判書를 지낸 사람의 가정 서재에서, 비밀 내용들이 기록된 비첩秘牒을 발견했습니다. 비첩에는, 단종이 임금 자리를 빼앗기고 강원도 영월에서 유배생활을 하게 된 사건 내용과, 단종 복위를 모의했던 사건이 사전에 탈로 난 경위, 충신들이 처형당한 내용, 등이 상세하게 기록되어 있었습니다. 청재공과 관련된 내용들도 있었습니다. 기록에는, '심문 청재공은 본관이 밀양이고, 세종 십팔 년1436에 과거문과에 급제하여 주서注書에 이어 예조정랑禮曹正郎을 지냈다. 일찍이 성삼문 등과 단종복위를 도모하다, 중국 명나라 서울에 사신使臣행차하였다. 귀국길에 의주에 이르러 사육신들이 처형處刑당했다는 소식을 듣고, 이날 밤 삼경三更에 약을 먹고 사망했다.' 라고 적혀 있었습니다.

이 밖에도 여러 가지 자료들이 속속 발견되어, 전국 유생儒生들도 조정에 청재공에게 가증加贈과 포양을 내려주도록 탄원하였습니다. 결국 조정朝廷에서는 청재공의 충절 자료를 확인하고, 청재공에게 충정공忠貞公이라는 시호諡號도 내렸으며, 높은 벼슬을 내리는, 증직贈職도 여러 차례 이루어졌습니다. 내용은 아래와 같습니다.

순조 오년1805, 임금님은 청재공의 '곧은 충절이 사육신에 못하지 않다. 貞忠苦節不下六臣.' 라는 여덟 글자를 직접 써 내리는, 사액賜額을하셨습니다. 가선대부嘉善大夫, 이조판서吏曹參判 겸兼 동지경연同知經筵 의금부사義禁府事, 홍문관弘文館 제학提學, 동지춘추관同知春秋館 성균관사成均館事, 오위도총부五衛都摠府 부총관副摠管 등, 벼슬을 더 높여드리는, 가증加贈도 하셨습니다.

순조 이십팔 년1828년, 임금님은 영월 창절사에 청재공을 사육신死六臣과 함께 위패를 모시도록, 배향配享하셨습니다.

철종 칠년1856, 임금님은 청재공을 자헌대부資憲大夫, 이조판서李朝判書 겸兼 경연의금부사經筵義禁府事, 홍문관 弘文館 대제학大提學, 예문관藝文館 대제학大提學, 지춘추관知春秋館 성균관사成均館事, 오위도총부五衛都摠府 도총관都摠官, 등 승진시켜 드리는 가증을 하셨습니다.

고종 팔년1871, 임금님은 청재공에게 충정공忠貞公이라는 호號를 내리시는, 사시賜諡를하셨습니다. 내용은 "사군진절事君盡節 왈曰 충忠이요, 청백자수淸白自守 왈曰 정貞이라." 였습니다.

광무 팔년1904, 고종황제高宗는 청재공에게 부조묘不祧墓를 내리시어, 조정에서 영원히 제사를 드리도록 하셨습니다. 논,밭,임야 등 임금이 내리는 땅이라는, 사패지賜牌地를 내려 사당을 지었으며, 그 땅들이 지금도 전해 내려오고 있습니다.

현재 청재공의 위패가 모셔지고, 배향配享된 곳은 전국에 십삼13개소가 있습니다. 공주 숭모전, 진안 이산묘, 대전 숭절사, 진도 충정사, 해남 죽음사, 장흥 세덕사, 공주 표충사, 영주 영모정, 영천 경청당, 영월 창절사, 서울 도선사, 고향 추원제, 안성 부조묘 등 입니다."

대농이 아버지는 마지막으로 후손들이 가져야 할 과제를 설명하셨다.

"이상 구십 분에 걸친 교육을 통해 우리 후손들은 우리의 조상님이 누구시고, 어떠한 분들이셨으며, 무었을 하셨는지를 알게 되었습니다. 무슨 벼슬을 하셨고, 어떤 자세로 국가에 충성하셨으며, 효도와 가정은 여하히 다스렸는지도 알게 되었습니다. 뿐만 아니라, 후손들은 양반이라는 사대부 가문에서 삼백사십팔348 년에 걸쳐 농민으로 떨어져, 한 많은 세상살이를 하였습니다. 그러나 우리는 결국 극복하였습니다. 조선 순조대왕이 통치하실 이백여 년 전부터, 겨우 숨을 쉬며 살 수 있었습니다.

현재도 우리 후손들의 생활수준은 낮고, 대부분 농민입니다. 너무 억눌렸던 세상살이였기에, 기氣를 펴는 데도 오래 걸리는 건지 모르겠습니다. 후손들 중 우리나라 각 분야에 우뚝 솟은 저명인사들이 많지 않습니다. 단결력도, 동족애도 뛰어나지 않습니다. 후손 여러분! 오늘 우리가 이곳 역사의 현장에 모여 제사를 올리는 목적이 무엇입니까? 더 잘해보자고, 더 잘되자고, 더 단결하자는 게 아닙니까? 이제 우리들의 위상位相도 높이고, 삶의 수준도 더 윤택하게 합시다. 이 교육의 목적은 조상님을 알고, 본받고, 실천하자는 데 있습니다. 그리고 우리 종중의 교육이념은 '수신제가修身齊家 평천하治國平天下' 라는 사실을 명심해주시기 바랍니다."

후손들의 박수 소리로 교육이 잠시 중단되었다. 곧 교육은 계속되었다.

"이러한 목적도 없이 의무적으로 절하고, 맹목적으로 제사에 참가하면, 우리들의 목적은 달성될 수 없습니다. 다른 종중의 진면목도 파악해가면서, 우리의 위치를 재확인해 보고 새 출발 합시다. 그런 자세만이 조상님들을 위하는 길이며, 은혜를 갚는 도리입니다. 지루한 교육을 성실한 자세로 인내해 주셔서 감사합니다."

후손들의 박수소리가 한동안 이어졌다. 교육은 오후 여덟시 사십분 20:40에 끝났다. 서쪽하늘에 걸렸던 반달은, 이직도 사당 경내境內를 비춰주고 있다. 잔디정원에서 기지개를 펴는 후손들이 많이 보였다.

사당집 제사는 오후 열시22:00 정각에 시작되었다. 십년 전만 해도 자정이 넘어야 시작했었다. 청재공 위패는 깨끗하고 맑은 모습이었다. 제상이 차려졌고, 그 위에는 온갖 제수들이 진설되어 있다. 밥, 찬, 국, 구수, 고기, 어물, 적, 떡, 탕, 포, 식혜, 간장, 나물, 대추, 감, 배, 밤 등 거의 이십여 종류나 되었다. 제상 밑엔 향로와 향합을 비롯 술을 따르는 모사茅沙도 있었다. 그 뒤에 종손宗孫이신 제관祭官이, 노란색 도포를 입고 대기하고 계시다. 제관 좌우에는 좌집사와 우집사가 흰색 도포道袍를 입고 서 있었다. 사회를 보고 축문을 읽을 대농이 아버지는, 제당 우측 출입문 밖에 계시다. 제당과 사당 내외부를 잘 볼 수 있는 위치였다. 제사에 참여할 후손들은 모두 제당 계단 밑 잔디정원에 도열 해 있었다. 약 이백 여명이었다.

대농이 아버지는 제사지내는 순서, 흘기吃記를 보며 큰 소리로 "강신!降神" 하고 외쳤다. 제관이 무릎을 꿇고 앉아 타오르는 향로를 들어, 향연기가 위패로 가도록 하였다. 우집사가 술잔에 술을 조금 따라 제주에게 주고, 제주는 모사茅沙 그릇에 세 번으로 나누어 붓고, 빈 잔을 우집사에게 다시 준다. 그리고 일어서 두 번 절했다. 하늘에 계신 청재공의 신神과, 땅에 계신 신에게 정성껏 모시겠다는 절차가 끝났다.

이어 "참신!參神" 하는 대농이 아버지의 목소리가 조용한 공기를 가르며 펴져나갔다. 제사에 참가한 후손들이 일제히 두 번 절했다.

다음 "초헌!初獻" 은, 제주가 좌우 집사들의 도움을 받아 술잔을 올리고, 절을 두 번 했다.

드디어 "독축!讀祝", 시간이 되었다. 예정대로 대농이 아버지가, 양쪽 무릎을 꿇고 낮은 자세로 축문을 읽었다. 낮익고 맑은 목소리에, 높고 낮은 리듬과 길고 짧은 음성이, 적당이 조화되어 이어졌다. 가끔 귀뚜라미 울음소리와 풀벌레 소리가 섞여, 만추晩秋의 그윽한 화음이 조성되었다.

조용하고 넓은 사당집 경내가, 청재공을 모시는 정성으로 가득 찼다. 독축이 끝나자 후손들은 모두 일어나 위패를 향해 두 번 절했다.

다섯 번째 아헌!亞獻에선, 참사자 중 제주 다음으로 원로하거나 촌수寸數가 높은 후손이 술잔을 올렸다. 그 후 네 명의 어르신들이 차례로 술잔을 더 올렸다.

여섯 번째 종헌!終獻은, 마지막 술잔을 올리는 순서였다. 여러 후손이 술잔을 올렸다.

일곱 번째 첨작!添酌은, 제주가 다시 위패 앞으로 나아가, 술잔을 올리고 재배再拜했다.

여덟 번째 "계반삽시!啓飯揷匙" 는, 밥에 수저 바닥을 오른쪽으로 꽂는 것이었다.

아홉번째 "합문!闔門은, 제당에 있던 참사자들이 모두 밖으로 나와, 청재공 신위께서 조용히 음식을 드시는 기회를 제공했다.

열 번째 "개문!開門에서는, 제주가 조용한 기침을 세 번 하시고, 제당으로 들어가셨다. 밖의 후손들도 대오를 정리했다.

열한 번째 "헌다!獻茶" 에서는, 집사들이 밥을 세 번 떠서 숭늉에 말고, 저를 세 번 제상에 골랐다. 저를 고르는 소리가 잔디정원까지 들렸다.

열두 번째 "철시복반!撤匙復飯" 에서는, 숭늉 그릇에서 수저를 걷고, 밥 그릇에 뚜껑을 덮었다.

열세 번째 "사신!辭神"에서는, 후손 모두가 함께 두 번 절하고, 위패는 다시 정성스럽게 덮어 간직하였다.

열네 번째 "철상!撤床" 에서는, 제상祭床 위 모든 음식을 걷었다.

마지막 열다섯 번째 "음복!飮福" 은, 조상님께서 물려주신 복된 음식을 함께 모여 먹고 마음을 나누는 시간이었다.

종중에서는 이 시간을 화합의 시간으로 활용했다. 많은 후손들이 함께 모여 음식과 술을 즐긴다는 게, 쉬운 일만은 아니었다. 사당 관리인 가족 이외, 많은 종중宗中 아주머니들이 참석하여 정신없이 음식을 만들고, 나르고, 식기도 세척했다. 사당집 제삿날 마다 대농이네 가족들은 늦게 잠자리에 들어 잠을 설치곤 한다. 그래도 싫지 않다. 대농이 아버지는 먼데서 참석하신 후손들을 소개하는 시간을 만들었다. 사당이나 절寺刹이 있어, 청재공 위패에 제사를 지낼 수 있는, 열 개 지역 후손들을 소개했다. 영월, 서울, 공주, 진안, 대전, 진도, 해남, 장흥, 영주, 영천, 등지였다. 호명대로 지역 후손들이 자리에서 일어나 인사를 하고, 박수가 쏟아지곤 했다. 시간이 흐를수록 술잔을 들고 오가는 후손들이 많아졌다. 제주, 어르신, 대농이 아버지 등이 계신 본부석에 감사를 드리고, 술잔을 드리는 후손들이 많았다. 대농이 아버지도 오늘 술이 취해 귀가하실 것이다. 대농이 아버지는,

"오늘 사당집 제사를 위해 많은 노력을 경주하였는데, 성과가 기대 이상."

이라며 기뻐하셨다. 후손들은 음복주를 즐기며, 후손교육에 관한 대화를 많이 했다. 매우 유익한 교육이었다는 반응이 지배적이었다. 제사 지내는 순서를 처음 배웠다는 후손도 많았다. 초저녁부터 밝은 달빛을 선사했던 반달도 이제 서산위에 걸렸다. 사당집 경내도 어두움이 깃들었다. 먼 지방에서 오신 후손들은, 관리동 숙소와 마을 후손 집으로 분산되어, 주무시고 내일 떠나실 것이다. 대농이네 마을 종중宗中이 본점本店이라면, '지역종중'은 지점支店 격이다. 대농이네 마을이 청재공의 할머니께서 음약순절飮藥殉節하신 역사적인 장소라, 그 자리에 사당을 짓고 임금님이 부조묘를 내리신 것이다. 후손들의 친분은 오늘 밤 더욱 두터워질 것이다.

다음날 오전, 대농이 아버지 박무봉은 어제 밤에 있었던 '청재공 사당집 제사'에 관한 종중 평가회의를 소집했다. 회의에는 회장인 자신을 비롯 종손, 대의원 여섯 명, 고문 세 명, 총무 등 모두 열두 명이 참석했다. 회의 장소는 사당 내 관리동이고, 오전 열한11:00시에 시작했다. 회의 후 점심식사도 함께했다. 박무봉 회장은 인사말을 통해, 회의 개최 목적을 밝혔다.

"청재공 사당집 제사결과에 대한 평가와, 종중활동의 사회참여 활성화 방안 모색"이라고 말했다. 사당집 제사에 관한 평가에서는 대부분의 회원들이, 대농이네 마을에 있는

"청재공 종중이 노력한 만큼의 성과를 거두었다."

는 반응이었다. 그래도 문제점問題點들이 많이 도출되었다.

"청소년 후손들이 조상님들에 대한 지식을 갖지 않고 있다는 점, 제사에 관한 예법이나 필요성도 대부분 모른다는 점, 각 지역 종중宗中의 청소년 후손에 대한 교육 실적이 별무한 점, 지역 종중 예산 부족"

등 내용 이었다. 회원들은 네 가지 문제점에 대한 토의를 했다. 아래와 같은 대책방안對策方案 들을 실천하기로 합의했다. 박무봉 회장이 발표한 열 가지 내용은 다음과 같다.

"후손교육은 지역종중地域宗中을 중심으로 계획하여 실시하데, 불가능한 종중은 본부격인 청재공 부조묘 종중에 의뢰한다. 교육관련 교통비, 숙박비 등은 부조묘 종중에서 지원한다. 후손교육 내용은 조상과 제사로 제한하지 않고, 청소년 범죄, 부모공경, 애국심 함양 등 건전사회 건설을 위한 필수적인 내용도 포함시킨다. 후손교육 내용은 유인물을 작성하여, 교육을 받은 후손 전원에게 지급한다. 지역 종중의 청소년 후손 대상 교육을 강화한다. 부조묘 종중에서 향후 오년 간 지역 종중에게 일정액의 예산을 지원한다. 청재공 종중이 현재 보유하고 있는 예산으로 지원한다. 오년 후 결과와 실적을 평가하여 새로운 대책을 강구한다. 후손들의 사회진출을 활성화하기 위해, 현재 시행 중에 있는 중.고.대학생들에 대한 장학금 지급사업을 확대한다. 서울시 등 대도시 지역에서 운영 중인, 기숙사 제공 사업도 두 배로 확대한다." 등내용이었다.

박무봉 회장은 회의종료 인사말을 통해, 자신의 솔직한 심경을 피력했다.

"청재공 종중 예산이 많이 남아 있어 다행입니다. 현재 남아 있는 예산은 모두 이십 여 년 전 신도시 건설 당시 정부가 준 토지보상비입니다. 골프장 건설로 받은 토지보상비도 포함되었습니다. 쉽게 말하면 임금님들이 청재공 할아버지께 내려주신 땅, 사패지賜牌地 값입니다. 즉 청재공께서 후손들께 주신 예산입니다. 이 많은 예산을 사용하지 않고, 은행에서 잠자게 하는 것만이 능사能事는 아닙니다. 종중 宗中에서, 후손들과 그의 자손들이 잘 살 수 있도록 도와주고, 지원해 주는 게, 바로 국가발전에 이바지하는 활동입니다. 선진사회先進社會 건설에 앞장서는 활동이기도 합니다. 우리 후손과 자식들이, 모두 풍요롭고 건전하게 살아 갈 때, 우리사회도 국제화國際化되고 건전하게 성장 할 것입니다. 종원宗員 여러분! 건전한 사회활동이 바로, 나라를 사랑하는 애국이고, 국가에 대한 충성입니다."

'청재공 사당집 제사 평가회의' 를 마친 종중 회원들은, 관리동에서 반주를 곁들인 점심을 함께 했다. 후손들 중 아직 집으로 출발하지 않은 후손들도 함께 식사를 했다.

* 첨부 : 낱말풀이(참조 310쪽)

제4부 | 부 록

1. 사건별 연대표

2. 작품별 낱말풀이

1. 사건 별 연대표

＊참고자료 → 동아세계대백과사전, 국사대사전, KBS-1TV 방송내용, 조선일보 기사.

1. 한국전쟁.6.25전쟁 연대표 (수필 진눈깨비, 수필 하늘나라)

○1939.9.1 - 1945.8.15 : 제2차세계대전

＊**제2차세계대전** - 연합국인 미국, 영국, 프랑스, 소련 등 26개 국가와, 추축국(동맹국)인 독일, 일본 이탈리아 간에 5년 11개월 12일 간 벌어졌던 전쟁이다. 전장戰場이 '유럽' 모든 나라와 아시아, 아프리카는 몰론, 태평양 국가植民地에 까지 확산되었다. 1939.9.1 독일의 ' 폴란 '드 침공으로 시작되었다. 미국이 일본 '히로시마'廣島와 '나가사끼'長崎에 원자폭탄을 투항하자, 일본 천황이 1945.8.15 무조건 행복하여 전쟁이 끝났다. 미군은 8.30 일본 본토를 점령하였으며, 9.2 항공모함 '미주리호' 에서 일본으로부터 항복문서를 조인 받았다. 넓고 길었던 전쟁에서 4,700만 여명이 희생되고, 동원병력은 1,044개 사단에 일억 여명이 넘는다는 비공식 통계도 나오고 있다. 제2차새계대전의 기본적인 충돌원인은, 연합국 측은 민주주주의 이념을, 추축국들은 '파시즘 이념' 을 확산시키려는 욕심 때문이었다. '파시즘' Fascism은 독재적인 전체주의로서, 제1차세계대전 이후 '이탈리아' 의 '무솔리니' 정권에서 시작되었다. 일본이 1941.12.8 미국 하와이 진주만을 기습 공격하여, 발발한 '태평양전쟁' 도 제2차세계대전의 일부였다. 제2차세계대전은 우리민족에게, 일본 식민지통치에서 해방되는 기쁨과, 국토분단이라는 슬픔을 동시에 안겨준 전쟁이었다.

○1941.12.8 - 1945.8.15 : 태평양전쟁.

＊**태평양전쟁** - 제2차세계대전 중이었던 1941.12.8, 일본이 미국 '하와이' 진주만을 기습 공격하여 벌어진 전쟁이었다. 일본은, 프랑스 영토인 '인도차이나'' 를 비롯하여, 비율빈, 인도네시아, 싱가폴, 미얀마, 괌, 사이판, 오키나와, 이오지마 등 여러 지역을 점령했다. 영국 군함과 네덜란드 함대도 격파했다. 그러나 동맹국인 독일은, 1943년 '스탈린그라드' 에서 소련군에 패배하여 전세戰勢가 기울었다. 1944.6 연합군의 ' 노르망디 ' 상륙작전과 1945.5 히틀러의 자살은, 제2차세계대전의 사실상 종말을 예고했었다. 그러

나 일본은 1945.8.15 미국의 원자탄 세례 후(히로시마, 나가사키) 무조건 항복했다.

○1945.8.9 : 소련, 제2차세계대전 참전 – 일본 관동군 격파

○1945.8.13 : 소련군 북한 청진항 상륙. 제25군단 병력 일부를 상륙시킴.

○1945.8.15 : 제2차세계대전 종료. 일본 천황 무조건 항복. 미국 원자탄 투하(2발)
– 연합군 : 미국, 영국, 소련, 중국 등 26개국
– 추축국 : 일본, 독일 이태리

○1945.8.22 : 소련군 평양 진주. 남북한 왕래 불허와 통신연락 단절 조치 단행. 공산화 통일 보장되지 않는 통일정부수립 불허

○1945.9.8 : 미국 육군 제24사단 인천항 상륙.

○1945.9.9 : 미군 제24사단 서울 진주 . 일본군 무장해제와 전후 처리 목적

○1945.9.11 : 미군 '하지' 중장, 미국 육군 제7사단장 '아놀드'(Archbold. B.Arnold) 소장을 군정장관에 임명. 공식적인 미군군정이 시작됨. 군정은 11948. 8.15 대한 민국정부가 수립될 때까지 3년간 계속되었음.

○1945년 – 1950년 : 김일성 주석, 장개석 군대와 싸우는 중국 모택동毛澤東 주석에게 무기 십만 정과 탄약을 지원. 김일성 주석, 중국 임표林彪 장군 부대에 포병지원과 수풍발전소 전기를 중국으로 보냈음(본 내용은 '북한과학백과사전출판사'가 2008년12월 발행한 책자 '중국동북해방전쟁을 도와' 내용의 일부임. 월간조선 2010.7월호 보도)

○1946.2월 : 북한, 평양학원 수립, 군 장교양성 시작

○1946.8월 : 북한, 보안간부훈련대대 창설 인민군 강화

○1947.1월 : UN총회에서 한국 총선거 실시계획 의결.
UN한국임시위원단 구성 결의

○1947.7월 : 북한, 헌법위원회 구성(위원장 김일성)

○1947.11월 : 북한, 헌법위원회 결성, 인민군 창설.
* 북한 정무원 주석 김일성, 외무부장관 박헌영

○1948.1월 : 소련, 한반도 전체 총선거 실시 거절. UN한국임시위원단 입국 거절.

○1948.2월 : 북한, 조선인민군 창설.

○1948.2.26 : UN총회 개최 - UN감시가 가능한 남한만 총선거 실시하기로 의결.

○1948.4.3 : 제주도 4.3폭동사건 발생

○1948.5.10 : UN 감시 하에, 한국 38선 이남지역 자유총선거실시. 국회의원 198명 선출. 북한지역 국회의원 100명은 공석 상태.

○1948.5.31 : 남한, 제헌국회 개원.

○1948.7.17 : 남한, 헌법공포

○1948.7.20 : 국회, 대통령 이승만李承晩, 부통령 이시영李始榮을 선출

○1948.8.15 : 대한민국 정부수립. 3권 분리제도 도입(입법, 사법, 행정)

* 정부기구 : 11개부, 4처, 3원, 1특별시, 9개도

○1948.9.9 : 북한, 흑백선거를 통한 '조선민주주의인민공화국' 수립 발표

○1948.10월 : 소련군, 북한에서 완전 철수

○1049.3월 : 북한 김일성 주석, 소련 '스탈린' 에게 남한 무력통일 허락 요청.

○1949.6월 : 미국군, 한국에서 완전철수(군사고문단 잔류)

○1949.7월 : 중국 모택동 주석, 조선인들로 편성된 육군 2개 사단을 북한에 지원.

○1949.8월 : 소련, 핵실험 성공.

○1949.9월 : 북한 김일성 주석, 스탈린에게 남한 무력통일을 재요청(거절당함).

○1949.10.1 : 중국 모택동 주석, 전쟁에서 승리하고 '중화인인공화국' 수립

○1049.12월 - 1950.5월 : 북한, 기동훈련하며 전쟁훈련 강화.

○1950.1월 : 미국 국무부장관 '애치슨', 미국 방위선에서 한반도 제외 연설('애치슨 라인' 설치). 소련 '스탈린' 이 북한 무력통일을 지원하는 동기로 작용.

○1950.1.3 : 소련 '스탈린', 김일성 주석에게 무력통일 구상에 동의. 중국과 협의 후 처리를 당부함. 중국 · 소련 간 우호협력조약체결.

○1950.4월 : 김일성 주석과 박헌영 장관, 소련 '스탈린' 방문. 남한 무력통일 승인을 요청('스탈린' 은 최종 승인하고, 무기와 군수물자 지원을 약속)

○1950.5월 : 북한 김일성 주석, 중국 모택동 주석을 방문. 전쟁발발 시 중공군 파병 가능 여부를 확인

○1950.6.25.04:00 : 한국전쟁 발발. 북한, 한국 기습남침. 미국정부 - UN안전보장회의 소집(14:00), 적대행위 중지, 군대 삼팔선 이북으로 철수요청

* 북한병력 : 185,000여명. 북한군 10개 사단. 기갑사단(1). 특수독립연대. T-34전차(소련제).
* 인민군 5사단과 64사단은 중국에서 전투경험이 있는 조선인들로 편성 된 부대. 6.25전쟁 시 인민군 주력부대로 활동.

○1950.6.28.02:30 : 한강인도교 폭파. 500여명 사망. 육군참모총장 지시. TNT 3,600파운드 사용. 정부는 6.27 기차 편으로 대전으로 피난.

○1950.6.27 : UN, 안전보장이사회 개최. UN주재 미국대사 'W.R.오스틴'은 북한의 한국침략은, UN에 대한 공격이라고 언급. 강력한 북한 제재는 UN의 임무라고 천명. 결의-회원국들은 한국에 원조제공.

○1950.6.29 : UN사무총장, 회원국에 원조제공 형식 보고요망

○1950.7.7 : UN, 안보리 개최. 미국지휘 통합사령부에 집결을 결의. 맥아더 원수를 UN군 사령관에 임명. 16개회원국이 병력과 장비를 제공.

○1950.7.14 : 이승만 대통령, 국군 지휘권, UN군사령관에게 이양

○1950.8.4 - 1950.9.16 : 낙동강 방어전투(43일간)

* **낙동강 방어전투** - 한국전쟁의 전장戰場은 공산군이 남한의 90%를 점령한 긴박한 상황이었다. 전쟁 발발 한달 후였던 1950.7월 말, 공산군은 영덕, 안동, 상주, 진주까지 점령했다. 이제 대구, 포항, 부산, 마산만 남아있는 상태였다. '맥아더' 원수의 지시를 받은 미국 제8군사령관 '워커' 중장은, 8.4 낙동강에 방어선 구축을 끝냈다. 부산을 중심으로 남해와 동해를 배수진으로 하고, 서쪽에 있는 낙동강과, 동북쪽에 있는 산악지대와 천연장애물을 이용하는, 사각형 모양의 방어선이었다. 아군은 8.1부터 낙동강 철교, 인도교를 비롯 모든 교량을 폭파했다. 공산군의 남하를 막고, 반격의 교두보를 확보하려는 전술이었다. 방어선은 부산을 중심으로 낙동강을 따라 남북 150Km와, 왜관, 다부동, 포항에 이르는 동서 90Km였다. 총 240Km였다. 남북방어선에는 미군 5개 사단(2사단, 24사단, 25사단, 해병사단, 제1기병사단)이 배치되었다. 동서방어선엔 국군 5개 사단(1사단, 3사단, 6사단, 8사단, 수도사단)이 배치되었다. 북한군은 수안보에 전선사령부를 설치하고, 김일성 장군의 지휘를 받으며, 8.4-8.25과 9.1-9.15 두 차례 대공세를 펼쳤다. 그러나 공산군의 전차는 이미 80% 파괴되고, 전투병력은 55% 수준이었으며, 300Km의 병참선은 제 기능을 발휘하지 못했다. 한편 UN군은 '워커' 장군의 사수명령이 하달 된 가운데, 완전한 제공권과 제해권을 활용하며 엄청난 화력으로 적을 괴멸시켰다. 다부동전투, 대구방어전투, 영천전투, 동해안지구 전투 등 많은 전선에서 공방전을 펼쳤다. 특히 미국공군은 1950.8.16, B-29폭격기 98대를 동원하여 왜관에

진을 친 적군에게 960톤의 폭탄을 투하해 섬멸시켰다. 피아彼我는 8월과 9월에 걸쳐 장장 43일 간 혈투를 계속했다. 상처투성이가 된 공산군들에게, 맥아더 장군은 1950.9.15 세계전쟁사에 빛나는 '인천상륙작전'을 선물했다. 적군들은 9.16부터 철수했다. 허리를 뚫린 공산군들의 눈물어린 철수작전이 시작된 것이다. 반면 UN군의 북진 행보는 파죽지세破竹之勢같았다.

○1950.8.1 : '워커' 주한미군사령관 부임. 낙동강 전투, 마산전투 등 계속.

* **다부동 전투** – 다부동은 경북 칠곡에 있는 낙동강 인접지역이다. 낙동강방어선 총 240Km 중 중간지역인 왜관 부근이다. 북서쪽엔 유학산(839m)이, 동쪽에는 가산(90m), 남쪽 10Km에는 도덕산이 있어, 대구를 사정권에 넣을 수도 있다. 낙동강방어 전투 관련 지역들 중 가장 중요한 지역이었다. 북한군은 8월 대공세에서 3개 사단을 동원, 왜관과 다부동 지역을 공격했다. 국군 제1사단은 1950.8.12 대구 방어를 위해 다부동 유학산 일대에 방어선을 구축했다. 사단 장병은 물론 학도병, 경찰, 노무자들도 합세하여 구국의 일념으로 공산군과 혈투를 했다. 특히 다부동 328고지 탈환을 위해 피아는 공방을 계속했고, 하루에도 주인이 16회나 바뀌는 유례없는 전투를 했다. 8.17에는 국군 제10연대, 미군 제23연대, 미군 제국27연대를 증원 받아 공산군 3개 사단을 격멸시켰다. 1950.9.16 인천상륙작전 직후 반격 명령이 하달되자, 국군 제1사단 장병들은 공산군을 배후에서 공격했다. 미국 제1기병사단과 합류하며 적을 섬멸시키고 계속 북진했다. 다부동 전투에서 UN군 측은 10,000여명이 희생되었고, 공산군의 희생은 17,000여명에 달했다.

○1950.9.6 : 인민군이 영천을 점령함.

○1950.9.15 : 맥아더(Douglas MacArthur) 인천상륙작전 성공

* **인천상륙작전** : '맥아더' 미국극동군사령관은, 1950.6.29 한강방어선을 시찰하며 인천상륙작전을 구상했다. 공산군의 후방을 상륙작전으로 차단하고, 낙동강 전선에서 반격해 적을 괴멸시키겠다는 계획이었다. 그러나 미국합동참모본부와 해군은 '맥아더'의 계획'을 반대했다. 이유는 인천항 간만의 차이가 7m에 불과하고, 월미도가 상륙을 방해할 것이며, 비좁은 접안지역, 시가전 불가피 등 많았다. 성공비율도 5000/1이라며 반대했다. '맥아더'는 이런 난점이 오히려 적의 허점을 찌를 수 있다고 주장하여 8.28 승인을 받아냈다. '맥아더'는 상륙부대로 미국제10군단을 편성하고, 미국극동군 참모장

'알몬드' 소장을 군단장에 임명했다. 10군단은 미국제1해병사단, 미국제7보병사단, 국군제1해병연대, 국군제17보병연대, 미국제2특수공병여단, 미국제5해병연대 등으로 편성되었다. 총 병력은 75,000여명이었다. 작전은 10군단 이외에도, 미국해군에서 수송선단, 화력지원함대, 지휘함 등 총 261척의 함정이 동원되었다. 9.15.02:00 D-Day가 다가오자 UN군은, 공산군에 대한 기만작전을 시작했다. 해군은 서해안을 봉쇄하는 한편, 북한군 방어선과 교통시설을 맹폭했다. 인천을 중심으로 반경 50Km이내 도로, 교량도 폭격했다. 9.4부터는 해병 자체 항공기와 항공모함 함재기들의 출격으로 월미도를 집중 폭격했다. 9.13부터는 북한군 능력 분쇄를 위한 함포사격을 계속했다. 9.15.02:00 작전을 개시한 상륙작전은 2단계로 진행되었다. 제1단계는 월미도 점령이고, 제2단계는 인천 해두보 확보였다. 당일 상육부대는 별스러운 저항을 받지 않았다. 치밀한 포격 때문이었다. 미국제5해병연대 3대대가 전차 9대를 앞세우고 두 시간 만에 월미도에 상륙했다. 미군 부상 7명, 인민군은 사망 108명, 포로 106명이었다. 제2단계로 본격적인 상륙작전이 시작되었다. 사전 준비된 미국제10군단 산하 상륙부대들은 성공적으로 인천에 상륙했다. UN군은 시가지 소탕전에 돌입했다. 서울을 향해 진격하며 수도 서울수복을 위한 전투를 계속했다. 전사자는 총 1,400명이었다. 세계 전쟁사에서도 빛나는 '맥아더' 장군의 '인천상륙작전'은, 3개월 간 계속되고 있는 한국전쟁의 전세戰勢를 역전시켰다. UN군의 평양 점령과 압록강 진격을 예측가능하게 만들기도 했다.

○1950.9.28 : 서울 수복. 북한은 인민군 10만 명을 동원하여 방어.
○1950.9.29 : 맥아더 사령관 서울 도착, 중앙청 광장에서 이승만 대통령과 서울수복 군중대회에 참석하고 공동연설 했음.
○1950.10.1 : 북한 김일성 주석, 스탈린에게 병력 지원을 요청 - 소련은 전쟁개입 불가를 통보하며, 중국에 요청하라고 답변. 중국 모택동도 지원 불가 통보. 그러나 중국은 10.13 중공군 참전을 결정. 소련은 북한에 군사장비 지원을 약속. 소련은 전투기 조종사 등 70,000여명의 기술인력을 지원.
○1950.10.3 : 한국군 제3사단, 38선 돌파 북진개시(10월3일, 국군의 날로 정해짐)
○1950.10.4 : UN군도 38선 돌파 북진
○1950.10.5 : 중국 모택동, 소련 스탈린의 요청으로 북한지원 파병을 결정. 정치국 회의를 거쳐 의용군인 중국인민지원군을 편성(사령관 : 팽덕회)
○1950.10.9 : '맥아더' 사령관, 김일성 주석에게 항복 연설(방송),

○1950.10.9 : 미국제 10사단, 원상 앞바다에 정박 대기. 기뢰제거 작전 전개.
○1950.10.10 : 한국군 제3사단, 원산 점령.
○1950.10.16 : 이승만 대통령, 국군 평양입성 군중대회 참석
○1950.10.18 : 한국군 제1사단, 평양입성, 북진 계속. UN군, 평양 점령을 발표.
○1950.10.19 : 모택동 주석, 출병결정문 하달(중국공산당 중앙군사위원회 명의).
○1950.10.19 : 중공군, 한국전쟁에 개입. 국군 및 UN군 후퇴. 중공군 병력은 130 만여 명까지 증가. 정전까지 총 5회의 대공세를 펼침.
○1950.10.20 : 인민군이 대전을 점령함.
○1950.10.25 : 중공군 , 국군 제1사단과 교전 - 일차 대공세 감행.
○1950.11.21 : 미군 제7사단, 압록강 도착
○1950.11.25 : 중국 모택동 주석의 아들 모안영(毛岸英), 미군 폭격으로 전사(북한에 매장). ＊중공군, 30개 사단으로 증가.
○1950.12.4 : 북한 김일성 주석, 북한군 작전지휘권을 중공군사령관 팽덕회에 이양
○19560.12.6 : 미8군, 중공군 대공세로 평양에서 38선까지 후퇴.
○1950.12.12- 1950.12.24 : UN군, 흥남철수작전 전개展開

＊**흥남철수작전** - 낙동강 방어전투를 마치고, 인천상륙작전에 성공한 UN군은 연일 북진했다. 서울수복(9.28), 평양탄환(10.16)에 이어 '장진호전투' 도 영웅적으로 끝냈다. 그러나 예기치 못했던 중공군 개입으로 후퇴를 거듭하고 있었다. 중공군 2차 대공세로 미국 제8군은 1950.12.6 평양에서 38선까지 후퇴했다. 함흥 일대에 머물렀던 미국 제10군단과 국군1사단은 순식간에 고립되었다. 북한 서부지역은 공산군에 점령되었다. '맥아더' 미국태평양사령관은 12.8 해상철수를 명령했다. '알몬드' 미국 제10군단장은 퇴조항-함흥-동천리를 연결하는 반경 12Km에 교두보를 설치했다. 아군의 흥남철수작전을 위한 중공군 공격을 차단하려는 방어전투였다. 흥남 앞바다에는 항공모함(7척), 전함(1척), 순양함(2척), 구축함(7척), 로켓포함(3척)이 배치되어, 엄청남 함포사격으로 중공군 방어작전을 지원했다. 흥남에서 철수할 총 병력은 105,000여명, 차량 18,422대, 전투물자 35,000여톤 등 어마어마한 규모였다. 12.12 영웅적으로 '장전호전투' 를 끝낸 미국 해병제1사단 병력이 먼저 철수했다. 연포비행장을 통한 항공철수도 병행되었다. 미국해군은 125척의 수송선을 동원해 철수를 계속했다. 하루 2회 이상 운항하는 선박들도 많았다. 병력철수가 종료되니 또 다른 문제가 생겼다. 피난민 철수가 문제였다. 엄청나게 많은 피난민들이 모여들었다. 공산군 학정을 떠나려는 피난민들이

었다. '알몬드' 군단장은 국군 제1군단장 김백일金白一 장군의 건의를 수용해 98,000만 여명의 피난민들을 모두 철수시켰다. 전 세계 전쟁사에서도 찾아 볼 수 없는 작전이었다. 더욱이 인도적인 측면에서 세계인들을 감동시켰다. 13일 작전기간 내내 엄청난 함포사격이 계속되었다. 미국 제7함대에서 발사한 5인치 함포만도 18,637발이었다. 인천상륙작전 때 보다 70% 많은 분량이었다. 12.24 마지막 엄호부대와 폭파요원들이 떠나며, 흥남항구는 굉음과 화염에 휩싸였다. 적의 추적을 차단하려는 전술이었다. 그 날은 X-Mas Eve였다. 흥남부두는 추웠다. 매서운 동장군이 계속 눈보라와 진눈깨비를 몰아쳤다.

○1950.12.14 : UN총회, 전투 확대 방지를 위해 '정전3인단'을 설치 - 카나다, 이란, 인도. 만족할만한 정전의 기초를 총회에 보고토록 권고 .

○1950.12.23 : 워커(W.H. Walker) 주한 미국 8군 사령관 교통사고로 사망. 서울 도봉구 지역 순찰 중 한국인 트럭이 사고를 냈음.

○1950.12.24 : '리지웨이'(Matthew B. Ridgway)장군, 주한미국8군 사령관으로 부임, 지평리 전투에서 중공군 대공격 격파. 낙동강에서 반격 서울 수복.

○1950.12.31 : 중공군, 3차대공세(신정공세). 9개 군단 30만여명 투입. 중공군은 1953년 전쟁 후반부에 17개 군단 120만 여명으로 증강 투입됨.

○1951.1.1 : 인민군 및 중공군 대규모 공격. 1.4 후퇴. 1.4 - 한국정부 서울에서 철수

○1951.1.6 : '리지웨이' 미8군사령관, 중공군 대공세로 '평택-안성 방어선' 구축

○1951.2.1 : UN총회, 중국을 침략자로 지명

○1951.3.11 : 중공군 제4차 대공세 - 지평리 전투에서 미군제23연대에 대패. - 중공군 4,946명 전사

○1951.4.12 : 미국 '트루먼'(Harry S. Truman)대통령, '맥아더' 태평양지역 사령관을 해임(한국전선을 17회 방문). 아버지 '아서 맥아더' 장군은 1905.8.26 조선 고종황제를 알현하고 청동화로를 기증 받았음.

○1951.4.14 : '밴플리트'(Tames Alward Venplett) 대장, 주한미군 제8군 사령관에 부임. 1953.1월 광화문에서 이임 환송식 거행. 중공군 대공세 방어. 조종사 아들이 6.25전쟁 참전 중 북한상공에서 사망.

이승만 대통령이 1965.7.19 하와이에서 사망하자 유해를 모시고 방한했었음.

○1951.4.22 : 중공군 5차 대공세 - 4일 만에 '설마리 전투' 에서 미군 3사단에 대패 - 수만명 전사 - 사령관 팽덕회는 중국 모택동 주석에게 대공세 실패를 보고.

○1951.5.16 : 중공군 6차 대공세 - 미군3사단의 역공으로 4일 만에 처참하게 패배.

○1951.5.18 : UN총회, 회원국들은 중국, 북한에 전쟁물자 재공 금지를 의결.

○1951.5.27 : 중공군 사령관 팽덕회는 8개 군단을 투입, 전 전선에 방위선을 구축

○1951.6.23 : UN주재 소련대사 '말리크' , 전투행위 중지성명 발표(휴전제의)

○1951.6.30 : UN군 '리지웨이' 장군이 라디오 방송을 통해, 북한 원산항에 있는 '네델란드' 병원선에서 정전회담을 개최하자고 제의.

○1951.7.8 : 개성에서 정전회담을 위한 연락장교회담 개최.

○1951.7.10 : 정전회담 장소를 판문점으로 변경

○1951.12.1 - 1951.12.14 : 공비토벌 적전

* **공비토벌작전** - 전쟁이 계속되자 공비(게릴라)들의 비정규전이 문제점으로 떠올랐다. 공비는 기존의 남노당원 이외 패잔병, 낙오병들이 합세하여 규모가 커졌다. 공비들은 밤에 약탈, 방화 살인을 일삼았다. "낮에는 대한민국, 밤에는 인민공화국" 이라는 말이 나돌았다. 국군은 육군 제8사단 과 '수도사단' 으로 백야전투사령부(사령관: 백선엽 육군제1군단장)를 창설하고, 북한 '게릴라' 들을 소탕했다. 작전결과는 살상 6,000여명, 생포 6,000여명이었다.

○1951.8.13 : 중국 모택동, UN군 측 제시 정전협정안 수용을 제안.

* 1951년 기간 중 소련은 중국에 16개 사단 규모의 장비만을 지원.

○1952.8.20 : 북한 김일성 주석, 중국 주은래를 통해 스탈린에게 정전停戰을 요청

* **고지쟁탈전** - 정전협상이 계속되는 1951.7.10-1953.7.27 기간 중, 고지, 평야, 교통요지 등 전술 · 전략 상 중요한 지역을 점령하기 위한 전투가 계속되었다. 주로 중동부 전선에서 있었다. 서부전선은 피아가 전쟁확대나 세계대전으로 확산을 우려해 회피했다.

편치볼 전투 (1951.8.31-9.20). 피의능선 전투(1951.8월-9월). 단장의능선 전투(1951.9.13-10.13). 저격능선전투(1952.10.14-11.24)등 여러 지역이었다.

○1951.8.31-1951.9.20 : '펀치볼' 전투

* **'펀치볼' 전투** - '펀치볼(Punch Bow)' 은 '화체그릇' 이라는 미국말이다. 어떤 모양의 화채그릇일까! 강원도 해안면 마대리는 해발 450m의 원형분지에 있다. 분지 크기는 4.47㎢로 여의도 면적보다 6배 크다. 분지 사방은 가칠봉(1,242m), 대우산, 도솔산, 대암산 등 해발 1,100m 이상의 높은 산들로 둘러싸여 있다. 따라서 높은 산봉우리에서 멀리 있는 마을을 내려다보면, 분지와 산의 조화가 마치 화채그릇처럼 보인다. 그래서 '펀치볼' 이다. 한국전쟁 때 여기서 큰 전투가 있었다. 1951.8월! 한국전쟁 전투상황은 교착상태였다. 한 달 전부터 판문점에서 정전협상이 계속되고 있었기 때문이다. 그래도 아군과 적군은 정전협상이 끝나기 전에 좋은 지역을 차지하려고 전투를 계속했다. 전략적 요충지인 '펀치볼' 입구, 능선, 고지에도 인민군 제1사단이 견고한 방어진을 구축하고 주둔해 있었다. UN군 산하 미국 제1해병사단과 배속된 국군 제1해병연대는, 8.31 '감재고지' 점령을 목적으로 선제공격을 했다. 인민군의 저항이 매서웠다. 한미 해병들은 전투기 폭격과 해군 함포사격을 지원 받으며 치열하게 공격했다. 9.20 '펀치볼' 분지와 주변 고지들을 모두 점령했다. 인민군의 피해는 전사 3,739명, 포로 767명이었다. UN군의 피해는 전사 506명, 부상 1,602명, 실종 11명이었다. 그 때 '펀치볼' 에서 발휘된 미국 해병대의 용맹이, 전설로 변하여 지금도 주민들에게 회자膾炙되고 있다.

○1951.9.13 - 1951.10.13 : 단장의능선 전투

* **단장의능선 전투** - UN군 산하 미군 제2사단과 프랑스군 및 '네덜란드군' 이, 1951.9.13 - 1951.10.13 간 북한 인민군 3개 사단(6사단, 12사단, 13사단) 및 중공군 제204사단과 치열한 전투 끝에 '단장의능선' 을 점령한 전투다. 강원도 양구군 사태리 소재 단장의 능선 고지(931m)는 남북으로 길게 뻗은 또 다른 고지들과 연결되었다. 험준한 산악지대다. 868고지, 850고지, 841고지, 894고지, 890고지, 905고지, 1,220고지 등 태백산맥의 지류 같았다. UN군의 공격을 받은 적군의 저항은 완강했다. UN군은 예상외로 많은 피해를 입었다. UN군은 부대 재편성을 끝내고 포병 5개 대대(37,38,96,503,780)의 화력지원을 받았다. 30만 발의 포탄을 퍼부었고, 소총탄 697,000발을 소모했다. 전투기도 847회 출격하여 750톤의 폭탄을 퍼부었다. '스터만'

특수부대가 적의 후방을 공격하여 적들을 교란시켰다. 적은 흔들리기 시작했다. 단장의 능선 고지(913m)는 전투개시 한 달 후인 10.13 점령되었다. 그날 '네덜란드군' 장병들은 서쪽에 있는 1,220m 고지도 점령했다. 미국 연합통신 종군기자 '스텐카트'는 전투상황 취재를 위해 전방구호소를 방문했다. 한 부상병이 벌벌 떨며 "가슴이 찢어지는 것 같다. Heart Break1" 고 고통을 호소했다. 기자는 '단장의능선 전투' 라는 제목을 달아 기사를 미국 본사로 송고했다.

○1952.10월 : 전쟁포로 교환 관련, 자유의사 존중 여부로 정전회담 중지
○1952.10.14 - 1952.11.24 : 저격능선 전투

* **저격능선 전투** - 자격능선은 강원도 철원군 학사리(쉬리마을)에 있다. 김화(금화) 북방 7Km지점이고, 해발 590m의 장방형 능선이다. 한국전쟁 시 서부전선에서 최대 요충지로 평가 받던 지역이다. 철의삼각지대(철원, 김화, 평강) 중심부인 오성산(1,062m) 우측이다. 김화를 향해 뻗어 내린 능선 중 남대천 근처 능선이다. 판문점에서 정전협상이 시작된 지 세달 만인 1951.10월, 미군 제25사단은 저격능선에 주둔해 있었다. 중공군 저격병들이 능선에 노출된 미군 장병들을 조준 사격하여 많은 희생을 당했다. 미군들은 이 능선에 저격능선(Snier.Ridge)이라는 이름을 붙였다. 본격적인 저격능선 전투는 일년 후인 1952.10.14 - 11.24(6주)간 계속되었다. 국군 제2사단은 10.14 저격능선을 점령하고 있는 중공군 4개 사단(12군, 15군 산하)을 선제공격했다. 주간전투 후 국군은 야간에 중공군과 백병전을 하고 능선을 점령했다. 그러나 다음날 중공군은 인해전술로 공격하여 고지를 빼았었다.. 국군은 능선을 내주고 철수했다. 국군은 다음날 공격하여 다시 능선을 점령했다. 이렇게 밤낮으로 주인이 바뀌는 전투를 한 달도 넘게 했다. 반전에 반전을 계속하던 저격능선 전투는, 11.24 국군17연대 5중대가 538고지(독바위)를 점령함으로서, 국군이 저격능선을 손에 쥘 수 있었다. 국군과 중공군은 하루에 한 번씩 백병전을 벌이는 전투를 42일 간 했다. 힘들고 지루한 전투였다. 중공군 31사단과 45사단은 오성산 후방으로 철수했다. 국군은 소총탄 416만발, 포탄 17만발을 소모했다. 국군 전사자는 485명, 중공군은 7,600여명이 전사했다. 그러나 저격능선은 지금 우리들이 볼 수 없다. 비무장지대 북쪽에 위치하고 있기 때문이다. 중공군은 정전협정이 조인되기 전날인 1953.7.26 저격능선을 기습 공격해 점령했다.

○1952.10.6 - 1952.10.15 : 백마고지 전투

* **백마고지 전투** - 강원도 철원군 묘장면 산명리 소재 높이 395m의 백마고지를 점령하

기 위해 1952.10.6-10.15 벌렸던 전투였다. 백마고지는 평강, 김화와 함께 '철의 삼각지대' 를 이루는 철원평야의 중심지다. 병참선과 주요도로 확보를 위한 요충지 이기도 하다. 국군제9사단 2만명과 중공군 제38군 산하 제114사단 45,000여명은 1952.10.6-10.15간 치열한 전투를 했다. 국군 전사자는 3,500여명이었고, 중공군 전자는 만여 명을 넘었다. 피아가 총 30여만 발의 포탄을 퍼부었고, 고지 주인이 7회나 바뀐 혈투였다. 국군은 이 전투에서 승리하여 철원평야를 확보했다. 이승만 대통령과 '밴플리트' 미국8군 사령관이 국군 제9사단을 방문하고 눈물을 흘렸다는 일화도 있다. 우측 고암산은 북한 김일성이 전투를 지휘했던 고지로 '김일성고지' 라고도 불린다. 이 전투로 국군은 정전협정 조인을 앞두고, 평강, 김화(금화)와 함께 '철의삼각지대' 의 한 축인, 철원과 평야를 확보했다.

○1952.12.3 : UN총회, 자유의사에 따른 포로교환 결의안 채택.
'드와이트 아이젠하워' 미국 제34대 대통령 당선자 방한

* **'드와이트 아이젠하워'** (Dwigh David Eisehower) - 미국 제34대 대통령 당선자 방한. 선거 때 한국전쟁 정전을 공약했음. 한국전쟁에 대대장으로 참전 중인 아들 '아이젠하워' 를 전방에서 상면함. 제2차세계대전시 유럽지역 연합군사령관 역임. '노르망디 상륙작전' 을 지휘하고 프랑스를 탈환하여, 전쟁영웅으로 부각됨.

○1953.1.15 : 미국 '트루먼' 대통령 퇴임. '아이제하워' 대통령 취임.
'밴플리트' 주한미군 제8군사령관 이임.
○1953.3.5 : 소련 '스탈린' 사망. 스탈린은, 중국 주은래와 북한 김일성 주석의 정전 요청 을 거절 해왔음.
○1953.6.8 : 포로송환협정 최종안 서명. UN군측 대표와 공산군 측 대표 참석.
○1953.6.17 : 이승만 대통령, '아이젠하워' 미국 대통령에게 '한미상호방위조약' 체결 촉구 서한발송
○1953.6.18 : 이승만 대통령, 반공포로 석방(27,000여명) - 한미관계 악화로 미국은 이승만 대통령 제거를 위한 '구테타' 도 계획. 세계여론도 이승만 대통령을 규탄했음.

* **포로교환** - 1953.9.4 - 1954.1 기간 중 3회에 걸쳐 포로가 교환되었음. UN군이 통보한 공산군 포로는 13만 2,474명이었다. 남한출신 의용군은 제외했다. 1951.6월 북한

군 총사령부가 발표했던 국군과 유엔군 포로는 10만 8,000명이었다. 그러나 공산군 측은 국군포로들을 북한군에 입대시키거나 주민으로 편입시켰다. 유엔군에 통보한 숫자는 11,559명 에 불과했다. 공산군 포로 중에는 송환을 거부하는 포로가 20,000명에 달했다. 남한 잔류나 대만으로 가기를 희망하는 포로들이었다. 이들은 '인디아, 스위스 등 5개국 군으로 편성된' 중립국송환위원회'로 이송했다. 이들은 중립군들의 보호아래 비무장지대에서 재심사를 받았다. 인민군 포로 7,900명이 북한으로 귀환했다. 임진강 '자유의 다리'를 건너갔고, 중공군 포로는 13,700명 중 440명이 중국으로 갔다. 대만으로 간 보포로가 많았다. 1994.10 귀환 한 국군포로 조창호 소위와 1998.4월 귀순한 양순용 등의 언급에 의하면, 많은 국군포로가 광산에서 부역대로 일하거나 인민군에 입대하였다 한다. 2006년 현재 545명의 국군포로가 생존해 있는 것으로 확인되고 있다.

○11953.6.25 : 미국 '아이제하워' 대통령 특사 '로버트슨' 방한 – 이승만 대통령은 정전협상 동의 대가로 한미상호방위조약을 요청, 한국군 근대화를 위한 10억$ 지원도 약속받았음.

○1953.7.13-7.20 : 금성지역 전투

* **금성지역 전투** – 판문점 '정전협상 조인'을 7일 남긴 시점에서, 중공군 4개 군단(24,60,67,68) 산하 12개 사단을 동원하여, 국군 5개 사단(5,6,8,11,수도)이 방어하는 금성지역을 공격했다. 정전을 앞둔 시점에서 중국 모택동이 한국군 1만 명을 섬멸하라는 지시를 하여, 7.13 대공세를 감행한 것이었다. 이 전투로 국군은 금성지역 좌우 돌출부에서 철수하였고, 후방지휘소도 기습을 당했다. 국군은 백암산, 주파령, 적근산 주변으로 후퇴했다. 국군은 7.16 반격작전을 개시했다. 간진현, 금성천, 562고지까지 진격했다. 중공군은 전쟁 개시 때 보다 4Km 남쪽 지역인, 금성천 북안까지 후퇴했다. 그 상태에서 정전협정이 조인되었다. 이 전투에서 발생한 피아의 희생자는 15만여 명에 달했다. 그러나 중공군의 '화천수력발전소' 점령 야욕은 좌절되었다. UN군 전투기들은 '네이팜탄' 1,300여개를 투하하며 중공군의 남하를 저지했다.

○1953.7.20 : 판문점 정전협상 계속. 유엔군과 공산군 양측에서 영관급 대표들 참석

* 협의안건 : 군사분계선, 비무장지대, 중립국보호 포로송환, 휴전회담 수석 대표들이 서명 후, 양측 군사지휘관들이 서명하기로 절차 타결.

○1953.7.27 : 정전회담 조인. 전쟁 종료됨. 10:00 - 판문점에서 UN군측 회담 수석대표 '해리슨' 중장과, 공산군 측 회담수석대표 남일 대장이 각각 서명함. 전투는 12시간 후인 22:00시에 종료되었음. 72시간 후에는 양측 군대가 '군사분계선' 에서 각각 2㎞ 씩 후퇴했음(남방한계선, 북방한계선 까지)

* 군사지휘관 최종서명(3명) UN군 사령관 '크라크' (문산야전집무실), 북한 김일성 주석(평양사무실), 중공군 팽덕회 사령관(개성사무실). 군사분계선 설정. 비무장지대 설정. 군사정전위원회 설치(스위스, 스웨덴, 폴란드, 체코슬로바키아). 중립국감시위원회 설치.
* 군사분계선 : 248㎞(165마일)

○1953.8.5 : 중공군 보호 UN군 포로 귀환(판문점)
○1953.8.8 : 한미상호방위조약 가조인(서울). 1
○1953.9.4 : 제1차 포로교환, 미국 제24사단장 '윌리엄 딘' 소장이 먼저 귀환.
○1953.10.1 : 한미상호방위조약 최종조인(워싱턴) - 한반도 전쟁 재발방지와 국가안보를 위한 초석으로 작용.

* **'윌리엄 딘 William F. Dean' 소장** - 해방 후 미군 제24사단장으로 한국에 와서 1947.10 - 1948.8.15(10개월)간 미국군정청 장관을 역임한 인물이다. 미국제24사단은 한국전쟁 때, ' 스미스 ' 특별정찰대대 파병으로 1950.7.5 오산 죽미령에서 인민군과 교전하여 대패했다. 미국제24사단은 대전에 방어선을 설치하고 작전 중, 7.19 인민군 제3사단에게 대패했다. 병력 16,000명 중 8,660명만 생존했다. 야간에 옥천 방향으로 퇴각하다 ' 딘 ' 사단장은 길을 잃어 홀로 산중에서 36일을 숨어살았다 8.15 전북 진안에서 인민군에게 체포되었다. 북한은 일 년간 ' 딘 ' 소장의 포로사실을 숨기다, 1953.9.4 포로교환 시 귀환시켰다. 미국은 제24사단을 재편성하기 위해 딘 장군을 영웅 대접했다. 적을 얕잡아 보다 패배한 사례로 기록되고 있다.

○1953.11월 : 미국 부통령 '닉슨' 방한. 이승만 대통령 회담.
○한국전쟁(6.25전쟁) 피해규모 및 내용

* 인명피해 : 한국군 및 UN군 - 776,000명. 중공군과 북한군 - 2,00만 여명
* 주민피해 : 한국 - 100만 여명, 북한 - 150만 여명

* 한국주민 납치 및 행방불명 : 38만 7,000여명. 납북인사 85,000여명
* UN군측 피해 : 사망자 - 약 40,000여명.
* 포로 및 실종자(한국군 + UN군) - 40,000여명
* 공산군측 : 북한군 사망자 52만 여명, 중공군 사망자 90만 여명, 전쟁 직전에 300만 여명이 자유를 찾아 자진 월남했음(당시 북한 인구는 약 1,200만여 명이었음).

○1954.4 - 1956.6월 : 한국문제 정치적 해결을 위한 제네바회담 개최

* 참가자 : UN측(17개 국가) : 한국, 한국전 참전 16개국
  공산군 측 : 북한, 소련, 중국
* 의제 : 한반도 전체에서 인구비례로 자유총선거를 실시하고, 민주적 정부를 수립하여 인계한다. 목표 달성 시 까지 UN군이 한국을 보호한다.
* 결과 : 회담 결렬. 한반도 양분됨.

○1955.12.5 : 북한 박헌영 외무장관, 반당, 간첩방조 등 죄명으로 처형됨

○한국전쟁 참전 16개 국가 및 피해내용

1. 미국 :	참전인원 5,720,000명	전사자 54,246명	부상자 103,284명
2. 영국 :	참전인원 57,000명	전사자 792명	부상자 2,583명
3. 캐나다 :	참전인원 25,579명	전사자 312명	부상자 1,212명
4. 터키 :	참전인원 14,936명	전사자 741명	부상자 2,068명
5. 태국 :	참전인원 12,845명	전사자 129명	부상자 1,139명
6. 그리스 :	참전인원 10,581명	전사자 196명	부상자 543명
7. 호주 :	참전인원 8,047명	전사자 304명	부상자 1,040명
8. 필리핀 :	참전인원 7,420명	전사자 112명	부상자 299명
9. 콜롬비아 :	참전인원 5,314명	전사자 131명	부상자 448명
10. 네덜란드 :	참전인원 5,322명	전사자 120명	부상자 645명
11. 뉴질란드 :	참전인원 5,144명	전사자 23명	부상자 79명
12. 프랑스:	참전인원 3,421명	전사자 262명	부상자 1,008명
13. 이디오피아 :	참전인원 3,518명	전사자 121명	부상자 536명
14. 벨기에 :	참전인원 3,498명	전사자 101명	부상자 349명

15. 남아프리카공화국 : 참전인원 826명　전사자 34명
16. 룩셈부르크 :　참전인원 89명　　　전사자 2명　　　　부상자 13명
* 병원선 · 의료지원 국가 (5개국) : 노르웨이(623명), 덴마크(630명),
스웨덴(160명), 이탈리아(128명), 인도(675명).

2. 일본 식민지 통치시대 연대표 (수필 위암胃癌)

○ 일본 식민지통치 (일제 강점기) 시대구분
- 제1기(1910-1919) : 무단정치 시대
- 제2기(1919-1931) : 문화정치 표방 시대
- 제3기(1931-1945) : 한국 병참기지화 시대 및 전시동원체제화 시대

○1866.9월 - 1866.11.18 : 병인양요 발생

* **병인양요(丙寅洋擾)** - 서기 1866년, 병인년에 발생한 서양오랑캐들의 소란행위라는 의미다. 그 해 9월에, '프랑스 극동함대' 사령관 '로오즈' Rose 제독이 지휘하는 군함들이 서울 마포 서강西江에 출현하여, 조선병사와 전투를 하고 병기, 양식, 서적들을 약탈했다. 조선왕조 철종12년이었던 서기1961년에, 천주교 신도가 23,00여명으로 증가했다. 고종의 아버지 대원군은 1966.1월, 천주교 탄압령을 하달하고 신도 8,000여명을 처형했다. 조선은 유교儒教국가였다. 이 소식은 청나라 수도 북경北京에 주재하고 있는 '프랑스' 대리공사 '벨로네' Bellonet에게 보고되었고, '벨로네' 는 프랑스 극동함대사령관 '로오즈' Rose 제독과 대응책을 숙의했다. '로오즈' 제독은 9월에 군함3척을 이끌고 양화진楊花津 과 서강 앞바다에 진출해　정찰활동만 한 후 퇴각했다. '로오즈' 제독은 10.16에 군함7척을 동원하여, 강화도 갑곶에 상육, 조선 병사들의 병기, 양식, 서적들을 약탈했다. 11.18까지 문수산성, 경기수영, 정족산성 등지에서 조선군과 치열한 전투를 벌였다. 장령전長寧展 등 많은 관청도 불 지르는 만행을 자행하고 퇴각했다. 이 사건으로 유럽열강들은 조선왕조의 국제적 지위를 재검토하게 되었다.

○1866년 - 1871.4.24　: 신미양요 발생

* **신미양요(辛未洋擾)** - 서기 1866년 고종3년, 미국 상선 '셔어먼' Sherman 호가 평양 부중府中까지 들어와, 조선왕조 병사들과 전투를 하여, 배가 불타고 침몰한 사건이 있었다. 청나라 수도 북경에 주재하고 있던 미국공사 '로오' Law는, 미국 아시아함대 사

령관 '로저스' Rodgeos에게, 사건내용 확인을 요청했다. '로저스' 제독은 콜로라도 Cororado호 등 함정 5척을 이끌고, 1871.4.10 남양 앞바다에 도착하여 조선정부에 통상通商을 요구했다. 병인양요 사건을 경험한 조선정부는 거절했다. 미군함정 4척은 재차 광성진廣城津에 도착하여, 조선병사들과 전투를 했다. 미군들은 4.23에 초지진에 상륙하여, 혈전 끝에 광성진, 초지진을 함락시켰다. 아군 피해는 전사 5명, 미군 피해는 사망2명, 부상10명이었다. 미군은 다음날 아군의 야간 기습으로 퇴각했다. 대원군은 양이洋夷들에 대한 적개심으로, 전국 각지에 척화비斥和碑를 세우고 쇄국정책을 더욱 강화했다.

○1875.8.2 : 일본 군함 운양호(運揚號) 사건 발생

* **운양호 사건** – 1875.8.2(고종12년), 일본 군함 운양호雲揚號와 조선 강화도 포대砲臺 병사들 간에 벌어졌던 전투사건이다. '강화도 사건' 이라고도 부른다. 일본은 쇄국주의鎖國主義 정책을 계속하고 있는 조선에서, 통상이라는 구실로 아시아 대륙 진출의 발판을 마련하려는 야심을 품고, 1875.8.2 군함 3척을 파견시켰다. 일본군함은 강화도 부근 난지도 해상에 운양호를 정박시키고, 수십 명의 병사들이 '보우트' 로 초지진草芝津 포대까지 다가왔다. 조선 수병守兵들이 총격을 가하자 '보오트' 는 철수했다. 운양호는 함포사격으로 초지진을 파괴하고, 영종진永宗鎭도 맹폭하여 파괴했다. 운양호는 군대를 상륙시켜 살인, 방화, 약탈행위를 감행했다. 조선 수병 450여명은 분산되었고 많은 피해를 입었다. 전사자 35명, 포로 16명이 발생하고, 대포 36문, 화승총 130여정 및 많은 군기軍器와 총탄을 약탈당했다. 일본군 측 피해는 단 경상자 2명뿐이었다. 비교도 되지 않는 전과였다. 최신 병기로 무장한 일본군과, 구식병기 뿐이었던 조선수병 과는 상대가 되지 않는 전투였다. 운양호 사건은, 조선조정이 불평등한 통상조약을 일본과 체결해야하는 빌미로 작용했다. 일본은 강제적인 자세로 통상을 요구했고, 조선은 '울며 겨자 먹기 식' 자세였다. 아무런 준비도 없이 조선이 근대 자본주의 열강 국가들에게 문호를 개방하게 만들었다. 운양호 사건발생 7개월 후인 1876.2.26, 한일 양국은 한일수호조약(병자수호조약)을 체결했다. 그 후 양국은 제1차한일협약1904.8에 이어 제2차한일협약을사보호조약,1905.11이 체결되었다. 35년 후인 1910.8.22에는 '한일합병조약' 이 체결되었다. 결국 우리나라는 일본제국주의 국가의, 식민지植民地로 전락하고 말았다.

○1876.2.26 : 한국 · 일본 강화도조약 체결. 대원군 하야. 개국정책 시작. 강화

도에서 회담하고 한일수호조약(병자수호조약) 체결.

○1882.6 : 임오군란(壬午軍亂) 발생 - 대원군 입궐활동 재개

○1884.10 : 갑신정변(甲申政變) 발생. 개화파, 신정부 수립.

○1894.1 : 동학혁명(東學革命) 발발. 전봉준 주도. 일본 및 청나라 세력을 퇴치함. 김옥균 암살됨.

○1894.6 : 갑오경장(甲午更張) 발생 : 개혁파, 조선의 정치제도를 개혁함.

○1895.8 : 을미사변乙未事變 발생(황후 민비 시해사건) - 일본공사 '미우라' 및 대원군세력 합세

○1904.2.8 - 1905.9.5 : 러시아 · 일본 전쟁(약 7개월)

* **러일전쟁** - 일본은 운양호雲揚號사건을 빌미로 1876년 한일수호조약(강화도조약, 병자수호조약)을 체결하고, 합법적으로 한국에 진출할 수 있는 발판을 만들었다. 19세기 말 세계적으로 횡횡했던, 열강列强들의 식민지정책 마수가 여지없이 발휘된 것이다. 그 후 일본은 임오군란1882 갑신정변1884, 동학혁명1894, 갑오경장1894등, 계속되는 일련의 사건들 마다 조선朝鮮 내정에 간섭하며 활동범위를 넓혔다. 급기야 1895.8 을미사변乙未事變을 일으켜 '미우라' 주한공사가 황후 민비를 살해하는 범행마저 저질렀다. 러일전쟁은 일본의 한반도 지배와 만주지역 지배를 통한 아시아지역 점령야욕을 노골화 했던 전쟁이었다. 일본함대가 1904.2.8 소련 여순旅順군항을 기습하여 시작된 전쟁이었다. 전쟁의 뒷면에는 영국 · 일본 동맹과, 러시아 · 프랑스 동맹이 있었다. 이 동맹들은 제1차세계대전의 기초로 연결되었다. 전투는 여순군항에서 중국 요동반도의 난산南山과 대련大連으로 옮겨졌다. 연전연승을 거듭하는 일본군은, 1904.6월 15개 군단을 동원하여 '만주군일본사령부'를 설치했다. 일본군은 '랴오양'遼揚전투(8월), '사허회'沙河會전투(10월), '히꼬우라이'黑溝臺전투1901.1등 치열한 전투들을 계속하며 중국본토를 점령해 나갔다. 또한 일본군은 1905.3월 25만 여명의 병력을 동원, 봉천奉天에서 '러시아군'과 회전會戰했다. 일본군은 승리했지만 7만 여명의 병사들이 전사했다. 바다에서 양국 간 해전海戰은 1905.5.27 대한해협에서 있었다. 회심의 해전이었다. '러시아' 해군은, '헤이하치로' 재독이 지휘하는 일본연합함대에 패배했다. 결국 이 전쟁에서 패배한 '러시아'는 혁명운동이 시작되었다. 승리한 일본은 한반도 지배권을 확보했고, 만주지역 진출권도 따냈다. 1905.9월 조인된 '포츠머스강화조약'에 따라, 일본은 러시아로부터 한반도의 독자적인 지배를 확인 받았다. 1904.2.10 체결되었던 제1차한일협약(한일의정서)는, 1905.11월 체결된 제2차한일협약(을사보호조약)과 연결되면서, 1910.8.22. '한일합병조약'으로 발전하였다. 한반도가 일본의 식민지植民地로 변해버

린 것이다. 일본이 아시아 대륙점령을 위해, 우선적으로 달성하려던 한반도 지배야욕은, 차질 없이 달성되었다.

○1904.2.10 : 한일의정서 체결 – 일본이 한국 내정간섭의 발판을 만들었음.
＊제1차한일협약 체결(8월) – 한국은 일본인 고문을 채용한다는 내용의 협약임. 일본이 고문정치의 발판을 마련 한 것임.

○1905.11 : 을사보호조약(제2차한일협약)체결

○1906.2 : 일본 통감부 한국에 설치. 외교권 박탈. 초대통감 '이또오히로부미'(伊藤博文) 부임

○1907.1. : 순종 결혼(1.24). 국채보상운동 전국적 전개. '헤이그 만국평화회의' 밀사사건 관련 고종황제 퇴위(6월). 정미7조약(丁未7條約)체결 – 입법, 사법, 행정 모두 일본통감부가 개입하기 시작함.

○1908.1 : 각 지역에서 의병들 궐기(1월) – 전명운 스티븐슨 사살, 최남선 잡지 '소년' 발행(3월), 동양척식(주)설립(12월).

○1909.10.26 : 안중근 의사 '이또히로부미' 사살. 만주 '하르빈' 역서 권총으로 저격. 만철이사(滿鐵理事) '다나까'와 비서관 '모리'는 중상을 입음.

○1910.8.22 : 한국 · 일본합병조약 체결(국치일)

＊원인 : 한국 위정자들의 무능 – 친일각료들의 동조.
매국노들의 반역행위 – 일진회 간부 등
미국, 영국 등 열강 대국들의 – 일본 야욕 묵인

＊통치방법(기술)
– 차관정치 : 한국인 대신(장관) 밑에 실세 일본인 차관을 임명함.
– 한국사법 및 감옥사무 위탁에 관한 각서체결 – 사법권 탈취 목적임.
– 한국 군대해산 및 한일경찰관을 통합함(일본 관헌이 지휘를 시작함).

＊일본의 조선총독부 설치(1910.10.1) : 통감부 폐지. 식민지 통치 시작.
– 초대 총독(總督) 부임 : '데라우치 마사타케'(寺內正毅) 육군대장.
– 총독부의 식민지정책(3대)
• 효율적인 식민지 지배를 위한 탄압
• 영구 예속화를 위한 고유성 말살 및 우민화정책(愚民化政策)
• 철저한 경제적 수탈

- 통치방법 : 강력한 헌병경찰 체제로 통치(일본군 : 보병사단 2개. 병력 : 4만 명).

＊안중근 의사 사형집행(3.29, 여순감옥)

＊안명근 의사, '데라우치' 총독 암살기도 실패(12월).

＊제1기 총독부 주요 탄압정책 내역

- 토지조사사업 추진 - 소요예산 2,456만원 투입
- 전국에서 토지 수탈 - 전 국토의 40% 약탈함. 동양척식(東洋拓植,株) 활용
- 미곡 징수 : 280만 섬(총생산량 1,270만 섬 중 22%)
- 수탈행위 : 농민의 50%가 춘궁기에 초근목피로 연명, 간도 연해주로 이주함.

○1911 : 압록강 철교 완성

○1912.6 : 105인사건 발생 - 일본이 민족지도자들의 집결체인 '신민회'를 말살시키기 위해 조작한 사건. 안명근의 '데라우치' 총독 암살미수 사건으로 시작 됨. 유동열(柳東悅), 양기택(梁起鐸) 등 105명의 민족지도자들을 투옥시켰음.

○1913 : 미국에서 흥사단조직

○1914.7.28 - 1918.11.11 : 제1차세계대전 발발

＊**제1차세계대전** - 연합국인 영국, 프랑스, 러시아, 일본 등 국가들이, 추축국(동맹국)인 독일, 오스트리아와 3년 3개월 13일 간 벌였던 전쟁이다. 오스트리아 황태자 부부가 '보스니아' '사라에보'에서 암살된 사건이 전쟁으로 확대되었다. 오스트리아가 1914.7.28 '세르비아'에 선전포고를 하여 전쟁이 시작되었다. 연합국과 추축국 간 충돌의 본질은, 자본주의 경제력과 제국주의帝國主義의 팽창이었다. 연합국들은 20세기 초부터 지본주의 경제가 도입되어, 경제력이 대형화 되었고, 배출구로 대외식민지 통치를 선택했다. 연합국 열강국가들은 경쟁적으로 자국의 세력을 넓혀 나갔다. 이런 팽창주의는, 추축국인 제국주의 국가들이 군사력으로 영토와 권력을 넓히려는 점령정책과의 충돌을 가져왔다. 전쟁은 수천만 여명의 희생자를 내고, 1918.11.11 독일이 '콩피에뉴' 에서 휴전조약에 서명하고 항복했다.

＊동원병력 : 연합군 42,188,810명 추축국 22,850,000명 합계 65,038,810명

＊피해내용 : 공식 발표내용이 아닌 추정치임

- 사망자 : 연합국 5,157,315명 추축국 3,386,200명 합계 8,543,515명
- 부상자 : 연합국 12,831,004명 추축국 8,338,448명 합계 21,219,542명
- 포 로 : 연합국 4,121,090명 추축국 3,629,829명 합계 7,750,919명

- 손상자 : 연합국 22,109,409명 추축국 15,404,477명 합계 37,513,886명
- 총 계 : 연합국 44,218,818명 추축국 30,758,954명 총계 74,977,772명

○1914 : 철도 호남선 개통

○1916.7 : 제2대 일본 총독 '하세가와' (長谷川好道) 부임

○1017 : 한강인도교량 준공. 이광수 - 소설 '무정'을 매일신보에 게재

○1919.3.1 : 기미독립운동 발발(3.1만세사건). 손병희 등 33인

* 3.1독립운동 여파 : 총독부의 문화정치 표방(기만적인 정치기술 연출). 민족 분렬 유도. 한글신문 발행허용. 만주침략 전초기지로 활용
* 8월 : 제3대 총독 '사이또 마코트' 齋藤實 해군대장 부임
  - 통치구호 : 일선융화(日鮮融化) 일시동인(一視同人) 발표
  - 총독의 문관개방. 한국인 차별철폐. 지방문인주의 실현. 재래문화 존중.
  - 언어, 집회, 출판 허용. 경찰관 정비. 인재등용문호 개방. 헌병경찰제도 폐지
* 고종 승하(1월). 동경유학생 600명 2.28 독립선언 - 3.1운동의 모체가 됨.
  - 대한민국임시정부수립(3월). 이승만 국무총리 취임.(5월). 김규식 파리평화 회담 참석. 김좌진 軍政府 수립(8월). 강의규 의사 신임 사이또 총독에 폭탄 투척(9월) .

○1920.10월 : 이범석 장군 청산리 전투에서 대승(10월). 이시영-신흥문관학교 설립(5월). 조선일보 창간(3월). 동아일보 창간(4월). 만주에서 독립군 조직. 홍범도 장군, 만주 봉오동(鳳梧洞)에서 일본군 격파(6월). 김좌진 및 이청춘 장군이 독립군을 통합하여 러시아 지역으로 이동(12월)

○1921.9 : 김익상 의사, 조선총독부에 폭탄 투척

○1922 : 백조 창간(2월). 손병희 사망(5월). 조선호적령 공포. 잡지 신천지, 신생회,조선지강 등 발간. 일본 니이가다(新瀉)에서 한국 근로자 100명 학살사건 발생(7월).

○1923 : 김상옥 의사, 종로경찰서에 폭탄 투척. 일본 관동(關東)대지진 발생 - 교포 피해발생

○1924. 1 : 김지섭, 도오교오(東京) 궁성 '나쥬우바' (二重橋)에 투탄(1월)

○1925 : 김좌진 장군 - 신민부 조직(3월). 조선사편수회 설치(6월)

○1926.2 : 도량형령 발표 – 미터법 전용. 융희황제 승하. 6.10만세사건 발생(6.10). 총독부 청사 준공(10월). 경성방송국설립(11월). 김구-상해임시정부 국무령 취임.

* 나석주 의사 – 식산은행, 동양척식주식회사에 투탄

* 1926 – 1931 간 발생한 영세민 현황 : 걸식자 1만명→16만 3,000명, 춘궁기 난민 29 만명→105만명, 영세민 186만명 → 420만명으로 증가했음.

○1927.2 : 신간회 조직 – 민족진영의 정신적 구심체 역할로 항일운동 기능이 강화됨. 제5대 총독 '야마나시 한조' 山梨半造 부임(12월).

○1928 : 김구 및 이시영 – 한국독립당 조직. 제3차공산당 사건 발생(11월).

○1929 : 여의도비행장, 울산비행장 개설(4월). 광주학생운동 발생(11월). '사이또' 제6대 총독 부임. 김좌진 장군-공산당원에게 피살

○1930 : 함남 장풍탄광에서 폭동발생 – 200여명(6월)

○1931.6 : 제7대 총독 '우가키 가즈시게' (宇桓一成) 부임. 만주사변 발발(9월). 경성대학생 – 반제(反帝)동맹 사건으로 다수 검거됨(11월).

○1931.9.18 – 1932.3.1 : 만주사변 발발(5개월 13일)

* **만주사변** – 일본 관동군關東軍이 1931.9.18 '류자오코우사건' 候溝事件을 빌미로 , 중국 동북부 지역인 만주滿洲를 침략 점령한 전쟁이다. 일본은 러시아와의 전쟁1904.2-1905.9에서 승리하여, '포츠머스강화조약' 에 의거 만주지역 진출권을 확인 받은 상태였다. 그러나 관동군은 전 만주지역 점령을 사전모의하고 1931.9.18 북만주로 진격하여 기습 점령했다. 중국의 국권회복운동이 점점 거세지고, 러시아도 경제개발5개년계획을 추진하여 향후 전망이 불안해졌기 때문이었다. 관동군은 중국의 봉천奉天지역, 지금의 심양瀋陽 주변지역인 '유자오코오' 를 통과하는 만주철도滿鐵 선로線路를 자신들이 폭파시키고, 중국 측 소행이라고 트집 잡아, 북만주로 진격하는 군사행동을 거행했다. 사변이 아니라 기습 공격한 전쟁이었다. 일본군은 1932.1월에 만주 전역을 점령했다. 1932.3.1에는 만주에 일본의 꼭두각시 나라, '만주국' 이라는 괴뢰정부傀儡政府를 수립하여 선포했다. 아시아대륙 전체를 점령하겠다는 일본제국주 야욕을 달성하기 위해, 한반도처럼 만주도 식민지로 만든 것이다. 중국은 이 사건을 국제연맹에 제소提訴했다. 국제연맹國際聯盟은 '리튼조사단' 을 파견하여 진상을 파악하는 한편, 일본군에게 철수를 권고했다. 그러나 일본은 철수를 거부하고 열하성熱河省 마저 점령한 다음, 1933.3월 국제연맹을 탈퇴했다. 이 전쟁을 계기로 일본은 완전히 제국주의, '파시즘체제' 로 전환되었다. 또한 일본

의 이 침략행위는 중일전쟁1937과 태평양전쟁1941으로 연결되었다.

○1932.4.29 : 윤봉길 의사 – 상해 천장절 기념식에서 물병 폭탄 투척 – 일본군 사령관 '시라까와' 대장, 상해 거류민단장 '가와바따' 등 즉사. 일본 제3함대사령관 '노무라' 등 3명 중상.

＊이봉창 의사 일본천왕에 수루탄 투척 : 1932.10.26 동경(東京) 연병장에서 '히로히토' 국왕에게 수류탄을 투척하였음. 국왕은 무사하고, 기수와 근위병만 부상을 입었음. 10.10 '이찌가야' 형무소에서 사형이 집행되었음(33세).

○1936..6 : 일본 제8대 총독 '미나미지로' (南次郎) 부임. 장항제련소 준공. 한강인 도교 준공. 손기정 선수 베른린 올림픽에서 마라톤 금메달. 일장기 말살 사건 발생(8월)

○1937.7.7 – 1945.8.15 : 중일전쟁(中日戰爭)

＊**중일전쟁** – 중일전쟁은 한반도와 만주지방을 손에 쥔 일본이, 중국영토 전부를 점령할 목적으로 야기한 전쟁이었다. 일본은, 을사보호조약1905 과 한일합병조약1910을 통해 한반도를 식민지로 만들었다. 이어 러일전쟁1904을 통해 러시아도 물리쳤다. 만주사변 1931도 야기하여 '만주국' 이라는 꼭두각시 정부를 만들었다. 그 다음으로 점령야욕을 들어낸 게 중일전쟁이었다. 일본은 1937.7.7 '베이징' 北京 교외 '루꼬오차오' 盧滿溝橋에서 군사행동을 일으켰다. 만주사변 때와 마찬가지 방법으로, 선전포고 없이 침략행위를 했다. 전쟁이라는 단어를 사용하지 않고 '지나사변' 또는 '루꼬오차오 사변' 이라는 표현을 썼다. 그래도 중국과 일본의 충돌은 전쟁으로 변했고, 전투는 중국 전역으로 확산되었다. '베이징' 과 '텐진' 天津을 점령한 일본은, '상하이' 上海, '난징' 南京으로 전장을 확대시켰다. 1937.12월까지 수십만 여명의 중국인들을 학살했다. 그 이후에도 일본은 '후우한' 武漢, '광뚱' 廣東, '산시' 山西 등 남북지역 12개 성省과 주요 도시들을 점령했다. 한편 중국은 제2국공합작國共合作으로 '항일抗日민족통일전선' 을 형성하여 항전抗戰을 계속했다. 일본인들의 점령행위는 1,200만 여명의 중국인들이 희생되는 상태에까지 이르렀다. 그러나 최신식 병기로 무장한 수백만 여명의 일본군들도, 중국이라는 넓은 땅에서 8년이 넘도록 계속되는, 장기전쟁의 수렁에서 헤어나지 못했다. 중국인들의 반발도 점점 강해졌고, 병참지원에 문제점들이 발생하는가 하면, 장병들의 사기마저 저하되었다. 이 시점에서 일본은 탈출방법으로 1941.12.8 태평양전쟁을 선택했다. 중일전쟁은

태평양전쟁과 함께 제2차세계대전 속으로 빨려 들어갔다. 일본군 105만 여명은 세계대전 속에서, 제구실도 못하다 1945.8.15 미국의 원자폭탄 세례로 무릎을 굴었다. 일본군은 '포츠담선언'과 함께 중국 국민정부에 항복했다.

○1937. 9 : 한국어사용금지령 하달. 각급 학교 조선어학과 폐지. (주)압록강수력발 발전 설립

○1938 : 국민정신총동원운동 전개

- 중 · 일전쟁 준비 목적. 국가총동원법 제정 - 조선연맹결성

○1939.9.1 - 1945.8.15 : 제2차세계대전. 연합국인 미국, 영국, 소련이, 동맹국인 독일, 일본, 아탈리아 사이에 벌린 전쟁. 독일항복으로 연합국이 승리. '베르사이유 조약'에 의거 강화했음. .

○1939. 3 : 한국임시정부 사천성(四川省)으로 이전.

○1940 : 창씨개명(創氏改名)제도 시행. 한국청년 강제징용(탄광). 조선일보. 동아일보 폐간. 조선어학회. 진단확회 해산. 민족자본 성장억제. 광물, 어장 등 강제 약탈로 경재수탈 행위 만연. 교통, 운수, 학교, 등 일본화 시책강화. 토지조사 사업으로 일본화에 박차. 한국임시정부 건국강령 제정(3월).

* 선만일체화(鮮滿一體化) 사업 추진 - 교통협정 체결, 문화협정 체결, 압록 강교량 가설, 두만강 교량 가설, 수력발전소 건설.

○1941.12.8 - 1945.8.15 : 태평양전쟁 발발. 태평양 전쟁 직전에 '사상범예방구금령'으로 지식인, 지도자들을 대거 구금 조치함. 한국임시정부 중국 중경(重慶)으로 이전. 광복군 사령부 설립(9월). 총독부-황국식민화운동 강화. 미국 루즈벨트 대통령 - 영국 처칠 선언에 대한 성명 발표.

○1942.5 : 제9대 총독 '고이소 구니아끼'(小磯國昭) 부임. 대동아전쟁 장기화 준비를 위해 한국인 동원을 위한 '국민총력운동'을 전개함. 전략물자 증산. 근로자 징용. 전쟁 비상조치로 학교동원체제, 국민근무체제를 확립하였음. 국민동원계획을 수정하여, 근로보국대 명의로 한국인들을 강제로 연행하여, 탄광, 광산, 군수공장, 비행장 등지에서 사역케했음.

○1943.8 : 의무병역제 징병실시 - 적령 국민을 모두 동원했음.

○1944.1 : 학병제 실시 - 대학생 강제 소집함.

○1944.7 : 제10대 총독 '아베 노부유키' 부임. 국민의용대 편성 - 경비태세강화. 여자정신대근로령 발표 - 12세-40세 미혼여성들을 군수공장, 위안부로 연행 차출. 애국단, 경방단(警防團) 조직에 한국인들을 포함시켜 생필품 등 주요물자들을 통제하였음. 배급제 실시 - 놋그릇, 소나무 뿌리도 공출함. 독립운동, 사회운동, 학술운동 탄압이 극치에 달하였음. 독립운동은 중국, 미국, 만주지역 등 외국에서 진행됨(이봉창, 윤봉길).

○1945.8.15 : 미국이 일본에 원자폭탄을 투하(2발). 히로시마(廣島)와 나가사키(長崎) 두 도시에 투하. '히로히토' 일본 천왕 항복방송. 제2차세계대전 종료. 소련군 →제2차세계대전에 뒤늦게 참전(8월9일)하여 관동군을 격파함. 소련군 제25군단 북한 청진항 상륙(8.13). 북한지역 평양진주 및 군정 시작(8.22). 미국육군 제24군단(하지중장) 한국 인천상육(9.8), 서울 진주 및 일본군으로부터 항복문서를 받음(9.9).

3. 미국군정 통치시대 연대표 (수필 '디디티' 와 페니실린)

○1876.2.26 : 한일수호조약(병자수호조약) 체결

○1904.1월 : 동학혁명 발발. 갑신정변 발생(10월).

○1904.2.8 - 1905.9.5 : 러 · 일전쟁 - 만주와 한국 지배권을 놓고 일본함대가 뤼순 군항(旅順軍港)은 공격하여 발발

○1905.11월 : 을사보호조약. 광무9년, 외교권 박탈, 조선통감부 설치, 행정권 회수, 한국인보호 명분, 러시아, 영국, 미국 등이 승인함. 일본은 통감에 이또오히로부미(伊藤博文)을 임명.

○1907년 : 만국평화회의, 네델란드 헤이그에서 개최. 고종은 이준, 이상설, 이위종 등 밀사들을 파견. 고종황제 퇴위, 사법권 박탈, 군대해산.

○1909.10월 : 이또오히로부미(伊藤博文), 초대 통감 취임 - 조선통감부

○1910.8.22 : 한일합방(국치일)-한일합방조약체결(통치권 박탈당함).

* 조선왕조 몰락 : 27대왕 516년 간 이씨조선 계속

○1939.9.1 - 1945.8.15 : 제2차세계대전 발발. 일본, 독일, 이태리 - 영국 , 미국, 러시아

○1943.11.27 : 연합군 측 카이로선언(이집트), 한국 독립 약속조항 포함

○1945.7월 : 연합국 측 포츠탐선언(Potsdam)에서 카이로선언 재확인

○1945.8.15 : 일본항복, 식민지 종식, 일본천황 무조건항복선언, 미국 원자탄 투하, 제2차세계대전 종식

○1945.8.22 : 소련군, 한반도 38선 이북지역에 진주. 군정 시작.

○1945.9.8 : 미국 제24군단 서울 진주. 군단장 하지 중장(John R. Hodge)

○1945.9.9 : 하지 중장, 중앙청에서 주한 일본군에게 항복문서 받음.

○1945.9.11 : 하지 중장, 미국 육군 제7사단장 아놀드(Archbold. B.Arnold) 소장을 군정장관에 임명 - 공식적인 미국군정이 시작됨. 군정은 1948.8.15 대한민국정부가 수립 시까지 3년간 계속되었음.

○1945.9월 : 한국민주당 창당 - 민족진영 정당임.

○1945.9.24 : 국민당 창당

○1945.10.6 : 이승만(李承晩), 미국이서 귀국하여 좌익세력에 대항. 서북청년회 등 우익 청년단체 활동이 활발해짐.

○1945.11월 : 김구(金九) 주석, 중국에서 귀국하여 한국독립당 창당

○1945.12.15-12.27 : 모스크바3상회담(미국,영국,소련 외상참석), 한국독립을 구체적으로 합의. 한국에 민주주의 임시정부를 수립하여, 최장 5년간 미국, 영국, 소련, 중국이 신탁통치를 한다. 회담종료 후 2주일 내에 '미 · 소공동위원회' 를 개최한다..

○1946.2.16 : 미국 군정청은, 한국인 지도자 28명으로 민주의원(民主議院)을 구성하여 자문 대상기구로 활용함.

○1946.2.20-5.6 : '제1차 미 · 소공동위원회' 개최. 서울 덕수궁. 소련은 신탁통치 반대 정당과 사회단체 동참을 거부함. 미국은 신탁통치 반대 및 찬성 단체 모두 동참을 주장했음.

○1946.11.23 : 남조선노동당 창당(공산당+인민당+신민당)

○1946.12.12 : 미국군정청, 한국인 90명으로 '남조선과도입법의원' 을 구성하여, 긴급하고 당면한 법률을 제정토록 함.

○1947.2.5 : 미국군정청, 미군군정장관 밑에 한국인 민정장관 안재홍(安在

鴻)을 임명.

○1947.5.20 : '제2차미 · 소공동위원회' 개최 - 서울 덕수궁. 참가단체 범위 문제로 무기 휴회를 선언

○1047.6.3 : 미국군정청, 한국 정부명칭을 '남조선과도정부' 라고 호칭함.

○1947.7.1 : 서재필, 미국에서 귀국하여, 최고의정관(最高議政官)에 취임함.

○1947.7.19 : 여운형(呂運亨) 근로인미당수 피살됨.

○1947.10월 : 미국이 한국독립문제를 UN에 상정함. 미소공동위원회는 자동 해체

○1947.11.14 : UN총회가 한국독립정부 수립을 위한 'UN임시한국위원단' 설치를 가결

○1948.1.8 : 'UN임시한국위원단' 서울 도착. 소련은 자신들의 점령지역인 북위38도선 이북지역에 'UN임시한국위원단' 입국을 거부함.

○1948.2월 : 'UN총회' 는 한반도 선거가능지역 총선거 실시를 가결함. 소련은 거부함.

○1948.5.10 : 한반도 38선 이남지역 총선거 실시-국회의원 198명 선출. 이북지역 의원 100명은 보류했음.

○1948.5.31 : 제헌국회 개회

○1948.7.17 : 헌법 공포(제헌절). 국회의장 이승만.

○1948.7.20 : 국회는 대통령에 이승만(李承晩), 부통령 이시영(李始榮)을 선출함.

○1948.7.24 : 대통령 부통령 취임식 거행

○1948.8.15 : 대한민국 건국 선언문 발표 - 삼권분리제도 도입(입법,사법,행정).
  * 정부기구 : 11개부, 4처, 3원, 1특별시, 9개도

○1948.12.9 : UN총회가 한국정부수립을 승인(국가승인)- 찬성 46개국, 반대 6개국.

○1949년 : 봄부터 주한미군철수 시작. 6월에 완전철수.
  * 주한미군 고문단만 잔류 : 단장 - 로버츠 준장(W.L.Roberts)
  * 국방경비대는 국방군으로 편성됨.

○1949.6.24 : 김구(金九) 한독당 당수, 중경 한국임시정부 주석 경교장에서 피살됨.

○1950.6.25 : 한국전쟁 발발. 북한 남침. 6.25전쟁.

4. 한일합방 연대표 (수필 생계형 살인미수)

○1904.2.8 – 1905.9.5 러일전쟁. 발발. 만주와 한국 지배권을 놓고, 일본함대가 뤼순군항(旅順軍港)을 기습 공격하여 발발.

○1905.11월 : 을사보호조약 체결. 광무9년, 외교권 박탈, 조선통감부 설치, 행정권 회수, 한국인보호 명분, 러시아, 영국, 미국 등이 승인함. '이또오히로부미' (伊藤博文) 파견.

○1907 : 만국평화회의, 네덜란드 '헤이그' 에서 개최.

* 조선 정부는 이준, 이위종 등 밀사파견,
* 일본의 조치 : 고종황제 퇴위, 사법권 박탈, 군대해산.

○1909.10 : 이또오히로부미(伊藤博文) 초대 통감 취임 – 조선통감부

○1910.8.22 : 한일합방(국치일), 한일합방조약체결(일본이 한국의 통치권을 박탈).

* 조선왕조 몰락 : 27대왕 516년 간 계속된 이씨조선 몰락
* 원인 : 한국 위정자들의 무능 – 친일각료들의 동조.
  매국노들의 반역행위 – 일진회 간부 등
  열강 대국들의 일본 야욕 묵인 : 미국, 영국
* 통치방법(기술)
  - 차관정치 : 한국인 대신(장관) 밑에 실세 일본인 차관을 임명함.
  - 한국사법 및 감옥사무 위탁에 관한 각서체결 – 사법권 탈취 목적임.
  - 한국 군대해산 및 한일경찰관을 통합함(일본 관헌이 지휘를 시작함).
* 일본의 조선총독부 설치(1910.10.1) : 통감부 폐지. 식민지 통치 시작.
  - 초대 총독(總督) 부임 : '데라우치 마사타케' (寺內正毅) 육군대장.
  - 총독부의 식민지정책(3대)
  • 효율적인 식민지 지배를 위한 탄압
  • 영구 예속화를 위한 고유성 말살 및 우민화정책(愚民化政策)
  • 철저한 경제적 수탈

- 통치방법 : 강력한 헌병경찰 체제로 통치(일본군 : 보병사단 2개. 병력 : 4만 명).

* 안중근 의사 사형집행(3.29, 여순감옥)
* 안명근 의사, '데라우치' 총독 암살기도 실패(12월).
* 제1기 총독부 주요 탄압정책 내역
  - 토지조사사업 추진 - 소요예산 2,456만원 투입
  - 전국에서 토지 수탈 - 전 국토의 40% 약탈함. 동양척식(東洋拓植,株) 활용
  - 미곡 징수 : 280만 섬(총생산량 1,270만 섬 중 22%)
  - 수탈행위 : 농민의 50%가 춘궁기에 초근목피로 연명, 간도 연해주로 이주함.

○1939.9.1 - 1945.8.15 : 제2차세계대전 발발. 추축국(일본, 독일, 이태리) - 연합국(영국,미국, 러시아)

○1945.8.15 : 일본 식민지통치 종료(해방). 제2차세계대전 종료(미국이 일본에 원자폭탄 투하).

○1948.8.15 : 대한민국정부수립.

○1950.6.25 : 6.25 전쟁발발 끝.

5. 5.16군사혁명 연대표 (수필 재수생)

○1960년 : 한국 · 일본회담 재개(1월). 대구고등학교학생 데모 - 민주당 선거 강연회 관련 일요일 등교반대(2.28). 제4대 대통령, 부통령 선거일(3.15) - 이승만 대통령, 이기붕 부통령 당선. 고려대학교 학생, 국회의사당 앞 연좌시위(4.18). 4.19학생 의거사건 발발(서울 및 대도시). 장면 부통령 사임(4.23). 이승만, 대통령 사의표명, 이기붕, 부통령 사의표명(4.26). 이기붕 부통령 가족, 경무대에서 자살(4.28). 이승만 대통령, 미국 하와이로 망명(4.29). 허정許政 과도내각 탄생(4월). 내각책임제 개헌안 국회통과(6월). '아이젠하워' 미국 대통령 방한(6월). 총선거 실시- 민주당 압승(7월). 민의원 및 참의원 개원

(8월). 윤보선尹潽善 대통령 당선(8월). 장면張勉 내각출발(11월). 제4차 개헌안 국회통과(11월)

○1961년 : 한국 · 미국 경제원조협정 조인(2월). 정부, 반공법 공포-혁신세력, 악법반대극한투쟁 횃불데모(3.22). 남 · 북학생회담 호응 군중대회, 서울운동장에서 개최(5월). 5.16 군사혁명 발발(5.16). - 군사혁명위원회 설치. 장면 내각 총사퇴(5.18). 혁명위→ 국가재건최고회의로 개칭(5.19). 장도영張都英 중장, 최고회의 의장 및 내각수반에 취임. 국가재건비상조치법 공포(6월). 박정희朴正熙 소장, 최고회의 의장에 취임(7월). 내각수반에 송요찬宋堯贊 취임. 반혁명 세력44명 피포(7월). 경제기획원 설치-경제개발5개년계획 추진(7월), '러스크' 미국 국무부 장관 방한(11월). 박정희 의장, 미국 워싱턴에서 케네디 대통령과 회담(11월). 3.15부정선거 관련자등 사형수 사형집행(12월).

○1962년 : 한국, 독일 및 이태리와 경제협력 체결(1월). 울산공업센터기공(2월). 중앙정보부장 김종필, 동남아 친선방문(2월). 농촌진흥청 신설(3월). 정치활동정화법 최고회의 통과(3월). 윤보선尹潽善 대통령 사임 - 박정희 의장이 권한 대행(3월). '라오스' 부수상 '노사반' 방한(5월). 고대생, 미국대사관 앞에서 한국 · 미국 행정협정 체결 촉구시위(6월). 내각수반에 김현철金顯哲 취임(7월). 국민투표 실시, 개헌안 통과(12월).

○1963년 : 한국 · 미국영사협정체결(1월). 민주공화당 발기(1월). 중앙정보부, 군 일부 음모 사건 발표(20명, 3월). 민정당 창당, 대통령 후보 윤보선 지명(5월). 한국 · 일본 예비회담 일본 측 대표, 김종필 · 오히라 메모 발표(6월). 민주당 창당, 총재 박순천(여, 7월). 김활란 이화여대 명예총장, 필리핀 '막사 이사이' 상 수상(8월). 제5대 대통령 선거, 박정희 후보 당선(10월). 영친왕 이은李垠, 일본에서 환국(56년만, 11월). 제3공화국 탄생(12월). 끝.

※ 5.16군사혁명 진행일지 (수필 재수생)

○1960.2월 : 자유당의 3.15부정선거 지령내용에 접한, 중령 등 젊은 장교들은, 군사혁명을 계획했음. .

○1960.3월 : 허정許政 과도정부 내각이 출범하자, 이들 중령급 장교들은 군 내부 정군운동整軍運動을 전개. 이들의 행동은 항명파동抗命波動으로 귀결되었으며, 책임자는 예편 조치되었음.

○1960.5.8 : 일단一團의 장교들은, 부산지구 군수기지사령관 박정희朴正熙 육군소장(육사2기생)을 중심인물로 추대하고, 5.8을 혁명거사일로 택일. 그러나 4.19학생의거가 발발하고, 자유당 정권이 몰락하자 거사 연기.

○1961.4.19 : 혁명기도 장교들은 4.19의거 일주년 기념일을 거사일로 결정. 4.19기념식을 마친 군중들이 데모를 하면, 데모군중 진압작전 명분으로 병력을 출동할 계획이었으나 무산되었음.

○1961.5.12 : 일단의 장교들은 5.12을 거사일로 택일하고, 행정반, 작전반으로 부서를 배치하였으나 비밀이 누설되어 취소함.

○1961.5.15 : 5.16 새벽을 거사일로 택일함. 5.15 제1군 창설기념식에 장면 국무총리가 참석할 예정이었던 일정을 이용할 예정이었음.

○1961.5.15.20:40 : 혁명 거사 몇 시간 전에, 육군참모총장에게 비밀이 누설되었음. 참모총장은 혁명주동자 체포명령을 하달하고, 한강대교에 진압병력 100명을 배치했음.

○1961.5.15.23:00 : 참모총장 명령을 받은 진압병력70여명은, 제6관구사령부에 도착했으나, 협상 끝에 혁명세력에 합류했음.

○1961.5.16.03:00 : 혁명군 병력인 해병대, 공수단, 육군제23사단은 한강어구에 도착 50여명의 헌병들과 교전하였으나, 한 시간 후 한강대교를 통과하고 서울을 점령했음. 사전 계획된 주요시설들을 점령했음.

○1961.5.16.05:00 : 군사혁명 사실을 첫 방송 했음. 내용은 혁명의 불가피성, 혁명공약(6개항목)등이었음. 09:00에는 군사혁명위원회 명의로 전국에 비상계엄령을 선포했음. 이후 계엄사령관 명의 포고령들이 방송되었음. 당일 주한유엔군사령관 '매

구루더' 대장은 혁명을 반대했고, 윤보선 대통령은 '매구루' 에게 혁명지지를 요구했음.

○1961.5.18.14:30 : 장면張勉 국무총리는 중앙청에서 각의를 소집하고, 계엄령 선포 사실을 추인했음. 내각 총사퇴, 혁명위원회에 정권이양 등을 의결했음. 윤보선 대통령도 당일 각의 결정사실을 재가했음. .

＊자료출처 : 동아세계대백과사전.

6. 4.19학생의거 연대표 (수필 서울구경)

○1948.8.15 : 정부수립. 대통령 이승만(李承晩). 부통령 이시영(李始榮). 국무총리 이범석(李範奭). 국회의장 신익희(申翼熙). 대법원장 이병노(李炳魯). 미군, 군정폐지 발표

○1949.6 : 김구 주석 피살. 이승만 대통령 - 장개석 주석 회담(8월). UN총회 한국가입 가결(10월)

○1950.6.25 : 한국전쟁 발발. 정부 대전으로 이전(6월). 대구로 이전(7월). 부산으로 이전(8월). 인천상육작전(9.16). 국군 38선 돌파 및 평양 탄환(10.16). 서울 수복(9.28) 정부 서울로 환도(10월). 중공군 참전(11월). 북한 피난민 남하(12월)

○1951.1 : 정부 부산으로 다시 옮김(1월). 중공군 서울 점령(1월). 서울 재 탄환(3월). 맥아더 UN군 사령관 해임(4월) - '리지웨이' 중장 임명. 이시영 부통령 사임하고, 김성주(金性珠) 부통령 피선. 개성에서 정전회담(7월). 남원에 공비출현 - 200여명 납치(10월). 자유당 발족(12월).

○1952 : 이승만 평화선 선포(1월). 지방선거실시(4월). 대통령 직선제 개헌을 위한 계엄령 선포 및 부산정치파동 야기 - 국회의원 체포 및 연금(軟禁). 백골단 및 민족자결단 동원을 통한 국회의원 협박. 정치테러. 발췌개헌안(拔萃改憲案) 통과(7월). 제2대 정부통령선거 실시(국회) - 대통령 이승만, 부 통령 함태영咸台永 당선.

○1953.7.27 : 정저협정 조인. 반공포로 석방(6.18, 27,000여명). 한미상호방

위조약조인(10.1).

○1954.11 : 사사오입개헌안(四捨五入改憲案) 국회통과 – 헌법의 중임제한조항 삭제 – 국회의원 수 총 203명 중 가결정족수(2/3)인 136표가 안 되는 135명이 동의(135.333을 반올림함).

○1956.3.15 : 제3대 정부통령 선거 실시. 민주당 신익희(申翼熙) 후보 사망(20%획득). 대통령 이승만. 부통령 장면(張勉) 당선. 국회의장 이기붕 당선.

○1958.12 : 2.4보안법파동 발생 – 언론 규제하여 야당 탄압 법적근거마련. 자유당 – 국회의사당에 무장경관 배치하여 야당 국회일원 입장을 저지.

○1959 : 야당신문인 경향신문 폐간 – 언론탄압 강화. 필화사건(筆禍事件) 발생.

○1960.2.28 : 대구고등학교와 경북고등학교 학생들의 시위사건 발생 – 일요일이었던 2.28, 자유당은, 민주당이 대구에서 하는 조병옥 후보 지지 선거유세를 방해하기 위해, 초.중.고등학교 학생들을 등교시켰음. 이후 학생시위는 서울, 수원, 대전, 마산 등 대도시로 확산되었음.

*3.15 : 재4대 정부통령선거 – 자유당 대통령 이승만, 부통령 이기붕 당선

*5.15 예정된 선거를 민주당 후보 조병욱 입원 계기로 조기선거를 실시했음.

*민주당 후보 조병옥趙炳玉은 미국육군 '월터리드' 병원에 입원 치료 중 사망.

*내무부 중심 '부정선거 지령서'를 하달하였으나, 말단 경찰관이 민주당에 제공하여 만천하에 폭로됨.

○1960.3.15 : 선거일. 민주당은 정부통령 선거를 포기하고 학생들과 거리 시위. 마산상업고등학교 학생들 시가지 시위. 경찰과 자유당 폭력배들이 시위대들을 타격함. 마산상고생 김주열(金朱列)은 시위 후 행방불명됨. 4.11 마산 앞바다에서 최루탄이 눈에 박힌 상태로 발견되었음.

○1960.4.18 : 서울 고려대학교 학생 3,000여명이, 국회의사당 앞에서 연좌시위하고 선언문 발표. 귀교 시 청치폭력배들이 타격하여 한명 사망하고 많은 부상자 발생

*4.19 : 서울시내 많은 대학생들이 총출동하여 시위하고 선언문 발표 – 더 이상 현실을 좌시할 수 없고, 정의와 민주수호를 위해 총 궐기하자. 고등학생 합류. 경무대 진출 기도 시, 경찰이 발포하여 사상자 발생. 사망 100여명. 부

상자 450여명. 서울신문사, 반공청년단 본부, 자유당 본부, 파출소 등 방화, 파괴됨. 무정부 상태 분위기 조성됨. 시위대는 서대문 이기붕 부통령 자택을 습격.

* 15:00 : 대통령은 서울시 지역 일원에 비상계엄령 선포.
* 구호 : 3.15부정선거 다시 하라. 이승만 하야하라.
* 4.23 : 장면(張勉) 부통령 사임. 이기붕 부통령 사퇴용의 발표. 이승만 대통령 자유당총재직 사퇴용의 발표
* 4.25 : 서울시 지역 각 대학교 교수 259명, 시국선언문 발표 후 시가지 시위
* 요구사항 : 3부요인 즉각 퇴임. 3.15부정선거와 4.19사태 책임지라. 구속학생 즉각 석방, 교수들과 학생, 시민들이 합세하여 철야시위 - 자유당 물러가라
* 4.26 : 철야시위가 다음날 시위로 이어지고, 사태가 급박하게 전개됨. 송요찬 宋堯讚 계엄사령관이 학생 및 시민단체 5명과 이승만, 이기붕 면담을 주선.

- 이승만 대통령은 국민이 원하면 대통령을 하야한다고 약속. 오후에 하야성명 발표. 4.29 야간에 하와이로 망명했음.
- 이기붕 부통령은 공직에서 퇴임하고, 내각책임제개헌을 하겠다고 언급.
  4.28 전 가족 자살.

* 이후 허정(許 政) 과도정권 출범하였음.
* 4.19학생의거 역사적 의의(歷史的 意義)

- 한국 정치발전사에 획기적 전기(轉機)를 마련했음.
- 민주주의는 많은 투쟁과 고비를 넘어야 발전할 수 있다는 교훈을 주었음.
- 주권재민(主權在民)이라는 민주주위 원리 확인 - 국민의 지지를 받지 못하는 정권은 존립할 수 없다는 사실을 최초로 확인시켜 준 사건.
- 20세기 초부터 나타난 한국사회
- 20세기 초부터 나타난 한국사회의 '학생의 힘'을 재확인 시켜준 사건이었음.

* 3.1독립운동(1919). 6.10만세사건(1926). 광주학생사건(1929). 4.19의거(1960)

- 무능하거나 정치, 경제, 사회 기반이 취약한 정권은 존립불가능하다는 교훈.
- 4.19의거는 앞으로도 지향해야 이념과 정의를 제시했다는 사실.

2. 작품별 낱말풀이

※ 참고자료 : 동아새국어사전

1. 수필집을 내며

- 고비 : 일이 되어 가는데 있어서의, 요긴한 기회
- 굽이 : 휘어서 굽은 곳
- 문집(文集) : 어느 개인의문학작품을 모아서 엮은 책
- 노릇 : '직업이나 직책' 을 속되게 이르는 말. 선생노릇
- 물정(物情) : 세상의 사물이나 인심
- 다반사(茶飯事) : 늘 있어서 이상할 것이 없는 예사로운 일(항다반사, 恒茶飯事)
- 상당 : 무엇이 그것에 해당하거나 알맞음
- 선뜩 : 선득의 센말. 몸에 갑자기 서느런 느낌이 드는 모양.
- 말(질) : (명사 밑에 붙어) 되풀이되는 동작이나 행동을 나타냄(삽질, 걸레질)
  일정한 동작이나 노릇을 나타냄(비누질, 선생질)
- 쟁이 : (사람의 성질, 습관, 행동, 모양을 나타내는 말에 붙어서) 그 사람을 홀하게 이르는 뜻을 나타냄(고집쟁이, 허풍쟁이, 미련쟁이)
- 장이(匠) : 일부 명사에 붙어, 수공업적인 기술로, 물건을 만들거나 수리하는 사람을 홀하게 이르는 말(고집장이, 미장이, 옹기장이)
- 게 : '것이' 의 준말(그 게 누구냐). '것이나' 의 준말(우유 건, 물이 건)
- 발간(發刊) : 책이나 신문 등을 펴냄(잡지를 발간하다)
- 발행(發行) : 책, 신문 따위를 인쇄하여 사회에 펴냄(정부가 화폐를 발행했다)
- 불혹(不惑) : 마흔 살의 나이를 이르는 말. 불혹지년의 준말
- 인연(因緣) : 사물들 사이에 서로 맺어지는 관계(연분, 내력)
- 눈길 : 눈으로 보는 방향. 눈이 가는 곳(시야).
- 어리어리 : 여러 가지가 모두 어리숭하다(아리아리하다)
- 핑계 : 어떤 일을 정당화하기 위해 내 세우는 방패막이.
- 연대표(年代表) : 역사적인 사실을 연대의 차례대로 적은 표.
- 철(들었다) : 사리를 분별할 줄 아는 힘. 계절, 한시기

- 치매 : 바보, 말과 동작이 느리고, 정신작용이 불완전함.
- 윤회(輪廻) : 차례로 돌아감. 윤회생사의 준말.
- 윤회생사輪廻生死 : 불교에서 (수레바퀴가 돌고 돌아 끝이 없듯이) 중생의 영혼은, 해탈을 얻을 때까지는 육체와 같이 멸하지 않고 무시무종無始無終 돎을 이르는 말.
- 엔돌핀(엔도르핀, Endorphin) : 뇌에서 분비되는 진통작용 호르몬.
  모르핀 보다 100배 강한 마약.
- 시름 : 늘 마음에 걸리는 근심이나 걱정.
- 오체투지(五體投地) : 불교에서 절하는 법의 한 가지. 두 무릎을 꿇은 다음, 두 팔을 땅에 대고, 머리가 땅에 닿도록 절함. 끝.
- 철 : 사리를 분별할 줄 아는 힘

2. 생계형 살인미수(수필)

- 가렴주구(苛斂誅求) : 조세 따위를 가혹하게 거두어들여 백성을 못살게 들볶음.
- 강점기(强占期) : (영토, 물건을)강제로 빼앗아 차지한 기간
- 경술국치(庚戌國恥) : 한일합방조약으로 나라를 빼앗겼던 일(1910.8.22)
- 넋두리 : 원통한 일이나, 우울한 일이 있을 때, 투덜거리며 길게 늘어놓는 말
- 군무(群舞) : 여러 사람이 함께 춤을 춤
- 독백(獨白) : 혼자서 중얼거림. 연극에서 배우가 상대자 없이 말함.
- 막무가내(莫無可奈) : (1)굳게 고집하여 융통성이 없음. (2)어찌할 수 없음.
- 명당(明堂) : 풍수지리에서 이르는 좋은 집터나 묏자리.
- 수탈(收奪) : (재물 따위를) 빼앗음
- 순사(巡査) : 일본 식민지 시절에 부르던 일본 경찰관
- 생애(生涯) : 이 세상에 살아 있는 기간
- 심산(心算) : 속셈
- 오지(奧地) : 해안이나 도시에서 멀리 떨어진 내륙에 있는 땅.
- 장릿쌀(長利) : 장기 이자로 빌려주는 쌀.
- 주재소(駐在所) : 일본 강점기 때 순사(巡査, 경찰 등)이 근무하던 곳
- 초근목피(草根木皮) : 풀뿌리 나무껍질

• 태교(胎敎) : 임심 중에 아이에게 좋은 감화를 주기 위해, 엄마의 마음을 바르게 하고, 언행을 삼가는 일. 또는 그 가르침
• 풍수지리(風水地理) : 땅의 형세나 방위를, 인간의 길흉회복에 관련시켜 설명하는 학설
• 호구지책(糊口之策) : 겨우 먹고 살아가는 방책
• 횡행(橫行) : 거리낌 없이 멋대로 항동함.

3. '디디티'와 페니실린(수필)

• 뜯어보다 : 이모저모를 구분하여 자세히 살펴보다. 봉한 것을 뜯고 속의 것을 꺼내보다
• 정파(政派) : 정치상의 파벌. 정당 안에서 나누어진 갈래(동아리)
• 읍내(邑內: 읍의 구간. 지방관리가 있던 마을
• 신탁통치(信託統治) : 국제연합(UN)의 신탁을 받은 나라가 일정한 지역을 통치하는 일
• 신탁(信託) : 재산권을 남에게 넘겨 관리나 처분을 맡기는 일. 신용하여 맡김.
• 군정(軍政) : 점령지역에서 군대에 의해 행하여지는 임시행정
• 진주(進駐) : 남의나라 영토에 진군하여 머무름.
• 무정부상태(無政府狀態) : 정부가 없는 것 같은 무질서하고 혼돈된 상태
• 구급약(救急藥) : 응급치료에 필요한 약품
• 특효(特效) : 특별한 효험이나 효과
• 천장(天障) : 방의 보온과 미관을 위해, 보꾹 아래를 널이나 종이로 가린 것(천정, 天井)
• 피대(皮帶) : 벨트(Belt), 두 개의 기계 바퀴에 걸어 동력을 전달하는 띠 모형의 물건
• 외돌토리 : (외톨이, 외톨) 기댈 데 없고 매인 데도 없는 홀몸
• 춤사위 : 민속무용에서 춤 동작의 기본이 되는 낱낱의 일정한 움직임.
• D.D.T. : 무색 결정성의 살충제. 방역용, 농업용으로 사용됨. 1874년 '자이들러'가 합성에 성공. 1938년 '필러'가 살충효과를 확인함. 세계제2차대전 시 실용화됨. 전후에 더욱 널리 사용됨. D.D.T. : Dichloro Diphenyl

Trichloroethane 의 약자임

- 페니실린(Penicillin) : 자낭균류(子囊菌類) 푸른 곰팡이류를 합성하여 얻은 항생물질. 폐렴, 단독, 패혈증, 매독 등 치료. 근육주사용.
- 차트(Chart) : 내용을 알기 쉽게 정리한 일람표

4. 진눈깨비(수필)

- 감행(敢行) : (어려움을 무릅쓰고) 과감하게 실행함
- 경황(景況) : 여유가 있어 흥미가 이끌리는 상황(흥황)
- 국군(國軍) : 우리나라의 군대
- 귀동냥 : (학문을 정식으로 배우지 않고)남에게 하는 말을 얻어들어서 앎.
- 기겁 : 갑자기 되게 놀라거나 ,겁에 질리어 숨이 막히는 듯이, 다급한 소리를 지름.
- 맹주(盟主) : 동맹관계에 있는 것 가운데 중심이 되는 나라(인물)
- 미숫가루 : 미수를 만드는 가루. 찹쌀이나 멥쌀, 보리쌀 따위를 볶아서 매에 갈아, 가는 체로 친 가루.
- 부역(賦役) : 국가나 공공단체가 국민에게 의무적으로 지우는 노력
- 수복(收復) : 잃었던 땅을 다시 찾음
- 아총 : 어린 아이의 무덤
- 열세(劣勢) : 힘이나 형세가 상대편 보다 떨어져 있음.
- 원흉(元兇) : 못된 짓을 한 무리의 우두머리
- 유엔군(UN軍) : 국제연합 소속 군대
- 유지가(有志家) : 좋은 일에 관심을 갖고, 그 일을 이루려는 뜻이 있는 사람(유지자)
- 인해전술(人海戰術) : (1)많은 지상군을 계속적으로 투입하여, 막대한 인명피해를 무릅쓰고 적군을 압도하려고 하는 전술. (2)많은 사람을 투입하여 무슨 일을 이룩하려는 방책
- 전황(戰況) : 전쟁의 상황
- 정전(停戰) : 교전 중이던 두 편(나라)이, 합의에 따라 한 때 어떤 지역, 또는 전역에 걸쳐 전투행위를 그치는 일(정전협정)

- 휴전(休戰) : 하던 전쟁을 얼마동안 쉼(휴전협정)
- 지척(咫尺) : 썩, 가까운 거리
- 파죽지세(破竹之勢) : 막힘없이 무찔러 나아가는 맹렬한 기세
- 풍전등화(風前燈火) : 존망이 달린 매우 위급한 처지
- 피난(避難) : 재난을 피하여 있는 곳을 옮김
- 피아(彼我) : 저와 나. 저편과 이편

5. 하늘나라(수필)

- 굼틀(거리다) : 몸을 이리저리 구부리거나, 비틀며 움직이는 모양.
- 도보(徒步) : 걸어서 감.
- 반목(反目) : 서로 맞서서 미워함
- 시멘트(Cement) : 석회석이나 점토 따위를 구어서 가루로 만든 것으로, 모래 따위를 섞고 물로 개어 씀.
- 원조(援助 : 도와줌
- 정전(停戰) : 교전 중이던 두 편(나라)이 합의에 따라, 한 때 어떤 지역 또는 전역에 걸쳐 전투행위를 그치는 일(정전협정)
- 체(滯)하다 : 체증(滯症)의 준말. 먹은 것이 잘 삭지 않고 위 속에 답답하게 처져 있음
- 퇴비 : 풀로 만든 거름. 두엄
- 명맥(命脈) : 생명. 목숨:
- 지프차(Jeep) : 앞바퀴가 구동(驅動)으로 된 강력한 소형차(상품영). 미국제품으로, 사막이나 거친 땅에서도 달릴 수 있게 군용으로 개발된 차.
- 콘크리트(Concrete) : 건축용재의 한 가지. 모래와 자갈을 섞은 '시멘트'를 물로 반죽한 것. 또는 그것을 굳힌 것.
- 황폐(荒廢) : (집, 땅 따위를) 그냥 버려 두어 거칠고 못 쓰게 됨.
- 휴전(休戰) : 하던 전쟁을 얼마동안 쉼(휴전협정)

6. 위암胃癌(수필)

- 갈파(喝破) : 사물의 속내를 꿰뚫어 보고 분명히 함
- 가렴주구(苛斂誅求) : 조세 따위를 가혹하게 거두어들여, 백성들을 못살게 들볶음.
- 결전(決戰) : 승부를 결단 내는 싸움
- 고배(苦杯) : 쓴 액체가 든 잔, 쓰라린 경험을 비우하는 말
- 곡(哭)하다 : (사람이 죽었을 때나 제사 때) 소리 내어 우는 일(그 울음)
- 관병식(觀兵式) : 군인들의 위세를 보이는 행사
- 굴건제복(屈巾祭服) : 굴건(屈巾)을 쓰고, 제복(祭服)을 입음
- 기력(氣力) : 일을 감당할 수 있는 정신과 육체의 힘
- 기상천외(奇想天外) : 보통으로는 짐작도할 수 없는 만큼 생각이 기발하고 엉뚱함
- 기진(氣盡) : 기력이 다함
- 두건(頭巾) : 상중(喪中)에 머리에 쓰는 건(巾)
- 등걸 : 줄기를 잘라 낸 나무 밑동
- 매국노(賣國奴) : 매국행위를 하는 놈. 매국-사리사욕을 위해 나라에 해를 끼치는 일
- 매스껍다 : 비위가 상하여 구역이 날듯이 속이 아니꼽다
- 몰골 : 볼품이 없는 얼굴 꼴이나 모양새
- 무단(武斷) : 무력으로 억압하여 다스리는 것
- 문병(問病) : 앓는 사람을 찾아보고 위로함. 병문안
- 베 : 삼베의 준말. 삼이나 무명실, 명주실 땅위로 짠 피륙
- 병참(兵站) : 전장의 후방에서 식량, 탄약 따위 군수품 보급과 후방 연락선의 확보 등 을 맞아보는 기능(기관)
- 상식(上食) : 상가에서 아침저녁으로 궤연 앞에 차려 올리는 음식
- 심금(心琴) : 자극에 따라 미묘하게 움직이는 마음을 거문고에 비유하여 이르는 말
- 석권(席卷) : 무서운 기세로 세력을 펼치거나 휩씀
- 애고(哀告) : '아이고' 의 준말. 슬픔과 괴로움
- 위암(胃癌) : 위 속에 생긴 암종(癌腫)
- 연금(軟禁) : 일정한 장소 안에서 신체의 자유를 구속하지 않는 감금

• 일제 강점기(日帝 强占期) : 일본 제국주의가 영토를 강제로 빼앗아 차지하고 있었을 때
• 제청(祭廳) : 제사를 지내는 대청. 무덤 옆에 제사지낼 수 있도록 베푼 곳
• 제수(祭需) : 제사에 쓰이는 여러 가지 재료
• 춘궁기(春窮期) : 봄철에 농민이 몹시 살기 어려울 때
• 토시 : 한복을 입을 때 팔뚝에 끼어 추위를 막던 방한구
• 혹 : 살가죽에 내민 기형의 군더덕이 살덩이
• 혹부리 : 얼굴에 혹이 달린 사람의 별명

7. 소박疎薄(수필)

• 방창(方暢) : 바야흐로 화창함
• 소진(消盡) : 모조리 소모되어 없어짐
• 강점(强占) : (영토, 물건 따위를) 강제로 빼앗아 차지함
• 초근목피(草根木皮) : 풀뿌리와 나 껍질. 곡식이 없어 산나물 따위로 만든 험한 음식
• 수탈(收奪) : (재물 따위를) 빼앗음
• 공출(供出) : (일본이 전쟁을 치룰 목적으로) 민간의 물자나 식량을 강제로 바치게 하던 일
• 여필종부(女必從夫) : 아내는 반드시 남편의 뜻에 따라야 함
• 여권신장(女權伸張) : 여자의 권리와 지위를 높이는 일(사회적, 법률적, 정치적)
• 식민지(植民地) : 본국의 밖에 있으면서 본국의 특수한 지배를 받는 지역
• 남존여비(男尊女卑) : 남성을 존중하고 여성을 경시하는 일. 또 그런 사회
• 소박(疏薄) : (남편이) 아내를 박대하거나 내 쫓음
• 가부장(家父長) : (고대 로마에서) 가족들에게 절대권을 가지는 사람(반드시 아버지는 아님)
• 사회규범(社會規範) 사회생활을 규제하고, 사회질서를 유지하기 위하여, 그 구성원에게 요구하는 당위적(當爲的) 관렴(법률, 종교, 도덕 따위)
• 칠거지악(七去之惡) : (유교적 관념에 이르던) 아내를 버릴 수 있는 일곱 가지

경우 (1)시부모에게 불순한 경우. (2)자식을 낳지 못하는 겨우. (3)음탕한 경우 (4)질투하는 경우. (5)나쁜 병이 있는 경우 (6)말 많은 경우. (7) 도둑질 한 경우

• 시집살이 : (1) 여자가 시집에서 살림을 함. 여자의 결혼생활
　　(2) 남의 밑에서 감독이나 간섭을 받으면서 하는 고된 일
• 양반(兩班) : 지체나 신분이 높은 상류계층의 사람
• 가부장제(家父長制) : (1) 가부장이 가족의 지배권을 행사하는 형태
　　(2) 가장이 중심이 된 가족체계를 바탕으로 하는 사회의 지배형태
• 분(憤) : 분기憤氣의 준말. 분한기운. 원통한 마음
• 초췌(憔悴) : (병으로) 파리하고 해쓱함
• 폐(弊) : 폐단弊端의 준말. 남에게 끼치는 신세나 괴로움
• 인륜(人倫) : 사람으로서 마땅히 지켜야할 도리(도덕)
• 질타(叱咤) : 성내어 큰소리로 꾸짖음
• 누(累) : (남과의 관계에서) 정신적이나 물질적으로 입는 피해나 괴로움
• 수탈(收奪) ; (재물 따위를) 빼앗음
• 횡행(橫行) : 거리낌 없이 멋대로 행동함.
• 향년(享年) : 죽은 이의 한평생. 살아서 누린 나이
• 전갈(傳喝) : 사람을 시켜 안부를 묻거나 말을 전함
• 모계중심사회(母系中心社會) : 혈통이나 상속 관계가 어머니 쪽을 중심으로 하여 이루어지던 원시사회의 한 형태(모계사회)
• 남학생휴게실 운영 : 경기대(운영), 고려대(준비중), 한국외국어대(준비중)

*2010.2.19.21:00 KBS 제1TV 뉴스방영

8. 재수생(수필)

• 회한(悔恨) : 뉘우치고 한탄함
• 상식(上食) : 상가喪家에서 아침저녁으로 궤연 앞에 차려놓는 음식
• 탈상(脫喪) : 어버이의 삼년상을 마침(해상, 解喪)
• 야경(夜警) : 밤에 동내를 돌며 화재나 범죄 따위를 경계하는 일.

• 횃불 : 홰에 건 불. 선구적이거나 선도적인 이념 또는 행동을 비유하여 이르는 말. ＊독립운동의 횃불을 높이 들다. ＊홰 : (닭이나 새가 앉도록) 닭장이나 새장 속에 가로지르는 나무 막대
• 안전보장(安全保障) : 외국 침략에 대하여 국가의 안전을 지키는 일
• 물정(物情) : 세상의 사물이나 인심
• 밤밥 : 밤늦게 먹는 밥
• 건넌방 : 대청을 사이하여 안방의 맞은편에 있는 방
• 찌 : 낚시찌의 준말. 낚시 줄에 매어 물위에 뜨게 만든 가벼운 물건(부표)
• 미끼 : 낚싯밥, 남을 꿰어 들이는 물건이나 수단
• 함지박 : 통나무를 파서 큰 바가지 같이 만든 전이 없는 그릇
• 허우적거리다 : 위험한 지경에서 빠져 나오려고 손과 발을 내두르는 모양
• 착시(錯視) : 착각으로 잘못 봄
• 의거(義擧) : 정의를 위하여 사사로운 이해타산을 생각함이 없이 일으키는 행동
• 혁명(革命) : 비합법적인 수단으로 정치권력을 잡는 일
• 백척간두(百尺竿頭) : 매우 위태롭고 어지러운 지경(백자나 되는 높은 장대 끝)
• 제일의(第一義) : 근본이 되는 의의(意義)
• 추인(追認) : 과거로 소급하여 그 사실을 인정함
• 재가(裁可) : 결재하여 허가 함
• 구악일소(舊惡一掃) 이전에 저지른 죄악을 모두 깨끗이 함
• 의의(意義) : 의미. 중요성이나 가치
• 동족상쟁(同族相爭) 같은 겨레끼리 서로 싸우고 죽이는 일
• 정장(正裝) : 정식복장. 정식복장(을)함
• 금의환향(錦衣還鄕) : 성공하여 고향에 돌아옴(비단옷을 입고 고향에 돌아옴)
• 호언장담(豪言壯談) 분수에 맞지 않은 말을 희떱게 지껄임

9. 서울구경(수필)

- 갈가마귀 : 까마귀 과의 새. 시베리아에 살며, 늦가을부터 봄까지 우리나라에서 겨울을 남.
- 권불십년(權不十年) : 권세는 오래가지 못함을 이르는 말(권세는 10년을 가지 못한다)
- 궐기(蹶起) : 어떤 목적을 위해 굳게 마음먹고 떨쳐 일어남
- 계엄(戒嚴) : 전쟁이나 비상사태가 발생하였을 때 군대로 어떤 지역을 경계하며, 그 지역의 사법권과 행정권을 계엄사령관이 관할하는 일
- 내통(內通) : 남녀가 몰래 정을 통함. 적과 몰래 손을 잡음. 비밀히 알림
- 방과(放課) : 하루의 정해진 수업을 마침
- 상쟁(相爭) : 서로 다툼
- 시위(示威) : 위력이나 기세를 드러내어 보임(데모)
- 악대(樂隊) : 여러 가지 악기로 합주하는 단체
- 얼토당토아니하다 : 관계가 전혀 없다. 도무지 가당치 아니하다.
- 완장(腕章) : 팔소매에 두루는 표장(標章)
- 여느(날) : 보통의, 예사로운
- 우레 : 천둥
- 읍내(邑內) : 읍의 구역 안. 고을. 관찰관아를 제외한 지방. 지방관리가 있던 마을.
- 주마간산(走馬看山) : 이것저것 천천히 살펴볼 틈이 없이, 바빠서 서둘러 대강대강보고 지나침
- 정체(政體) : (1)국가의 조직형태(군주제, 공화제, 민주제). (2)통치권의 행사방식에 따른 국가형태(입헌정체와 전제정체로 나뉨)
- 하야(下野) : 관직에서 물러남. 야인이 됨. (시골로 내려가다)
- 혼표(混票) : 표를 섞음
- 환표(換票) : 특정후보를 당선시키기 위하여 표를 바꿈
- 협잡(挾雜) : 옳지 않은 것으로 남을 속임. 또는 그 짓.

10. 엄마라일락 마을(수필)

- 씨족(氏族) : 같은 조상에서 나온 일족(혈족집단)
- 오지(奧地) : 해안이나 도시에서 멀리 떨어진 내륙에 있는 땅
- 회자(膾炙) : 널리 사람들의 입에 오르고 내림(화와 구은 고기)
- 귀대(歸隊) : 자기 부대로 돌아감(돌아옴)
- 부동석(不同席) : 자리를 같이하지 않음
- 잔존(殘存) : 남아 있음.
- 사당(祠堂) : 신주(神主)를 모신 집
- 정적(靜寂) : 고요하고 괴괴함
- 상념(想念) : 마음속에 떠오르는 생각.
- 헌신(獻身) : 어떤 일이나 남을 위해서, 자기의 이해관계를 돌보지 아니하고, 몸과 마음을 다하여 힘씀.

11. 선비정신(수필)

- 조우(遭遇) : 우연히 만나거나 맞닥뜨림.
- 선비 : 학문은 있으나 벼슬하지 않은 사람, 학덕을 갖춘 이를 예사스럽게 이르는 말
- 명가(名家) : 문벌이 좋은 집안
- 문벌(門閥) : 대대로 내려오는 그 집안의 지체
- 사대부가(士大夫家) : 문벌이 높은 사람의 집
- 법도(法道) : 법률을 지켜야 할 도리
- 반추(反芻) : 되새김질
- 양반(兩班) : 지체나 신분이 높은 상류계층의 사람
- 뒤주 : 곡식을 담아두는 세간
- 면면(面面) :여러 사람. 여러 얼굴
- 호구지책(糊口之策) : 겨우 먹고 살아가는 방책
- 요량(料量) : '앞일에 대하여' 잘 헤아려 생각함. 또 그 생각
- 수소문하다 : 세상에 떠도는 소문을 더듬어 찾음.

• 남루(襤褸) : 옷 따위가 때 묻고 헤어져 너절함.
• 몰골 : 볼품이 없는 얼굴 꼴이나 모양새.

12. 성묘省墓(수필)

• 풍속(風俗) : 예로부터 지켜 내려오는 생활에 관한 사회적 습관
• 사초(莎草) : 산소에 잔디를 입히고 다듬는 작업
• 이장(移葬) : 사람이 죽어 장사를 지냈던 무덤을 파내서 다시 장사를 지내는 일
• 한식(寒食) : 동지로부터 105일 째 되는 날, 전래되는 명절의 하나
• 건수(乾水) : 비가 온 뒤 한때 땅에서 솟아오르는 물
• 재앙(災殃) : 불행한 변고 (천재지변으로 일어나는)
• 종산(宗山) : 종중 소유의 산
• 연장 : 일하는 데 쓰는 기구, 물건을 만드는 데 쓰는 기구
• 작두 : 풀, 짚, 약재 따위를 써는 연장
• 여물 : 짚이나 풀을 말려 썬 마소의 먹이
• 유실(流失) : 물에 떠내려가서 없어짐
• 불가항력(不可抗力) : 사람의 힘으로는 어찌할 수없는 사태나 힘
• 살(殺)처분 : 죽여서 없애는 것
• 선영(先塋) : 조상들의 무덤이 있는 곳(선산)
• 고희(古稀) : 사람의 나이 일흔 살
• 이순(耳順) : 나이 예순 살을 이르는 말
• 궁여지책(窮餘之策) : 생각 타 못해 내놓는 계책
• 맹신(盲信) : 옳고 그름의 분별없이 덮어 놓고 믿음
• 진면목(眞面目) : 본디 그대로의 참 모습
• 장기(臟器) : 내장의 여러 기관
• 윤달(閏月) : 태음력에서 1년 12달 이외의 한 달을 더 만든 달
• 광중(壙中) : 관을 들여 놓는 방
• 벌초(伐草) : 무덤의 잡초를 없애는 일
• 조상천도법회(祖上遷度法會) : 죽은 사람의 넋을 극락으로 인도하는 법회
• 법회(法會) : (1)불법을 강설(講說)하는 모임.

(2) 죽은 이를 위하여 재(齋)를 올리는 일(모임)

13. 이장移葬(수필)

- 삭망월(달이 둥글게 되는 기간) : 29.53059일
- 태양년(지구가 태양을 한 바퀴 도는 데 거리는 기간, 공전) : 365.2422일
- 윤달(閏月) : 태음력에서 1년 12달 이외의 한 달을 더 만든 달
- 액(厄) : 모질고 사나운 운수
- 태음력(太陰曆) : 달이 만월에서 만월 되기까지의 29.531일을 기초로 하여 만든 역법(曆法). 1년을 12달로 하고, 큰달은 30일, 작은달은 29일로 함(고대 이슬람권에서 사용)
- 태양력(太陽曆) : 지구가 태양을 한번 회전하는 365일을 일 년으로 삼는 달력.
- 불혹지년(不惑之年) : 마흔 살의 나이. 부질없이 망설이거나, 무엇에 마음이 홀리지 아니함.
- 연배(年輩) : 친구, 비슷한 나이
- 통성명(通姓名) : 처음 인사할 때 서로 성명을 일러줌.
- 건수(乾水) : 비가 온 뒤에만 땅 속에 스몄던 물이 한 때 솟아올라 괸 물
- 토사(土砂) : 흙과 모래, 모래가 많이 섞인 흙.
- 칠성판(七星板) : 관속 시체 밑에 까는 널빤지
- 물매 : (지붕, 낟가리 등의) 비탈진 정도
- 삼우제(三虞祭) : 장사를 진내고 나서 세 번째 지내는 제사
- 음택(陰宅) : 산소, 무덤
- 조산(祖山) : 산소의 혈(穴)에서 가장 멀리 있는 용(龍)의 봉우리
- 종산(宗山) : 종중(宗中) 소유의 산
- 사초(莎草) : 산소에 잔디를 입히고 다듬는 작업
- 영구위패(永久位牌) : 영원히 사용할 수 있는 위패
- 손(損) : 손해
- 좌중(座中) : 사람이 많이 모인 자리
- 사족(蛇足) : 화사첨족(畵蛇添足)의 준말
- 화사첨족(畵蛇添足) : (뱀을 그리는 데 발까지 그려 넣는다는 뜻) '안 해도 될

쓸데없는 일을 덧붙여 하다가 도리어 일을 그르침' 을 이르는 말

14. 억척아줌마(수필)

- 억척 : 어렵고 힘든 일에 버티는 태도가 끈질기고 억셈. 또는 그런 사람
- 슬하(膝下) : 어버이의 곁, 어버이의 무릎 아래
- 내공(內攻) : 내성적이며, 마음의 작용이 자신의 내부로만 향하는 일(內向)
- 전갈(傳喝) : 사람을 시켜 안부를 묻거나 말을 전함, 안부나 말.
- 장사(葬事) : 예를 갖추어 시신을 묻거나 화장하는 일.
- 장례(葬禮) : 장사를 지내는 일
- 고인(故人) : 죽은 사람, 사귄지 오래된 벗.
- 관(棺) : 시체를 넣는 궤.
- 하관(下棺) : 관을 무덤의 구덩이에 내려놓음.
- 합장(合葬) : 부부 두 사람을 한 무덤에 장사지내는 것.
- 영면(永眠) : 죽음, 영원히 잠들다.
- 졸부(猝富) : 벼락부자,
- 광중(壙中) : 관을 들여놓는 방, 시체를 묻는 구덩이(현실, 玄室))
- 이목구비(耳目口鼻) : 귀, 눈, 입, 코.
- 좌판(坐板) : 땅에 깔아놓고 앉는 널빤지.
- 행동거지(行動擧止) : 몸을 움직여 하는 모든 일(거동, 동지).
- 지척(咫尺) : 썩 가까운 거리.
- 남루(襤褸) : 누더기, 옷 따위가 때 묻고 헤어져 너절함.
- 호구지책(糊口之策) : 겨우 먹고 살아가는 방책.
- 거드름부리다 : 거만하게 굴다.

15. 사초莎草(수필)

- 선영(先塋) : 조상들의 무덤(이 있는곳, 先山)
- 만화방창(萬化方暢) : 봄이 되어 만물이 한창 자라남(많은 꽃들이 핌)

- 상춘가절(常春佳節) : 봄 경치를 구경하며 즐기는 아름다운 계절
- 무릉도원(武陵桃源) : 사람들이 화목하고 행복하게 살 수 있는 이상향
- 군락(群落) : 생육조건이 같은 식물이 어떤 지역에 떼를 지어 나 있는 것
- 광중(壙中) : 관을 들여놓는 방, 시체를 묻는 구덩이(현실, 玄室)
- 종산(宗山) : 종중(宗中)의 산
- 제토작업(除土作業) : (불필요한) 흙을 치우는 일
- 천신만고(千辛萬苦) : 마음과 몸을 수고롭게 하고 애씀
- 이장(移葬) : 사람이 죽어서 장사(葬事)를 지냈던 무덤을 파내서 다시 장사를 지내는 일
- 조산(祖山) : 산소의 혈(穴)에서 가장 멀리 있는 용(龍)의 봉우리
- 활개 : 벌린 두 팔이나 다리
- 고삼저수지(古三貯水池) : 경기도 안성시 고삼면 소재 저수지
- 산신제(山神祭) : 산신령에게 지내는 제사
- 봉분(封墳) : 흙을 둥글게 쌓아 만드는 무덤
- 축문(祝文) : 제사 때 신명(神明)에게 읽어 고(告)하는 글
- 묘지(墓地) : 무덤이 있는 땅(구역)
- 어언간(於焉間) : 어느덧. 어느 사이

16. 개장改葬(수필)

- 분묘(墳墓) : 무덤
- 면례(緬禮) : 무덤을 옮기어 장사를 다시 지내는 일
- 개장(改葬) : 사람이 죽어 장사를 지냈던 무덤을 파내고 다시 장사를 지내는 것
- 혼백(魂魄) : 넋
- 혼(魂) : 넋
- 체백(體魄) : 죽 은지 오래된 송장, 땅 속애 묻은 송장
- 송장 : 죽은 사람 몸둥이, 시신(屍身), 유해(遺骸), 시체(屍體), 시구(屍軀)
- 초혼(招魂) : 혼을 불러들임. 사람이 죽으면 왼손으로 북 쪽을 향해 저고리를 흔들며부른다. "00동내 000아무개 이름 부른 후 (復)" 이라고 세 번 외친다.

- 영혼(靈魂) : 영가(靈駕), 혼령(魂靈) - 육체에 깃들어 인간의 활동을 지배하는 정신적 실체. 죽어도 육체를 떠나 존재한다고 여김.
- 납곡(納骨) : 화장한 유골
- 유골(遺骨) : 죽은 사람의 뼈, 화장하고 남은 뼈
- 유분(遺粉) : 사람을 화장한 벼가루
- 진토(塵土) : 먼지와 흙
- 평토(平土) : 관을 묻은 후 흙을 평지같이 함.
- 격세지감(隔世之感) : 딴 세상처럼 여겨지는 느낌
- 사리(舍利) : 화장 뒤에 나오는 구술 같은 뼈
- 수골(收骨) : 흩어진 뼈를 수습함
- 혈(穴) : 풍수지리에서 땅의 정기가 모여 묘 자리로 좋다는 곳
- 합폄 : 합장(合葬), 부부 두 사람을 한 무덤에 장사지내는 것
- 사초(莎草) : 무덤에 떼를 입히고 다듬는 일
- 벌초(伐草) : 무덤의 잡초를 자르고 없애는 일
- 파묘(破墓) : 개장을 하기 위하여 무덤을 파냄
- 진설(陳設) : 제상에 제수를 진열 배치하는 일
- 발복(發福) : 운이 틔어 복이 닥침

17. 매장, 회장(소설)

- 관상(觀相) : 사람의 상을 보고 그 사람의 운명 등을 판단하는 일
- 건수(乾水) : 비가 온 뒤에만 땅 속에 스몄던 물이 한 때 솟아올라 괸 물
- 개장(改葬) : 사람이 죽어 장사를 지냈던 무덤을 파내고 다시 장사를 지내는 것
- 격세지감(隔世之感) : 딴 세상처럼 여겨지는 느낌
- 광중(壙中) : 관을 들여놓는 방, 시체를 묻는 구덩이(현실, 玄室)
- 고삼저수지(古三貯水池) : 경기도 안성시 고삼면 소재 저수지
- 군락(群落) : 생육조건이 같은 식물이 어떤 지역에 떼를 지어 나 있는 것
- 납골(納骨) : 화장한 유골
- 달변(達辯) : 막히는 데 없이 술술 잘하는 말
- 묘지(墓地) : 무덤이 있는 땅(구역)

- 만화방창(萬化方暢) : 봄이 되어 만물이 한창 자라남(많은 꽃들이 핌)
- 물매 : (지붕, 낟가리 등의) 비탈진 정도
- 무릉도원(武陵桃源) : 사람들이 화목하고 행복하게 살 수 있는 이상향
- 면례(緬禮) : 무덤을 옮기어 장사를 다시 지내는 일
- 분묘(墳墓) : 무덤
- 벌초(伐草) : 무덤의 잡초를 자르고 없애는 일
- 불혹지년(不惑之年) : 마흔 살의 나이. 부질없이 망설이거나, 무엇에 마음이 홀리지 아니함.
- 봉분(封墳) : 흙을 둥글게 쌓아 만드는 무덤
- 사초(莎草) : 무덤에 떼를 입히고 다듬는일
- 산신제(山神祭) : 산신령에게 지내는 제사
- 삭망(朔望) : 음력 초하루와 보름. 삭망전(朔望奠)의 준말.
- 사리(舍利) : 화장 뒤에 나오는 구술 같은 뼈
- 송장 : 죽은 사람 몸뚱이, 시신(屍身), 유해(遺骸), 시체(屍體), 시구(屍軀)
- 선영(先塋) : 조상들의 무덤(이 있는 곳, 先山)
- 손(損) : 손해
- 삼우제(三虞祭) : 장사를 진내고 나서 세 번째 지내는 제사
- 상춘가절(常春佳節) : 봄 경치를 구경하며 즐기는 아름다운 계절
- 수골(收骨) : 흩어진 뼈를 수습함
- 영혼(靈魂) : 영가(靈駕), 혼령(魂靈), 육체에 깃들어 인간의 활동을 지배하는 정신적 실체. 죽어도 육체를 떠나 존재한다고 여김.
- 영구위패(永久位牌) : 영원히 사용할 수 있는 위패
- 유골(遺骨) : 죽은 사람의 뼈, 화장하고 남은 뼈
- 유분(遺粉) : 사람을 화장한 뼈 가루
- 윤달(閏月) : 태음력에서 1년 12달 이외의 한 달을 더 만든 달
- 액(厄) : 모질고 사나운 운수
- 연배(年輩) : 친구, 비슷한 나이
- 이장(移葬) : 사람이 죽어서 장사(葬事)를 지냈던 무덤을 파내서 다시 장사를 지내는 일
- 운(韻) : 한시에서 첫 글자. 운자韻字를 제시하면 그 자를 따라 시를 짓는다.
- 음택(陰宅) : 산소, 무덤

- 정기(精氣) : 만물에 갖추어져 있는 순수한 기운
- 진설(陳設) : 제상에 제수를 진열 배치하는 일
- 조산(祖山) : 산소의 혈(穴)에서 가장 멀리 있는 용(龍)의 봉우리
- 종산(宗山) : 종중(宗中) 소유의 산
- 좌중(座中) : 사람이 많이 모인 자리
- 청재공(淸齋公) : 조선 세종대왕 당시 충신. 김종서 장군과 6진 개척. 계유정란 후 사육신 및 생육신과 단종 복위를 모의. 의주에서 음독자살.
- 진토(塵土) : 먼지와 흙
- 종산(宗山) : 종중(宗中)의 산
- 제토작업(除土作業) : (불필요한) 흙을 치우는 일
- 칠성판(七星板) : 관속 시체 밑에 까는 널빤지
- 천신만고(千辛萬苦) : 마음과 몸을 수고롭게 하고 애씀
- 체백(體魄) : 죽 은지 오래된 송장, 땅 속애 묻은 송장
- 초혼(招魂) : 혼을 불러들임. 사람이 죽으면 왼손으로 북 쪽을 향해 저고리를 흔들며 부른다. "00동내 000아무개 이름 부른 후 (復)" 이라고 세 번 외친다.
- 축문(祝文) : 제사 때 신명(神明)에게 읽어 고(告)하는 글
- 최면(催眠) : 인위적으로 수면과 같은 상태를 만드는 행위, 잠이 오게 함.
- 태양력(太陽曆) : 지구가 태양을 한 번 회전하는 시간을 일 년으로 삼는 달력
- 태양년(太陽年) : 태양이 황도(黃道) 위의 춘분점(春分點)을 지나, 다시 춘분점에 돌아올 때까지의 시간(평균 태양일은 365.242195일임)
- 태음력(太陰曆) : 달이 만월에서 만월 되기까지의 29.531일을 기초로 하여 만든 역법(曆法). 1년을 12달로 하고, 큰달은 30일, 작은달은 29일로 함(고대 이슬람권에서 사용)
- 통성명(通姓名) : 처음 인사할 때 서로 성명을 일러줌.
- 토사(土砂) : 흙과 모래, 모래가 많이 섞인 흙.
- 태양력(太陽曆) : 지구가 태양을 한번 회전하는 365일을 일 년으로 삼는 달력.
- 평토(平土) : 관을 묻은 후 흙을 평지같이 함.
- 파묘(破墓) : 개장을 하기 위하여 무덤을 파냄
- 혈(혈) : 풍수지리에서 땅의 정기가 모여 묘 자리로 좋다는 곳
- 합폄 : 합장(合葬), 부부 두 사람을 한 무덤에 장사지내는 것
- 혼백(魂魄) : 넋

• 혼(魂) : 넋
• 활개 : 벌린 두 팔이나 다리

18. 사당집제사(소설)

• 가문(家門) : 집안, 문중, 대대로 이어오는 그 집안의 사회적 지위
• 기제사(忌祭祠) : 돌아가신 날 지내는 제사, 5대 조상까지 지냄. 밤 1시경 지냄
• 귀인(貴人) : 조선조 때, 종1품 내명부의 칭호
• 가증(加贈) : 더 보탬
• 과거(科擧) : 벼슬아치를 뽑기 위하여 보이던 시험
• 경내(境內) : 일정한 구역의 내부
• 계유정란(癸酉靖亂) : 1453년 수양대군이 단종을 쫓아내고 자신이 국왕이 되었던 모반
• 도포(道袍) : 이조 때 남자의 통상 예복으로 입던 겉 옷
• 모반(謀反) : 나라 임금을 배반하여 군사를 일으킴
남의 나라에 붙어서 자기나라는 두엾는 것을 꾀함
• 배향(配享) : 신주를 문묘나 서원 등지에 모시던 일
• 본관(本貫) : 시조(始祖)가 난 땅(관향 貫鄕)
• 봉(封)하다 : 열지 못하게 단단히 붙이다
• 부조묘(不眺墓) : 임금이 죽은 관리를 조정에서 영원히 제사 드리도록 내린 (묘호)廟號
• 모사(茅沙) : 제사 지낼 때 술을 따르는 그릇
• 사당(祠堂) : 신조(神主)를 모신 집
• 사시(賜諡) : 임금이 죽은 대신이나 장수에게 시호(諡號)를 내려 주던 일
• 사패지(賜牌地, 賜牌之地) : 임금님이 내려 준 전지(田地)
• 사액(賜額) : 임금이 사당, 서원 등에 이름을 지어 내리던 일
• 순절(殉節) : (나라, 왕, 남편)을 위해 스스로 목숨을 버림
• 시제(時祭) : 철에 따라 일 년 4회 종묘(宗廟)에서 지내던 제사
• 시호(諡號) : 임금이 죽은 관리나 선비에게 내린 이름
• 신주(神主) : 죽은 이의 위패(대개 밤나무로 만듬)

• 여막(廬幕) : 풀로 지은 집, 무덤 가까이 지어 상제가 거처하는 초막(草幕)
• 역모(逆謀) : 반역을 모의함
• 위패(位牌) : 신주의 이름을 적은 나무패(절, 단, 묘, 원 등지에)
• 제당(祭堂) : 제사를 지내려고 마련한 집
• 제례(祭禮) : 제사 지내는 예의
• 제사(祭祀) : 신령에게 음식을 차려놓고 정성을 나타내는 의식
• 제수(祭需) : 제사에 쓰이는 제물(음식)
• 종중(宗中) : 한 겨레붙이의 문중(門中)
• 진지(眞摯) : (말이나 태도가) 참답고 착실함
• 참사(參祠) : 제사에 참석하다.
• 축문(祝文) : 제사 때 신명(神明)에게 읽어 고(告)하는 글
• 포양 : 기리다 표창하다. 칭찬하다
• 하사(下賜) : 왕이나 국가원수가 아랫사람에게 금품을 줌.

죽을고비

박원배 문학작품집

인쇄	2010년 8월 16일
초판 1쇄 발행	2010년 8월 20일
지은이	박원배
펴낸이	양상구
편집	김태완
펴낸곳	도서출판 채운재
인쇄	(주)한진종합인쇄
주소	100-861 서울시 중구 충무로2가 49-8 (서울빌딩 202호)
전화	02-704-3301
팩스	02-2268-3910
핸드폰	010-5466-3911
이메일	ysg8527@naver.com
정가	10,000원